# 最后的巫歌

新版

方棋 ◎ 著

文匯出版社

一个伟大文明的衰亡只能始于自身内部。

威尔·杜兰《世界文明史》

历史之所以成为历史，只是因为历史想成为神话或传说。

古斯塔夫·缪勒《文学的哲学》

# 新版序

方　棋

　　十多年前在山区考察，目击一条龙头形状的巨石，张开大嘴俯视田野，颈部以下完全溶入沉积岩，好似受着大山的禁锢。巫师说那厮是蛟，因想干番大事业，行洪毁地犯了天条，被天神囚牢。长江中上游多孽龙吞江的传说，这类喀斯特地形的神话解释，并未引起地质学家的重视，却给了一个不速之客灵感。

　　三峡是亚洲古人类的故乡，洪荒天宇，文明发祥，智慧初蕴，几千年后卷入工业化浪潮，仍回响着原始蛮荒深邃的回声。互联网给跨界倾听提供了可能，逝去的文化模式里，或许藏着解决问题的新途径。

　　叹吾生之须臾，羡长江之无穷。

　　传说很久以前，天干得不成样子，村民和动物一起逃往他乡，不知走了多少天，遇到一条没断流的溪沟，大家都争抢着喝水，但是蝴蝶却成群结队，抬着水去浇林子。一只，两只，三只，成百上千只蝴蝶双双飞向天空，相互之间小心翼翼照应着，始终保持水平和一尺左右的距离，如果一只飞快了，就在空中停住，等另一只飞上去靠齐，不让一点水洒出来。

　　天帝出游回来，看到那片林子上空腾起雾气，现出一条美丽的彩虹，对诸神叹息："力气大的精英不管事，蝴蝶这小东西倒管事。"于是下了一道旨："蝴蝶抬水，天要下雨。"一时间风涌雷动，瓢泼大雨从天上落下来，田野、山林又恢复了欣欣向荣，人和动物都回了家。

　　今天，只要蝴蝶密密麻麻来到溪边"抬水"，久旱无雨的状况一定结束，当然少不了会有许多蝴蝶途中力尽，坠倒在地，这是弱者的史诗。本书写了七年，七年当中，我也天上地下，我也焦急不安，敞开封闭的、隐藏的翅膀和蝴蝶一起锲而不舍,抬水飞翔。

真实好似太阳,直视易受灼伤,于是有了这样一群人,他们认真观察"太阳"的光芒,然后把所见和感受传递给别人,他们既善于感觉又善于表达,是一个特殊的群体,用音符和节奏来表现的称为音乐家;用线条和色彩来表现的称为画家;用故事和情节来表现的称为作家。

人类文明的第一行脚印,迹留在三峡两岸,观天火之炎炀,听大壑之波声,一个再平凡普通的人,面对如此壮美绚丽、神秘诡谲的东西,也会冲动忘我地选择一种表达方式。

天文造就地理,地理造就作家。

感谢文汇出版社鲍广丽女士重新编辑出版这部小说,感谢百花文艺出版社董令生编辑、作家出版社雷容、田晓爽编辑之前的付出,由于众所周知的原因,背景设置多有权宜,随着时间的沉淀,决心还之于夔门。借此机会,不少内容也作了增删和修订,希望给读者更多的满足。

感谢巫师的歌谣。

2015 年 7 月 19 日

# 原版序

何西来

方棋的长篇小说《最后的巫歌》就要由作家出版社版行面世了,邀我作序。我是在作协举办的一次作品研讨会上认识她的,很看好她的才分与潜力,于是,应了下来。

这部作品不像一般的小说那样,只是一个故事,只要情节线索清晰,故事有头有尾,推进合情合理,语言生动活泼就可以了,它是在此基础上还融进了很多别的东西,内容也就远为丰富得多,复杂得多。长篇小说首先是结构的艺术,《最后的巫歌》结构严谨,叙事周密,在时间跨度上,大体从二十世纪三十年代,写到八十年代,但给人感觉似乎写了几千年;空间上主要写三个大峡谷里的人和事,通过战争将故事纠结延伸到日本岛国。

方棋在重庆生活了二十多年,对三峡的神话与现实、地缘情况和文化传统都有较为深入地研究和理解,书中表现的大美大爱以及由此产生的艺术震撼力,我是很欣赏的。在中国历史上,重庆曾经是边远的,被刘禹锡称为"巴山蜀水凄凉地"的荒蛮之乡,现在战略地位不断提高,越来越显示出对国家政治经济的重要。在全球一体化的过程中,通过文学艺术展现其悠久独特的历史,在更高的层次上,找到城市的文化密码和文化坐标,是有积极意义的。依我看,这部作品的价值主要表现在两个方面:一是它的文学欣赏价值;二是它的民俗文化价值。

从文学价值来说,它有三点值得注意:一是它追求的史诗品格,写出了一部三峡史诗;二是它的神话意识,作者把族群记忆写进了作品;三是它的个人印记,独特的表现手段和内容,体现出作家强烈的艺术个性特色。

首先，这是带有史诗品格的一本书，它的架构很大，历史感很强，方棋叙述了一群三峡原住民开拓、发迹、破产、抗争以及幻灭的一生，展现了二十世纪中后期峡江人融入工业和信息社会的故事。她的叙事语言那样诡谲，那样幽深，那样野气，虽然不用韵，但和歌谣很衔接。小说吸收了对巴楚地方文化研究的一些成果，通过诗意的审美体验，通过诗意的想象，重新融铸，做了优美的提升。书中表现和感受的方式完全是诗的。方棋用诗意的感受和诗意的表达，把她对这块土地，对这个民族的情感体验和认识思考呈现出来，内容厚重宏阔，是一部笔墨野、犷、瑰、奇，显示出独有特色的传奇史诗。

其次，小说里氤氲着浓郁的神话氛围，主要人物命运的起落，历史潮流的激荡，叙事脉络的衔接与展开，都可以看出这个特点。对人物的开掘、描写、烘托，自然崇拜的因素很强，比如黎氏家族四代人，整个可以看出这个特点。它为我们形象地揭开了巫文化在中华文明发展史上的一些奥秘，揭示了人类在社会生存环境中，以及在与大自然关系中的一些奥秘，这种揭示是深致的，让人信服的。我们一般人关于"巫"的知识比较有限，多半来自幼时听到的诅咒、禁忌等。在人们的潜意识里，习惯于把巫与"迷信""愚昧""落后"等词语联系起来。但这部作品却写出了巴楚故地传承久远的一种带有原始味道的宗教氛围和意识，写出了带有神秘色彩和传奇色彩，又有点诡异的地域文化特色。早在两千多年以前，就在楚辞中看到很多这样神秘诡异而又颇见传奇性的东西，其中，尤以屈原的《九歌》《天问》《离骚》最为突出。

第三，作品表现出作家强烈的个人印记和个性特色。文学史上的大师大家无不具有很强的主体意识，无不在作品中烙上自己的个人印记，因为一切作品都是作者自我表现的产物。所以，这部《最后的巫歌》带有方棋强烈的个人主观印记，具有与众不同的文化气韵和风格特色，就不难理解了。从来没有人像她这么写过，她的体验方式和表达方式都是独特的。她对描写对象的独立观察和思考虽然不无荒诞与恣肆，但是却非常有质感，语言很有表现力与穿透力，不少画面写得波翻浪涌、惊心动魄。尤其见功力处，在于她能将巴蜀故地的自然山水写得那样有灵性，饶野趣，又极富感染力。

　　从民俗文化来说，这部作品写了大量珍稀的三峡巫辞和祭祀仪式，神山、神兽、神木、神巫、神歌、神话、神兵这些万物有灵年代的东西，超出多数读者的生活经验。三峡是中国"巫文化带"的核心区，在中国的历史文化中占有重要地位，那里的古文化信息和艺术因子异常丰富与宝贵。方棋真实动人地把一些文化事象的孤本传承融进人物的血脉与命运，将只属于长江三峡的神秘和趣味表达出来，展示南方古文化在三峡地区的嬗递和衍变，展示人类从野蛮到文明的心路历程，为文化学、宗教学、民族学、方言学等多种学科提供了可供研究的接近原生态的形象文本。就在我写这篇小序的时候，方棋告诉我，由她挖掘、整理并撰写录制文本影像申报资料的第三批国家级非物质文化遗产项目《酉阳古歌》，已由国务院新闻办公室召开新闻发布会宣布进入公示，这部《最后的巫歌》也被选为首届中国·重庆巫文化旅游节指定赠书。她在一种自觉的责任意识和使命意识的驱使下，长期致力于长江中上游山区濒危文化遗产的挖掘、整理与保护，用力颇勤，是这方面的专家。

　　总之，我认为这部作品有不容忽视的文学欣赏价值和地域民俗文化研究价值，是当代以三峡为题材的又一部长篇力作，希望能有更多热爱文学的人和关注三峡的读者阅读它，重视它。

2010 年 8 月 15 日改定于北京

# 目　录

新版序 ……………………………………… 方　棋 001
原版序 ……………………………………… 何西来 001

引子 ……………………………………………………… 001

## 上　部

| 第 一 章 …………………………………………… 007 |
| 第 二 章 …………………………………………… 022 |
| 第 三 章 …………………………………………… 033 |
| 第 四 章 …………………………………………… 051 |
| 第 五 章 …………………………………………… 068 |
| 第 六 章 …………………………………………… 078 |
| 第 七 章 …………………………………………… 090 |
| 第 八 章 …………………………………………… 100 |
| 第 九 章 …………………………………………… 111 |
| 第 十 章 …………………………………………… 119 |
| 第十一章 …………………………………………… 133 |
| 第十二章 …………………………………………… 148 |
| 第十三章 …………………………………………… 164 |

## 下　部

| | |
|---|---|
| 第十四章 | 177 |
| 第十五章 | 192 |
| 第十六章 | 208 |
| 第十七章 | 217 |
| 第十八章 | 226 |
| 第十九章 | 235 |
| 第二十章 | 245 |
| 第二十一章 | 256 |
| 第二十二章 | 264 |
| 第二十三章 | 276 |
| 第二十四章 | 285 |
| 第二十五章 | 293 |
| 第二十六章 | 305 |
| 第二十七章 | 317 |
| 第二十八章 | 330 |
| 第二十九章 | 336 |
| 第三十章 | 344 |
| 第三十一章 | 351 |

尾声 …………………………………………………… 356

| | | |
|---|---|---|
| 新版后记（代） | 方　棋 | 361 |
| 原版后记 | 方　棋 | 365 |
| 唤醒全民族的文化自觉 | 刘锡诚 | 367 |
| 灵魅之笔　独有之书 | 张　健 | 370 |
| 根本在哪里 | 王倩于 | 372 |

# 引 子

村庄再次悬幡,夏七发手掌凌空,掐出一个神秘的卧虎诀,这是仪式的规范动作。长江千回百转,绕过码头直射夔门,吟唱声穿过袅袅烟雾,迅至沿江祖庙:

> 天路迢迢,白虎神星你插翅飞,长脚走,
> 要血含血要毛含毛,遇树树断遇土土崩。
> ……

若干代人的记忆中,始终有双无形的手在控制着村庄,让幡脚无风飘动,自己打结。水位低过极限,村民们满脸油汗跪在滚烫的土地上,等待长长的幡在空中起势,缠卷成整齐的布疙瘩。

梯玛*头戴鸟冠,一边摇铃,一边扇动罗裙,认真迎接风风火火的虎祖。

五年前也曾县乡暴旱,县长张麻子提枪上门,礼贤下士:"先生很有法力,给你三天时间,求龙王布雨,求来了重赏;求不来,就地枪毙!"话落手起,一发子弹把门外的草扎孽龙打得冒烟。无边黑暗在忧愤中褪去,曙光如弓箭划破天穹,他,夏氏门中第三十七代梯玛,领着弟子紧急筑坛,又是吹角又是鸣锣,鸟冠红群,满身披挂,像一只进行战前动员的凤凰。待幡脚打结,上百人的队伍受其引领,敲锣打鼓,浩浩荡荡走向百丈沟。

---

\* 梯玛:山民对巫师的尊称。

下面有个老阴洞，住着性情暴躁、喜欢吞江的龙太子，阔嘴一张，江水吼吼打打往里倒灌，航道迅即枯竭，码头田土龟裂。夏七发盯着洞口的漩涡焚香化纸，有些愁苦和彷徨。守候在旁的徒弟不断向洞里投石放炮，发出威慑的吼叫。制伏孽龙自古就是梯玛的职责，曾有金盔金甲，既像天神又像元帅的人对夏家祖先托梦："我是相王虎祖，特来传你道法。"夏家先人学会除魔降龙，不屈不挠和龙太子斗法，胜负成败都被铭记，太祖就是因为打龙洞失手，死在龙洞里。相传斗得最狠的一次，脱在洞外的两只草鞋竟从地上立起来，像斗鸡一样互相打架，擂鼓的徒弟看得目瞪口呆，忘了助势的职责。太祖掰着龙角刚要出洞，震慑的战鼓突然停止，孽龙扭头奔了回去。轰地，洞口腾起一团浓烟，太祖生得光荣，死得壮烈，永远消失在浓烟之中。那个难忘的夏天，夏七发走到巨大的洞口，把洗得发白的裤子挽过膝盖，脱下草鞋，一手拿符，一手举刀，神情怔忡，孤独、悲壮地跳入五光十色的激流。风呼呼地从洞里吹出来，人们等在外面，听到里面有千军万马的呐喊声，隐隐看到一只毛乎乎的巨大虎掌，晓得这是梯玛的法身，脸色紧张而专注。过了一会儿，火辣辣的空中兀自飘来一片乌云，电闪雷鸣，好家伙，天上擂的雷公鼓，地上擂的牛皮鼓，密集的雨点噼里啪啦落下来，梯玛走出龙洞，衣衫破损，表情平淡。巨大的成功给他带来了很高的声誉。

五年过去，孽龙耍得不耐烦，又用阔嘴吞江吸流，夏七发再披蓑衣，端着一碗清水，走得既像蛇步又像鸟步，充满威力。颂歌回荡在焦土野地——

> 看见旱路行旱路，看见水路行水路，
> 大王在前小神在后，扯风扯雨癫狂直下。
> ……

禹王过去制服孽龙撬开夔门，用的就是这样的术步。夏家第三十七代梯玛通宵踩罡，摇铃呼唤虎祖，空中的黄幡却纹丝不动。

梯玛遭遇着掌坛以来最严峻的考验，困惑、悲哀，汗如雨下，面孔凑近手里的陶碗，研究水中的讯息，自言自语道："看不见水的河流……"

一样的法诀和术步,一样的祈祷和禁咒,怎么请不来那双结幡的手?夏七发反复问卦,惆怅地宣布:"龙太子喊冤,认为吞江无罪,要和虎祖打官司。"他的目光沧桑而迷蒙,哽咽着说:"虎祖必须应诉,我们凡人等不起,该背的背,该挑的挑,换个安身廊场……"

这是村庄历史上第一次,族谱记载中的第 N 次迁徙。

分的分了,拿的拿了,留的留下,走的动身。饥民们将土蓝花布包袱往肩后一挂,有亲投亲,无亲靠友,四散逃荒。黎爹柱肩挎猎枪,足蹬草鞋,带领老婆儿子出了村,跟上难民沿干涸的官渡河河谷向东迁移。梯玛夏七发以神圣的献身精神,背着能带走的法器,杵着祖师棍,悲壮地走在凄凄惨惨的乡亲前面,一首伤感的歌缓慢地从他嘴里流淌出来——

> 公公上路
> 婆婆上路
> 太阳出来动身走,
> 太阳落山才歇脚。
> 麂子走过的地方走过了
> 猴子跳过的地方走过了
> 爬岩拉坎的地方走过了
> 螃蟹爬过的地方走过了
> ……

大禹 3936 年儒历 1934 年,青石乡田地龟裂,禾苗枯干,百年老井滴水不出,太阳每天像一个火球挂在天上,炽烈的光刺得人睁不开眼睛,长江三峡最后一位名巫一路用竹卦问着神灵,白天黑夜地观察思索。小鸟给他们探信,虾米给他们引路,衣衫褴褛的队伍朝着太阳升起的方向,在回忆的古歌声中,翻山越岭,好像一把随风飞舞的种子且走且留,沿途飘落。

# 上　部

# 第一章

## 1

黎爹柱站在山梁上,伸长脖子奋力一呼——

喔!——喔——!喔——!
喔!——喔——!喔——!

山鸣谷应,回声一浪一浪消失在天边,一会儿工夫,山民的歌声隐约从远处峰峦上传来——

移山喂呀咋喂万苦喂艰辛呃,
喂耶呀喂咋哟胆未呃寒呃
……

山民跟随老虎的脚步走进密林,一代代移栽野生黄连赚钱糊口,林间零零星星有些遗迹,黎爹柱在上面砍断次生树木,搭起半亩桩棚弄苗圃,每天蹲在里面薅草。保长说,黄连长得慢,但益寿延年,比贡米还值价。秦保长搬来三十多年了,在油墨溪边的阴山岩坪开了四亩连地,是当地的大户,吹嘘全保除了淹死的、摔死的,没有一个人病死。

庄稼稀稀落落分布在老林边缘,主要是土豆玉米,不浇水不施肥,只等自来熟。黎爹柱在保长家登记画押,向他借到一块荒坡,白手起家刀耕火种,播下半亩懒人土豆,作为杂粮。

收获将至，连农白天联合"赶肉"，嘴里发出令野兽毛骨悚然的吼声，夜里燃着火把照看庄稼，黎爹柱也在半亩地旁搭起一个鸟窝似的棚，昼夜守护。

这天中午，他喝了几口苞谷酒，面对群山放声叫喊，同时和只闻其声不见其面的连农对讴，嗓门忽高忽低，听回音起落，欢喜陶醉，脑子像进了糨糊，弯腰钻进窝棚，困睡半个时辰，突然被狗吠惊醒，出棚观望，竟见满地翻转，土豆被野猪拱得干干净净，只剩些枝叶。他又伤心又愤怒，使劲捶打自己的脑袋，在山梁上咆哮——

嗷——！嗷——！嗷——！
嗷——！嗷——！嗷——！

回音嘲弄地传来，好似火上浇油，他暴跳如雷，无比沮丧，心底火苗子直蹿地往回走，边走边想如何报复。辛苦到头，如今希望落空，怎么向眼巴巴的老婆交代？正恨得咬牙切齿，无处发泄，一群野猪迎面跑来，领头的壮如犍牛，红眉绿眼，毛发直竖。后面的野猪大小不等，约有二十多头，浩浩荡荡，蹄声乍起。

大公野猪有"拼命三郎"之称，只知道前进，不知道后退，一副匕首似的獠牙，毛皮又厚又硬，豹子见了它也不敢随随便便扑上去。冤家路窄，"猪杠子"已到了百步之内，嗷嗷直叫。山道左面是峭壁，右面是悬崖，跑，来不及；躲，也无法躲。黎爹柱瞪着通红的眼球，端起土枪就是一炮。谁知装好火药的土枪受了潮，没有打响，他魂飞魄散，抡起枪托在地上猛击猛打，疯狂吆喝，声嘶力竭。大公野猪被突如其来的拍打声和吆喝声惊了一跳，慌慌张张朝路旁的悬岩跳。野猪群看见领头猪下去了，以为是条求生之路，竟一头接一头争先恐后跳下去。高度紧张的黎爹柱瘫倒在地，大汗淋漓，过了半个时辰，才缓过神来。绝处逢生，做的第一件事情，就是哆嗦着从地上爬起，朝四方大山分别叩三个响头。

半夜，荒凉漆黑的山窝窝里，两个包蓝布头帕、身穿补巴抄襟衣和抄裆裤的男女一脸虔诚，在三叉棚外燃香点烛，摆上苦荞粑粑，感谢山神、树神、猎神、土地神、白虎神显灵。第二天两人起了个大早，装好火药枪，手提弯刀、斧头，带着老婆和大儿子全副武装奔向岩脚。

满沟都是摔死的野猪，黎爹柱跑上跑下砍杠子割藤索，让妈武和陶九香捆在杠子上抬，自己用背篼背，一家三口往家里搬运。忙了两天，累得筋疲力尽，还剩下七头，陶九香爬上山梁，放开喉咙呼喊："孙福娃——岩脚有野猪，我家男人打的！赶快去背——！""周二娘——岩脚有野猪，我家男人打的！你们去背，谁背谁吃——！"方圆十几华里散居着三四户人家，看不到人，但叫得答应。黎爹柱扯下一撮猪鬃，蘸点猪血贴在枪管上，举枪大吼表个态："啊——呵——喂——！"回声一浪一浪，喊了东家又唤西家，赠送远近乡亲。

在这兽多人少的深山密林，大公野猪是和老虎拼死一战的劲敌，竟被黎爹柱吓得跳了岩，山民们相信他得了白虎神的保佑。关于白虎神，传说轮廓如下：蒙易神婆感天上的白光，寅年寅月寅日寅时生了一个孩子，取名务相。务相长大后骠勇威猛，以无与伦比的造船和掷剑绝活赢得王位，尊号"廪君"。他率领部落走出武落钟离山，统治了几百公里盐丹丰富的大峡谷，在一系列的狩猎和战争中树立了自己的绝对权威，人称"相王天子"。死后充满杀伐之气的魂魄化为白虎，飘飘荡荡升到天上，被封为"白帝天王"，每年接受后人供奉的香火和猪牲牛头，血食千秋，保护种族的生息繁衍。

黎爹柱名声大震，从前一直流传黎家是老虎传下来的种，陶九香也听说过：不知哪一辈祖宗被朝廷杀绝了，只有一个放羊姑娘幸免于难，许愿谁能帮她赶走咬羊的狼，就嫁谁为妻。很快跑来一只白虎，将豺狼撵得无踪无影。当她把羊群赶回岩洞歇息，白虎马上变成一个英武的小伙走进去，和她相好，生下七男七女，重新繁衍了种族。大约在两三百年前——老人们说得真切——黎家一位太太姥和男人偷情，生下婴孩弃在高树老藤下。药农进山寻药，见一只老虎睡在草丛中，怀里坐着个小孩，惶惶报告了村首。众人赶去鸣锣击鼓一通叫喊，老虎不胜搅扰，终于走开，一边走一边转身不舍地回顾那老虎奶过的孩子回到母亲身边，长大当了村副。故事难以全信，满屋的野猪肉却让陶九香对男人充满佩服。

"天杀的！你也是老巴子\*投的胎？"一次扑在床上斗狠，陶九香好奇

---

\* 老巴子：山民对年迈老虎的昵称。

地问。

"我若从你背上来,就是老巴子;"黎爹柱在她胯上喘着粗气回答,"若从你肚皮上来,就是——人!"

## 2

从空中望去,几千公里峰峦连绵,纵横相追连接湘鄂黔,自古这就是巴郡和巴东郡的交界地,传说和现实当中很多神秘地名——巫载国、夜郎郡、神农架都分布在周围地带。

黎爹柱背个扁背\*,挎杆猎枪,同撵山狗一起在密林中穿行。他身材中等,套一件对襟短褂,裤脚高挽,黑色的汗毛卷贴在小腿肚上,步步透着结实和健壮。弄回三叉棚的十头野猪被黎爹柱大卸百余块,抹上盐和柴火灰,黑黢黢密麻麻地吊在屋梁上。他取了两块腰方肉,大清早背到油墨溪秦家,尽管收成被毁,屋里的铁锅鼎罐却没少油荤,要不是人家秦保长,哪有这样的日子过。

半年前一个白雾散去的中午,他刚给三叉棚盖上最后一捆茅草,树林里响起汪汪的狗叫,走出一位包白头帕、披黑棉褂的矮个男人,裤管卷过膝盖,肩挎一杆自制猎枪,抬脸高喝:"哪里来的?"

黎爹柱回话:"青石码头,老家不下雨,想落个脚。"

那人神气道:"这里是獂水乡第十保,我是保长!"

黎爹柱从屋顶跳到地上,揩揩额角上的汗,赔笑道:"保长贵姓?"

秦保长说:"免贵姓秦。衙门编了户,落脚要到我家登记。"

"好好,保长,去你家登记。"黎爹柱咕嘟嘟喝下半碗陶九香递给他的水,拿起猎枪抬腿就走。

"你选了个好位置,又高又避风。"秦保长领着黎爹柱在树林中穿行,一边走一边夸耀,介绍这地方土语叫黎哈窟,汉话的意思是老虎居住的地方。南面紧挨油墨溪河谷,包括九个山梁,位于獂水东北角,几百年来陆

---

\* 扁背:三峡常见的背运竹器,形状上大下小,上圆下方,长于支撑大体量货物。

续有人进山烧荒，用木桩搭成浓阴蔽天的矮棚，在腐殖土上栽黄连赚钱，家家户户不缺吃穿。

黎爹柱满意自己寻了个好窝。

日头偏西，天空被晚霞染得一片艳丽，他背个空扁背，挎杆猎枪，情绪高亢，飘几句山歌，把尾音拖得长长的，表达胸中起伏的快活："那边岭来这边梁，东岭妹来西岭郎……"歌声像把带绳索的刀子，尖锐地扔出去，在天上惬意地画着弧线，然后直直落下，引来群兽应和似地嗥叫，给混沌的大山增添着撩人的生气。保长的人情酬过了，他和撵山狗一起告别油墨溪秦宅，穿过密林和垭口回屋，心脏温暖得像一颗香软的土豆。

莽莽群山，滚滚云雾，林木苍翠，郁郁葱葱，撵山狗兴奋地东嗅西嗅，突然在腐叶下衔出一个湿漉漉的猪尿泡。黎爹柱止住歌喉，提起那物件捏捏，全是枪子疙瘩，颗颗像花生米一样。听秦保长讲，神兵年初打劫县城，被杨森军长赶跑，有股余匪突围出来，经油墨溪逃往恩施，在黎哈窟前面和猇水团防打了一仗，垭口旁边就埋着几具神兵尸体。哪个背时鬼落雪前丢落了，不是兵就是匪。他喜出望外，摸出一粒装进枪管，试试效果如何，"啪啪"，林中发出两记清脆的枪响，余音未绝，山崖下传出一声严厉而简洁的长啸："嗷呜——！"

黎爹柱，分开密枝爬上高树，往传出啸声的断崖俯视，好家伙，一只巨大的黄斑猛虎，通体环绕着粗壮的黑色条纹，半躺在马桑树丛投下的杂乱阴影中，旁边遮蔽着一块巨石。他两腿发软地跳下来，捉起趴倒在地无法动弹的撵山狗，慌慌张张往回走，越走越晕头，感到许多毛乎乎的黄金在漆黑的夜里飞舞，辉煌而恐怖。

陶九香听到虎啸，在山梁上望了几次，远远看见男人的身影，心头松口气，却听他气喘吁吁地喊："一头'扁担花'*，好大！"

"你看见了？"陶九香大声道。

"看见了……就在垭口过来那……断崖下面。"黎爹柱心有余悸，扔了撵山狗钻进棚屋，取下墙上的酒瓶，仰着脖子猛灌一口。

---

\* 扁担花：山民对青壮老虎的昵称。

"别去那里,如果我们不想搬家的话。"陶九香见状,从鼎罐里舀出一块骨头给撵山狗压惊。她穿一件缀着补丁的矮领大袢,衣袖又短又粗,看上去饱满匀称,宽厚有力,就像秋天的苞谷叶子,奇怪地望着黎爹柱拎回来的猪尿泡。

黎爹柱抹了抹脸上的汗,抓出一大把黯褐色的"花生米",放在掌上爱惜道:"我捡的。"

陶九香嘴唇湿润,眼睛明亮,皱着眉头问:"啥东西?"

"枪子。"黎爹柱呷了口酒,有滋有味地抹抹嘴。

陶九香接过去咬了咬,怀疑地说:"哪有这么软的枪子?软得像金豆。"

黎爹柱把那东西放进自己嘴里一咬,"哎呀!"他低吼一声,转身就往门外跑。

陶九香差点被男人撞倒在地,她摇晃着身子,抱着猪尿泡杀猪一样叫:"这是金豆!"

黎爹柱血涌心跳,懊悔地撒开脚丫子飞跑。他使出最大的力气跑呀跑呀,跑到先前路过的地方,顺着打枪的方向在灌木丛中搜了半里地,想找回那两颗射出去的金豆。林涛阵阵,他弄得满身荆棘腐叶,垂头丧气转过脸,两眼刷地直了——

黄斑大虎尾巴拖在落叶上,轻巧迅捷,就像走在云层中一样,悄无声息,逆风尾随而来。

黎爹柱毫无准备,呆若木鸡,看见老巴子近在咫尺,几根又尖又白又长的胡须支在嘴边,目光慑人,他两腿筛糠似地抖,脑袋一片空白,捺住心跳,默默祈祷:"老巴子,你先走,老先人,你先走……"

老巴子停下脚步,把两耳一耸,向他瞪视,高贵威仪的神灵气质令他头晕目眩。

黎爹柱低下头,一口大气不敢出。他傻傻地站着,后悔没有带背橛树*杈子。僵持片刻,突然间回过神,想起夏七发交代过,老巴子嘴边有一

---

\* 背橛树:三峡特有的常绿植物,叶子交互对生。

根胡须能够开天眼，可以看到人的本相——见人现猪相羊相就咬，现人相就不咬，这叫"蛇咬三世怨，虎咬对头人"，又想起夏七发曾说，遇到虎祖要横起走，情急之下，他横步向坡上跨去。走出十几步，转身一看，只见树枝飞快地分开，像被风吹刮一样，老巴子已经离去了。

"对不起，老先人，我不知好歹，老先人，我向你认错。你千万别动气，别动气。"当游魂颤颤悠悠又回到身上，黎爹柱猛地扇了自己一个耳刮子，哆嗦着舌头话不成调，面前全是循环不绝的金色和黑色条纹。

## 3

天赐横财，黎家五口人狂喜。

陶九香整夜搂着那一袋金豆，乐颠颠地问她的丈夫和三个儿子："这是不是做梦？"

大儿子妈武激动地说："不是做梦，妈妈，我们要想想，这些金子怎么用？"

小儿子妈貉说："我们去猸水赶场，买骡子，买马，买白米。"

妈武急忙补充："还要买红糖，买糕。"

黎爹柱合不拢嘴道："就晓得吃。"

二儿子妈绥大声说："可以去念书。"

吃了几顿白米饭和糖糕，全家人一起冥思苦想，还干点啥安逸。

一个猸水老街，除了斗行的粮商，还有香烟客、鸦片烟贩子、布商和银匠、剃头匠等形形色色的手艺人，都知道黎爹柱有金豆，争抢着向他招揽生意。"我只捡了一粒，可得省着点。"他笑呵呵对人撒谎，开始考虑资金流向。二儿子妈绥有脑筋，知道读书识字。这孩子六岁出痘，脸颊上留下了十几颗麻点，既聪明又呆气。猴子跳到屋旁竹丛里吃笋，撵山狗冲上去狂叫，猴子快爪长伸拧住狗耳朵狂扇，吓得他喊爹喊妈。妈武和妈貉出来放枪，把顽猴打散，一只笨猴不跑，猴头知它中了弹，把同伴拉到背上飞蹿。这孩子好奇，撵到坡上躲着观望，看见群猴一齐动手，在地上刨个坑，把同伴埋进去，守着露在上面的尾巴哭，哭一阵，又把死猴拖出来摸，摸了又埋，埋了又摸，感动得唏嘘落泪。谁知猴子"呼"地跳过来，

骑在仇人身上连抓带扯。妈武听见二弟人的尖叫,狂奔过去打枪,仇恨的猴群才被驱散。

陶九香捣烂了一些消炎的草浆,涂在呆家伙伤口上,痛得这孩子火烧火燎,在屋里又哭又喊,猴子也在山坡上哭泣。晚上,人兽交替哀号,忽高忽低,忽长忽短,黎爹柱听得气不打一处来,觉得更古坪生灵气太重,应该送儿们到獍水,学一点《千字文》。

霜降过后,一个雪花飘飘的早上,他让妈武妈绥和妈貉换上新草鞋,父子四人背着杂粮和衣服隆重上路,去汪家私塾。

妈武愣头愣脑地问:"快过年了,我们明年去行不?"

黎爹柱说:"再不拜师,你小子成猴了,过年还早。"

妈貉问:"我们都去念书,晚上谁陪你和妈妈?"

黎爹柱一边走,一边回答:"多弄几条狗回来。"

话虽这么说,第二天晚上,当他离开獍水回到三叉棚,却感到无比孤独,和陶九香躺在被窝里,翻来覆去睡不着,厚重的黑暗和空气中,好像有种神秘的力量在向人挑战,狠着呢,一屋子野气。但他也有股邪劲,创业的豪情激荡在胸,脑子冲动难抑,彻夜考虑两个问题:向谁买地?买哪块地?

下了半宿雪雾,清晨时停了,黎爹柱背了新买的烟叶,出门求教无所不知的保长。秦家坐落在油墨溪边上,是一处竹林丛生的低矮岩坪,小地名叫箭竹沟,水声很大,满天的枝叶,被久违的太阳燃得一片喜气和辉煌。

"秦保长!"黎爹柱对着一幢密枝掩映的木板房喊。

木板房前有一个小坝子,临着一崖岩坎,溪水在坎下湍急地冲刷巨岩,激起团团浪花。如果不小心向外多跨一步,就有可能摔到坎下,幸好有一蓬竹子遮挡住视线,增添了心理上的安全感。四个高矮不一的男孩儿,大的十三四岁,小的五六岁,一人手里拿着根棍,在坝子上舞得眼花缭乱。最小的家伙肥得像个猪崽,衣服下面的布袢扯断了,露着个硕大的肚脐眼,欢势地模仿哥哥们。

看见客人,大男孩儿收了棒,汗淋淋地走过来,递给黎爹柱一根竹棍,说:"叔叔,我们两个比武,你狠点劲,我喊停,你就停。"

这样的游戏，黎爹柱在三叉棚外和儿子玩过。他伸出砍柴挖土的大手，说声开始，拿起根棍就打，谁知男孩儿灵活异常，横竖都落在他的竹棍上。

"猎豹，一边去！"秦保长从屋里走出来，叫道。

黎爹柱丢掉竹棍，对这个叫猎豹的家伙刮目相看。

"就喜欢舞枪弄棍。"秦保长打量着自己的长子说，"明年去学点《千字文》，搞清一三五六、子丑寅卯。"

黎爹柱笑呵呵地说："我屋崽崽前天去了，他们以后是同窗。"

秦保长道："学学算账，免得败家。听说你捡到金豆了，讲个实话，捡了多少？"

黎爹柱抠着裤子上的泥撒谎："也不咋多，够买几亩薄地。"

秦保长道："晓得梨树湾向家不？昨天带信问我买不买地。你算算，要送猎豹读书，又要起两个偏院，让媳妇进屋宽敞些，我是手长衣袖短。你拿金豆买嘛，不买就借给我，总不能放在屋里成精。"

秦家长子猎豹刚和花椒湾大户金绍三的女儿定了亲，黎爹柱晓得，向锦堂是恩施县梨树区的区长，向家三代望族，二代武举，家宅就在毗邻油墨溪的梨树湾。秦保长的大女儿嫁了向家的一个远房侄子，黎爹柱也晓得，他眨眨眼睛，好奇地问："向家又不缺钱，为什么卖地？"

"向家被神兵抢了。"一个头缠青布、瘦瘦长长的女人走过来，大大方方端给黎爹柱一碗热茶，自然是秦保长的勤快媳妇。

秦保长接话道："去年年关，神兵从黎哈窟过境，狗日的冲上垭口，砍死黄团总的马弁，扔下几具尸体向恩施方向走了。在梨树湾又和向家兵马血战，双方损失都大，黎哈窟的地太远，又不成片，收租不方便，向家想收缩摊子。"

黎爹柱从背篼里拿出背来的烟叶，往桌上小心整齐地摆放，满脸堆笑道："我买就买，闲散地角荆蓬荒山，向家弄起来太麻烦，我们隔得近，怎么都好办，还请保长帮忙说合。"

秦保长友善地回答："行行行，你福气好，我不照顾你照顾哪个？回头转告向老爷。"

## 4

森林创造奇迹,民国二十四年冬月,由獴水乡十保保长秦占云牵线,黎爹柱一次性付足购地巨款,在"啾啾"的猿鸣声中,从恩施大绅粮向锦堂手里,买下三叉棚附近的六亩零星湾坪和三亩坡地,成了比秦保长还阔几倍的东家。

大山里分布着大小三百余黄连种植户,黎家大约是三百零一户。

瘠地里撒下的连种唰唰冒出了密植的绿茵,雨水、月光和日光自浓密的枝叶中筛漏下来,斑驳地洒在连秧上,一日一日与那秧苗上的叶脉纹理生气勃勃地长在一起。云开雾散的时候,站在三叉棚前,望得见远方很高很淡的油墨溪山谷,太阳傍晚向山外落下去,融化出一片令人遐想的金黄,也许那就是皇宫的所在。几百年来,天边神圣的光辉和脚下神秘的植物,把穷乡僻壤和皇室显贵奇妙地连接在一起,令山里的乡巴佬自鸣得意。

立春过后,屋檐下和树枝上的冰凌开始化了,满山的松针尖上坠着晶莹的水珠,早上的太阳一照,发出钻石一样五颜六色的光芒,到处是细细碎碎的嚓嚓之声,林子和山野开始告别冷寂和空灵。黎爹柱陶醉不已,和陶九香一起两头摸黑立桩搭棚,移栽黄连秧,忙碌了一个多月,终于完活歇息,两人在三叉棚里又吃肉又喝酒,喜滋滋商量以后的事,门外突然来了一位客人,是药农马三。

"快来吃酒。"黎爹柱喊。

"和你商量个事。"马三放下药锄和扁背,坐在热气腾腾的鼎罐*旁开门见山。

黎爹柱微笑道:"什么事?"

马三回道:"更古坪地形像头犀牛,我家地坝正好对着犀牛屁股,犀牛屙金蛋,你想不想买?"

黎爹柱纳闷地问:"这样好的地方,谁会舍得?"

---

\* 鼎罐:当地锅具,生铁铸造,敛口鼓腹,两侧有提环。

马三一口喝光陶九香递到面前的酒,回答道:"我要搬花椒湾,看得上说个价。"

花椒湾位于富庶的獉水坝与原始森林过渡带,是一串狭窄的冲积台地,黎爹柱明白马三采药赚了大钱,想在产粮区买地,迫不及待道:"明早去看,我的棚屋,野猪一拱就垮了。"他正在物色屋基,自从见了岩坪上的秦宅,一直羡慕不已,打算砍百年老树请能工巧匠,也建造同样阔绰的美房。

药农马三留宿一夜,第二天带黎爹柱出发看地。

更古坪在三叉棚西面二十多华里,位于传说中的犀牛屁股处,距离深山古刹青龙观和花椒湾差不多远近,三地位置呈三角形。两人走得浑身是汗,快到山顶时,只见一幢歪歪斜斜的木板房立在空旷浑圆的高地上。马三说,到了,这屋正对着犀牛屁眼,当年他也是从连农手里换的,接连开了几年荒,在周围弄出几块连棚和耕地。黎爹柱见那浑圆的高地真像一个卧着的蛋,太阳刚刚落在木板房后,丹霞满天,群峰巍峨,顺着低缓一点的树丛望出去,林连着林,山连着山,重峦叠嶂,绵绵无尽,都沐着红彤彤的夕照,欢喜万分,放开喉咙喊:"这里好不好?"话音刚出,山野立即回答:"这里好不好?"

他一愣,又喊:"这里发不发?"

回声又道:"这里发不发?"

他大喊:"好呀!"

回声答:"好呀!"

他再喊:"发呀!"

回声照样答:"发呀!"

黎爹柱一见钟情,当场答应以两粒金豆的报酬,从马三手里换得了地契。

春夏之交,十来个工匠在山坳上拉开架势。他们一边准备梁栋栾栌,一边对黎爹柱说恭维话,太阳出来喜洋洋,照着黎家立华堂。阳光洒在这群快乐拉锯的工匠身上,和两千年前洒在鲁班身上一样温暖,一样让人充满了智慧和力量。掌墨师傅朱顺表情生动,似唱非唱,似说非说,韵味深长地放歌:

木王木王,你生在何方?你生在青龙山上,长在老龙头上。何人叫你生,何人叫你长?地脉龙神叫你生,露水茫茫叫你长。你生得枝对枝来叶对叶,乌鸦过路不敢歇,李郎过后不敢伤。鲁班先师神通大,拿把斧头站两旁,一截拿来穿排落眼,二截拿来上架做枋,只有三截生得乖,乖又乖来行又行,留与主家做栋梁。开山一去坑坑凶凶,锛凿一去坦坦平阳,推刨一去现毫光。月牙细桦出贵子,太极阴阳买田庄。

从伐木到上梁,朱顺一直在唱,不知道累似的,房子修了半年,他的歌也唱了半年。整个巫巴山区修房造房都流行这种歌谣,既有祭祀的作用,又有号子的效果。从林子里砍来的大木,堆在台地上,经这么一唱,通通被超度和点化成了神木,真是个行家啊!

黎爹柱每天听得呵呵笑。

## 5

一幢带走楼的杆栏式木屋,在朱顺快活自豪的歌声中造好,屋子有大大小小二十几间,左青龙右白虎,前不崩后不垮,从里到外都极有气势。大门呈八字状,称为八字朝门,两边还有小门,供陶九香和未来的儿媳妇经期出入,像读书人一样讲究。黎爹柱心花怒放,捎信让妈武、妈绥和妈貉回来搬家。当黑森森的林子刚刚在晨曦中现出连绵朦胧的轮廓,黎家的大小男人就在群山心脏的高地上忙碌起来。

"清早起来不迟钝啰——"黎爹柱看着金蛋上的新房,情潮涌动,大喊一嗓子,高声哼道:

洗手哟,咚咚锵,
焚香哟,咚咚锵;
参拜哟,咚咚锵,
家神哟,咚咚锵。

他极度兴奋,抱着正燃起一炷残香的灰罐钵钵边走边唱,大儿子妈武捧着祖宗牌位，二儿子妈绥举树皮火把，小儿子妈貉端着架锅子的三脚，陶九香背着香蜡纸烛，手舞足蹈尾随其后，一行纵队走进新宅堂屋，把祖灵恭恭敬敬请上神龛，才热火朝天地搬运锅碗瓢盆。

猂水大户很多是靠黄连与鸦片致富，或是抢掠翻身，黎爹柱却因浮财发家，他兴奋啊，挖些核桃、银杏、水竹、红杉、梨、桃，移栽在新居周围；陶九香喂了几条撵山狗，还有一头猪、一匹马，聪明的朱顺用条石把圈舍砌在坎下，缝隙间用厚木板遮挡，避免野兽偷袭。牲畜们幸福死了，陶九香定时把它们牵进牵出，每天让它们吃到不多不少的食料，晒到不多不少的阳光，个个长得饱满健壮，气定神闲，好像是选美比赛的胜利者。

两人在屋后种了十几株罂粟，以防人畜不爽。但一切异常顺利，无论雨天还是晴天，空气都是那么清新、那么滋养，好像含有酵母一样。天光带着神的信息，一日日浸进地里，连秧和玉米都蹿起来了，苗叶看着看着变得繁茂，高的矮的全部精神十足。

这是黎家历史上最幸福的时期。牲畜也在旺盛地繁殖，黎爹柱挑了两对猪崽和一匹马驹，去猂水换回一头牛犊。节俭的陶九香还不能接受帮工，她心情舒畅，精力过人，每天与太阳同起同落，只要有一点天光，就不会停下手中的活。从早到晚，爹柱也蹲在低矮的连棚里重复同一个动作，这块地的草拔光了，那块地又长起来了，永远也累不垮，更不知什么叫疲倦。每当第一缕晨光刺破黑暗，带着妙不可言的色香味，和鸟儿的啾唧一起钻进门窗，他感到精神百倍，浑身都是力气，好像神话中的人物。

中午，金灿灿的霞光刺破云雾，向土地渗进温暖和养分。陶九香戴上尖斗笠，背一甑土豆饭和腌肉咸菜送到地里，五条强壮的撵山狗威风凛凛紧随其后。黎爹柱既能饿，又能吃，一甑子饭剩不了多少，剩多剩少都给撵山狗吃掉。他裸身穿一件土布汗褐，裤子宽松下垂，站在阳光下，喝着解渴的水，吞咽着可口的饭菜，感到肾气充足，十分享受。周围看不到一个人，只有他们两个。黎爹柱得意扬扬，两手松开裤腰，把老婆扑倒在地头。

陶九香用手推他，用膝盖顶他："畜生！"

"包你多收两三成！"黎爹柱高兴地压着老婆，犁进犁出像在翻一丘田。

陶九香又害臊又生气,骂个不停:"不要脸。"

"用点蛮劲!"黎爹柱吼道,"心要齐,不蛮不野,干了无效!"

开春在地里交合,可以获得一季好收成,陶九香半信半疑地同男人野。

五条撵山狗睁大天真的眼睛,一眨不眨地盯着他们。等到黎爹柱喘着粗气倒在一边,它们一齐把鼻子凑到陶九香身上,好奇地嗅来嗅去。

"真能管用?"陶九香从地上爬起来,一边提裤,一边问。

黎爹柱看着老婆宽宽平平的前额,端端正正的鼻梁,湿湿润润的眼睛,开开阔阔的乌眉,教唆道:"你披散头发,赤身露体在地里跑一圈,更灵。"

陶九香生气地说:"你先跑,你光起屁股先跑一圈,我再跑。"

黎爹柱仰视湛蓝的天宇,嘿嘿笑道:"女人胯下有法,男人又没有。"

"那是女巫,"陶九香动手收拾饭甑和碗筷,"不是女人。"

"只要多结些鲜连坨子*,当一回女巫没关系。"黎爹柱盯着老婆,满不在乎地说。

"女巫都是随便当的?她要嫁给蛇,我也嫁给蛇?呸!"陶九香啐了一口,领着撵山狗,恋恋不舍地走了。

太阳消失,暮色四合,黎爹柱哼着小调,急匆匆、美滋滋地回家。一棵棵古树魁梧巨大,绿絮披挂,比刚分杈的小树更精神抖擞,新鲜狂野得仿佛还是少年。黎爹柱穿行其间,豪情满怀。他的嗓子不怎么样,但十分自在有趣,神仙听了也羡慕:

> 太阳去了,
> 四山啰啊凉呃,
> 啊——哦——依哟啊嗬呃——
> 依耶望耶,
> 妹望郎呃依呃,

---

\* 鲜连坨子:新采挖的黄连根茎。

>   喜耶望耶归耶，
> 
>   依哟啊嘀啊，
> 
>   啊嘀啊嘀啊——
> 
>   依哟依啊哟，
> 
>   啊火啊火喂哟依，
> 
>   归洞房呃唉嗨呃，
> 
>   啊哦呃嗨哦，
> 
>   依哦——依哟啊嘀唉——

等他回屋，陶九香端出热腾腾的饭菜来一起享用，趁男人吸烟的工夫，收拾干净锅碗，脸脚一洗就吹灯压火，双双爬到柏木架子床上去。黎爹柱有喝荤酒的习惯，床柱上一左一右、不高不矮吊着两个小酒瓶，每个酒瓶刚好装半斤苞谷酒。在充满野兽气息的大山里，除了星光没有其他光源，天与地的轮廓线不明显，很深的黑暗仿佛存在于永恒之中，满山虫鸣一阵紧似一阵，他上半夜呷枕头左边的酒瓶，下半夜呷枕头右边的酒瓶，力大无穷，血脉贲张地和老婆对抗，奋战在老林大荒。

## 第二章

**1**

斗转星移,妈武、妈绥和妈貉读了三年私塾,肩挎蓝布包袱昂首阔步向更古坪走来,包袱里装着写有两百个汉字的毛边册簿,他们生命的魄像新月一样一天天充盈。特别是十九岁的妈武,嘴角长出短短的胡须,喉结突出,阔脸浓眉,皮肤红黑,比弟弟妈绥和妈貉看上去更粗壮结实,祖宗传下的元气,在他身上喷薄欲出。

山民背着玉米秆从对面走过,长长的玉米秆和宽大的叶子耸得很高,只看见两条腿有节奏地迈动,在夕阳的逆光中,就像一座金山在缓缓前移,羊子跟在后面,"咩、咩"叫个不停。从漫长的森林农耕区到原始边缘林,一路树叶间筛漏下来的阳光,跳动在黎家三个虎犊般的儿子身上,那是财富带来的文明之光。

陶九香给学成归来的儿子们准备了家宴,谁知三兄弟一进门,水也不喝,就先去祖宗牌位前毕立着,一人高声背诵一段《千字文》,把黎爹柱听得心花怒放,才得意扬扬地端碗吃饭。一个下午的时间,黎爹柱都在捧着毛边册簿,蘸着唾沫仔细比较,没发现一个重样的字,他自豪地站起来,两步跨出门外,悲喜交加地打了一声呼哨:"我屋的儿——识字啰——!"对着苍翠的群山欢呼。

家里创业犹酣,正需要帮手,自从黎爹柱和陶九香在地里交合后,连秧长势特别好,但杂草的生长速度也很惊人,密密麻麻,必须一棵一棵地连根拔起,才不会淹没连秧。黎爹柱冲陶九香坏笑,领着三个儿子转战十几块连棚,佝偻着身体,从天亮蹲到太阳落坡,把青草一棵棵从地里拔出来,抖抖草根带出的湿泥，扔到地垄上。干了好几天，累得骨头散了架，妈绥和妈貉赖皮偷懒，躺到坡上睡觉去了，剩哥哥和父亲两个人在连棚里搞弄。

父子俩腰酸腿痛，佝腰钻出连棚，在地垄上立身站站。妈武扔掉手里的杂草，响亮地吼了一声："啊——呵——喂——！"回肠荡气，豪情万丈，惊跑了地上的野鸡，惊走了头顶上的云。黎爹柱看着比自己高出一个头、魁梧结实、眉眼英俊的妈武，很是自豪，他想起祖上的故事，情不自禁往长子身边靠了一步，点点头，笑眯眯对儿子说：

"黎家有个老祖公，年轻时人才很好，天天回家看见有喷香的羊肉。有一天，他看见一个老巴子衔着一只羊子，在土地庙门口鞠了几个躬，作了几个揖，又在地上打了几个滚，老巴子皮就脱了，变成一个乖姑娘。"

妈武眨了眨眼睛，双目金光闪亮，黎爹柱见状，解下拴在裤子腰带上的烟杆，得意道："姑娘把羊拖去剥皮，动手做给我屋祖公吃。祖公看她乖，偷偷把她脱下的皮藏起来，姑娘变不回原形，只好和我屋祖公结婚生儿。"妈武兴奋地张着嘴，听得目不转睛。"过了很多年，老巴子对自己养大的儿子说：'我跟着你老汉几十年，孙子也有了，还未回过娘家，没出去玩过，我要回娘家玩几天，把皮给我。'"

黎爹柱说到这里，坐在地垄上，开始卷烟叶。妈武挨到父亲身边，好奇地听这龙门阵。"儿子不准她走。我屋祖公对老巴子生的儿子说：'你妈跟我几十年，这么大年纪没有回过娘家，让她去一次。'"

黎爹柱掏出火镰，点燃火绒\*，按在烟杆的烟斗里道："儿子没办法，就把藏在屋角的皮给他妈，看见他妈出门，慢慢跟在后面。他妈一出门，就变成了老巴子，走到一户人家里，看见一个五岁的崽，一下子扑过去。哎呀！儿子惊喊：妈，妈，这干不得啊！"

黎爹柱把烟杆含在嘴里吸了两口，讲得越发绘声绘色："老巴子扭头一看，她的儿子跟在后面，头一摆跑进树林，从此再没有回去。儿子急得到处给人说：'你们打到一个歪脚掌老巴子，请给我报信，不要把它杀了，那是我的妈！'"

---

\* 火绒：艾绒加硝揉成的引火之物。

妈武打了个冷战,看见父亲又把烟杆含在嘴里吸了两口,漫不经心继续道:"后来老巴子还是被打死了,儿子把它抬回家,请梯玛开路,用棺材把它埋了。"

妈武听得汗毛凛凛,但被深深地吸引住。从小到大,他听说过不少家族神话,心里未曾当真过。如今山上看不到人户,自己又到了说姑娘的年纪,他脸颊绯红地想,难道真要娶个母老巴子?

"只要不把皮给她,她就回不去!"妈绥不知什么时候跑了过来,这小子也蹿得和陶九香一样高了,在一旁兴奋地插嘴。

"走开!"黎爹柱斜他一眼,恨恨道,"偷懒的家伙。"

"我和妈貉打赌,是先有黄连呢,还是先有种子?"妈绥委屈地说。

黎爹柱盯着二儿子的麻脸,皱眉问:"你说先有哪样?"

"我说先有种子。"妈绥望着父亲抠了抠脑袋,"爸爸你讲呢?"

"废话!如果没有种子,怎么长得出连秧来?"黎爹柱满面怒容,吐了一口唾沫。

"但是妈貉偏说先有黄连,他说,没有黄连怎么结种子?"妈绥认真道。

黎爹柱一愣,疑惑地说:"你们不干活,躺在那里傻想鸡生蛋蛋生鸡,小心挨揍!"

妈绥失望地跑开了。

这孩子胆子不大,心眼蛮多,经常想些怪问题,字倒写得比哥哥漂亮,招汪先生喜欢。不如等这一季黄连卖了,请汪先生捎他和妈貉去县城念一点新学,家里的事就让妈武一人当帮手。听说,汪先生家两个儿子都在重庆念新学,读书人最狡猾。想到这里,黎爹柱转过身,对大儿子嘿嘿一笑,柔情蜜意地告诉他:"等卖了黄连,有一大堆钱,一准说个仙女回来,给你煮饭洗衣,扫地抹屋,生儿育女,山上就热闹了。"

妈武听得两眼发直,随后咧着嘴唇,像个花痴似的笑。

## 2

仰视山巅,一片浓绿,黎爹柱和妈武蹲在阴苦的连棚里,憧憬着美好的未来。

拔起来的青草,一次次在畦旁堆成小山,连秧的颜色渐渐转深。到了采挖期,黎家父子用铁抓子将黄连一株一株抓起来,用一尺长的大剪刀将根须叶子剪掉,把一坨坨鲜连摊开,在炕床上用温火烘十次,又在院坝上让太阳晒十次,最后倒进竹笼冲撞脱毛。

猕水镇只一条二百多米长的土街和五十米长的半边街,间杂着五十多间木列房和茅草棚,居民百把户,是渝楚盐运大道的必经之地,每年大约有三千担黄连出口,也有不少木材、药材、山货和鸦片出售。渝、鄂等地的客商在此竞相收购,有的按季而来,有的常驻街上。上百年的黄连货栈位于场口的一端,货栈的木墙历经风吹雨打,颜色早已发黑,墙上印刻着县上崔举人不同凡响的手迹:

> 黄连上草,丹砂之次。御孽辟妖,长灵久视。骖龙行天,驯马匝地。鸿飞以仪,顺道则利……

货栈里人头攒动,浓烈的汗味、烟味、泥味和大洋的气味熏得人喘不过气,黎爹柱领着几个帮工下山出货,被刺激得心急火燎,挑着担子亢奋地挤进去,将筐里的黄连倒在地上,身子靠在连堆上,期待地注视着买主。

采购商拥上来看货,把他的手拉进自己衣袖,摸起指头讨价还价,黎爹柱早就听说过这种方式,现在亲自遭遇,眼光又快乐又诡异,面容又得意又紧张,表情复杂。散市后的情况证实,他以一担黄连三百四十块银元的价格,卖了当天货栈的最高价,帮工们面面相觑。

行情极大地振奋了更古坪,妈武早晚不断地挖,陶九香早晚不断地烘,黎爹柱每天站在场口眺望,等待帮工们挑担背篓出现在山道上。全家人兴冲冲地冲刺着这条暴富之路。

挣钱是这样地容易啊,真没想到,一篓黄连半篓银,几亩零星湾坪的黄连挖出来,大洋数得眼发花,两张八仙桌都垒不下。

黎爹柱高高兴兴从向锦堂手里又买了一座半荒的中山,更古坪和恩施地界犬牙交错,私人买卖土地,不受边界限制。恩施绅粮向锦堂因这座中

山位置挂角,爽快地画了押。

妈武在大樟树上刻下"黎家地界"四个字,摘下一片树叶,发出鸟儿求偶的声音,黎爹柱想起自己的承诺笑了。

山下的春耕结束后,妈绥和妈貉去了县城念书,和他们擦肩而过的,是一个叫张三姑的中年女人。更古坪的春色正越燃越旺,五颜六色的山花从地上开到空中,好像要和女人套在棕包里的织锦鞋面比美斗靓。这双千家有请的大脚骑着骡子,一路恣意炫耀,把逼人的春意带进了黎家朝门,让妈武无比亢奋,情意绵绵抱着撵山狗连打几个翻滚。自从小时候目睹鸡踩雄狗连裆,他就对这一天充满向往。

黎爹柱给应邀而来的张三姑递上一袋旱烟,殷勤地说:"阳雀叫了一早,贵客总算到了。"他鸟枪换炮,穿上了洋布夹裯,以前随身携带的火药枪,也换成了一根三尺长、酒杯粗的竹棒烟杆,杆头有黄铜包嵌,上面刻着虎头虎嘴,很是威风。

陶九香把一碗香喷喷热腾腾的荷包蛋端进堂屋,眉眼含笑地说:"三姑,尝尝我做的醪糟蛋。"

黎爹柱不耐烦更多的繁文缛节,开门见山,"三姑,哪家屋里有合适的姑娘?我家妈武想定门亲,烦劳您给看看。"

媒婆扬了扬褐脸上的细眉,令人敬畏地说:"天上无云不下雨,地上无媒不成亲,都是祖宗传下的规矩。现在的年轻人扔个鞭炮,唱几夜情歌就定了终身,呸!"她轻蔑地啐了一口,"省下个猪头,还能换到谁脖子上?"

"那是那是,"黎爹柱连忙附和,"年轻人自己哪弄得成?"

张三姑想了想道:"要说猕水的姑娘,门第高的,都有人家了;门第低的,又怕是配不上。要不,去恩施说向锦堂家的幺姑娘?"

向家虽受过神兵一劫,却是几代的大绅粮,还有个姑爷在杨森部带兵,陶九香觉得不合适,简直是想入非非,担心女方笑话。但黎爹柱一听双眼发亮,向锦堂父子二人都中过武举,据说家宅长年养着两百人的兵。能和向家攀上亲,一般棒客也不敢随便捉肥,虽然没多大把握,还是值得一试。他毫不犹豫对张三姑说:

"不妨不妨,麻烦去说向姑娘。"

## 3

黎家开始了双重意义上的远距离拉亲。

媒婆张三姑背着一条带尾巴的腊猪腿,艰难地穿越幽深的油墨溪峡谷,那是猸水到恩施的必经之路,除了峭壁上密不见光的原始森林,就是峡谷中布满巨石的溪水,旷世崎岖,无法骑骡子,只能从崖壁的栈道走过去。

她担心馋嘴鬼来抢猪腿吃,走着走着停了下来,脱掉土布内裤挂在扁背沿上,都说鬼怕这东西。

她十分得意,望望山腰一串排列整齐的岩穴,点了袋旱烟,一边走一边吸。岩穴人称"仙人洞",里面有不少长方形棺木,与铁灰色的岩穴浑然一体,传说纷纭杂沓,可惜鲁班艺失传,如今没有谁能把棺木弄上悬崖峭壁。

湍急的溪流通向看不见的远方,盘旋的鹞鹰飞向狭长的天空。女英雄张三姑背负着妈武的青春梦,来到梨树湾首富向锦堂的豪宅前,已经重新穿好了内裤。见多识广的她知道第一个院里住的肯定是兵,背着扁背在门外大唱:"新打屋基四四方,搬土挑石来砌墙;雷打一声千里应,妹子人巧美名扬。"听到歌声,朝门里走出个长工,仔仔细细朝她打量。

汗流浃背的三姑一见长工出来,又唱:"绿豆开花母猪儿鲜,绿豆结荚鼓鼓圆;妹子十八崽十九,花好月圆兆丰年。"长工马上明白,又是一个来说媒的,立即领进气派的院子,走入一间堂屋。穿着绸缎马褂的向绅粮赐座,款以老阴茶问:"哪里来的?"

"我姓张,从猸水来。"三姑得体地自我介绍,险恶的崖路作证,她为山里青年传宗接代舍生忘死奔波。

"路上辛苦啊。"向绅粮头发梳得光可鉴人,斜了媒婆一眼。

"山高有人走,水深有船行。牛蹄不尖不翻山,马蹄不圆不过界。升子里面插莲花,方方圆圆靠您家。"三姑四言八句地奉承,文绉绉地替妈武提亲,"大老爷家和子贤,说媒不怕远,图个天长地久。"

"黎爹柱,"向锦堂不屑地说,"我刚刚让给他一座山,又来要儿媳妇?"

"妈武少爷识文断字，人才百里挑一。"张三姑夸赞道，"黎家敬佩向老爷家风慈严，虽然不如老爷有钱，房梁上也有三年吃不完的腊猪头，坛子里也有三年喝不完的小米酒。"

向锦堂听完她的话，笑了。"黎爹柱啊黎爹柱，"这富贵三代的武举人喝了一口茶，傲慢地说，"浑身的苞谷气。星子在天不算高，但牛心马心不能高。牛心高撞断角，马心高扭断腰哟。"哼了两句曲，客气地招呼女佣先领她住下，明日早饭后送客。

"多谢老爷。"三姑在向老爷得意扬扬的歌声中回过神来，嘴里称谢，心里却又难堪又沮丧。

"老爷多仁慈，"女佣麻利地用刀子割下猪腿上的尾巴，把猪腿重新囫囵放回扁背，一边领她进客房，一边说，"白管你吃，白管你住。晚饭和早饭听见号声，到灶房来吃！"

"行，行。"她赔笑地看着女佣离去，思绪像乱云一样愤怒。向老爷财大气粗，干净利落地粉碎了她千辛万苦的计划。"好粪种烟烟叶黄，没得好女配黎郎。"不堪入耳的酸曲像棒槌一样敲在她心上，想不到事情如此不顺利，出发前悔不该在黎家多喝两碗米酒，信心十足地给妈武打包票。她默默地放下扁背，孤独地坐在床上，羞愧得慌。

第二天号声一响，她厚着脸皮去厨房领了两个玉米饼，一脚跨出了傲慢的向家，气冲冲走啊走啊，没有尾巴的猪腿越背越沉。她，张三姑半辈子给人做媒，每一次送去的猪大腿，对方都会囫囵留下，只有这一次被割了尾巴，真是丢丑！

栈道弯弯拐拐。一根枯树桩横在脚边，她放下扁背，从腰上解下烟杆，坐在上面装上烟叶，狠狠地吸了一阵，然后在树桩上将烟嘴磕灭。谁知褐色的"树桩"昂首而起，将身体对折，猛一伸展跳到对面山上去，把她弹出数米外。啊呀，原来是条"飞镖蛇"。该死的懒东西没有尾巴，颜色像根木头，也不知眼、耳、鼻、嘴长在什么地方。张三姑吓出一身汗，定定神，上前背起扁背，悻悻而去。虽然春晖洒进幽深的油墨溪峡谷，照亮了陡峭的山崖和她脚下的栈道，但媒婆的脸色，比最密集的黄连地还要阴苦。如此生气，她并没忘记把视线投向对面林子，提防"飞镖蛇"飞过来袭击。一眼望过去马上骇得变了表情：一头豺狗在林子里穿行，身后突然蹿出来一头黑熊，黑熊奔跑的动作有点怪，仔细一看，背上竟趴着一头豺狗。这家伙比狗大不了多少，毛色浅黄，前爪十分厉害，后面跟着三四十个同伴。

悠然穿行的豺狗竟是媒子！说时迟那时快，趴到黑熊背上的豺狗一伸爪，从猎物肛门里面掏出肠子来吃。黑熊痛苦万状，狂奔猛撞，发疯地滚下坡岩，几十头豺狗穷追不舍，跟着蹿下去。三姑震慑不已，站在崖顶上，长时间向下凝视。

动作迅疾得像闪电一样的豺狗，是森林里最野道的杀手，长着一张长嘴和一条马尾，爪尖足有两寸长，专门偷袭野兽屁股，连豹子遇见也要警惕地坐在地上，把屁股保护起来。要不了几分钟，倒霉的黑熊就会被吃得只剩一个脑袋，山林将因此增添一些带着毛发的灰色粪便。目睹这可怕的一幕，三姑脸上的阴霾更加郁积，森林里万事万物都在激励着意志坚定的媒婆：她也要伸出像豺狗一样的利爪，把面子抓回来。

## 4

葛藤爬到蛇身上，你要缠来它不缠。山顶上空，彩云斑斓，俯瞰山下，幽深昏暗，门前只听猿啼，不闻人语，妈武未来的媳妇究竟在哪里？

尽管张三姑回到更古坪，把胸脯拍得"咚咚"响，阴云仍笼罩在黎家内外，黎爹柱非常生气和尴尬，向锦堂怎么能这样刻薄无礼？不连就不连，何必唱些酸曲损人？怎么说黎家也是一个大户，被人挖苦有苞谷气不是一件体面的事情，他和媒婆同样坚决，发誓定门好亲，把面子抓回来。

这日天刚放亮，妈武一骨碌从床上坐起，毅然决然地出门，骑马来到獴水街上，买了一串鞭炮，走到金家院子前，看见一个妇人和一个美丽的少女端着两大簸箕土豆片，一前一后走到院里晒太阳，猜是金绍三的老婆和他家有名的乖女儿，立即红着脸，大声喊道："金娘娘，你家姑娘有主了！"当着母女俩的面，不由分说点燃了挂在树枝上的鞭炮。

一切始于猎豹的猝亡。

意外突如其来，山里有点混乱。头些日子，心情郁闷的黎爹柱和妈武

正在连棚里薅草,发现前面坡上树叶子在翻动,抓起猎枪过去观察,看见一群豺狗正在围攻一头黑野牛。父子俩吆喝驱赶,豺狗根本不怵。一头豺狗趴在牛背上,将野牛的一只眼珠抓了出来。"啪——!"黎爹柱射出一团裹挟着黑铁砂的红色火球,脸被冒火的枪头烧得黑乎乎一团,豺狗这才轰然散开。

野牛又惊又怒,在疼痛中撒开四蹄狂奔。

黎家父子紧追不舍,两人只带了一条猎枪,不敢再放,怕打不中要害,反惹野牛冲过来。

"大家伙来了!——来接应呀——!"妈武放声高喊。

林涛阵阵,山风呜呜,不一会儿,传来了低沉而粗壮的牛角号:

呜——呜——呜——呜——!

手持火铳的连农在林子里搜寻,白犬如羊起,黑犬如熊起,花犬如鹊起,红犬如獾起,黄犬如虎起,灰犬如狼起,猎豹领着二弟猎熊飞跑。

撵山狗汪汪狂叫,那是一头三岁左右的公野牛,同伴早被几十头豺狗隔开,逃走了。野牛食量惊人,又喜欢成群活动,需要很大的觅食空间,多年未见。连农手持枪械围追堵截,激动的吼声和狗叫声中,凶猛的野牛被逼到汹涌的激流之中,站立不稳,摔了一跤又一跤。

秦家兄弟比黎家兄弟晚进私塾半年,又提前半年从獳水坝回到密林,这么大的猎物平生还是第一次遇到,两人呐喊着,发了疯地跑。每次大人打野猪赶麂子熏獾狗,他们总是以敏捷的速度冲在前面,兴奋莫名。谁知狂奔的猎豹摔了一跟头,滚到山崖下,猎熊叫了一声"哥!",拉住一棵小树的树干想溜下去,但密枝得到的阳光太少,树干是朽的,只听见"喀嚓"一声,猎熊跌落下去,他滑过树枝,耳边"喀嚓""喀嚓"直响。

野牛已被撞得半昏,顺流而下,冲到一块岩石上搁住,浑身是伤,筋疲力尽。黎家父子和几个连农站在较浅的激流中,黎爹柱只杀过水牛,没杀过野牛,猜想长得都差不多,只是皮厚个大要多费些力气。他接过连农手里的开山斧,照着野牛后颈,使出浑身力气,一斧子砍下去。凭过去杀牛的经验,那里有一寸宽的地方,砍下去既不会夹斧口,又能一斧毙命。

庞大的野牛果然瘫地，白色的四蹄猛地抽搐了几下。

人们用竹绳套住野牛的四蹄，一刀捅进野牛的锁骨和胸肋间，并在那里掏了个洞，灌进冰凉的溪水，让胸腔里滚烫的热血受冷凝固，然后使劲地往岸上拉。拉到附近一块巨石边，七手八脚就把不费一枪一弹俘获的野牛剥皮肢解了。

黎爹柱清点到场人数，割肉砍骨。每份肉都用棕叶包好，谁也看不到好坏，一人拿一份，鲜嫩的牛血旺和肠肝肚肺归了一群撵山狗。

秦保长发现没有猎豹和猎熊，放嗓门唤了几声，唤不答应。那时天已黑尽，秦保长心里发紧，点个火把原路找回去。

妈武提醒说："是不是摔到崖下去了？"他把分得的野牛肉用棕叶穿好，让黎爹柱先带回家，自己举起火把和几个山民一起，用竹绳绑在腰上，下到水流湍急的崖底找寻。搜了一段路，猛然看见猎豹和猎熊躺在树丛间，一个人事不省，一个哀哀呻吟，火光照亮了地上的两摊血。

人和动物的命运竟是那么相似，两兄弟一死一伤，秦保长发疯地扑上去。可怜的猎豹，刚好掉在一块石头上，后脑勺摔碎，猎熊伤势轻，也折了一条腿。

妈武回到家里，黎爹柱劈头问："找到没有？"

妈武脸色很难看，同龄人的死亡使他震惊："猎豹摔死了，猎熊腿断了。"

"可惜伢崽。"黎爹柱想起猎豹用竹竿和自己干仗，难过地张大嘴巴。

陶九香瞪着眼睛，呆呆地发愣。就这么没了？好好一个崽，费尽心神攻书文，用完一年功，学问都浪费了。她倒吸一口凉气，自语地感慨："识的字都没用上，还不如早点娶媳妇，留个种种。"

妈武抬头看父亲，黎爹柱也瞪着他，父子俩同时愣了神：猫水花椒湾殷实户金绍三的长女金氏，十岁就被猎豹扔过鞭炮，秦家好像准备秋后接人。传说那姑娘是个美女，阳间逗人看，阴间鬼都争，有一天被周泰望老婆遇见，这婆娘回家对男人说，金家生了个小仙女。周泰望是秦家的长工，喜欢说些下流事给刚懂男女关系的秦猎豹听。猎豹经不起丑话怂恿，把枕头抱在肚下摇了半夜，第二天就鼓着十四岁的鸡鸡和弟弟猎熊一起，走了二十里山路，来到金家院子前，迫不及待放了一串又长又响的鞭炮。

照山里的规矩,等于给女方下了聘书,秦保长请周泰望老婆去向金家要了红庚。

乖乖女竟成了望门寡!

啊呀,一份复杂的渴望,同时在父子俩心里萌芽。

妈武毫无理性,鬼念头像树苗冒出地面,压都压不住。对金氏的强烈向往冲淡了猎豹之死带给他的忧伤,在私塾接受的扫盲教育,使他能对婚姻大事进行自由思考。张三姑处处夸奖金氏的美貌,山里人都是随便听听,人家猎豹,已经去金家扔了鞭炮,媒婆要按规矩出牌。但现在猎豹死了:一块肉从鹰嘴里落下来,狼不跑去捡,狗也要跑去捡。他心事重重,厚着脸皮试探父亲:"听说,和猎豹定过亲的金女子,阳间逗人看,阴间鬼都争。"

黎爹柱在猕水街上见过金绍三。花椒湾紧邻更古坪,属第九保管辖,金绍三一年四季穿一件不上衣领的蓝布衫,戴一顶瓜皮帽,留着花白八字胡,老实节俭,见人总是一副笑脸,活像土地庙里那个菩萨,外号叫"金土地"。金家小有家业,女儿长相又好,想到这里,他磕磕烟杆,露出和长子一样没心没肺的表情,点头道:"都说那个妹儿乖,现在,可以从娘屋再嫁,叫三姑去说。"

妈武坐卧不安,越琢磨越渴望这门亲,脱口道:"我还是去放个火炮,免得让人抢了先!"

# 第三章

## 1

金老娘听见鞭炮,马上转身回屋,猎豹虽死,秦家并没来人放话,她有些担心。

妈武风华正茂,头型还剃着在獗水读书时的样式,中分发剪到后脑勺,面孔微黑,眉浓鼻挺,是獗水人见过的最端正英气的青年,当下马不停蹄,又和新雇长工孙福去捉"碎蛇"。这种蛇只有一尺多长,从树上落下来,立即散架断成数截,十多分钟后自动连接起来,照常爬动,是接骨的神药。突如其来的事件令他过意不去,希望奇蛇疗好猎熊的断腿。

转了半天,孙福看见一条背部呈青黑色,像蚯蚓一样的小蛇在一大块岩石上爬行,"这里!"他用马桑枝把那蛇从岩石上拨下来,蛇竟摔断成四截。尾部的一截稍长,中间的几截稍短,每一截都在蠕动,其中一截翻滚一阵向深草滑去。妈武屏气凝神,不一会儿,见它又伸出树叶外面,探头探脑几下后,慢慢地爬出来,向当中的一截靠拢,两个断面碰合在一起,蠕动了一阵,居然连接起了。接着又这么蠕动,将每一截都接上,还原成一条完整的蛇。

就是它!孙福边说边用马桑枝把它捉住,放进带来的竹篓里。

妈武拿着这个竹篓直奔秦家,希望秦家退回姑娘的红庚。

张三姑做客金家院子,巧舌大显身手:"秦猎豹人已死了,政府下过榜文,禁止叔嫂转房,退不退红庚有什么关系?"

"谁家肯听政府的?"金绍三的脸色很是愁苦。

"黎妈武和你家姑娘多般配!"张三姑说,"论起财力物力,十保没有谁

比得过黎家。猎熊还小,姑娘嫁过去是童养媳,等几年年龄又拖大了,不如让黎家算算八字,万一是天作之合,错脱可要后悔。"

金绍三和他老婆思前想后,拿出了乖女崽生辰。

张三姑把来之不易的红庚送到更古坪,对黎家父子摇头叹气:"难弄难弄,秦家想让老二收继金姑娘。"

妈武一听急得冒汗,院宅四周云遮雾障,朽木枯倒野藤缠绕,到处湿漉漉的,滑溜溜的,长满密密麻麻的小灵芝,伸手一碰,雨水、落叶、树皮、昆虫尸体纷纷往下落。一到晚上,林子里风也在吼,树也在哼,狼也在嚎,蝉也在叫,空气充满了原始躁动的元素,刺激着山里单调的生活,刺激着旺盛的生殖系统。夜啊,无边无际的森林之夜,他的痛苦无穷无尽。在老林生活了五年,裤裆下的玩意儿和脚上的老茧一样年增月增日增,站起躺下都是鼓鼓囊囊的,渴望父亲兑现当年给自己许下的诺言:娶个仙女回来。

黎爹柱陷入了很大的苦恼,五年时间,他的野心随着家业的发展变大变硬,但顾及与秦家的交情,为妈武的婚事作难万分,低三下四向张三姑求教。

"放牛看草场,嫁女看儿郎。"媒婆古铜色的面孔像吊钟一样凝重,深思熟虑支了一招:"猎熊人小又残了腿,金家一定喜欢妈武。秦家有丧,猎熊还带伤,今年成不了婚,等一等,金绍三早晚要找你商量。"

黎爹柱和妈武听着有理,一起捺下性子等待,对这桩不寻常的婚事既感到不安,又充满渴望。

日子像水一样过去,金绍三夫妇还是那么不知所措,跨踏间,猎熊骑匹小马找上门了。秦保长雇了个万县人,专门教秦家兄弟三人棍棒和句读,免得长大受人欺负。猎熊两腿虽然一长一短,但行动利索,骑匹小马单独到獾水赶场,顺路看看未来的媳妇。上次向金家扔鞭炮,小姑娘的模样都没看见,就和猎豹一起跑了。

金老娘正在砍柴煮饭,听到护院狗"汪汪"大叫,只见猎熊一瘸一瘸地走近晒坝,皱了皱眉,进屋对正在窗下挑花的女儿说:"怕是秦家老二?"

金氏一愣,"嘎吱"一声把门给关上,像躲猫似的藏了起来。

十三岁的猎熊在外面"啪啪"敲门,金绍三一早下地去了,金老娘六神无主,把门打开,猎熊恭恭敬敬地朝她鞠了一个躬,叫道:"婶婶,我是猎豹的弟弟猎熊,到獀水玩耍,顺路来看看你和金叔叔。"然后把路上打的一只野兔放在地上。

金老娘不会应承,一边猜测小家伙的意图,一边端上茶水陪他干坐。猎熊眼睛四下里转,没看见金氏的人影,失望地站起来告别:"婶婶,我走了,过两天从獀水回来,再来看你。"说完转身离去。

金氏不让秦猎熊见她,自己却想看看对方,等金老娘吱嘎一声关上门,忙从内室跑出来,对着门缝往外打量。

猎熊听见门响,转身推开门板,突然袭击,撞个正着。

金氏面容突变,黑亮亮的辫子一甩,哇的一声跑回里屋。

猎熊连连赔不是,金老娘十分生气,却奈何不得。

金氏被猎熊笑嘻嘻的模样气坏了,仿佛受了天大的羞辱,又恼又怒。心想猎熊比自己小四岁,个子刚到自己耳朵,又瘸了腿,这样的男人做丈夫,还不如不嫁呢。

猎熊欢天喜地告辞,金绍三的老婆陪着女儿掉泪,忽然想起黎家也来扔过鞭炮、送过红帖,怎么两三个月过去不见一点动静。红帖上写得明白,黎妈武已满十九,这个年龄按理不能久拖久等,大风吼山,发泄着金家的苦恼和疑惑。

金绍三从地里回来,对哭红了脸的女儿说,既然黎家扔了鞭炮,又送过红帖,早晚总得来接人,我找人商量商量!


## 2

古历十月,茅草开始变黄了,落叶随风起飞,山神土地都在岩缝里打瞌睡。这样萧瑟的一个下午,金绍三在獀水叫茶摆酒,诚惶诚恐地等着几位特殊客人。他决定采纳张三姑的主意:请人调解,出钱消灾。

街上冷冷清清,秦家父子和黎家父子一前一后骑马到达,黎爹柱和秦保长打过招呼,自从知道是双猫捉鼠,两人尽量回避,今日一见,表情都很严肃。

受人尊敬的汪斌全老先生应请而至。

　　四方都是乡邻。那汪斌全教私塾三十年，是清末最后一批监生，出任过獾水团总，因为不善逢迎被革职，痛恨贪官污吏，慨然归家操办私塾，调教山野顽童，除自己上课外，还请有两名助手，桃李遍獾水，德高望重。

　　汪先生性情直率，用五指捻着白须谈古论今："子曰，'饮食男女，人之大欲存焉'。诗曰，'窈窕淑女，君子好逑'。婚配嫁娶天经地义，但万事要讲礼制。"

　　金绍三不断哈腰，点头："那是那是，那是那是。"

　　汪先生头戴瓜皮帽，身穿布长衫，摇头臧否山里的陋俗："男女自由婚姻，在县城早就流行了，獾水还是'火炮婚''抢亲婚''骨种婚'，为什么我们獾水人，男女老少又会唱又会跳，捡张树叶，就可以吹一天的情歌，这么浪漫还被外人称为'蛮'？"

　　黎爹柱和秦保长满脸惭愧，赔笑道："山里人，就是有些粗蛮。"

　　汪先生纠正："是因为我们封闭，很多习俗落后于时代，涉及女人动辄诉诸武力，不以为耻，反以为荣！"

　　金绍三不断哈腰，点头回答："那是那是。"

　　汪斌全学识渊博，在酒席上讲了很多"诗曰""子曰"，说服黎爹柱和秦保长放弃儿子的鞭炮亲，平等自由地重新缔结婚约。

　　"依先生的意见怎么弄？"秦保长焦急地问。

　　汪斌全捻了捻白须，说："首先，要弄清楚是否两厢情愿。你们两家愿娶金家姑娘为儿媳？"

　　"愿意。"隔着酒桌，黎爹柱和秦保长面面相觑，一齐回答。

　　"金家姑娘愿意嫁给两家做儿媳妇吗？"汪斌全又问。

　　"我只有一个女儿，怎么平等？"金绍三叹口气，苦恼地说。

　　"尊重姑娘的意见，选一户人家。"汪斌全含笑道。

　　黎爹柱和秦保长面对面坐着，都有些紧张。金绍三望望旁边的妈武，这孩子鼻梁挺直，微黑的面孔放射出焦虑的光；又看看背后的猎熊，小家伙热切地指指自己的鼻尖，神情期待地望着他，瞳孔跟灯芯一样亮，一时不知所措，脸膛憋得通红，嘴里嗫嚅："乡里乡亲的，乡里乡亲的……"

酒馆里吃饭的人走过来看热闹，桌上的空气十分紧张，汪斌全有些生气，道："这有何难？你专门请我来断纠纷，又模棱两可不表态，如何断得清？恕汪某不奉陪。"说罢，抬脚就走。

"先生留步，"金绍三忙伸手拉住汪斌全的衣袖，奴颜婢膝地说，"先生留步，容我想一想。"

"神断吧？"围观的乡民忍不住插话，干脆点。

"人断不行，"性急的乡民见金绍三为难，七嘴八舌出主意，"神断也行。"

"神断！"金绍三抹了一把额头上的汗，"神断算了。"

汪斌全面带思索地问："怎么断法？"

"让两位少爷斗一回草，"金绍三急中生智，认真道，"谁赢了，我家姑娘就放给谁。"

"你们同不同意？"汪斌全问黎爹柱和秦保长。

"好吧。"黎爹柱道。

"输赢都是天意，不伤和气。"秦保长说。

汪斌全摇头苦笑："哪位乡亲帮忙扯把草。"

"我去。"一个叫迩养的乡民踊跃地跑出门，不一会儿，握着半青半黄的茅草进来。

"黎妈武，"汪斌全叫道，"选吧，选两根。"

妈武闷闷不乐地在那一把乱草中，挑了两根韧性不错的王子草，摆在桌上。

"秦猎熊，"汪斌全又道，"你先挑。"

猎熊跃跃欲试地选了他看上去满意的一根，剩下的归了妈武。这时，看热闹的人越围越多。

"一决胜负，还是三打两胜？"汪斌全又问。

"一次定输赢！"妈武和猎熊毫不犹豫地说。

猓水每一个男孩，都会玩斗草占卜的游戏。黎爹柱和秦保长眼睁睁看着自己的儿子不慌不忙，将各自的王子草挽个活扣，神秘兮兮地"哈"了一口气，然后互相交叉，面对面各执一头，嘴里同时念："一二三——！"向后一挣，刹那间，挽在一起的王子草断开了，一根的活扣，残留在另一

根的活扣上。胜利的王子草,稳稳地握在妈武的手里。

黎爹柱洋洋得意地看着儿子,耳朵却听到一种奇怪的"嗡嗡"声。

"双方事先讲好,一次定输赢。"汪斌全道,"黎妈武斗草获胜,黎家和金家,平等自由地缔结了婚约,避免了武力抢婚,实为我猓水民风的进步,我建议,金绍三请在场各位喝一杯酒。"

"好,好!"金绍三如释重负地叫道,"上酒!上酒!我请客。"

"再来一次,"猎熊委屈地叫,"三打两胜,才能算数!"

围观的乡民哄笑。

嗡嗡声越来越明显,从东方的天上传来,汪斌全也听到了。

"早知这样,"一直挤在人前看得津津有味的迩养幸灾乐祸地说,"还是不如人断。"

"给你哥道个喜。"厚道的秦保长拉过儿子,生气地吩咐。

猎熊想起那秀秀气气的瓜子脸,毛茸茸的黑眼睛,精巧玲珑的嘴和鼻子,泪水在眼里打转,对妈武说:"金姑娘归你了。"

"听听,"汪斌全松了口气,却皱着眉头,纳闷道,"天上怎么有枪炮声。"


## 3

猓水地势东高西低,山岭连绵,溪涧纵横,这些溪涧都是油墨溪的支流。溪涧两旁有一些狭窄的冲积台地,当地人称为槽坝,一碗泥巴一碗米,是比较高产的良田,金家是这一带的小地主。黎爹柱一直对向锦堂的挖苦耿耿于怀,狠狠心,采取交换和购买的方式,用连地和大洋在花椒湾一气置下五十亩田地,若论赚钱,再好的良田也比不过连山,黎爹柱买下它们,只是为了收租时,玉米和稻谷各占一半,给自己和儿子出口气。

婚事的确定,使黎爹柱和妈武一样精神抖擞,他走时给金家放话,腊月里接人。回到更古坪,全家便进入了紧张的准备,日子过得忙碌而又充实。

"没有夏梯玛,我们还在青石码头抗旱,等孽龙打神仙官司。"陶九香感慨。

黎爹柱从梁上取下两块腊肉,和白米一起装进扁背,吩咐帮工孙福去趟斩蛟谷,找寻带领黎家进山的夏七发,叮咛:"就说妈武娶媳妇,请他务必来更古坪。"

喜事临近,孙福看着扁背犹豫不决:"鬼要抢肉吃,背起腊肉钻老林,我不敢。"

陶九香说:"绑几把刀子在上面,鬼不敢抢。"

孙福半信半疑:"东家别哄我。"

陶九香说:"梯玛绑的刀山鬼都不敢上,原理一样。"

孙福觉得有理,马上找来长长短短四把刀,竖起亮晃晃的刀刃,像牛角一样绑在扁背上,就这么令人畏惧地去了斩蛟谷。

六天后,久别的夏七发穿一件缀着补丁的棉袍长褂,挽着裤腿,手提五尺长的祖师棍,踩着没过脚背的积雪,带着十二岁的儿子夏良现,和孙福一起到更古坪来了。

这是一个晴朗的冬日,树上的冰凌在寒冷的风中哗哗作响,天空中飘着薄薄的云彩,夏七发懂鸟语,两只觅食的鸟儿忽前忽后跟着他,"唧呱——唧——!唧呱——唧——!"地叫,不时飞落到人肩上。他停下脚步,掰碎一块土豆饼喂它们,然后把冻得通红的手指放入口中,发出"叽啾啾——!嗝——!叽啾啾——!嗝——!"的鸟叫,鸟儿好像遇到了知己,高兴地在他头上抖动着翅膀欢叫:"吱喳喳——吱喳喳!"不知道嚷嚷些啥。快到巴子岩时,一条小溪出现在夏七发面前,两岸的古木结着白霜,灌草也挂着冰块,满眼玉树琼花,但是溪水没有结冰,上面东一块西一堆浮着很多树叶、菌藻和无人采摘的野果,拥拥塞塞地驮着白雪,高高低低冒在水面上,梯玛若有所思,自语:"好啊。"

夏良现好奇地问:"爸爸,鸟儿对你说什么?"

夏七发双眼放光,嘴里哈着白气回答:"它们在唱:'我们踩来踩去,脚趾绕过来,踩来踩去;脚趾绕过去,踩来踩去;把脚趾甩一甩,勾一勾,我们踩来踩去,踩一踩,踩一踩,天上一看,天窄了,地上一看,地窄了'……"说罢极富节奏和韵味地发出"啾嗝、啾嗝"地嘘叫,惹得更多的鸟围着他前后左右上下飞转。

父子二人跟着孙福,激动地跨进黎家朝门。

梯玛目光如炬,对粗大的穿枋不屑一顾,瞥见石院坝里"哐哐哐"捣着茶叶的陶九香,亲热地戏谑道:"东家太太,擂钵破了我不管,擂杆断了,我可要你赔。"

陶九香正往石擂钵圆锥状的坑里,使劲捣着一根手臂粗的卵石锤,听见夏七发毫无顾忌的双关语,脸红耳赤地用土话骂道:"几年不见,梯玛变了虫精雀怪。"说罢,百感交集地用衣袖揩了揩眼睛。

"梯玛真来了!"黎爹柱大叫一声从屋里出来,紧紧挽着他,一起跨进堂屋,回头又吼,"妈武、妈绥、妈貉,快来见夏叔!"

陶九香也放开嗓子喊:"妈武、妈绥、妈貉,快来见夏叔!是梯玛给我们指的黎哈窟。"

妈绥和妈貉刚从县城放假回家,正在屋后轮流同妈武抬着一个大竹笼,将几十斤黄连冲撞脱毛,一听父母喊叫,放下竹笼就往堂屋走。

"去了几天,好不好找?"灶房里,陶九香往油茶碗里冲着沸汤问孙福。

孙福道:"好找,夏梯玛在外面替人求子,我等了两天,他才拢屋,听说是东家,马上就跟我来了。"

黎家用最好的饭菜招待老朋友,遗憾的是夏七发不喝酒。桌前,陶九香看着夏良现喜爱地说:"良现长大了,这么乖,以后哪去找般配的小姑娘?"

"要到汪先生那里学些'子曰',脑筋才狡猾,开春就去。"夏七发说。他四十岁得子,夏良现比妈绥小六岁,生得剑眉杏目,鼻如悬胆,是地道的美少年,黎家三个儿子都将眼光投到小客人身上,特别是麻脸的妈绥,羡慕的目光透着好奇,夏良现稚气未脱的脸红了。

"银美呢?今年该多大了?"黎爹柱想起夏七发老婆背上兔崽崽一样的幼女,带着醉意问。

"吃九岁的饭啰。"夏七发笑呵呵地说。

"日后放给妈貉吧,我一定给他们大排场,比这次还体面。"黎爹柱凑到老朋友身边,仗着酒劲替小儿子要媳妇。

"妈貉是洋学生,能看上我家银美?"夏七发打量着正与儿子良现说话的妈貉，问。

"妈绥脑筋好，就是有麻子，我怕亏了银美。妈貉除了肚脐眼，周身硬一个疙疸没有，年纪也合适，先口头配个婚，一言为定啦。"黎爹柱压低嗓门，怕二儿子妈绥听见难过，感慨道，"梯玛给我们指了个好廊场，我送你家个好家伙。"

"知根知底，开个亲怎么不行？"夏七发收起笑容，爽快地表态。

## 4

集体迁徙的路上，黎家五口数次与沿途落户的乡亲分别，茫茫然跟在梯玛身后，走进一条茅草和灌木竞生的沟谷，高岩相逼，露出冲刷纹路。越往前越开阔，越林木繁茂。余霞在天边壮观地燃烧，梯玛突然停下，做了一个手势，一列人谨慎起来。马桑树后面发出"訇訇"的声音，梯玛捡起一块石头扔进去，"訇訇"的声音更粗更大了，充满了警告和威胁，周围却陡然升起一阵凉意。

"啥东西？"陶九香紧张地问。

"野猪。"黎爹柱说。

梯玛在空中做了一个手势，低声道："走，横着走！"他让黎爹柱一行改变方向，往树林里钻，自己押后。

那东西不出声了。

茅草梗刺脚，黎爹柱回头看了一眼，只见梯玛夏七发身后，树枝飞快地分开，像被风从中间吹刮一样。一声低沉而巨大的吼叫，让人肌肉紧缩：

"嗷呜……"

"老巴子，'扁担花'？"陶九香魂飞魄散，问黎爹柱。

"快快！"黎爹柱心中狂跳，对老婆孩子撒谎道，"一头大公野猪。"

"嗷呜……"

远去的巨物再次吼叫，声音又慵懒又漠然，却透着威严，分明是虎，哪里是猪！走在最后的夏七发从容道："脚印有六寸大。"

梯玛带领家小和乡亲，镇定地朝着另一个方向行进。两袋烟工夫，来

到一片长满马桑树和茅草的山坡,抬头一看,从山沟对面一壁光秃秃的巨岩中,伸出个狰狞的龙头,张开大嘴,凶猛地俯视沟谷。一棵碗口粗的杉树从龙头上伸出去,就像额上的独角。端详片刻,夏七发蹙紧眉头道:"孽障,犯了天条,五花大绑脱不开龙爪。你们看,周围山峰青青葱葱,唯独这座岩头树木稀疏。"

黎爹柱问:"双角为公龙,无角为母龙,独角是什么?"

"独角是蛟。"夏七发望着那颈部以下全部禁锢在岩中的龙头,双目如炬道,"每年天上都要打蛟籽下来,无论人、野鸡、蛐蛐还是别的什么东西,谁吃了,谁就会起蛟。刚起蛟,它以为自己要变龙了,有了不起的事业要做,就崩大山涨大水,走到哪里毁到哪里,或者吞江吸流,喝干航道,禹王菩萨只好用金钩子闪电制它。"

黎爹柱站在壮志未酬的独角蛟下面,看见茅草覆盖的嶙峋石缝,又恨又惧,半天移不开视线,突然问梯玛:"老龙和老虎哪个厉害?"

"都是呼星引宿的魁兽,得了禹王的令支撑四维。"夏七发感慨。

远处马桑树丛中冒出一个樵夫来,用吃惊的眼光打量着他们。

头发蓬乱的黎爹柱向他走过去,大声问:"兄弟,这是什么廊场*?"

乡民用土语回答:"斩蛟谷、獴水和青石乡的插花地*。"

四周是寂静与安谧笼罩的群山,神秘力量使人震撼,夏七发谛听,环视,仪式上得到的讯息是看不见水的河流,大家忧虑,不解,难以释怀,现在面对一个戴枷的蛟头,梯玛放下背篓,撩起被树枝剐破的衣衫,心潮滚滚道:"就是这里,可以生根!"

黎爹柱耸了耸眉骨,问:"好找井泉溪涧?"

"蛟龙伏法的地方,还愁山水流不进屋?"夏七发指着脚下,抖着一脸鼠窝状的胡子说,"用石头砌起来,这些都是水田。"

梯玛是半仙,无所畏惧,黎爹柱却担心独角蛟怨气冲天,做邻居不恰当。他悄悄对老婆讲:"子孙发起来,像竹笋一样快,一个地方住不下这么多人,山泉到处都有。"说罢举枪放了一炮。大儿子妈武飞快地钻进树

---

\* 廊场:方言,地方。
\* 插花地:是指两个之间没有明确归属的区域。

丛，拎出来一只中弹的野兔。

"飞籽成林，你还可以往里走，江边每年那么多黄连，都从这一带山场挑出去，是个生财廊场。"聪明的夏七发抬起头，望着苍翠的大森林，深邃的眼里闪着亮光，快步走到一棵四米高的阔叶树旁，扳下一根树枝递给黎爹柱道，"带根背橄树杈子，就是这种，禹王菩萨取的名，老巴子不喜欢它，一挨就倒绒*，竖不起毛来。"

鸟兽虫鱼、山川草木的名字，都是禹王治水泄洪后挨个取的，黎爹柱知道，摸着神奇的背橄树杈子，满心欢喜。

夜里两家人美美地打了一顿牙祭，夏七发掐着手指，严肃地教会黎爹柱威猛的祖师诀和娘娘诀。这两个神，任何法事前都要首先请起，在关键时刻驱鬼降魔。特别是娘娘诀，对一切魑魅魍魉都有震慑作用，但模仿的是女阴，一般不轻易示人。考虑到林中阴气重，夏七发将两个神秘的法诀，传授给乡亲护身。

第二天黎爹柱拿上那根背橄树杈子，领着家小走向古木参天的森林腹地。经历了两个日落，又见大红大绿满世界喜庆，他在一块阳坡的巨石旁，用柴刀砍出一块空地，陶九香拿木棍捅下一堆野果，三个儿子一个十六岁、一个十四岁、一个十三岁，歪歪斜斜地躺在树下，吃着野柑子和山葡萄，全部疲惫不堪。天色暗下去，只能看到山和树林黑黝黝的轮廓。黎爹柱拿火镰的钝刃擦击火石，点燃火绒把茅草引燃，迅速放进马桑枝和松树毛架起的柴堆，晚风一吹，火苗熊熊地蹿了上来。相传，马桑过去曾是参天大树，人们能顺着它爬到天上去，因为受到神的诅咒，变得又弯又矮，世世代代给山里人当柴烧，着火非常快，陶九香烤起黎爹柱现打的野兔，聚精会神地翻动猎物，守着即将到嘴的美味。一只巴掌大的虎斑蝶趴在岩坎上歇息，被红红的火光吸引，抖翅飞了过来，在两人头顶上盘旋。黎爹柱舞起手臂驱赶，虎斑蝶翩翩绕到一边，一会儿，又飞回到他面前。陶九香盯了一阵子，伸出脏兮兮的手掌，小声道："大蝴蝶呀大蝴蝶，如果你是从祖宗那里来的，请落到我的手板心。"

---

\* 倒绒：毛羽类动物没有脾气的状态。

不可思议的事情发生了，陶九香刚把话说完，黄黑相间的蝴蝶竟直直飞过来，停在她摊开的手掌上。黎爹柱目不转睛看着老婆掌心，心里掠过一丝疑惑，也像陶九香那样祈祷："蝴蝶，如果你真是从神那里来的，请飞到我的手背上。"说罢慢慢翻过手掌。只见蝴蝶动了动细腿，一抖翅飞向黑暗中。"我真笨！"黎爹柱睁大眼睛，后悔地拍打着自己的腿，"你证明了一次，我还要你证明，我真笨！"

一切都历历在目，那个富有纪念意义的夜晚，肥大的野兔在火苗的舔舐下"嗞嗞"流油，散发着令人垂涎的香味，风木水火土和星空还是洪荒时代的样子，黎爹柱把一块窄窄的地面烧热，让老婆儿子趁着余温睡在地上，自己抱着猎枪守在火堆旁，彻夜难眠。天一放亮，勇锐无比的他就挥动柴刀，从巨树上劈下枝干，长短砍成一个模子，三个毛发蓬乱的儿子跑上跑下，和母亲一起搬运，像蚂蚁筑窝似的，用树枝柴块做墙，在神灵显现的不毛之地，搭起一个史前风格的三叉棚。

## 5

几年过去，黎家今非昔比，坐落在更古坪的气派的院宅披红挂绿，隆重迎接一个山里男人绵延香火的日子来临。山风干燥而凛冽，四周的沟壑还盖着一层白雪，贴着黎家封条的花轿终于从花椒湾出发，轿夫们颠上颠下，前呼后应地向更古坪走来，十几担嫁妆挑子紧随其后，唢呐和锣鼓交替歌唱："呜哩呐呀呜哩呐，接个媳妇来烧茶！"似悲似喜，人神同谛。

金氏是望门寡，按说该坐黑壳花轿，但她貌美如花，激起了妈武的爱情梦幻，硬要用红轿去接。正月初八，十七岁的她身穿大红"露水衣"，头搭大红盖头帕，帕子四角各系一个铜钱，戴着银项圈、银手镯，由一个远房表哥背出堂屋换鞋。金绍三夫妇不希望女儿带走自家的财星，目送她脚不沾地，一尘不染从堂屋到朝门，在吹打声中钻进黎家抬来的大花轿。

虽寒意刺骨，金氏的心却被暖洋洋的春风鼓荡着，面孔微微发烫，眼里的春色迷醉了与世隔绝的原始森林。她刚刚被一条白棉线给开了脸，感到皮肤有点微微痒痛——张三姑手嘴并用，拿棉线在她脸上左拉右扯，像一个熟练的弹花匠，"刷、刷、刷"很有节奏，一会儿就麻利地把她从娘胎里带来的苴毛全部拔光。然后是剪眉，她的眉毛弯弯，又顺畅又整齐，张三姑不知道怎么下剪，只好用笋壳毛烧的灰兑点桐油照着描了描，一张面孔格外光滑明亮，红扑扑的，看呆了满屋男女。

一干男女上了更古坪的山道。

"来了！"妈绥跑进院宅报信，和他个头差不多的弟弟妈貉紧跟在后，两人一身校服，洋气时髦，和新郎妈武一样惹眼。嘻嘻哈哈的乡亲马上安静下来，夏七发在一张陈列香烛酒果的方桌前微笑恭候，待花轿停放稳当，立即拱手作揖，快活地唱起来："娘家车马请回转，婆家车马出来迎；白虎神君来到此，诸般神煞尽回避。"一边唱，一边捉起早就准备好的公鸡，掐破鸡冠，往装酒的碗里滴血，然后将公鸡向花轿后面扔去，酒也奋力泼到轿上，金氏从娘家带来的晦气着着实实被挡在朝门外，剩下一个干净喜气的人儿跨进堂屋。

金家请经验丰富的工匠朱顺做押礼先生。

这是有史以来密林里最繁文缛节的婚礼，黎家院坝宾客盈门，夏梯玛在堂屋门口站着，和朱顺一问一答比古斗智，把人们引过去围观。

"愚下少才，不懂就问。"多次替人送亲的朱顺长衫子整整齐齐，像读书人那样文质彬彬，客套谦虚，"男女婚配，何人所兴？哪个皇帝，兴种五谷？哪个皇帝，制作衣巾？"

"愚下是个孬马马，叫花子背篓不经刷。"夏七发笑容可掬，满口周公制礼，"男婚女嫁伏羲始，播种五谷神农兴，轩辕黄帝衣巾制，若有答错请纠正。"

"姑娘自幼少家训，举止迟缓腿不勤。"朱顺有备而来，同样伶牙俐齿，出口成章："若有粗言高低语，公婆妯娌多担承。"

"公婆待媳如亲女，妯娌情意火样红。"夏七发对答如流，炫耀四言八句，"男耕女织勤劳动，恩恩爱爱度春冬。"

两人煞有介事，拼了半天嘴皮子，感到旗鼓相当，抬眼对视，拱手抱拳，客气道："撇脱\*些，撇脱些！"一起走进堂屋，恭敬地向神龛三拜，把

---

\* 撇脱：方言，轻松，容易，泛指省事。

风头交还给新人。

黎家请来汪斌全老先生主持婚礼,保长秦占云礼数周全来挂人情,胸戴红花的新人上前拜茶,他很有风度地打发了两人一个红包。

酒席在醉人的喜气中开始,谁知吃到一半,秉性慈厚的更古坪最高行政官员突然宣布一个消息:"日本鬼子打到湖北来了,乡里叫出人出粮,支援抗战。"

"日本鬼子?"黎爹柱好奇地问。

"就是日本来的土匪、强盗,想抢我们的物产。"汪斌全叹道,"北京、南京、湖北都在和他们开仗。"

夏七发问:"日本离我们几多远?"

妈绥道:"沿大江走到陆地的尽头,如果顺风顺水,坐一天一夜的船就到了。我们住山里,他们住海上。"

"翻不翻山梁子?"黎爹柱半信半疑。

"不翻山梁子。"妈绥回答。

"水道是通的,禹王把天下的河流连成一张网,能去很远很远,能去世界的边缘。"夏七发肯定地说。

"老师讲他们的名字都喷毒,叫鬼岳、鬼泽、鬼田、鬼神、鬼王、鬼城,不是好人。"妈貉在另一张桌上补充。

朱顺打了个寒战,道:"阎王把瘟神放出来了。"

"必须打回去!谁个报名?十八岁以上都行。"秦保长信心十足地问。

妈武圆房后等着养崽崽,妈绥不是拿枪的料,年龄也差半岁,黎爹柱看着红艳艳的妈武和金氏,想了想说:"如果在猕水,我巴不得去,当打个铜钱花\*。湖北有点麻烦,我捐粮食吧,五十石!"

"算数,洞河,你屋兄弟去一个?"秦保长望着人高马大的猎人王洞河。

"打仗算什么?就是走久了我媳妇不干。"王洞河道。

"哥,我想去。"孙福的幺兄弟自告奋勇。

---

\* 铜钱花:山民对豹子的昵称。

"队伍有吃有喝有饷银,立了功,回来买地娶媳妇。"秦保长鼓励他道。

汪先生说:"生下伢崽崽,来私塾读书,我不收学费。"

"谢谢汪先生。"孙福兄弟俩嘿嘿地笑。

"妈武崽,"另一张桌子喧闹起来,重回更古坪的马三逗道,"当心身体啊,别只顾快活,累坏了。"一屋人甚是开心。

妈武脸上挂着欣喜之色,无限幸福地说:"请叔叔婶婶尽兴,侄儿不喝了,明日再陪。"

## 6

金氏静静地坐在新床上,全身红色的她内心忐忑不安,像有一群兔子在奔跑。

妈武回到洞房,陶醉满足,一脸赤红地傻笑,从上到下打量着金氏,问:"你今天坐在花轿里面,像腾云一样,舒不舒服啊?"

金氏低着头,轻轻地笑。妈武一听细细的笑声,壮了壮胆,一把扯下红盖头,那脸蛋低着下巴还在颤动,一道温柔美艳的光,在房间里弥漫。

妈武心都化了。他将新娘揽入怀中,一口吹灭红烛,激情在黑暗中燃烧起来。金氏后悔得不行,母亲一再告诉她,千万千万不能笑出声,一笑出声,头胎就会生女儿。"呀!"她紧张地张着嘴,在心里惊叫了一句,"该死。"任凭嫁衣被一层层剥光。妈武上身在抖下身也在抖,几次三番弄不明白,他又羞又慌,光着身体下床点烛:"我看不见,把亮点起来。"金氏无地自容,看着妈武钻回帐里,在烛光下焦急不安地瞅,然后要命地擂进自己,感到封闭了十七年的岁月被微微撕裂,一股热辣辣的东西淌出来,轻轻松了一口气。妈武财色双收,生命的魄像满月一样兴奋鼓胀。

喜事办完,黎爹柱强留夏七发住两天,领他参观自己新买的槽坝,一心为小儿子妈貉的婚姻打个基础。

盛情难却,夏七发和老友一起跋涉半日,气喘吁吁来到花椒湾附近。

碎雪不时在飘,天空时而闪过片片银光。

散布在溪涧两旁台地上的田土闲了一冬,正待松土春耕,槽坝的人比

较浪漫，佃户们聚集起来，戴个斗笠，披件蓑衣，好像拉网捕鱼一样，在地里排成横队，将荒草和谷茬连根薅起来。领头的胯上吊个扁鼓，手里拿个钩锣，有节奏地又擂又唱，其余人一起凑号子帮腔，曲调听起来非常原始和神秘：

> 薅起来、薅起来，
> 这边薅起那边来，
> 啊……啊……啊……
> 噢哦噢哦哦哦嗬呵……
> 噢哦噢哦哦哦嗬呵……
> 噢哦嗬、噢哦嗬，
> 噢哦嗬、噢哦嗬，
> 薅了一台又一台，
> 薅了一台又一台，
> 哟嗬哟嗬……哟嗬……
> 太阳嘛，去了嘛？
> 嘿呀嘿呀的嗦哟嗬
> 黑了嘛？天了哟，
> 关了嘛？城门哟，
> 加了嘛？闩了哟，
> 要想嘛？相公哟，
> 等呀嘛明哟天了哟，
> 黑呀嘛黑起来了哟。

佃户们一边步调一致地薅地松土，一边现编现唱，他们信口开河，既骂东家，也骂一起干活偷奸耍滑的同伴，黎爹柱听了不仅不生气，反而哈哈大笑，摸出几个铜钱，赏给领头的叫口。

夏七发凑近黎爹柱，用鸟叫一样的土语，神秘兮兮地对一同逃难出来的老伙计说："是个好廊场，巴子岩附近那条盖满树叶的小河，曾经连着一条古水道，可以直下清江到达武落钟离山，船行如箭，说不定就是十天的航程,族神和祖先都喜欢这山场。"

黎爹柱知道清江是族人的发祥地,不相信地问:"从油墨溪的支流坐船,十来天就可以到清江?"

夏七发说:"祖先有禹王画的九州河道图,九州大小水道都在上面,知道哪里有好地方,哪样走最近,可惜古图失传了,好多水道也不能行船了,不能去世界的边缘,从山场到清江只剩下两条旱道,一条顺着溪谷走,一条顺着山顶走。溪谷太陡太窄,顺着山顶通过栈道才能走出去,但是翻山越岭,不知道要走几多久。"

"还能行船多好。"黎爹柱满眼都是惋惜。

夏七发眯起眼睛,嘴里哼哼出来一首梦幻般的歌:

滩陡、河窄、浪急,
浪花打进船舱,
崖礁啃啮船底。
背纤的,
嘴巴舔着石壁;
撑船的,
屁股贴在船底。
翻过千山万岭,
渡过千潭万水;
汗流尽,力使完,
船到油墨溪。
望天不见天,
两岸大树遮掩;
望水不见水,
满河落叶覆盖……

"如果图不失传,我们的船一直能划到海上。"他说。

那条小河离黎哈窟大约两里地,在落叶的覆盖下看不见水,与秦家岩脚的油墨溪相通。油墨溪发源于猕水山原,由南向北,蜿蜒地穿越大森

林，因河边长满了绿油油的水草，犹如晶莹透明的碧玉而得名。溪水流经神秘幽静的黎哈窟时，变得汹涌澎湃起来，越过长长的峡谷，从湖北恩施迂回注入长江。梯玛的意思是，祖先们曾经从遥远的地方摇橹撑篙，沿着一条古水道而上，来到这里砍树起屋，下河捞鱼，上山打鸡，听飞鸟唱，看走兽跳。黎爹柱对天文地理一窍不通，但相信梯玛的智慧，能在这廊场落业接儿媳妇，他非常满意。

两日后，夏七发踌躇满志地领着儿子告辞，用歌声留下一个惊人的猜测和判断。

# 第四章

## 1

妈绥和弟弟妈貉回县城读书去了，天边偶尔传来枪炮声，孙家老三提着几双草鞋，捆着老娘给他缝的装饰银的夹层腰带去了乡里报到，雾依然无声无息地涌，战争，离山里好像仍那么遥远。

黎爹柱经常挽着裤腿，背着双手，握着那根不离左右的竹棒烟杆，在梁子上游山转耍，走到哪惬意的小调哼到哪。更古坪太野蛮太生灵气了，不像槽坝那么文明。黎爹柱满面春风，指望黎家粗通文墨的长子，过上斯文体面、稻米飘香的生活，哼着唱着把花椒湾的二十亩田地和一部分半荒的连山，划给小两口去开垦管理，算是同长子分了家。

妈武和青春貌美的金氏分得了田土，按说该过得像神仙一样快乐，谁知两人总感到不安，主要是为私生活头痛苦恼。

金氏脸乖，身体也乖，又小又嫩又软又滑，抱在怀里，像条香油喂大的泥鳅。妈武骨头都酥了，脑子也晕了，三魂上升，六魄下降，一股淫火从脑袋烧到心窝，又从心窝烧到小腹，他非得一气贯注，把这股火引开了、燃熄了不可。可这火总也不熄，看着看着小下去，一碰一弄，又蹿起几尺高，妈武无法，只好由着劲添柴，要死要活，不依不饶，像抱着个恩人。

楼板"吱嘎吱嘎"地响了一夜，妈武没有丝毫倦意，脸上泛着幸福的油光。半个月下来，陶九香眉心竖起个"川"字。每天早上，她走出自己的房间，总要仔细观察妈武的眼神。"儿啊，"她说，"你眼圈都是黑的，去把桌上的醪糟蛋吃了。再瘦下去，我让你们像老巴子一样各住各！"

这话给妈武极大的威胁,几天后,他从花椒湾回来,跨进朝门便叫:"爸爸,偕洞乡闹神兵,杀了人了!"

偕洞紧邻獛水,神兵屡剿不绝,一百多年时兴时灭,打劫只进不退,自称虎神附体。官方书写有虎咒入城,骚扰生灵,民心摇动。黎爹柱正蹲在堂屋门口抽烟,听到这个消息比较紧张,问:"他们不是被杨森军长打到恩施去了吗?"

"又闹起了!"妈武粗声粗气地说,"因为壮丁费,一个姓梁的篾匠自称大虎神,用五个指头裹上枸皮纸,蘸上菜油烧,对大家说天兵天将,护法神灵保佑,阴兵阴将做甲兵……"

黎爹柱一愣,问:"烧坏没有?"

妈武佩服地答:"没有,他说要诛团防,打税卡,整富豪,信者免刀兵。"

黎爹柱打断道:"他冒充虎神!"

妈武说:"到处领起人唱'大风呜呜吹,钢刀满天飞;扁担花在跳,羊崽崽在叫'。前天晚上偷袭偕洞团防,每个人拿把马刀,包块头布,弄死了哨兵,进屋见黑头就砍。"他咕噜噜喝了一口水,擦擦嘴道:"团防兵都在睡觉,乱作一团。篾匠提走几十支枪,把房子也烧了,现在街上惊慌失措,大户都怕被抢。"

"偕洞团总呢?"黎爹柱不安地问。

"说去了县城,没有捉住。"妈武从背篼里往外拿金绍三带给父亲的烟叶,讲述自己一路上考虑成熟的建议,"爸爸,偕洞离獛水这么近,我们家修一幢碉楼吧,必要时躲匪,平时就当我和金妹的住房。"

黎爹柱瞅了儿子一眼,慢慢地站起身,点头答应:"可以,你要出点洋钱。"他听说神兵里什么人都有,除了穷困饥民,也有兵痞流氓;既要劫富济贫,又常滥杀无辜,驱鬼遭神所向披靡,在偕洞一闹,獛水还有清静?自己虽然没有积下民愤,算不得恶人,但一夜暴富刺激乡民,这主意不错。

妈武说:"我可以出一半洋钱。"

黎爹柱立即让长子去獛水请大师傅朱顺,给黎家修一幢坚固的石碉堡。

七八个匠人在朱顺的带领下再次来到更古坪，花了一天工夫考察地势。大师傅朱顺围着院宅转来转去，在离院宅百十米远的地方，看中一块巨岩，点燃一炷高香，郑重地祈祷："神威浩浩，圣德昭昭，弟子禀告，土地勿拗，提起大锤，打破石包。"朝巨岩作了三个揖，正式在上面修筑碉楼。

秋天到来的时候，一幢四面临岩的石碉楼终于建成，大约三层楼高，虎视眈眈地耸立在蓝天下，保卫着它的射程范围。楼顶放着滚木礌石，一块鸡蛋大的石头，掉下来也有千钧之力。门板用铁皮包裹，足有三四寸厚。屋里铺着木板，四面墙壁都有哨孔和炮眼，院宅及周围的动静一目了然。

碉楼三面森林密布，荆棘丛生。其间有一洞穴，危急时，可钻入藏身。另一面有条用岩石砌成的陡峭石梯，大约四百米长，与院宅绕道相通。

朱顺骄傲地对黎爹柱说："只要昼夜有人望风，无论神兵魔兵，都奈它不何。"

一团沉甸甸的、体积庞大的云球，在蓝空中孤独地泊着，强烈的散射光，使灰白的碉楼看起来令人目眩。黎爹柱瞅了很久，叹为观止地说了一句：

"除非，谁能变条乌梢蛇梭进去！"

全家都很满意，放心地存放贵重之物。

## 2

腊月里，学校放了寒假，猸水宣布改镇建乡，更古坪不关心这个，只关心神兵的消息。周围大大小小有些劫掠传闻，土匪最喜欢新年，为防偷袭，黎爹柱早早地带领全家搬入碉楼，安全享受肥年。

一大家人围着火塘吸玉米酒，喝得一脸赤红，还没有停下来的意思。妈武抱出第二坛甜酒请父亲开坛，黎爹柱眯着眼，握住斜插的竹管吮了一口，大家接下去轮流吮吸。妈绶匀着气眯着眼，慢悠悠地受用，麻点颗颗泛红光。妈貉也脸红筋胀，他使了些蛮劲，终于掌握到其中的技巧，颇感

第四章

上瘾。

坛子里除了发酵的玉米,还放进了一些山果,一年前就被陶九香贮藏到地下,变得非常甘甜,非常有味道。昏黄的桐油灯光映着一张张气血旺盛的脸。

黎爹柱身板硬朗,酒量惊人,瞅着二儿子的麻脸许诺:"妈绥,明年给你也接个媳妇。"他不敢讲妈貉已定了夏银美,怕二儿子自惭形秽。

"爸爸,"妈绥道,"我年纪还小,长大了再说。"

"不提前看下,"陶九香吸了一口亲手酿藏的甜酒,含笑地责怪他,"到时候哪里就有现成的?着急寻不来合适的。"

黎爹柱笑眯眯不置可否,心里寻思,要不要用老巴子媳妇的故事,再给这孩子启一次蒙。夜深人静,他捏着竹管,惬意地品尝土坛里的琼浆,想着黎家的小康事业,就这么发展到猿水坝子边缘的花椒湾农耕区,自己也成了山里的名人,陶醉地咂摸着滋味,抿了一口又一口,最后在陶九香的搀扶下,拖着长烟杆进了睡房。

安顿好醉意浓浓的男人,陶九香回到子媳们中间,围着火塘继续剥野板栗聊天。整整一年时间,分给小两口的荒山仍然荒着,妈武白天脚杆软,上坡心里跳,金氏还不知羞耻眉欢嘴笑,陶九香感觉到一种煞气,恨不得提把柴刀,把两人身上的淫火给砍了。趁着酒劲,她瞪着妈武和金氏直截了当地说:"地上树子喊,天上雷公喊,要做功夫!床要睡热,地皮也要刨热,只热一样,都是败家相!"

野板栗在火中发出诱人的香味,金氏脸蛋羞得和铁三脚下的柴块一样火膘热辣。妈武狠狠地翻动柴块,把火苗拨弄得斜扑猛蹿,又熊又旺,好像要把房子燃起来一样。

除夕平安过去,正月飞快消逝,妈绥妈貉回学校念书去了,陶九香和黎爹柱重返院宅起居,黄连的行情依旧是好,妈武终于压下淫欲,把稻田交给帮工,和自带农具的佃户一起拓荒,在父亲分给他的阴山坡上搭棚栽连,阳山坡上套种玉米土豆。

那些阴山坡地,原本星罗棋布着一些巴掌大的连棚废墟,当地人称为鸡圈棚,是过去五六百年中,老连农开荒留下来的。妈武领着佃户,在废棚迹地上二次垦荒,重新搭起几亩连棚,野兔和山鸡经常在畦上蹦跳,好奇地看着他们劳作。

到处是厚厚的落叶，有股霉烂发酵的味道，踩上去，脚印马上就看不见。远一点的岩石旁，还有野猪洞和麂子窝。走兽出没，平时彼此井水不犯河水，林子里时常响起"噗、噗"的声音，那是笨头笨脑的黑熊爬树"扳膘"，树上满是苔藓，憨东西又重，一次一次爬上去又摔下来，就这么天天摔，直摔得肥膘感觉不到疼，才安心地进入冬天。

乡团总黄天良领着几个团丁上山巡视，看见这副情景，乐了，大声招呼埋头忙活的青年："大山给你们当圈舍和菜园子，嫌小不？"

野兔和山鸡听到生人的声音，马上跳进树林，妈武站起身恭恭敬敬地答话："黄团总。"

头戴皮帽的黄团总见妈武没包帕子，中分头剪到后脑勺，粗眉方额，脸膛黑里透红，眼睛虎彪彪的，和黄连大户黎爹柱长得很像，问道："你是黎家老大？"

"那是，"妈武说，"我叫黎妈武。"

"像你家这样有钱的吊山户，"黄团总一边说，一边伸手在皮挎包里摸，"要小心点呢，梁篾匠在偕洞闹神兵，专门绑大户，见财宝就夺，不用文取，凭武力拿。"

妈武说："报告团总，我家不怕，我家修了一个碉楼。"

"要得，备点枪支弹药，让神匪有个怕惧！"黄团总摸出一个红本本，胡子竖竖地递给妈武，"乡里奖励的，你们黎家两次捐粮，用行动拥护蒋委员长，这是证书，带回去给你屋爸爸。"

妈武把那红本本翻开，只见里面盖着县里的章，写着"慷慨捐糈"四个大字，忙说："谢谢乡长，谢谢团总，这是我家应该做的。"从密枝间滴落的阳光，跳动在他肌腱发达的身体上。

黄团总看着他问："你小子身强力壮，跟我走愿意不？"

"愿意愿意，"妈武高兴道，"愿意到团总手下骑马吃粮！"

黄团总直瞪瞪地瞅着他问："你屋爸爸愿意不？"

妈武急道："愿意愿意，我下面还有两个兄弟。"

头戴皮帽、身穿皮袍的黄团总哈哈大笑："黎家的人都不笨，做点好事，把上山的马道修整一下，你家收租，也方便一点嘛，完了到猕水来

找我。"

妈武和父亲一样勤劳、精明和胆大。金氏的肚皮已经有些鼓了,妈武心里那团火已渐稳定,正向往着獚水坝的热闹和有趣,两眼放射出渴望奋斗的光。他雇请邀约乡民,披荆斩棘,一起疏通从更古坪到花椒湾的便道。虽然是乡团的交换条件,受益却主要是黎家,黎爹柱心里清楚。再说他正希望家里有一点武装,很支持妈武去团防队吃粮,于是积极出资。便道修好,从更古坪骑着马到花椒湾,再不用弯刀砍开终年的植物丛。

顺着这条崭新的道路,黎爹柱亲自把妈武送到了獚水团防队。

### 3

獚水下辖十保一百零二甲,全乡一千多户人家,分布在方圆一百八十公里的獚水大山上。金氏生下女儿永玉的第二年夏天,蒙黄团长关照,妈武在他手下当了一个中队长,掌管二十几条枪,负责十保、十一保百多户人家的治安。

妈武的辖区偏僻,户丁分散,带着兵去翻山越岭巡逻一遍,至少需要十几天,每月都要巡逻一遍。他开动脑子,在两保各设置一个值勤点,派兵轮流驻守,十保的值勤点就设在石碉楼。他公而忘私,平时领着几个机动团丁,在獚水街头的百货摊、瓜果摊、土布摊前走来走去,听人家招呼"黎队长",欢喜陶醉,偶尔才骑马回趟更古坪,或深入更远的人户了解情况。

作为名正言顺的值勤点,石碉楼有团丁昼夜放哨,一夫当关,万夫莫入,公私兼顾。从碉楼附近地区经过的每一位陌生的面孔,都会迎来团丁警觉的目光,只有白鹇、竹鸡、野雉有时从灌木丛中钻出来,在射程范围内跳跃。

黎爹柱做梦都没想到这一切,逃荒交上好运,他洋洋得意,兴奋不已,骄傲长子大有出息。美中不足就是吃了团防队的粮,整天见不到人影,家里越来越忙,他拍拍脑袋,喊妈武找人带信,叫妈绥回更古坪支援。

这一年,十九岁的妈绥身穿洋布制服,手提竹条箱子从县城回来了,脸颊上的麻点越长越大，盛满了和每个小伙子一样的青春活力，黎爹柱欢喜地召集妈武和金氏给他接风。

"我看见日本飞机被打下来了！"热气腾腾的腊肉香味中，妈绥喝着母亲酿制的甜酒，在桌上眉飞色舞地宣布。

"在哪里？"妈武吃惊道。

"县城边上。"妈绥放下酒碗快活地说，"我刚出城，就听到天上有枪炮响，一看两架飞机在撑仗，从重庆方向飞过来。看的人很多。突然，对面半山腰轰隆一声，日本飞机撞大树上爆炸了。"

"你看清是日本飞机？"妈武兴奋地问。

妈绥对猄水的闭塞感到不满，认真解释："烟子很浓，但隔得近，看得见'太阳粑粑'，城里都轰动了。"

"驾驶的人呢？"妈武追问。

"烧成一团黑炭，我跟人一起跑过去看，剩下一个要死不活，周身是伤，满脸燎浆大泡。"妈绥神气地说，"我们缴了他的手枪，从他身上搜出一幅地图和一张护身符。"

"是不是九州河道图？"黎爹柱夹了一筷油旺旺的酸酢肉道。

"啥河道图？"妈绥莫名其妙。

"禹王画的，九州水道大大小小全在上面。"黎爹柱告诉大家。

妈绥鄙夷道："更古坪太闭塞！爸爸，鬼子揣的是军用地图，他说了几句话，我一句也听不懂。"

陶九香、妈武、金氏和孙福听到这里，全都来了兴趣，停下筷子盯住他。

"人呢，捉到哪里了？"妈武问。

妈绥吃了块辣椒炒的腊肉，道："死了，我看那符和夏梯玛画的一样，笔画弯弯绕绕。"

"鬼兵，护身符救不了他！"黎爹柱啐了一口。他头缠白色丝帕，身着蓝色夹袄，下穿麂皮套裤，蹲在堂屋的太师椅上，笑眯眯言归正传，"读了两年，学问装了几箩筐，回来派点用场。现在妈武带了兵，每天有公务，家里的事顾不上，该你支撑了。"有句话，他当着妈武和金氏的面没说，去年小两口生了个女儿，还一脸若无其事，如果妈绥生个儿子，不由这对

冤家不着急。

妈绥噤了声,家里突然带信叫他退学,没有透露原因,聪明的他已猜测到一些,心里非常不安。

黎爹柱放下筷子,把艾草揉成的火绒放在装好烟叶的烟锅脑子上,使劲吸几口,艾香和烟香气息随着丝丝青烟弥漫在空气中。"前些日子,张三姑帮着说了户人家,我和你妈都满意。你回来了,想办法去看看人,没有什么不顺眼,就把事情定下来。"他得意地说到这里,发现妈绥的脸色不对,奇怪地问,"你不高兴?"

妈绥紧张道:"爸爸,我暂时不想结婚,我想到重庆半工半读,参加抗日救亡。"

这孩子只能写字算账,耕犁锄耙、打猪猎猴并不是好角,黎爹柱鼻孔里"嗤"了一下:"你学问够大了,到什么重庆!周家老二年前入了伍,黎家也算有个舅子在前线,和鬼子干仗,轮不到你。"

"不是干仗,是做一些外围工作。"妈绥对父母的安排充满恐慌,焦急地辩解。县城的文明教育向他展示了一些新的东西,他憧憬爱情和梦想,憧憬美好的未来,不想娶一个目不识丁的山里姑娘。

"妹子不错,姓周,端端正正的,脸蛋比金氏圆一点。"陶九香直截了当道,"周家家境差点,养的两个姑娘还乖,把大的说给你,小的说给秦猎熊,往后,黎家和秦家就是亲戚了,到底方便些。"

猎熊因为摔伤,再没往上长个,得了个外号"短一寸",却很机灵顽强,明白自己条件不好,跟着老师勤学打斗,练得孔武有力,赤手空拳可以对付几个人,妈武喝下碗里的酒,对二弟说:"猎熊今年十七,比你小两岁,你们当老挑\*,合适得很。"

妈绥反感地咕哝:"合适个啥,因为他是瘸子,我是麻子?"

妈武不满地解释:"我的意思是,你们年龄接近,脑瓜子一样转得快。"自从娶了金氏,他对猎熊多少有些歉意,力促这门亲事。

"家境也差不多。"陶九香认真地补充。

---

\* 老挑:方言,男人之间的一种称呼,妹夫或姐夫。

"你不要横起想*。"黎爹柱皱眉看着他。

除了妈绥,一屋人都认为积极可行。

## 4

张三姑足智多谋,知道每个人的心思,想方设法让自家男人领着妈绥去瞧姑娘样子。妈绥本不情愿去,却抵挡不住妈武的怂恿,终于脱下学生装,换上佃户的衣服,戴一顶尖尖斗笠,把帽檐压得低低,跟着她的男人走啊走啊,走到周家吊脚楼附近,坐在一棵大榕树下守候。

难挨的等待中,两人看见走来一高一矮两个姑娘,分别挎着一篮子鱼腥草。妈绥见那高的一个,一根乌黑发亮的长辫子,搭一条长长的头帕,一张银盘似的圆脸,一对黑森森的明眸,不胖不瘦,肤色滋润。再看矮的一个,白肤红唇,下巴尖尖,瘦瘦的腰上系条银边围腰,他闻到空气中弥漫着一股野花的香味,这才惊讶地发现,脚下遍坡都是黄色、白色、紫色的小花。"哦?"三姑的男人两眼发直,"是她姐妹俩。"他不好意思地解释,"我也只见过一次。"

妈绥爬上树干,眼见二人上了坡,突然传来凄美的木叶口哨,跟着,升起来一个男子的山歌:

隔河望见牡丹红,牡丹花上挂灯笼;牡丹怕的劈头雨,灯笼怕的旋旋风。

前面的姑娘居然回答:

大河涨水小河流,一对斑鸠朝上泅;哪有斑鸠舍得死,哪有情人舍得丢?

妈绥躲在密枝里,吹了一声口哨。

---

\* 横起想:思维超出常规。

三姑的男人按捺不住,马上说唱警告:

妹会戴花戴一朵,不会戴花戴满头;好妹连情连一个,莫连两个结冤仇。

坡上的歌声拦腰灭了。

妈绥溜下地扭头奔回家,脱掉佃户的衣服,怒气冲冲倒在床上,双手捂住脸,第一次感到羞辱和委屈。

"怎么了?"陶九香诧异地问。

妈绥抬起手臂擦眼泪。

"出了什么事?"陶九香微微瞪大眼睛。

"她不要脸,和一个男的连歌!"妈绥愤愤地回答。

"定了亲的姑娘,要懂规矩,叫三姑问问她娘。"陶九香皱眉道。

"我不想结婚!"妈绥生气地说。

陶九香注视着他,说:"你让妈武替你交信,他念给我听了,'看着你远去,我的心随那风儿飘荡',写些乱七八糟的话。不结婚,你想在县城当二流子?"

"你们,你们拆我的信?"妈绥身子一震,脸色变得煞白,眼前的一切都在迷迷糊糊地摇晃。他气得六神无主,浑身发抖,信是给一个女生寄去的,因为他在班上成绩最好,又和女生有距离,老师放心地叫他帮助女生。面对落后的家乡,他本想约帮扶对象一起去重庆,半工半读见见世面,母亲和妈武多么愚昧,多么野蛮。

"你听我说,这门亲事板上钉钉,牢牢靠靠,你要替家里着想。我叫周家管好姑娘,他们前天还带信来,催我家早点接人呢。"陶九香拧了拧眉,严肃地宣布。

妈绥脸上满是疑惧,抗议地说了句"獚水野蛮",就沮丧地在一边哭泣。

倒霉的日子,山里黯然的,不只一双眼睛。

周家住在油墨溪附近的山窝窝里,是秦家多年的佃户,十六岁的周大妹像刚出苞的嫩玉米,对小伙子具有不可抗拒的吸引力。挖药人蒋毛毛遇见了，追前撵后吹木叶，打口哨，唱不要脸的歌：

  妹儿生得白又白,辫子像条乌梢蛇;走起路来风摆柳,见了想她半个月。

这黑脸青年刚进山不久，在离周家十里地的岩脚搭棚居住，大妹领着二妹出门挑野葱，仰起脸蛋应他：

  打雷落雨闪电光,鲢鱼游到草鱼塘;鲢鱼不吃草鱼屎,幺姑不嫁贫家郎。

蒋毛毛高高大大，眼睛看起来像溪水一样清亮，歌声像山雾一样执着彷徨：

  哥是高山小谷雀,有处飞来无处落;哪个小妹良心好？给把草来做个窝。

叫花子要坐海参席，不晓得羞！大妹提着竹篮，直截了当地回答：

  叫声哥哥莫轻狂,你早晨没有四两盐;你家中没有半碗米,身上没有半文钱！

她希望对方不要痴心妄想，父母选了殷实人户，已用手摇纺车给她织好了陪嫁的蓝花布床单和麻布蚊帐。

  鸡嘴没有鸭嘴圆,哥嘴没有妹嘴甜,你把我猕水不当街,你把我草鞋不当鞋……

蒋毛毛眼里的光越发透亮。
艰难的日子，诡谲的爱情洞穿了老林的平静。

## 5

周家男人老实,老娘比谁都精明,把二妹叫到跟前盘问:"你为什么不和姐姐一起去背柴?"

二妹说:"有个男的给她唱歌,她叫我留在屋里挑花。"

周老娘问:"那个男人长什么样子?"

二妹说:"黑黑的,高高的,四方脸,身上吊个羊皮袋。"

周老娘一听,知道是挖天麻的蒋毛毛。蒋家几房都住在花椒湾,是黎家的佃户,只有蒋毛毛单门独户在岩上采药。她望着屋后的山林,眉头拧成一个死疙瘩。

说话时刻,大妹正在坡上捡干柴,累了坐下来歇息,头靠在柴捆上,太阳一晒,瞌睡就来了。刚刚睡着,蒋毛毛就背个背篓拿把药锄从林子里转出来,看见靠着柴捆打盹的大妹,有点不相信自己的眼睛:妈呀,朝思暮想的姑娘双眼轻闭,皮肤微黑,光光洁洁,胸前一对奶子就像才出蒸笼的粑粑,圆圆的,鼓鼓的。再往前走,必须小心翼翼,才不会碰着她的腿。他热血直涌,四面张望,故意被绊了一下,背篓和药锄甩在一边,张开双臂朝大妹扑过去。

"妹子,把你撞痛了吧?"他转着骨碌碌的黑眼珠说。

大妹惊醒了,又气又羞地说:"你……"两个奶子一拱一拱地顶着衣衫,活像包袱包着的两只兔子。

"对不起……"蒋毛毛不住地赔不是,两只手一起抓住她的奶子揉,眼珠子燃着无限的欲望。

大妹松开抓住肩索的手去推他,反被捉得更紧。一股热风吹得她腮帮子痒痒,耳边传来唱歌一样好听的声音:"我想给你当男人。"

周围看不到人,大妹懒洋洋地靠在柴捆上,浑身一点力气都没有。

蒋毛毛见大妹一不喊,二不叫,顺势把手伸进她的裤裆,不要脸地咕哝:"是不是露水打湿的哟?"

大妹靠在柴捆上,没有说话。

蒋毛毛不好意思道:"我有鸡公无鸡笼,你有鸡笼无鸡公,我想借妹子的鸡笼,关我的鸡公。"

山风吹来周老娘的喊声："大妹——！"蒋毛毛慌忙站起来，大妹也想站起来，可是背上的柴捆太沉，蒋毛毛替她卸下肩索，道："我给你背到屋后去。"

大妹羞惭地站起来，说："我妈来了，看见要骂人。"

蒋毛毛抬起柴捆，帮大妹背到肩上，心疼道："我每天帮你砍柴，捡菌子，放到你家附近。"目送她消失在坡下。

"死女子，背个柴这么久，以后快去快回，不要理过路人。"周老娘见大妹背着柴捆转到屋前，生气地骂。

大妹明白二妹出卖了自己，也不吭声，默默地把柴捆放好。

屋里的柴垛堆得很高，捡回的菌子吃不完，但是大女儿越来越像匹敌马，经常溜出去大半天，周老娘责骂一夜，叫丈夫给黎家和秦家带信，快些定日子迎亲。

为了漂白陪嫁的麻布蚊帐，大妹把洗衣盆端到油墨溪边，漂洗槌打黄色的蚊帐，冰冷的溪水把她的双手都泡肿了，但想着自己的终身大事，一点也不感觉痛。高大健壮的蒋毛毛老在眼前晃来晃去，像一面墙挡在黎家老二模糊不清的麻脸前面，让她心里惶惑，难以把握莫测的未来。

熟悉的树叶口哨又在对面响起，蒋毛毛用一张新鲜的树叶吹出缠绵悱恻的调子，比黄鹂鸟求偶还悦耳，与山涧融合得生动自然，大妹被这朴实感人、如泣如诉的音乐陶醉，脸色变得非常柔和。

蒋毛毛走出树丛，眼里聚集着爱意，婉转深情地吹木叶，浪声浪气用淫歌撩她，小调颤巍巍，钻心钻胆钻肋巴骨：

盘子盘子盘对盘，渔网渔网互相缠；猪和猪来互相咬，人和人来成一团。

郎在河边砍柴烧，妹在河里洗床单；郎抱妹来嘴对嘴，妹抱郎来怀对怀……

大妹面红耳赤，心已飞到山涧对面，却依旧低头槌打蚊帐，边槌边唱：

我是高山马桑苑,自古无人敢来抠;哥若不信动下手,弹你几个翻跟斗。

受此挖苦,黝黑的蒋毛毛报以浅浅的微笑,放声回答:

你是高山马桑苑,自古无人敢来抠;碰到我个毛汉子,乒咧乓啷几锄头。

大妹也想笑,却毫不含糊,脆生生答道:"幺姑不嫁你,再说也无益!"

蒋毛毛忧郁地吹了一气木叶,继续引颈而歌:

妹在河边洗蚊帐,一棒东来一棒西;棒槌捶在石板上,问妹眼睛望哪里?

三斧头砍不进的厚脸皮,情意绵绵扰人心烦。大妹低着头,寻思黎家老二是个洋学生,獂水有几个洋学生啊,真能看上自己?学问在山里并不管用。听说对方是麻子,十麻九怪,黎家媳妇好不好当,很令人担心。蒋毛毛虽不富有,但是会挖天麻,山里禽兽遍野,又不缺吃少穿,而且门当户对,脾气相投,以后保证不受嫌弃。这么一想,她放下槌衣棒,模仿着回了声口哨,长声幺幺地唱:

太阳又大风又凉,海椒又辣又佐姜;凉风绕绕天要晴,妹妹只望郎来抢。

# 6

蒋毛毛得到表示,一块石头落了地,有数地挑选着行动日子。听说黎家要去了大妹的红庚,他十分焦急,团防兵抓杀都不怕,就怕姑娘有口无心。寻了几天,刚在坡上跟情人表白,又被搅黄,不速之客故意羞辱姑娘。他对未见过面的情敌充满恨意。

时间过得飞快。不管妈绥乐意不乐意,迎亲的日子一天天逼近,三个家族因此充实而忙碌。

大妹忧心如焚,她的房门被上了锁,天天关在屋里挑花绣朵,老娘亲自盯着梢。

按周家的要求,日子整整赶早了一个月,大红花轿说到就到,响器班子老远就吹起喜调,后面还跟着六个团丁。精明而又爱面子的周老娘一再转告黎家,要派团丁壮声势。

"姐姐多神气,接亲的队伍有团丁押后。"二妹悄悄同周大妹耳语。

大妹知道,蒋毛毛没有机会了,掏出手绢遮住脸蛋开哭。

周家老娘那个风光啊,她生的两个姑娘,分别放给獂水十保最有钱的两户人家,姑爷虽然一麻一短,但总是体面男人,从此,不仅周家进入了富人圈,而且十保的富人和富人就是亲戚了,这样的婚姻简直令十保人羡慕,也让山沟震动。

作为两桩婚事的媒人,张三姑满面春风,在周家进进出出张罗,她把周大妹的长辫子挽成圆圆的髻,端端正正搭上一块大红头帕。大妹的脸蛋被盖头一蒙,大放悲声,坐在床沿义愤填膺地唱歌骂她:

媒人是个赶仗狗,吃了这头吃那头。
树上鸟儿骗得来,岩坎猴儿骗得走。
骗得我爹点了头,骗得我娘开了口。
对门山上栽豆子,背时媒人死独子。
对门山上种韭菜,背时媒人绝九代。
陡岩坎上落下河,跌断手,跌断脚,
短命死在地狱里,二世投生变猪婆。
……

这样的歌姑娘家唱了千百年,虽然骂得狠,运筹帷幄的张三姑也不脸红,只当是一次寻常的哭嫁罢了。但周家大妹的歌声却越来越让人心碎:

> 哥哥呀哥哥呀！
> 为什么这样狠心，
> 背我往火坑里送。
> 为什么要帮别人忙？
> 把我背到坎上丢了吧，
> 让我变只鸟儿，
> 飞到无边无际的天上！
> 把我背到潭里丢了吧，
> 让我变只鱼儿，
> 游到无边无际的海中！

周家的长子周泰望说好去妈武手下背枪，几天前专门回家，负责背送两个妹妹。为了显示隆重和气派，妈武把机动团丁从猕水调来帮着迎亲，大妹哭哭啼啼，顶着红头帕从哥哥背上下来，悲惨地爬进轿门。

走着走着，快到干沟桥了，忽然听到远处传来熟悉的乐曲，那是她听得懂的树叶口哨：

> 妹子妹子，你不要离开我。
> 妹子妹子，你好狠的心肠！

妈武向天打了两枪，以示警告。

大妹抓住自己胸口，心疼而紧张地听着外面的响动，但一切归于平静，花轿继续颠颠地前行，盖头里的脸泪如雨下。

拗不过命的妈绥，和妈武当年一样胸挂红花，同顶着红帕的姑娘一起拜茶、拜堂、入洞房。

妈貉正好放暑假回家，同情又羡慕地看着二哥做了新郎，娶回个素不相识的山里姑娘；看着秦保长领着二哥的连襟猎熊同来向黎家朝贺；看着父母对张三姑笑容可掬，亲热得像一家人，心情复杂。他长得比二哥快，个头已和妈绥差不多高了，发型是在县里剪的学生式，和妈绥一样，头皮齐耳朵推得光光，气质鹤立鸡群。陶九香悄悄告诉他，家里早就给他定下了夏叔的女儿银美,想着他年纪小,没有说破,过两年就可以给他操办,用不着急。妈貊面红耳赤,遗憾记不清银美的长相。夏叔每次上门都只带良现,这次又是这样,他很好奇,很想知道银美长成啥样,像不像周家两个姑娘?一边琢磨,一边拿眼睛寻找夏叔和良现,那梯玛父子正帮着黎家张罗谢媒,把张三姑请到堂屋的八仙桌上方,让妈绥和大妹站到桌子下方。妈貊看见母亲陶九香抱着一个红纸封住嘴巴的猪头往桌上一摆,连说带唱道:"一张桌子四个角,中间放个大猪头。"转过脸看着张三姑,乐不可支地又唱:"一张桌子四角方,猪头要用背篼装。"一边说,一边在猪头左边放两封糖,右边放两瓶酒,命令似的吩咐:"桌子上有两瓶酒,媒人把它提起走。桌子上面两封糖,媒人吃了寿延长。"从周家来的几个亲友含笑等在旁边,张三姑环视周围,心里有数,回敬道:"桌上摆个大猪头,做媒辛苦有想头;桌上放的糖和酒,新人活到九十九;男的活到头发白,女的活到牙巴缺。"她不慌不忙地一边说,一边把猪头和糖酒收到背篼里,弯腰背起背篼准备告辞,周家亲友"哄"地围上去,拼命朝她撒糠壳灰和花生壳。三姑久经阵仗,从衣袋里抓出早已准备好的锯末面,左右开弓地撒向围攻她的人。她一边奋力地撒,一边向门外逃跑,背篼也不要了。

"快,快给三姑送去。"陶九香直捅妈绥,妈貊咯咯地笑,看见二哥背上背篼傻乎乎往外撵,跑得满头大汗,才把那野兔子样狂奔的大脚媒婆撵上。

# 第五章

## 1

莽莽群山,滚滚云雾,林木苍翠,郁郁葱葱。

洞房布置在楼上,一切和妈武娶金氏一样,周家的亲戚、黎家的乡邻、团丁保甲一下午都在喝茶聊天,没注意新媳妇在洞房里干什么。

吃晚饭的时候,二妹上楼去叫姐姐,惊讶地发现人不在了,去问哥哥周泰望,周泰望也不知道,陶九香和金氏一起楼上楼下到处寻。

天黑了,还不见大妹踪影,丢人现眼,妈绥在火塘旁边挨妈貉坐下,闷头落泪。大舅周泰望低声下气解说:"二哥不要急,大妹是不是害羞,躲会儿就会出来?"

黎爹柱百般克制,心想出嫁的人乱跑,太不像话。周泰望的脸面挂不住,跺脚骂道:"找到人,看我不把她的腿打断?"

连日辛苦,二妹下午看见姐姐在洞房打瞌睡,没有影响她,谁知左等右等没人出来。

孙福的老婆悄悄告诉陶九香,她听房捅破了窗户纸,看见被子盖在地板上。

喜洋洋的夜晚变得令人揪心,陶九香威严地走进新房,气昂昂掀开被褥检查,果然应该有的没有,她盯着妈绥,问:"昨天晚上,你们干了什么?"

妈绥嗫嚅着回答:"她在床上发神经,不要我挨身,说有个男的来找她,叫她笑一笑。我说千万不要笑,笑了要背时。她说,那男的对她哈气,她忍不住,'扑哧'就笑出来了。"

天地祖宗，黎家两个儿子进洞房都不省事，妈武和金氏好不容易安稳下来，这一对又恶心上了，而且问题还要复杂，莫名其妙。陶九香吓人地沉下面孔，请夏七发赶紧算算，媳妇中了哪路邪。

夏七发能叫瞎子睁眼睛，癞子长头发，几番问卦，综合分析，宣布新娘在东北方向，藏身于树洞，并非岩洞。

陶九香和黎爹柱脸色变得铁青，怪事过去也曾出过，山里有些妹子性格内向，感情丰富，能将树叶一片片哭下来，大喜之日，自言自语跑进树洞，除非请梯玛收拾，任她恍恍惚惚、疯疯癫癫搞死，那就真给树神娶走了。

周泰望最担心的不是树神，而是蒋毛毛等在附近。这门亲从说媒到现在，前后三个多月，他仔细回想情况：发亲的日子定下来，父母就把大妹关在里屋挑花绣朵，白天黑夜盯着，不叫她出门。自己本是秦家的长工，因攀上这门亲，被照顾到团防队背枪，刚去报到，黎妈武就叫他回家帮忙。他每天给父母背柴放羊，搞了半个多月，直到大妹上轿，也没见她出过院宅，更别说和蒋毛毛见面了，怎么商量谋划呢？不大可能。

现在要紧的是把人找回来。

据二妹说，头天下午还看见姐姐低头靠在被垛上，出走的时间应该在太阳落坡之前，夜里起了大雾，迷雾散开之前肯定跑不远。鸡叫三遍，妈武叫了几个团丁和大家一起搜山。

人们出发后，陶九香让黎爹柱和夏七发回房间睡睡，自己领着金氏收拾满屋的鞭炮屑、花生壳，把礼品扎顺到一起，然后捅火做早饭，炊烟在院宅上空升起，和淡淡的云雾汇到一起，飘散在早晨谜一样的老林上空。

一岁半的永玉醒来，不知这个世界发生了什么，感受到前所未有的冷落，蹬腿大哭，金氏给她把完尿，抱到火塘边喂粥，谁知妈貉从外面冲进来惊叫："妈，二嫂找到了，在干沟桥，在岩梁老树洞里！"

陶九香吓人的声音在一闪一闪的灶下响起："有没有其他人？"

妈貉愁眉苦脸地说："没有。"

干沟桥是山民用两截古木搭起的便桥，是更古坪通往油墨溪的必经之路，根古长了。岩坎上屹立着几百棵岩梁老树，有很多奇怪的树洞，里面阴暗潮湿，但被过路的采药人铺了一些茅草，也有一些平整干爽。每年结

的岩连子掉在地上，人人都不敢捡，怕是树神的东西，拿了犯忌；话也不敢乱讲，怕讲了生病。

陶九香吸了口凉气，感到脊背发冷。

妈貉说，妈武他们找了几个树洞，才在一个树洞中看见新媳妇。周大妹头发散了，鞋子也掉了，在里面又唱又笑。

说到这里，一阵杂沓的脚步声从外面传来。"来了，来了。"随着妈貉紧张的声音，陶九香往灶里泼瓢水便往外走。

妈武领着团丁呼呼大喘进了屋，头发零乱、满脸污迹的新媳妇跟在后面，突然间，她扑上去撕朝门上的喜联，二妹焦急地喊了一声，周家族人手忙脚乱，一起上前制止，但周大妹又抓又扯，哭闹挣扎，根本控制不住，妈绥吓坏了，束手无策地站在旁边。团丁返身帮忙，拉着新媳妇走进院宅，强按在椅子上。

黎爹柱闻声出来，看见新娘的红衣红裤被撕破了，正拧着两手歪歪地捆头发，厉声问："怎么回事？"

二妹失魂落魄地说："姐姐经过那里的时候，突然刮起一阵风，我都打了几个寒战，怕是惹着树神了……"

岩梁老树屹立在干沟桥边的岩坎上，看上去非常威武，平时山民砍柴都离它很远，唯恐树神生气。早上出去擒人，妈绥首先想到的就是这里。媳妇果然蜷曲在内，赤足披发，像个山精似的，手舞足蹈，含着一张岩梁树叶子，痴痴地唱：

月亮出来像筛箩，爹妈管妹管得恶；不怕爹妈管得紧，双线连衣扯得脱。

不知是唱给相好还是唱给树神。

大妹脑筋出问题了，周泰望跺脚叹道："老远叫鞭炮响器停下来，就是怕刺激老树，结果还是糟了。"

周家一个婶婶阴着脸说："可怜的侄女，这么没有福气。"

瞅着周大妹脏兮兮的赤脚，金氏上楼把她的绣花鞋提下来，连哄带骗地对她说："弟妹，把鞋穿上。"

大妹看了看她，接过鞋子拿在手里。

妈绥想起她昨天没吃晚饭，忧愁地说："走，进屋去。"

大妹一听，红着双眼，提着绣花鞋冲向陶九香。

"站住！"只听一声呵斥，夏七发走出堂屋喊道，疯媳妇果然停下脚步，乖乖地站在院坝里。"坐起！"夏七发又用手一指，周大妹愣听他的话，走到空椅子前坐了下来。

夏七发看了看新媳妇，若有所思地对人们感叹道："大红轿子乖，树神也喜欢，心里嫉妒，就想来拿去。"

陶九香悄悄拉过妈武问："附近是不是躲得有人？"

妈武回答道："十几个人打起火把带着撵山狗在里面外面搜，林子雾大，跑也跑不远，再说如果有人，两人为什么不一起跑？"

"莫不是，她在娘家就有病？"金氏怀疑地自言自语。

黎爹柱不快地看着周泰望，问："大妹在娘屋，有没有犯过这样的病？"

周泰望有些害怕，认真回答："没有，她没有病，是不是这几天没休息好，神经紧张出拐了。"

"没休息好人就体虚，体虚人就容易中邪。"黎爹柱接受了这个事实，抬起头说，"吃了早饭，请夏梯玛打整。"

## 2

新媳妇过门就癫，妈绥心中悲伤，吃不下饭。他噙着泪，失神地对身边的夏良现说："兄弟乖乖一个小伙子，以后好好娶门亲，不要像我这样。"

夏良现刚开始吃十四岁的饭，有了少年的心思，一听娶亲，脸涨得通红。

吃饱肚子，陶九香找来两条包头的帕子，和周家族人一起，将大妹用床单捆在椅子上。大妹又撕又抓，挣扎哭闹地反抗，但很快停住，偏着脑袋无精打采地发愣，头天晚上在岩穴里滚草，也不知究竟睡觉没睡。

夏七发封上了狗和鸡的嘴，让它们不吠不叫，然后穿上法衣，戴上绘

有神像的八角鸟冠,烧香请神。

妈绥和妈貉给夏良现打下手,作些零碎准备。堂屋里烟雾弥漫,充满了一种奇特的香腥气味。

孙福将能找到的旧铧片,一共八块,统统放进火塘里去,这是夏七发吩咐的。

黎爹柱一直守着火塘加柴,不时翻动铧片。他见过梯玛用火治癫,知道铧片要烧红,烧得越红越有效。夏良现走过来看了一下,铧口已烧得通红,他在下面又添了几块青杠柴。

大家忧愁地跟着忙碌,等待着院宅里将要发生的事情。

鞭炮响了,带着硝石气味的烟雾,飘散在令人敬畏的空中。妈武知道今天给弟媳治病,叫团丁通知周泰望来看看妹子,自己也放下公务,和金氏从碉楼一起过来帮忙。他后悔当初把妈绥的信给了母亲,早知妈绥和周大妹拧不到一块,不如由他跟县城的同学去重庆。

夏七发将随身携带的祖师棍插在案桌旁边,用一对古老的竹笕卦同神沟通。夏良现全神贯注地盯着父亲的手,那百年老卦极有韵律地落在地上,他蹲下去看清卦相,跳起来"呜呜呜"吹响牛角号。

大巫小巫、芸芸众神都是夏七发的老相识,住在不同的空间,听到熟悉的呼唤,又赳赳猎猎地一齐降临。

黎爹柱走到火塘边,往烧着的铧片下面加了两块青杠柴,夏七发打开麂皮袋,拿出乱糟糟的根根草草,叫他熬一锅汤。

听见鞭炮和牛角号,疯媳妇一惊,开始哭闹挣扎,但是她根本动弹不了。

周泰望呼呼大喘跨进院宅,身后是两个飞奔而来看热闹的山民,他们在附近采药打柴,听见牛角号,扔下扁背就跑,差点没滚下岩。三个人进门,看见夏七发正对着水碗念念有词,一只手又比又画,五个指头柔若无骨,变换出许多形状,还没看清楚,瞬间指头又变了,眼尖的周泰望也目不暇接。又见梯玛喝了一口碗里的水,喷在两掌上洗洗手,用火钳将烧得通红的铧片夹到火塘边,刮了刮炭渣,一手一块抓起来,直接放到院坝里。不紧不慢走了四趟,取了七块,在大家眼皮底下,将铧片放成一个均匀的六边形,第七块摆在正中。

铧口无坚不摧,梯玛要在鬼神面前征服铧口,让邪神瞧瞧,究竟谁比谁厉害!

桐子油"哧哧"浇泼在红铧上,七块铧片蹿起高高的火苗,呼啦啦燃烧,好像一片火海。夏七发挎好牌带,脱掉草鞋,脚板抬起来抹了抹油,然后将八幅罗裙扎在腰上,两手举着祖师棍,从容不迫,赤脚踩到燃烧的铧片上,忽而摇风摆柳,忽而前后浪荡,用变形的禹步,缓慢地跳起神舞。

夏良现在一旁鸣锣,晶亮的两眼一眨不眨,看着父亲举手投足。他知道父亲已获得神通,除了天国菩萨、三皇族祖、鬼魂五猖都能看见。现在火里舞蹈的,不是一个人,还有神农、伏羲、燧皇……愉快着呢,神灵的舞步,只有父亲看得清楚。他很向往,想跟着学,但是现在父亲还没有给他传法,只有传了法,成为正式的衣钵弟子,才有资格学这种本事。而且有众多讲究,三百六十五天只有年三十可以练习,平时既不能学也不能练,练了就会出事。自己要到什么时候,才能练到父亲这般程度呢?想起那些团头绅粮、姑娘媳妇崇拜的表情,他无比羡慕,不禁看了看妈武和金氏,但父亲强调不准瞟野眼,他强忍住杂念,尽量专心致志照节奏打锣。

透明的火苗从铧片上腾起,在夏七发膝盖下红幡一样猎猎飘动。他的细腿充满弹性,像两根跳跃的旗杆,韵律十足地蹈着摆成梅花状的铧片,好像走在田土之上。一个古老的超时空,灵之来兮如云,神仙们说到就到,高兴地和他戏耍,帮他一显身手。

妈貉目瞪口呆,听见两个采药打柴的山民叹服地议论:

"火越熊,梯玛越跳得欢势!"

"他比过世的吴梯玛,还要狠一火镰!"

最激动和亢奋的除了夏七发本人,还有疯媳妇周大妹。这女人两眼放着极亮的光,嘴里狂叫着,如果没被绑着,肯定也要跳进火里,和梯玛比一比,究竟谁更疯狂。

过了一会儿,火苗逐渐变小,梯玛酣畅地走下铧片,炉火纯青,毫发无损,叫陶九香把根根草草熬的汤取出来。

夏良现又端来一个碗,里面是烧酒和松节油的混合物。梯玛埋头喝了一口,包在嘴里,将已褪红的铧片拿起一块来,双手端着,走到正看得目不转睛、癫叫狂笑的周大妹面前,"噗"的一声,将嘴里的液体向铧片喷去。只听铧片"哧哧"作响,呼啦啦蹿起红红的火苗,带着一股白烟和松香的气味,"嗞嗞"地向周大妹烧去。

周泰望揪紧了心。疯媳妇吓得一阵痉挛和抽搐,嘴里叫着,流下许多眼泪和涎水,晕过去了!

打柴的山民后来说,看见有一只金色的黄鼠狼从柴垛后面,倏地向朝门外跑啦,可惜梯玛忙不过来,没有追赶。山民说,那黄鼠狼就是树神变的。

夏七发无暇旁顾,他示意夏良现递上下过咒的水碗,用手在里面蘸了蘸,走到黎爹柱端来的木盆前,捞掉汤里的根根草草,然后,又将这盆滚烫的药液,劈头盖脸向大妹泼去。

疯媳妇受此一激,从昏迷中苏醒过来,喊了声:"妈呀!好烫人。"

夏七发说:"把椅子解开,妥当了。"

众人将信将疑,连陶九香都有些犹豫。

梯玛将铧片一角伸进刚才那个水碗,碗里的水立即"扑哧、扑哧"沸腾起来,冒出一股股白色的蒸气。只见他取出铧片,将碗内的水摇了摇,让大妹趁热喝下。

疯媳妇看着周围的人,惶恐地瞪着眼睛。

陶九香示意金氏给大妹解开布条。"媳妇,"她说,"忍着点,在给你治病,把这水喝了!"一边端起那碗,给极度困惑的媳妇灌下。

周大妹呛得不行,哇啦啦喷出一摊秽物。

黎爹柱忙请大家进屋休息,陶九香像把织布梭子一样跑去跑来,和金氏一起把周大妹弄进后院,大盆小盆地兑水冲洗。

"煮肉的煮肉,煮饭的煮饭,主人今天要请客!"梯玛面带笑容高喊。

## 3

肉是准备好的,烧烧煮煮七八样,大妹洗刷干净后,换了件新裰子,沉默不语地扒完夜饭,埋头蹲到灶下去烧水。

陶九香问:"媳妇还有没有哪里不舒服?"

大妹小声回答："我头昏,妈妈。"

陶九香气不打一处来,话中有话道："有床不好好睡,怎么不头昏?"

大妹右手托着腮,不吭声。

"回屋睡会儿,"陶九香一语双关严肃道,"好好睡床!"

大妹尴尬地上了楼。

见妈绥精神不好,夏七发舀了碗水,重新掐诀给水下咒,然后,两手伸进碗里,蘸了蘸,用火钳将火塘里烧得通红的第八块铧片夹起,一只手握住,一只手在上面反复刷,再放下铧片,将手迅速轻按住妈绥的额头,反复熨烫,替他驱邪升眉火。

妈绥眼里慢慢恢复了光亮。

妈貉骨碌碌地转着眼珠,问："夏叔,你为什么不怕火?"

夏七发道："火从雷电、枯骨和森林中来,老古蛮神时代遍地都是,祖先们绕不开,只有和它相爱,知道里面很多秘密。"

妈貉好奇地问："火里有什么秘密啊?夏叔你讲。"

夏七发呵呵笑道："几句话讲不透,知道这么舞就行,就有办法通天禁地。"说罢在空中比了一个指型。

妈貉摸摸夏七发伸到空中的指头,顽皮道："这是手诀?"

"崽崽脑子好,这是法诀,画到纸上叫灵符,可以调龙唤虎,控制万物。当年禹王火攻瞿塘,把江水导入东海,用的就是这道符,夔门来之不易。"夏七发收回胳膊。

"禹王这么奇妙?"妈绥坐在草墩上自语。

"他懂天地的密文,能沟通二十八宿,四维八方,鬼神难违。"夏七发满脸虔敬。

"那年夏叔用了蛮多符诀,怎么没请到虎祖?"妈绥小心翼翼地问。

"孽龙不服,要和虎祖打官司,禹王必须断案,不能临坛,我们凡间人等不起,只有重找安身廊场。"夏七发遗憾地叹息。

"天地的密文像哪样?夏叔写给我们看看。"妈貉充满兴趣地问。

"丢落掉很多了,先前你二嫂需要,我就给她画过。日月星辰、季节气候、草木兴衰都在其中,怎么能随便写?"夏七发微笑着说。

想起夏七发先前又比又画,令人目不暇接,妈貉恍然大悟,可惜那写

在空中的被风吹走了,画在纸上的被火化掉了,一个也记不清楚,他托着腮帮央告:"禹王什么模样,夏叔扮给我们看。"

夏七发耐心解释:"他戴着一顶没有收边的蓑笠,围着一条没有收边的蓑裙,浑身毛蓬蓬的,整天忙着搜神斩蛟,让洪水流到海里。"

妈绥愣愣地问:"为什么要让洪水流到海里?"

夏七发的眼里充满敬意,道:"为了疏通航道,实现人神抱负,到达世界的边缘。"

妈貉记得《山海经》里讲鲧垒土挡水,洪水溃堤,被天帝杀了,困惑地皱着眉,问:"天帝杀了他的父亲鲧,禹王怎么不记恨?"

夏七发认真地说:"洪水齐天啷个整?鲧禹父子不是凡人,以大爱回报天下,所以鬼神敬畏。"

闲聊间,陶九香、金氏和孙福进进出出,弄出了一桌酒菜和刨汤\*。黎爹柱高兴啊,把两个采药打柴的山民和碉楼值勤的团丁都请来入席。弟媳妇终于正常了,妈武心里痛快,叫来五六个穿灰色制服的兵,轮流向夏七发致谢,但梯玛滴酒不沾,都筛给神享。

欢喜的还有周泰望,大妹的眼神愣不像原来亢奋了,好事多磨,他心里一块石头落地,大大松了口气,端着酒碗眉开眼笑,喝得脸膛发红,粗糙的毛孔不断往外冒油汗。

饭后,夏七发烧了好多纸钱,恭恭敬敬目送三界魂灵逐一远去。

星月西沉,群峰彻底隐没于黑暗,又在曙色中显影。陶九香黎明便起,一边烧饭,一边听着楼上的动静。晨光渐展,她看见大妹低着脑袋走下楼梯,目不转睛注视片刻,紧张地问:"头还晕不?"

大妹小声道:"妈,我不晕,我去牵牛。"说罢走进圈舍,拉着牛绳把大黑牛牵到坡上吃草。

陶九香见她变了个人,知道真是正常了。祖宗啊,一切总归过去了。陶九香想,妈绥的麻脸虽不美观,却是多子的面相,就看二媳妇什么时候生崽。

---

\* 刨汤:从刚杀的猪身上割取内脏和肉熬汤。

周家还要连续发亲,日子是老早说好的,吃过早饭,二妹和哥哥周泰望急着赶回家去,夏七发父子也向黎家告别,黎爹柱忙把早已准备好的三个大洋取来,放在夏七发的裓子里。

"东家真大方,一只公鸡就行了。"夏七发把大洋放回桌上,踌躇满志地收拾法器,黎爹柱怎么留也留不住。"屋里怕有人等呢。"梯玛解说,领着俊美的儿子头也不回地离去,陶九香忙拖住他的法器背篼,叫孙福牵匹马,把这背篼和一筐盐米放马背上,送一送夏家父子。

夏七发接过背篼的肩带,道:"马不敢背这个,放上去要乱跳。"

陶九香这才想起夏七发的司刀、铜铃、牛角和牌带等物,都被鸡血涂过、符咒封过,法力很大,叫道:"那孙福背到梯玛家,妈武,快去捉一只公鸡来。"

妈武在门口捉了一只大红公鸡,放进竹笼,刚要挂上马肚,梯玛比了一个制止的手势说:"不用,它晓得路。"

大红公鸡跟在风度翩翩的梯玛身后,昂首挺胸,出了朝门,看都没看刚才还在竹林里一起吃虫的伙伴一眼,跟随着梯玛手里的祖师棍,雄赳赳地走了。

各种鸟儿的叫声此起彼伏,满世界沁人心脾的绿光绿焰,一屋子人面面相觑,目送他们进了林子。

# 第六章

**1**

孙福几日过度劳累,晚上感到不舒服,敲着妈绥的门叫:"二东家,找你借块银元刮痧,起来一下啊。"

连叫几声不见动静,妈貉的房门倒响起来,小东家早就回县城上课去了,谁在里面啊?孙福吓得不轻,紧张地盯着那房门,却见妈绥从里面探出脑袋,揉着眼睛,生气地说:"早干啥去了?"

"先前没有这样难受。"孙福惊道,"你怎么在这屋里?"

"进来进来。"妈绥不搭理他的问话,退回去穿衣。

孙福跟进屋环视,除了妈绥没别的人,他顾不上许多,将灯盏里的桐油倒一点出来,趴在床头叫妈绥用银元给他刮背。

妈绥从柜子里摸出一块银元,蘸着桐油在他脊梁骨上刷刷地搞整。

"轻一点啊,你怎么睡这屋?"孙福好奇地侧着脑袋。

"少管闲事,我不刮了。"妈绥恨恨地放下银元。

"我不管我不管,二东家再刮会儿,要刮出乌黑的毒印来。"孙福急道。

主仆二人关在屋里七弄八弄,孙福心里终于舒服了,拉下衣服道谢告辞。没良心的他管不住嘴,第二天就把这事说了出去。

这对冤家到底怎么回事啊?生活好不容易恢复了正常,谁知却是假象:执拗的妈绥每晚竟睡在妈貉床上。

陶九香松开的眉头又皱起来,叫住二儿子开门见山盘问,为啥不和媳妇困一个床?妈绥恼怒孙福多嘴,坦白地告诉母亲,是自己不乐意!不为啥,就想回县城读书!因为命运太不公平,媳妇虽然清醒了,知道嘘寒问暖,可疯疯癫癫出走,在山洞里唱淫歌,把他脸皮都丢尽了,背后总有人指指点点,或说老树好色新娘多情,或说周大妹想嫁蒋毛毛,或说蒋毛毛怒投梁篾匠,感觉白白摊上两界冤家,倒了天大的霉。自己虽是麻子,但聪慧用功,一直招老师同学喜欢,不应该如此寒碜。为这个目不识丁的疯女人,让蒋毛毛领着神兵来寻仇,一万个犯不着,如果不挨她不碰她,就不怕她的相好收拾,单独出门,也不会害怕和心慌。

几日来,执勤的团丁在碉楼不停嚼舌头,一见妈武和金氏立即住口,陶九香知道他们咬的啥,都在议论大妹发疯和蒋毛毛投匪之事,猜测蒋毛毛不知情人会从洞房出走,没有在岩梁老树附近接应,现在木已成舟,后悔得发疯。

陶九香叫大家多些提防,好在石碉楼备着滚木礌石,管他神兵魔兵,谁也不敢轻举妄动,想到这里,她板着脸呵斥:"娶哪个嫁哪个,那是命里注定,天塌下来,男人也得成家立业,回学校读书,得看你自己争不争气!"

妈绥噤了声。

陶九香揪心揪肺地怜惜二儿子,执着地挽救这门亲,发动力量,叫大媳妇金氏现身说法,教教悖时的二儿媳。

金氏受命于婆婆,抱着女儿永玉坐在火塘边的草墩上,一边剥玉米一边同周大妹聊天:"弟妹,嫂子对你好不好?"

大妹右手托着下巴说:"好得像亲姐姐一样。"

明日秦家就要迎亲,周家二妹又要过门了,的确应该问个究竟,金氏目不转睛盯着她,小声道:"那你对我说实话,免得嫂子为你瞎操心。你对二弟有什么不满意呀?"

大妹低头,又摇头。

金氏眨了眨美丽的眼睛,叹口气说:"男人就像火塘,女人得看着火势,火大压一块柴,火小添一块柴,一直侍候到入土变鬼,不然日子热不起来。二弟是读书人,性子斯文,着火慢,弟妹辛苦点,多撩着逗着,婆婆着急得很,等着添崽崽哩。"

金氏走后,大妹将身体洗得干干净净,换上黎家给她准备的洋布衣服，吃完夜饭刷洗了锅碗，梳好黑油油的刘海，挑亮屋里的灯，小声叫住妈绥，让他说说县城里的事情。

妈绥麻脸木然，不冷不热道："那不一样！人家男女自由恋爱，就算成了夫妻，情趣不同，还可以离婚，男的再娶，女的再嫁。"

真是"十麻九怪"，读了几年书，就拿城里的事作践山里人！周大妹心想，都成这样了，蒋毛毛还会要自己吗？她不知道怎么回答。

"你不用瞒我，我听见你们连歌了。"妈绥瞅着她腮边细茸茸的发须，想了想，清楚地说，"我在县城也有情投意合的同学，所以不会为难你。我们都是落后制度的受害者，不如离婚吧。"

大妹好像给雷打了一样，直挺挺地坐在床上，望着油灯，默默无语。

妈绥不知她听明白没有，又试探着好奇地问："照县里的规定，乡下夫妻合不来，也是可以离婚的，我知道你有相好，我们离了婚，你就可以嫁给他。你的看法呢？"

大妹抬起眼睛，呆呆滞滞地瞅他，眼里净是凄楚的泪水，阴风惨惨，让人悲伤，也让人胆寒。

时光这么难熬，草虫揪心的鸣叫声中，大妹低头宽衣解带，妈绥一瞅，眼里又浮现出她像个山鬼一样踉踉跄跄、又唱又笑的样子，低头想了一会儿，带上房门走出去，倒在妈貉床上跟死猪一样睡。

陶九香一直在听着过道的声响，心想这孩子，鬼念头和脸上的麻窝窝一样多，又生出什么想法了？她闷闷地挨到黎爹柱身边，猜测了半宿。

## 2

青蓝的天边淡入细细的微红。

大妹不知啥时候起来蒸热了玉米粑粑，她没有睡好，眼睛浮肿，头痛欲裂，失神地看着吃饭的人，最后将目光落在麻脸的男人身上。到黎家来祝贺过的乡邻，又到秦家喝喜酒去了，鸡叫二遍，黎爹柱也和妈武、妈绥一起，领着孙福夫妇和三个团丁，骑马去秦家挂人情。她本想给妹妹贺喜，但妈绥没有备她的马。

陶九香知道二媳妇性野，怕路上再出闪失，加上金氏也不愿见猎熊，婆媳三人便一起守候在家。为了安全，妈武留下两个团丁帮着照看。

有几块连地该薅草了，距离远的小工得在黎家吃住，需要准备足够的食物。吃过早饭，两个团丁提着一甑荞面粑粑，赶着十来只牛羊去了坡上。大妹低头洗净碗筷，端出陶九香早已准备好的一木盆玉米和一脸盆荞子，放到并排的条凳上，等金氏把屋檐下的石磨冲洗一遍，两人配合，大妹握着磨把一圈圈地转，金氏把玉米粒一瓢一瓢喂进磨眼——除了过年，每顿饭陶九香都要往白米里掺进玉米粉、荞子面或土豆片。

粗重的石磨"轰轰"地响着，黄灿灿的玉米粉如细沙般从一侧磨缝流入磨槽，金氏再用一把竹刷，把它们扫到石磨嘴下的木桶里。

几只鸡飞到盆里抢食，"汪、汪、汪"撵山狗叫着咬跑了它们，被陶九香奖励了一根剩骨头。

永玉手里拿个山梨，跌跌撞撞扑过来，抓起一大把玉米撒给可怜的鸡，陶九香把她抱回凳子上，到后院去做酸菜。她把两斤咸盐倒在一大盆干青菜上，像洗衣服一样又搓又揉，准备腌到开春吃。想起最近发生的事，她长叹一声，一边揉搓一边哼出来一首小调："这山望着那山高，那山望着这山高，我们这里山最高；早上鸡叫我们起，半夜三更也在忙……"

磨啊磨啊，大妹的胳膊酸了，背着永玉的金氏和她换换，轰轰的石磨一停，就听见了陶九香的小调，金氏竖起耳朵，陶九香又不哼了。

石磨继续转着，金氏眉梢带着笑意，问："弟妹，妈妈刚才在唱什么？"

大妹无精打采地说："不知道。"

金氏羞道："唱的什么'半夜三更也在忙'。"

大妹眼里没有一点光，黯然地重复："不知道。"

金氏尴尬地收起笑意，问："嫂子昨天对你说的话，你觉得灵不灵啊？"

大妹盯着转动的磨石，紧紧地闭着嘴缝。

金氏皱了皱眉。她知道大妹心里藏着事，想和她说说话，谁知她怪怪的，真不知该怎么办。

到了后晌午，盆里的玉米和荞子全部磨完，陶九香端出热腾腾的饭菜。山里人每天大都吃两餐，黎家以前也是，自从发家后，就像猱水坝的

人一样吃三餐了,但是干活需要早出晚归,中餐一般简单一点。三个女人坐在桌前扒拉。大妹吃得很慢,陶九香道:"你要多吃点,把身体养好,等怀上伢再去看你家二妹,叫妈绥陪你去,他骑马,你坐滑竿。"

大妹出神地盯着碗。

金氏给她夹了一块豆腐,调皮地对陶九香说:"妈妈,今天你在唱什么啊?"

陶九香一愣,威严地说:"祖宗的老歌,这山望着那山高,那山望着这山高,我们这里山最高!"

大妹低头划碗,一言不发。

圈舍里传来嗯嗯哄哄、哼弄哼弄的声音,怀崽的黑母猪又把前蹄高高搭在围栏上叫唤。大铁锅里装着淘米水、薯藤、碎糠、烂菜和剩饭煮的猪食,平时早一槽晚一槽,但是黑母猪要生了,饿得快,陶九香飞快地扒完碗里的饭,起身用一个木盆给它舀食。

金氏抱过永玉喂粥,大妹默默地在灶前洗刷,金氏知她不悦,随口劝道:"下午没活儿,弟妹休息一下。晚上二弟回来好和他亲热,不要让婆婆着急。你二妹二妹夫那里,妈绥早晚要带你去玩。"说罢把永玉抱进偏房的床上,拉上棉被躺到旁边,一会儿,母女俩都睡着了。

大妹脸色发青,也回房间躺下了,但是眼睛却瞪着。不知过了多久,她流泪爬起来,在陪嫁的木箱里,翻出一条包头的长丝帕,在帕子一端拴把木梳,踩着板凳将丝帕往横梁上一扔,等它从另一头垂下来,再把木梳取出放回桌上。在做这一切的时候,她想起了蒋毛毛,想起自己一生当中听过的最美妙动人的音乐,想起如诉如泣的树叶口哨,一个又酸又热的东西堵住了喉咙,她撩起衣角,最后擦了擦泪,在丝帕吊下来的一端挽两个结,义无反顾地把下巴挂上去,脚下一蹬,带着满腹的屈辱、伤心和绝望,以及对情人的思念,走了。

金氏一觉醒来,见陶九香从坡上背回来一背苕藤和猪草,忙给她接过去。

陶九香冲洗干净手上和镰刀上的泥,坐在火塘边,托着脸,看金氏蓝布衫子有节奏地晃动,用一尺长的生铁砍刀,把鲜嫩的草藤刷刷地斩切成料。整齐有力的挥刀剁草声使她沉下眼皮,迷迷糊糊入了梦乡。

剁草声一停，陶九香起身把玉米粑粑放在锅里蒸上，从偏房里抱出永玉，牵着她在地上学了一会儿步，说："走，去看你婶婶。"祖孙俩缓慢地上了楼。

金氏把草料倒进大锅，加进水和碎糠，捅火熬煮猪喜欢的食物，然后舀出米和荞子面来，又焖了一罐香喷喷的人吃的晚饭，纳闷太阳都落坡了，大妹怎么还不下楼。

突然，她听见陶九香声嘶力竭尖叫一声，以为弟妹又发癫了，锅铲一扔就往楼上跑。

永玉瞪着眼睛坐在走廊外，正舞着小手爬起来，歪歪倒倒地向前走去。金氏迈过她，冲到房间一看，吓得目瞪口呆：周大妹眼球突出，舌头伸到下巴颏，龇牙咧嘴在梁下吊起，陶九香正往板凳上爬，上去抱人。

"妈！"金氏叫起来，声音都变了，手忙脚乱地上前同陶九香一起把还有余温的大妹放下来。"还是热的，早来一会儿就好了。"陶九香看着那张愤怒、狰狞的脸，嘴角一咧，懊恼地说。

## 3

金氏抱起永玉下了楼。她跑得飞快，大步迈跨陡峭的石梯。团丁崔四在碉楼上愣愣地想，出了什么事啊？女人慌成这样？金氏抬头看见他，心惊肉跳道："周大妹上吊了，来两个人！"

崔四呆了一瞬，拉着刚背枪的里都跨下石阶，金氏却把永玉递过去，气喘吁吁地说："叫人盯着崽崽。"崔四返身上楼，把永玉交给厨娘冉氏，跟在里都和金氏后面，连跳带奔地往院宅跑去。

周大妹已平放在床上，两人冲上楼，看见那张脸，难以相信自己的眼睛。

"媳妇啊，黎家没有委屈你啊！"陶九香又气又急，拿一张稻草纸把二媳妇的脸盖上。

金氏点燃一盏桐油灯，端上楼，在屋外叫崔四放在床下。两个团丁赶着牛羊从坡上回来，发现人全部围在走楼上，上去一看，都愣住了。

所有的人下了楼，围在火塘边，表情十分骇异。

这个女人究竟是活鬼还是死人？循着她在更古坪的足迹撵下去，一条不太长的路，是那样恐怖阴森。陶九香恍惚道："叫妈绥回来。"

金氏含泪道："妈武说如果雾小，吃了晚饭就摸黑回来，今天月亮大，他们肯定要上路了。"

陶九香悲叹一声："也得通知周家的人啊。"

金氏沮丧地说："他们在办喜事……"

陶九香凄然中夹杂着困惑，不断抬袖抹泪，无助道："有什么办法？她不愿给黎家当媳妇。"

里都说："怕是被树神拿了魂。"

崔四说："那岩梁树荫得很，迎亲那天从干沟桥过，就听见几句小调，黎队长还放了枪。上次去找人，正看见新媳妇咿咿呀呀对它唱歌，老树在风中哈哈大笑，硬像是一个有心，一个有意。"

里都说："我也听见的，新媳妇对它唱：'唱首山歌给树灵，问你有灵没有灵？有灵与你成双对，无灵各自转回程。'"

崔四恐怖地问："是这样唱的吗？我隔得远，听不清落头。"

里都瞪着又大又亮的眼睛，说："好像听见是这么唱的。"

陶九香伤心地说："赶紧通知周家。"

崔四对里都道："你去，路上就能遇到黎队长他们。"

陶九香怕夜里马看不清楚啃到毒草，把一个装着草料的背筐拿进屋，在筐沿绑上长长短短四把刀，递给他几个新蒸的荞粑，叫他去牵马。

天色暗了，里都感到害怕，靠着明晃晃的刀刃和长枪壮胆，终于举着火把，领着一条撵山狗，骑马去了油墨溪方向。

森林里树木长得那样密，大大的月亮也只能透进来一点点光，里都的眼睛习惯了黑暗。走出大半程，前面响起了马铃，撵山狗摇着尾巴拼命往前蹿，里都知道是妈武他们到了，走近一看，果然是黎家父子、孙福夫妇和三个团丁。

妈武听见熟悉的狗叫，又看见火把，知道情况不好，吃惊地问："什么事？"

"黎队长，黎老伯，黎二哥，"里都惶惶地说，"老树不放过周妹，拿了她的魂。"

妈武以为弟媳癫病复发，皱着眉问："又跑了？"

里都丧气地说："上吊了，伯娘叫我通知周家。"

黎家父子三人听见这话，好似晴天霹雳，酒意全醒，妈绥吓得声音都变了，问："为什么？"

"我也不知道。"里都下地把马牵到树下，默默喂了两把筐里的草料，拦开四把竖在筐沿上的刀刃，给妈武他们让道。

孙福媳妇叹息道："怕是惹着树神了。有一次我从那里过，听见岩梁树发出人一样的声音，吓出一大身冷汗。"

一干人急急慌慌、忧心如焚地往前赶。

黎爹柱在马上点燃烟锅脑子狠着劲吸，突然回头问："你俩吵嘴没有？"

妈绥心惊胆战地回答："没有，我没有和她吵嘴。"他早已失去刚回更古坪时的神采，心里的烦恼和不满像乌云一样积聚，麻脸越变越荫翳，增加了森林之夜的潮湿和黑暗。

真是意外打击啊，黎爹柱一直为妈绥骄傲，想不到这孩子书比别人读得多，命运反倒不如别人。他第一次对森林感觉到烦恼，不满周围都是树藤和灌木，或者立着或者倒着，精怪太多。

一路隐隐约约的月光，过了干沟桥就暗了，八个人举着八支火把，好像八个闪光的夜游神，在密林里串在一起往更古坪移动。

黑云滚滚而来，月亮从天空消失，宿鸟和蝉虫拼命聒噪，天上地上闹成一片。崔四和两个团丁一起草草吃了晚饭，陶九香叫把堆在院宅一角的方料抱出来，连夜锯棺材板子。

大风吹得门窗关都关不住，雷攻火闪，剧烈地震动着房屋，朝门好像被推了几下。

屋里的五个人嘴唇变成了青乌色，陶九香抬起头，惶惶道："媳妇，我们给你多念几本经，多烧几扎纸，可不要来吓我们、怪我们啊。"

朝门又被重重地推了几下，崔四领着两个团丁走到门后，抖着嗓子问："哪个在推！？"

妈武的声音从外面传来："开门！"

崔四松了口气，抽掉厚实的门闩。

雷鸣电闪，火光袭地，冰冷的雨点打在人头上，毛骨悚然，非常恐怖，黎家父子三人领着孙福夫妇和三个团丁拥进院宅。

"怎么回事？"黎爹柱厉声问。

陶九香一见父子仨，眼泪和号啕一起冲了出来。"停在楼上。"她说。

雨水像线一样从天上掉下来，妈绥三步两步冲上楼，黎爹柱、妈武、孙福和团丁五六个人跟在后面。

周大妹的身体已经变得僵硬了。

一道电弧颤动地划破夜空，把屋里的一切，照得发出幽幽的蓝光。

"黎队长，"孙福被眼前的景象吓坏了，紧张地对妈武说，"要……要要做武道场，叫青龙观的道士来。"

妈武不吭声，把父亲和妈绥拉下楼。

## 4

黑云翻滚，天地一片昏暗。

陶九香揩把泪，盘问面无人色的妈绥："你们吵架没有？"

妈绥呆呆地答道："没有，我没有碰她，也没有和她吵架。"他不敢说昨天晚上和媳妇商量离婚的事。

大雨滂沱，一袋烟工夫，天井里的石盆和石槽被唰唰装满了。

妈武一脸沮丧，道，"爸爸，弟妹死得恶，要请道士来做一个武道场。"

改土归流以后，仙家在青龙观设坛，扫荡鬼蜮，降伏鬼帅，使人处阳明，鬼行幽暗。猡水人也不拒绝，捉鬼治病请梯玛，超度横丧便请道士。但是青龙观要收洋钱，不像梯玛收公鸡和纸钱。

闪电忽东忽西，用力地撕开夜幕，门外的竹丛、圈舍和山林，包括开得野性妖冶的罂粟花，瞬间都被泼上了奇丽的蓝色。

黎爹柱灰暗的面孔痉挛了一下，回答说："快去青龙观。"

妈武对团丁崔四说，"骑我的马。"

"出去不要乱说。"陶九香赶紧交代，"家丑不外传，家宗不外扬，这是祖宗的规矩。"

鸡叫头遍，崔四上马出发，下午，就领来十个方冠黑衣的道士。道长姓王，是青龙观的第十三代掌门。

一帮弟子井然有序地插旗设坛。

因为见过姐姐发病，周家二妹对父母发誓，一定顺顺当当过门，决不出走，在妈武手下背枪的周泰望昨夜酣畅痛快地喝酒，忘乎所以，醉得一塌糊涂。他得意啊，月初给黎家当舅子，月中又给秦家当舅子，两个妹妹的亲事，让他从糠箩筐滚到了米箩筐，沉浸在深沉的美梦中，呼噜震天，掐都掐不醒。周家的人好奇怪，里都害怕了，担心周泰望一口气上不来，被呼噜呛死了，身上带着自己的指甲印，跳岩都说不清楚，心事重重地跟听房的乡亲进屋，老老实实歇了半宿，第二天，才背着秦家把噩耗告诉他。周泰望一听连连跺脚，六神无主，心里难受得厉害。想起妈绥来时说，大妹病刚好，怕在路上又惹到绊着，所以没有同来，等稳定了，再上门给妹妹和妹夫补贺，没想到也不能避祸。大妹性子太烈了，嫁进有钱人家还寻死，真是福薄命贱啊。

秦家笑语掀窗，周泰望叫了个族人回家报信，等猎熊和二妹谢完媒，悄悄跟着里都离开了。

两人暮色时分才赶到。

青龙观的弟子已在墙上挂好七十二神图，地上也铺着二十八星宿图。

周泰望忧郁万分，毕竟是自己将大妹背出堂屋，送进的大红花轿，他阴着脸上楼，在床前站了站，走回堂屋听陶九香讲述不幸的过程，流着泪问："婶婶，你们说她什么没有啊？"

陶九香抬起袖子抹泪，绝望地想，应了一句老话：十八姑娘寻死——肥土不肥人，凄惶道："金妹退婚二聘，我待她都像亲女儿一样，更不要说你家大妹。妈绥好歹是县城的洋学生，为了结这门亲，我家专门叫他退学，难道还会虐待新上门的媳妇？"

黎爹柱目不转睛地看着她，问："为什么她就发疯，就吊颈？"

周泰望沮丧地咕哝："唉，神灵戏弄福薄人。"

黎爹柱颓然地问："舅舅说句实话，大妹在娘家有没有病？"

周泰望痛苦地说："没有。"

黎家娶这二媳妇，也太冤枉了，黎爹柱直勾勾地盯着周泰望，想从他

脸上找出个答案。

那张脸除了忧愁还是忧愁。

月光如水,王道长握着一雌一雄两把北斗七星剑踩罡踏斗,用术步旋绕抵达天界,求东岳大帝赦旨打开地府,提出周大妹的魂。他那召神遣将的双剑往地上一刺,弟子急忙鸣锣吹角,从坛场四角轮番起舞,一路跳到坛前。黄色的烛火越来越小,并且变得绿荧荧的,烛光摇晃,夜色非常昏暗,妈绥有点紧张,感到阴森恐怖。

天幕绿蓝,响器吹得苍凉凄厉,王道长从天界跳到阴间,一气掐了四五个诀,嘴里念念有词,给周大妹的魂献饭施药:"千生罪垢,随落烬以俱消;万劫殃缠,逐倾光而书灭。身度光明之界,永离黑暗之乡!"他念着比夏梯玛更有文采的咒语,将周大妹的恶魂引上光明大道。

一帮弟子不停地烧符烧幡。

武道场做了五天,黎家付了青龙观六块大洋。坟地选在离岩梁老树不远的地方,算是成全多情的树神。五天后棺材抬去入土,绿苔苍苍的老树在鞭炮声中,意气风发地挂了红。

新媳妇自杀了,黎家害怕周家责怪,周家也害怕黎家责怪,双方都像藏着什么秘密,没有为难彼此。只苦了妈绥,又难过,又害怕,再不提回县城读书的事,心想即便回去,也不是半年前的自己了,为此他无比难过,愁肠百结,悄悄考虑着一件事:报名参军远走高飞,离开更古坪老林。谁知妈貉突然从县城捎来一封信,说不想像妈绥那样草率结亲,已随部队开拔,回校后就报了名,请求父母哥哥原谅,他要去打日本鬼子。

这家伙竟走在前头了!黎爹柱气得拿烟杆在地上戳出一个坑,手臂上一条条青筋都怒凸出来。妈绥的婚事失败后,他就在心里琢磨,等过了这段倒霉的时间,正式替妈貉和银美办定亲酒,那小姑娘吃十三岁的饭了,和十八岁的妈貉十分般配,谁知小祖宗不声不响走掉,打乱了自己的计划!这孩子从小调皮捣蛋,最贪玩,也最冒失,嘴上刚长出茸毛那年,有一次给自己送饭,在岩脚发现一个箭竹搭的野猪窝,仗着手里有把斧头,站上去又踩又踩,惊得野猪崽崽慌慌张张蹿出来飞跑,幸亏母猪和公猪不在,不然收得了场?他多次教训小家伙要懂利害,唉唉,求老祖宗保佑小祖宗。

　　陶九香更是生气，又不安又伤心，孙家老三参军后一直没有消息，两年了死活不知，妈貉就这么不声不响走了，早知这样，也该去斩蛟谷求一张护身符。

　　妈绥垂头耷脑，不敢说自己也想参军，对生活失去了热情。这都是命啊！他想，当初就该像妈貉一样，不该回更古坪，回来尽受挫折和打击。

　　陶九香好像看出了他的想法，特别警告："你不能再走，人声盖不过野猪叫，算哪样日子？"日本鬼虽该死，然而更古坪眼目前，人少兽多，老熊豹子的威胁来得更具体和直接。

# 第七章

**1**

到底是妈武命好，在外体体面面，回到家中，金氏百般温顺，猫一样柔若无骨地蜷在他怀中，依赖他、顺从他，这样的媳妇，男人哪会不满足？但艳福并不是人人都有！

猱水山广人稀，通讯靠吼、交通靠走、治安靠狗，梁篾匠在偕洞一闹，部队感到山里民风野蛮，拉丁的重点放在了县城坝子，妈武负责的十保、十一保地处偏僻老林，主要任务是解决日常治安和要钱要米的问题。

雾起雾散，曦沉曦升，转眼腊月又到了，像往年一样，妈武比较警惕，把黎爹柱、陶九香和妈绥接进碉楼，有备无患，希望这个春节过得依旧太平。

傍晚时分，一家老小围着火塘，在桐油灯下用晚餐。最近半年，黎爹柱受周大妹上吊的影响，心情不好，连价又在猛降，听说长江航道被日本飞机封锁了，他神情忧郁，心里惦着妈貉，一坛酒尽，又叫取酒，陶九香把他搀扶进卧房。

月初的山区之夜，谷风刺骨。黑暗中有很多奇怪的声音，生物们并没有停止交配和杀戮，昆虫、鸟雀、野兽、禽畜，公的母的都在吐纳，让人躁动不安。

团丁也要过年，妈武把他们放回家，留下五个精兵守护碉楼。周泰望提出和秦猎熊手下一个团丁交换中队，他不假思索满口答应。心想周大妹一死，周家自然要把心思放在秦家那里，这是常情。

人的头顶上面，最轻柔的东西要数月光，但这个晚上，白亮的月光就像噩梦一样沉重。弦月静静地升起来，正是男女青年对情歌的好时候。团丁因思念自己的情人，悠悠地吹起木笛，婉转的笛声中，月亮被薄云遮住，山野一片暗淡。

厨娘冉氏还在厨房里推糯米浆，团丁崔四溜进厨房和她调情。永玉已经睡熟，黑暗中，金氏软软地伏在妈武怀里，摸到那熟悉的胸口新长出了一些短毛，细密地扫在自己脸上，也拿了一缕头发挨近妈武脖子。本来，妈武喝了酒只想酣睡，可被毛茸茸的弄得心痒难忍，腹中那团淫火又上来了，咬着牙，抱着金氏光滑绵软的身子气喘如牛，木楼板摇个不停。两人肆无忌惮地折腾，享受人类最古老最原始的乐趣。

"这次要得个儿子！"妈武说。

"掀盖头那会儿，"金氏有些委屈，"谁叫你逗人家笑？"

"这会儿，"妈武下面狠狠一顶，小声道，"就叫你哭。"

蛮荒广袤的大森林，无边的生机伴随着莫测的杀意、火光和吼声，竟突然降临。妈武从极度的快乐，跌落到极度的恐怖。"有人偷袭！"他懊恼地说，同时一跃而起，一边穿衣，一边叫簌簌发抖的金氏摸出枕头下的枪递给他。

劫匪不知何时在碉楼附近的树丛中设下了埋伏。只听楼下枪炮齐鸣，妈武命守兵快放滚木礌石，谁知正中劫匪计谋。劫匪们不知从哪里赶来十几只羊子，羊角全部点上香，尾巴上拖着鞭炮，分两批往碉楼下驱赶，同时擂鼓放炮，呐喊助威，杀声震天，地皮都在抖动，人却躲在后面观望。

"老巴子！"陶九香一边穿衣一边大叫，"老巴子！"连推带摇地把黎爹柱弄醒。黎爹柱的醉意被"杀呀杀呀"的声音吓得烟消云散，一骨碌跳下床。那时滚木礌石已放光了，劫匪正发起猛攻。他从观察孔里向外一看，只见"神"字大旗下，几十个包着黄色头布的匪徒，背着马刀，大摇大摆若无其事地往前直冲。

"神兵！"黎爹柱惊叫失声，吓出了一身汗。

碉楼上面密集的点射，神兵根本不予理睬，手拿三尺马刀，一边冲呀杀呀地号叫，一边气势汹汹地向碉楼冲来，如履平地。黎爹柱忙往哨

孔里放枪,悚然地想:狗日的神兵,滚木礌石从屋顶推下去的时候,梁篾匠用手一指,滚木礌石就一动不动,或者不翼而飞了,谁个挡得住他们!

妈武和几个团丁守在门口,集中火力向下射击,子弹愣打不到他们。妈武和团丁胆子虽大,这时也着了慌,转身往碉楼里跑,手忙脚乱地关上大门。杀气腾腾的神兵几步跃上五米高的窗户,伸手抓住窗棂,喊着用力推窗,面孔狰狞,令人不寒而栗;一些神兵在外面拼命推门,团丁吓得丧魂落魄,但仍从里向外顶着。妈武看见一个神兵的五指抠在门缝里,伸出枪筒瞄准那手指放了一枪,一缕红色溅到门上,妈武一见是人血,大为振奋。

外面的神兵更加激怒,头顶棉絮,疯狂猛烈地攻门,黄衣黄裤的旗手拼命挥舞三角旗。

全家老少吓得从后门逃出去,披头散发的金氏抱着永玉,跌跌撞撞地跟在大家后面,满脸都是惊骇。两岁的永玉在她怀里哭号,怎么哄都哄不住。"放下!"黎爹柱回过头来叫道。"爸爸!"金氏用央求的眼光,可怜巴巴地望着每一个人。陶九香腾出手接过永玉,仍不能止住她的啼哭。"放下!!"黎爹柱再次喝道。

虽说是个女儿,却是黎家的亲骨肉啊,想不到公公这么残忍,看来黎家和老巴子配亲的传说不是虚的,金氏的眼泪开了闸地流。

陶九香见状,犹疑一瞬,飞快地把永玉放回床上,"引来神兵,一个都活不成。"她又焦急又心疼地说,拽着金氏前扑后爬地蹿上间道,钻入灌木丛。

老少四人躲藏在位置隐蔽的岩洞里,透过灌木丛能够观察到外面,外人却不易发现他们。永玉的哭声破空透远,金氏好几次都想冲出去抱女儿,却被陶九香紧紧拉住。泪水和汗水流了一脸,疯狂和绝望使那张美丽的面孔扭曲变形。

## 2

石碉楼一片混乱,月光下,神兵推开大门,蜂拥而入,杀死了两名团丁。永玉"哇、哇"地哭号声中,妈武跪地求饶。一个头目刀下留人,叫手下把他和三名幸存的团丁捆起来。神兵翻箱倒柜,找寻钱财和枪械,并未伤害哭啼的永玉。他们往返不休,运走贵重之物和枪支弹药,最后用楼梯当滑竿,把妈武蒙头绑在上面,恶狠狠地对三名团丁训话:

"以宝换宝,十天之内,叫黎家拿两千块大洋,挑到青龙观背后,黄桷树下赎人。"说罢,把妈武抬走了。

空气里充满了硝烟味和血腥味,碉楼里满地狼藉,金银细软被洗劫一空。幸存的团丁把两名死去的同伴抬在篾席上放好,盖上稻草纸,点上长明灯,黎爹柱钻出灌木丛,看着被人畜鲜血浸透的土地和羊尸头上一个个昂然奋立的角,愣愣地自语:

"真是天兵!"

金氏身上沾满了泥土,紧紧搂着失而复得的女儿永玉,解怀给她喂奶,泪水把永玉的小棉袄打湿了一大片;妈绥周身打战,一句话也说不出。陶九香一会儿哭,一会儿骂:"断子绝孙的土匪!不得好死的东西!"

弯月西沉,勤快的孙福进进出出,把死羊捡起来剥皮腌做一缸。

这么熟悉情况,兵力又强,显然经过精心准备,一定有人给梁篾匠提供情况,到底是谁呢?难道是蒋毛毛?这家伙对碉楼却一无所知,除非勾结上周泰望。黎爹柱不能判断,又担心撕票,急火攻心,加上躲在灌木丛里受凉,前所未有地病了。

金绍三闻讯赶来,看到树上、石坎上到处都是黑色弹痕,吓得面如土色。听陶九香连哭带骂地讲完过程,他痛心疾首,使劲拍着大腿说:"三天前,有个人到我家买羊,说是帮生意人收购,出了很高的价,想不到,是把羊子赶来抢亲家!"

"你认不认得那个人?"黎爹柱好端端的一个人,突然变得憔悴不堪,显出衰老之态,眼珠子落在亲家身上问。

金氏一听这话,也停下啜泣:"那个人你认不认得,爸爸?"

金绍三哭丧着脸道:"不认识。"

陶九香悲愤地说:"还能有谁?一定是周大妹那相好搞鬼,引来神兵探

子。现在问题是怎么救妈武?"

"勒索多少?"金绍三忧心忡忡地问。

陶九香道:"两千块,亲家做个好事,把连山买回去,我们家底都被掳空了。"

金绍三于心不忍,道:"可不可以各处借点,先渡过这一个难关。"

黎爹柱靠在火塘旁,忧虑地说:"明人面前不说瞎话,这么大一笔银子,即使谁家借得出,照今年的连价,五年八年也还不清。"

金氏止住哭泣说:"爸爸,肥水不流外人田,以后我们翻了身,再从您那里买回来。"

金绍三叹息说:"这不公平,别人会讲我乘人之危。"

黎爹柱咳嗽两声,冷静道:"猕水找不到比黄连更好的东西,也找不到比你更好心的人,亲家就不要推了。"

金绍三愁眉苦脸地咕哝:"日本鬼一年打不跑,黄连一年运不出去,价钱还要降。"

陶九香说:"妈武讲今年是胜利年,行情迟早要涨起来。"

黎爹柱说:"来量地吧,银子给你个米价钱,总有一天,它会重新变成摇钱树。"

"让我想想。"金绍三为难地说。

他走后,陶九香叫妈绥理了一个佃买清单:金氏拿出她和妈武分家获得的连山,黎爹柱拿出花椒湾槽坝的三十亩田土。这个佃买清单写出来,忧愤交加的黎爹柱头疼欲裂,妈绥垂头丧气,对什么都提不起兴趣。

家里死了一个女人,又垮了两个男人,成群的猴子到房前的竹林里吃笋也无人吼无人赶,陶九香没办法,只好让黎爹柱吸鸦片,谁知妈绥也在房中叫喊:"给我——"陶九香狠着心肠不理睬,她焦急地牵挂神兵手里的妈武,一面委托金氏和妈绥同金绍三量地交接,一面又叫孙福去请夏七发:"快请他来我们家,打个'保符'。"

孙福再次背起绑着长长短短四把刀的扁背,竖起亮晃晃的刀刃去了斩蛟谷。团丁也被支出窝去捎信,邀请十个乡亲在阎王爷面前替妈武作保,让黎队长逢凶化吉平安归来。黎家燃了许多香,忧心如焚地等待他们的回音和金绍三的洋钱。

金绍三回花椒湾没几天，带来了黎家期盼的消息，同意买下妈武的土地。陶九香松了口气，横竖都是卖地，她痛苦而又释然：卖给别人，我心疼！

## 3

保人陆续到齐，夏七发披星戴月，带着儿子夏良现和两个帮手徒弟不辞辛苦，迈开双腿重返更古坪，一只雄鸡被他摸了一下胳肢窝，在祖师棍上安安静静地站着，跑跑跳跳的双爪一动不动。夜幕降临。喧哗之声沉落下去，说不出的静谧和肃穆笼罩着林地上的院宅，秦家父子和周泰望等熟悉的亲友坐了两张方桌，陶九香和孙福端上酒菜。困惑啊，黎爹柱一直在想，自己从未起心不良，蓄意不好，可最近两年，家里为何接连不断地出事？

院宅里再一次吹起弯牛角。夏七发卷袖挽裤，脚蹬草鞋，一手摇铜铃，一手舞司刀，每请一位神，就向门外甩一次司刀，动作利索洒脱。箭头状的刀尖上刻有"生死"二字，柄上是一个大铁环，上面又套了许多小铁环，一甩一摇，铜铃和司刀同时发出令人生畏的响声。接下来，他往脑袋后面披一束纸流苏，在"锵锵"的锣鼓声中端坐于案前，用围帐将全身遮住，只露脸部，以阎王爷的威严，看着站在堂屋门口的茅草人抵达鬼界，勇敢地给妈武替死，将令牌一拍，高声审问："来者何人？"

"保人秦猎熊。"猎熊虽然在妈武的新婚之夜钻到香桌底下号啕，却不计前嫌，专门赶来替乡邻祈福。

"阎王爷"又问："来保何人？"

猎熊回答："来保黎妈武。"

"阎王爷"再问："保他如何？"

猎熊看着那露出围帐的一对黑亮的竹筊卦说："死里逃生，转危为安。"

但是，围帐后面的"阎王爷"连抛两卦都不是他要的卦，热心肠的瘸

子被罚喝了六杯苞谷酒,面红耳赤。秦保长满脸焦虑,黎爹柱和陶九香恐慌不已,"阎王爷"眼里也掠过一丝纳闷,挂着嘴角问:"你,是不是正直的好人?!"

跪在地上的秦猎熊颤抖着回答:"我是正直的好人。"他已将武艺学成,身手比健康人还敏捷,也到黄团总手下当了个中队长,和妈武一样,喜欢在热闹的猥水土街上跑马娱乐,和安然接受婚姻的周家小妹过得风平浪静。

满屋子眼睛都盯着"阎王爷"的手,充满了困惑和期盼,夏七发再次投卦于地,这回得了顺卦,人们舒了一口气。秦猎熊几乎晕倒,一气又喝了四杯赎魂酒,才在酒桌边坐下,用发红的眼睛四下探望,寻找金氏的身影。

黎爹柱感激地坐在一旁,看着乡邻们郑重其事在"阎王爷"面前,替长子的身家性命作保,看着"阎王爷"将令牌一拍,继续取保问卦:"来者何人?"轮到周泰望,这舅子脸色发白,脱口道:"保人黄天良。"

"哪个背时鬼,又偷我的八字!"身后传来一声怒吼。

满屋子眼珠都定住了,周泰望大惊失色,缩着肩膀抖个不停。他害怕自己八字小,担不住"阎王爷"怪罪,报出猥水团总的大名,谁知团总黄天良真的跨进堂屋,恼火地骂:"你们打保符,都不让我清静!"

陶九香接过孙福取来的干净碗筷,替黄团总斟满一杯,说:"神兵把我家钱财抢了,你不保我们,哪个保我们?"

"要我保你们,拿酒来吃!"黄团总身穿黑制服,眼睛往桌上的大盘大碗扫去。

秦保长连忙附和:"团总是当坊土地,不保我们不行,山里人靠您威名。"

保人们七嘴八舌奉承,把不速之客灌得晕头转向。

黄团总告诉黎爹柱,自己是为黎家被抢一事来的,他把皮袍袖子一提,醉醺醺地问:"听说神兵劫了更古坪,绑了黎妈武,也不见报案。"

黎爹柱说:"团总,不是不告官,是怕神兵心狠手辣撕票。"

黄团总喷着酒气,点着手里的筷子,说:"绑了黎队长,你们不开腔,过两天,神兵就要来绑我黄团总,我们猥水团防队,就要被搞垮了。各家出一支枪，一个人，听我和卫连长指挥，给他们吃南京汤圆！"

秦保长舌头打卷道："你一剿，他就撕票，我亲家的表兄，梨树湾向区长两百条枪都打不赢神兵。"

"你们这些大户，把土匪惯坏了，他们也被杨森军长破过，在县城杀死一万多，叫花子忙了三天，才埋掉一半尸首。"黄团总怒道。

秦保长想起那年在黎哈窟，十几个团防兵对准一个身穿无领绛色长袍的人射击，那人腰缠草索，脚蹬草鞋，表情平淡，一看就是个头目。枪弹打断了树枝，雪雾飞舞，埋在积雪下面的泥土也被打得翻滚起来，就是打不到他。神兵一边号叫，一边冲上垭口，一刀砍死黄团总的马弁，把团防兵吓得抱头鼠窜，神兵也不追赶，穿过油墨溪峡谷向恩施扬长而去，唾沫四溅地感叹："狗日的，硬是不怕死！"

黎爹柱脸色苍白，用手打着自己的脑袋，恨恨道："我豁出这份家业不要，也要保我儿子回来。狗杂种碰我儿子一根头发，我要揪下他一把毛！"

## 4

夏七发将病痛灾祸免出的保状取出来，交给十个保人画押，惋惜道："妈武吉星照命，不动兵戈，自可逢凶化吉，可是要损耗些钱财。"

"不动兵戈，别人还以为我是个缩头乌龟。"黄团总皱着眉在字据上签下自己的名字，看了遮在夏七发面前的围帐一眼。

黎爹柱摸着胸口，咬牙切齿对黄团总发誓："等妈武回来，我马上和你一起剿匪，他们讨不到便宜！"

黄团总无可奈何地说："你不着急，我黄某也等得起。"说罢瞅瞅周泰望，又回过头来盯住围帐，疑惑道，"梯玛不要把我的八字，搞成他的八字了。"

帐前是人帐后是神，夏七发一把掀去戏剧性的围帐，严肃道："我已禀告阎君，不会弄错。但是团总要小心，我看你印堂发黑呢。"

"未必神兵还想捉我？老子回去就等着他们，深居简出，院里都住上兵。"黄天良皱了皱眉，说罢提提裤腰，骑马走了。

不会写字的周泰望颇为失望，在自己名字下慢慢吞吞地画了个"十"。

法事弄到第二天才结束，地上青烟缭绕。夏七发从麂皮袋里取出一个小木匣，取出两钱牛黄，吩咐手脚发烫的黎爹柱每天化水喝三次，然后，又用祖师棍领着公鸡雄起起地离去。

大醉的秦保长在火塘边睡了一觉，醒来一看，雾已散尽，起来吃过早饭，同情地向黎爹柱告辞，谁知猎熊却坐在门槛下，两腿乏力，醉得站不起来。

秦保长掉头对周泰望说："侄子和猎熊骑一匹马。"

陶九香说："孙福，你送送秦队长。"

"好好。"孙福忙去牵马。

"秦叔，猎熊，谢谢你们做好事。"刚从花椒湾回家的妈绥过来招呼。

秦保长同情地说："赶紧把妈武弄出来。"

猎熊突然看见金氏背着女儿进了灶房，愣愣地说："我不走，我想……喝一口水……再走。"

"我去倒。"周泰望把一个草墩塞到猎熊屁股下说。

"我……去……"猎熊歪歪倒倒往灶房扑。

"你坐着，秦队长。"陶九香眼尖，叫道，"媳妇子，拿条湿毛巾。"

猎熊听她这么一喊，马上安静下来。

金氏头天在花椒湾忙忙慌慌量地，同妈绥跟金老娘一起，将她和妈武分得的连山，与公公黎爹柱在花椒湾槽坝的二十亩田土划出来，其中三亩都快到收获期了，她心疼不已，汗水泪水湿了一身，晚上在花椒湾住下，天明鸡叫，跟着妈绥骑马赶回更古坪，一进灶房，就听见婆婆喊，她掠了掠被汗贴在额头上的头发，把毛巾在瓢里浸点冷水，绞得半干拿出去。

陶九香接过金氏手里的湿毛巾，往猎熊脸上揞了两把道："秦队长，今天多谢你们了。"

猎熊坐在草墩上，两眼瞟着金氏，一声不吭。

金氏扭头进了灶房。

周泰望把端来的茶水递给他说："秦队长喝水，茶水醒酒。"

猎熊咕噜噜喝了几口说:"需要帮忙……不必客气……"

"队长,我们走吧。"孙福拉着猎熊那匹矮黑马过来,和周泰望一起把他架上马背。

"……走……"猎熊趴在马背上道,"……走……"

# 第八章

### 1

黎家变卖田地换来的两挑大洋,连更古坪屋门都没有进,一大早,就被崔四和里都两个团丁挑着,跟妈绥一起从花椒湾金家院子出发,直接挑往青龙观。

世上有两样东西越背越沉,一是洋钱,一是死尸。崔四和里都汗如雨下,妈绥和两个团丁一路接替,把肩都磨破了,终于照土匪的要求,来到青龙观背后的黄桷树下。

三个山民打扮的人,突然蹿出树林,夺过挑子,凶神恶煞地喝道:"货留下,回家等人!"

崔四没见着妈武不肯走,说:"我们这样回去,交不了差。"

妈绥道:"让我们见他一面。"

山民打扮的神兵围上来,从绑腿里抽出寒光闪闪的短匕,威逼道:"再废话,刺死你!"

妈绥脚都吓软了,他们也带着刀,却自忖不是对手,悻悻地放下挑子。两个神兵接过去,担在肩上旋风一样走了,剩下一个同伙举着短匕注视他们,对峙两分钟,也飞快地跑了。崔四和里都不甘心,想追,妈绥怕神兵有接应,急忙制止。三个人惶惶而回,刚上更古坪梁子,大老远地看见陶九香在碉楼后面的山坡上,向他们扬手跺足,又喊又叫:

"赎金!赎金!"

"送了,给了。"妈绥不安地说。

陶九香一听这话,便捶着自己的胸口,道:"梯玛呀,你嘴损啊,你说黎家耗些钱财，你看妈武都跑回来了，还要给人家送财去！"

"叫我们回家等人。"崔四胆怯地说。

"早回来了！"陶九香捶胸顿足，十分激动。

三个人跟在情绪异常的陶九香身后，气喘吁吁地进了屋，诧异地看见妈武坐在火塘边，一身糊着脏泥。

"洋钱呢？送了？"妈武连喘口气、讨口水喝的工夫都不给他们，劈头就问。

"你们上当了。"坐在一边的黎爹柱痛心疾首地说，"妈武是自己逃回来的！"

"洋钱白送了？！"妈绥一听，大吃一惊，崔四和里都吓得"呜呜"哭起来。

"傻东西！没看见人，为什么不挑回来？"妈武懊恼地问。

"他们人多，"妈绥说，"个个都有匕首。"

死里逃生的妈武胡子拉碴，头发蓬乱。原来神兵把他弄到山洞里，绑住双脚，每天给几个烤玉米，渴了接洞顶滴下的山泉喝。他光火地解说："昨天晚上，几个神兵围住盖块黄布的石桌子赌牌、吹牛，黄布上写着'诛团防，打税卡，整富豪'。他们得意地表功，我听了一阵，听出这场偷袭是一个外号叫'乌梢蛇'的头目干的，人就背向我坐在石桌边上。"

屋里的人都愣了。

"这不是遭天罚吗？"黎爹柱想起竣工之日，自己得意于碉楼牢固，夸口除非谁能变条乌梢蛇梭进去，狠狠一巴掌打在脸上。

"'乌梢蛇'牌技太臭，老是把手里的好牌打出去。"妈武瞪着眼说，"我用脚蹬他不能打，他换了一张牌，果然转败为胜，高兴地去洞外拉屎，把我两只手绑在一起，帮他举火把……"

妈武恨道："洞外又黑又冷，'乌梢蛇'蹲在一个大石坑边，我飞脚把他踢进去，捡起落在地上的一个口袋，蹿入林子逢岩跳岩，逢坎跳坎。看看。"说到这里，把手里的一个羊皮口袋打开，除了"乌梢蛇"赢的几十块银元，还有偕洞、獴水各地的"线子客"的名单。

"这些挨千刀的，这回往哪里跑！"陶九香说。

"哈哈！"黎爹柱病容全无，大笑道，又兴奋又得意，"我说龟儿子讨不

到便宜,敢碰我儿一根头发,他要掉一把毛!"

妈武做了十几天人质,灰头土脸,脏得像个野人,起身略略梳洗,换件短裈,斜挎连枪,迫不及待打马往猓水赶。

林子里的野花一蹦几丈高地开了,山谷里五颜六色,金氏也在女佣冉氏的陪同下,顶着一个细篾斗笠,骑马从花椒湾一路往回走。半道上相遇,妈武看着她银盘似的圆脸和黑森森的大眼睛,在马背敛起杂念,简短地说:"在家里等我,我要收拾那些狗日的!"

刚拢猓水,就听见团丁大叫:"黎队长,出事了,黄团总被杀了!"

"谁?谁被杀了?"妈武睁大眼睛道。

团丁跺脚道:"黄团总被他的马弁杀了!"

团防队彻底乱了。

妈武知道,这黄团总娶了一房颇有姿色的妾,平日宠爱有加,他老婆怨恨男人弃妻宠妾,与马弁眉来眼去,苟合私通,风声渐闻于外。谁知马弁害怕遭祸,先下手为强,把他暗杀了,还拖走几条人枪,投奔了梁篾匠。

山沟里没有像样的娱乐,没有败兴的酸雾噪音,吃喝着火力旺盛的土地上生长的食物,呼吸着毒蛇猛兽的生殖气息,乡巴佬倒比城里人还为爱疯狂。

急于报仇的妈武揣着"线子客"的名单,顾不上乱糟糟的团丁,来到乡公所,迎面碰上乡长。乡长正为黄团总被杀惋惜失望,看见他,也没问他是怎么从匪堆里回来的,拿了一封陈述被刺事件的文书,叫派人马上送往县城。

妈武没叫别人,接过文书急匆匆赶往县城。

猓水乡失去了最有势力的袍哥大爷,遍街都在猜测议论。七嘴八舌的团丁当中,最不安的是周泰望,前次打"保符",在阎王面前,他偷过黄团总的八字,恐惧和内疚得不能自拔,担心黄团总的灵魂惩罚他,专门去夏七发家里问神,得到一个否定的答复,才散开笼罩在心的阴影。

还有一件事情在猓水像风一样传开:秦猎熊用八百元大洋为代价,托乡长代为周旋,想把团总的宝座活动到手。

在这样的混乱中,妈武打道回府,怀里揣着县府"速速捉拿,以靖乡里"的手谕。妈武走得风快，在鸦片馆里找到乡长，向他呈上了县长的手谕和捡到的土匪"线子客"名单。乡长刚过够烟瘾，望着"线子客"名单一边紧裤带一边困惑地说："这是哪里弄的？"

"神兵掉在地上的，被我捡到了。"妈武说。

"主要是那马弁，马弁怎么捉？"乡长急切地问。

"把给土匪通风报信的'线子客'捉住了，就能知道他的下落。"妈武说。

乡长一听有理，叫他集结团丁，马上带队照单捉拿。

猁水下辖十个保，妈武派团丁跟各保的保长一起下去抓人，爬坡越岭，每到一户，壮硕的主妇横眉怒目，一手一把菜刀，在菜墩上左右开弓，狠狠地剁个不停。兵丁们害怕她们私通神兵，设下埋伏，转了几个山头，仍然空手而返。

真是一个史无前例的挑战。"黎队长，"保长们向妈武央求，"我们一起去捉吧，乡里乡亲的，抹不开脸。"

"好，好，"妈武气冲冲地说，"一起去！一起去！"叫人把这些保长关了起来，让副保长接替他们的工作。

这保长一捉，果然有了效果，各保副保长陆陆续续开始交人。猁水一带给神兵报信的内奸、窝户很快被县政府逮捕，关了十多天，剔除老弱妇女，剩下十几人，县里一箭双雕，让他们顶替猁水的壮丁任务，戴罪立功，由警丁敲锣打鼓地送给部队。但杀害黄团总的马弁却跟梁篾匠跑了，神兵一个没有捉到。神兵转移前，还把"乌梢蛇"的尸体从石坑里弄出来埋了，埋的地方后来被乡里称为"棒客凼"。

## 2

杀人抢人之事，搅得一个猁水场沸沸扬扬，关于更古坪的石碉楼劫案，出现了好几种传闻，有人说蒋毛毛不知情人会从洞房走出，后悔没有在岩梁老树附近接应，怨恨黎家逼死了情人，求请梁篾匠给自己报仇；也有人说，周大妹的哥哥周泰望在石碉楼值过班，是他向梁篾匠献的计；还有人说秦猁熊太喜欢金氏了，时时想起她坐在花轿上唢呐吹吹打打的刺激

场面，感到不雪耻没脸见乡亲，于是串通梁篾匠，借刀杀人。

黎爹柱在更古坪不得而知，他刚恢复了精气神，迫切关心剩余的连地和战争的消息。

神奇的黄连秧，在大山中自生自灭，元代才被移栽到森林边缘，属毛茛科，《本草纲目》上称为神农鸡爪连，多年生草本植物，形如鹰爪，毛乎乎的。细棱状的叶子生长极慢，终年不见阳光，融极阴之气，常吃可以长寿，也可以轻身，是轻功练习者的必服之药。山民有个头疼脑热，或者牲口吐白沫了，切片泡水吃下去，个把时辰就好，和鸦片差不多，连种来历不凡：猎人梦里遇见一位白胡子老头，获知森林里有一株神草，挖回家栽种能发大财。猎人梦醒寻找，果然在一棵鳞甲满身的乌桕树下，看见一大蓬深绿色的植物，足足有一个脸盆大。

猎人小心翼翼地把它挖回家，移栽在屋前的一棵红杉树下，把其中一苑拿到县城问价，药铺说它泻火、解毒、清热、消炎，是寒药上品。猎人明白挖到了摇钱草，每年种子成熟，总是亲自采集，一颗也不送人。他的女儿出嫁那天，偷偷在绣花鞋里藏了一些，山民的生活终于变化。

黎爹柱坚信，只要还有连秧，黎家就不怕翻不了身，虽然目前行情欠佳。

这天中午，他顺着树林，往一块快到采挖期的连地走去。那地能收一担多鲜连，烘干除须脱毛以后，也有一箩不止。价格一跌再跌，他要考虑挖还是不挖。走着走着，突然听到林里传来隐隐约约的笑骂，仔细一听，是妈绥的声音，还夹杂着一个女人的嘻嘻声。他分开树枝放轻脚步，伸着脖子往里一望，是孙福屋里的，气得脸色发青，退了下来。

他气冲冲地走回院宅，从猪圈里拿起一把杈头扫帚，转身在粪凼里蘸了一下，举着这把臭烘烘的大扫把，分开树枝，好像老鹰扑鹞子一样，猛地朝那对苟合的男女打去——

"畜牲！"黎爹柱骂道。自己早年虽然也在地里浪过，但捉的是自家老婆，想到这里，他的大扫把第二次向妈绥打去。这孩子自从读书识字，就被像圣人一样供着，现在他深深地失望，感到怒不可遏。

妈绥又羞又惭，跟在孙福媳妇身后落荒而逃。

黎爹柱一边往回走，一边大声骂。

惶恐不安的妈绥晚饭后才回来，陶九香狠狠训了不争气的儿子一顿。

黎爹柱不理睬跪在床榻板前的妈绥，阴郁地躺在柏木架子床上吸烟。床是当年朱顺亲手给黎家打造的，红漆点金的床沿上，层层叠叠雕刻着猛虎下山和奇花异果。他死死盯着堂屋正在上漆的两口柏木大棺材，看着孙福仔细涂刷漆面，他有生第一次感觉到衰老和死亡之气，突然格外想念小儿子妈貉。更古坪什么消息都听不到，也不知这孩子到了哪里，弄死了几个日本鬼子？打起仗来，子弹可不长眼睛，但黎家男人命大，妈貉定会平安无事。想着想着，他鼓起眼珠子就迷糊了，看见妈貉躲在一块岩嘴后面，画着"太阳粑粑"的日本飞机在头上冲，飞着飞着，像苍蝇一样撞落在岩头上。黄衣黄裤的鬼兵成群结队扑上来，妈貉像打猴子一样放枪，把前面的放倒了，后面的又紧跟上。妈貉不停地打，鬼兵不断地冒，好像喝了梁篾匠的神水，只前进不后退。他看见妈貉身后，还有许多穿黄军装的同伴也在射击，子弹"嗖嗖"地飞，就是挡不住不慌不忙、越逼越近的鬼兵。黎爹柱焦急啊，这时，突然一片可怕的寂静，枪声奇怪地消失了，昏天黑地，遍地死尸。空气紧张得让人窒息，他看见妈貉和同伴与鬼兵搅在了一起，那鬼兵的帽子被扯掉了，披头散发，想用刺刀捅妈貉的胸膛。黎爹柱感到那刀就是对着自己捅过来的，他敏捷地躲开了，鬼兵举着刺刀还想捅，黎爹柱夺过那刀，像杀猪一样狠狠结果了这个杂种，刺刀抽出来，喷出很多很多的血，鬼兵竟也喷出人血，感到解恨也感到奇怪，却听耳边大叫，"老巴子！老巴子！"是陶九香的声音，"你鬼叫鬼叫的，吓人。"

"日本鬼子一群群的，像神兵一样不怕死，妈貉费力了。"黎爹柱揪着胸口说。

"这孩子在哪里打仗，我们都不知道。"陶九香眼角湿湿的。

"祖宗保佑，我儿能当超级战士。"黎爹柱愣了一会儿，无可奈何地叹口气，他的话被窗口的晚雾听到，那轻薄的白气在更古坪盘桓了一阵，飘飘荡荡、游游移移地往东去了。

## 3

第一抹霞光刺破黑暗的天宇，黎妈貉站在逶迤的山峦之上，千沟万壑

中,很多和他一样的士兵钻出山洞,登上附近的高处。

这里看不到猃水,只能看到长江在峡谷之间猛然转身,一方矩形玄武岩矗立在高岗上,活像一道巨大的令牌,相传盘古开天辟地时专门放在这里,诏令奔腾的长江在此来一个大拐弯,冲出峡谷向东而去。

群岭之巅,沐浴干净的军官站在一块岩头设的案子前筛酒焚香,虔诚地注视着三缕青烟升起,飘散在空中,然后以膝触地,匍匐在列祖列宗灵下,向高高在上的苍天祷告——

陆军第十一师师长胡琏
谨以至诚昭告山川神灵:
我今率堂堂之师,保卫我祖宗艰苦经营,遗留吾人之土地,名正言顺,鬼伏神饮,决心至坚,誓死不渝。苍苍者天,必佑忠诚……

火红的光点在云里飘浮,渐渐金光四射,洒出一天霓霞。

两岸绝壁对峙,重峦叠嶂,所有过往船只,必须在此拐万里长江上最大最急最危险的一个弯。妈貉从历史课上得知,古老的巴国曾凭此天险,屡屡将楚国挡在三峡之外,现如今巴楚男儿一起跪在石令牌下,在朝阳从东方升起的一瞬,叩首祭天,发誓不让日本鬼子进入长江三峡。

猃水人自称巴人后裔,妈貉对这个问题有些好奇,传说巴国从诞生的那一天起就东侵西掠,没有一个固定的疆界,也没有一个稳定的中心。白虎神廪君执剑乘舟带领族人走出鄂西石穴,沿苍茫的清江逆流而上,从未停止过战斗:为开疆拓土,射杀浪漫多情的盐水女神,占着她的领土和全部盐矿,又因致命资源招致无数战事,频频变换族名沿长江及其古支流逃亡,不知所终,引起许多推测和传说。

硬仗就要开始,妈貉等得有点不耐烦。他只打过猴子、野猪,没杀过人,但他不会手软。这些天来脑子里反复放着日军的兽行照片,其中一幅,是一位姑娘双腿被日军用皮套高高绑在椅子扶手上,一丝不挂,裸露的下身正对镜头留影。他长这么大,还没见过女人光身,第一次满足好奇,看见的竟是被鬼子轮奸后的光身,他愣了,又悲伤又愤怒,姑娘不知忍受了多少鬼子残暴的蹂躏,短发下的圆脸低垂着,他看见那浑圆的乳房和痛苦的生殖器，心里一紧，默默地流泪，狗杂种，他要杀了他们！还有一幅，是得意的日军一手拿军刀，一手提着刚砍下的中国人的脑袋，他那个难受啊，不砍下鬼子的脑袋，不解其恨！

连队踞守的关隘叫老娘娘口，从宜昌过来的鬼子，要想控制西陵峡要塞，老娘娘口是必经之地。工兵去年就在山上修筑炮台，炮筒之下，峡江大拐弯一目了然，这是远古地理产生的奇观，日舰若逆流进来，可以照舰头打一炮，再照舰尾打一炮。

妈貉入伍后，被送到云阳急训，苦练两个月才分配在国民党第九十四军某连，驻扎在这距西陵峡二十多公里的山上，他枪法好，脑子灵，领了一架崭新的机枪，此刻，俯视着"V"字形的江面，豪情万丈心旷神怡。想起更古坪的青山翠谷，感到前所未有的冲动和兴奋，他要大干一场，把日本鬼子像草人一样打倒，让父母和兄长都为他骄傲。

"江山如画，日本有没有这么美的地方？"一个战友在身旁问。

"他们肯定没有，才来中国抢。"妈貉说。

战友一愣，挥舞拳头喊道："我要把东京炸成废墟——！！！"

岩石好像明白他们的心情，呼呼地撞响一阵山风。

江上有百姓扔的稻草，江底沉有许多水雷，用绳子拴在岸边的石礅上，山上埋伏着迫击炮排和重机枪排，几十个山洞全部成了炮洞、机枪洞。听说日军来的是野战部队，凶悍狂傲，有"钢铁野兽"之称。管他兽兵鬼兵，要破老娘娘口，妈貉想，除非从自己的尸体上踏过去，豁出这辈子不结婚不生子，就这么交代。

他想起了更古坪的父母，想起他家，有些内疚。走的时候怕家里不答应，事后才捎信回去，现在他惦记他们，知道自己牺牲了，他们要难过很久。但是，如果不亲手杀几个日本鬼子，自己更加难过。天色暗了，群鸟归林，密集的鸣叫和更古坪一样，不知从哪里飘来一缕山岚，在他额头上亲了又亲。

## 4

古历四月开始，大峡谷好像有办不完的红白喜事，枪炮放放停停，响

声震天。最后一批村民刚被遣散,画着"太阳粑粑"的飞机就从宜昌方向飞过来,像满天繁星在移动。

群岭逶迤,层峰叠峦,俯冲不便,日机三架一组,排成一字往下投弹,重磅炸弹和燃烧弹盲目倾泻,如同密集的流星雨和陨石阵。

满山起火,爆炸声惊天动地。

高射炮弹也从鬼子基地飞过来,把屹立亿万斯年的岩石炸得粉碎。

妈貉待在岩洞里,为山崩地裂的架势震惊和好奇:狗日的鬼子又凶又恶又猛,天都要整垮。

巨雷般的爆炸声持续了几个钟头,终于消失,天地寂静,令人不安。

战争的炮火远比死打喜放的鞭炮恐怖。

通往老娘娘口的山路狭窄而陡峭,盘根错节的草木土石被炸翻,布满了一种杀气和凶险,妈貉从炮眼里望出去,黄压压的鬼子豺狗一样拥来,从容逼近火力线。五十米,三十米,二十米……机枪响了,山上冒出暴风骤雨般的子弹,将成群结队手持冲锋枪的鬼子筛孔一样射穿,相对距离只有十几米,钢盔下的鬼脸妈貉都看得见。

虽然弹如飞蝗,鬼子却只进不退,好像被一双无形的手控制着。前面的栽倒,后面又跟上,前仆后继,号叫着还击。一部分冲到洞前倒下,不停地抽搐,样子诡异别扭,身上的枪眼直冒血沫和气泡。无常在煞气连天的山头上摄魄勾魂,慌慌张张地抖着铁锁链,累得有些抱怨。

日头暗淡无光,天空异常阴沉。子弹"嗖嗖"直飞,在大树身上留下黑鳞一样密集的弹痕,洞口旁边,一棵磨盘粗的老树被炮弹炸断,暗红色的树心像兽肉一样露出来,熏制在硝烟中。

妈貉血脉贲张,枪管打得发烫,却不感到在杀人,只觉得自己在打鬼。夏七发和父亲都讲过,老巴子嘴边有一根胡须能够开天眼,可以看到人的本相——见人现猪相羊相就咬,现人相就不咬,狗日的鬼子吃人饭拉猪屎,老远都能闻到畜生味,他扣着扳机打得如痴如醉,好像嗜血的白虎蛮神显灵还魂。

鬼子一次又一次疯狂的进攻被打退。

死去的战友被抬到只剩下半截身子的老树旁,像柴捆一样码着。妈貉第一次看见这么多尸体,心中止不住哀伤,仇恨在脑海燃烧。

师长在电话里喊：大家死守阵地，报效祖国，战斗到最后一个人，流尽最后一滴血。排长清理剩下的武器弹药，让每个人都有一挺轻机枪和一箱手榴弹，另配一把步枪或匕首。

"狗日的鬼子，是有两下。"班长沉默半天，说，"弟兄们作好准备，攻上来就和他们拼刺刀，人在阵地在，宁死不当俘虏。"

吃过早餐，九架日机又从宜昌方向飞来，长着眼睛似的狂轰滥炸，迫击炮炮手全部牺牲，重机枪排伤亡惨重，掩体和工事破坏殆尽，早餐前还在鼓励大家、叮嘱人在阵地在的班长也阵亡了。

黄衣黄裤的鬼子第 N 次进攻，以催泪瓦斯压住火力，一团一团的白烟好像魔鬼哈出的毒雾，在阵地上弥漫，妈貉和战友们不停地流泪，鬼子趁此掩护，举着雪亮的刺刀突入阵地。

随着不长眼睛的手榴弹脱手，妈貉与同伴持刀扑上去，与鬼子迎面搅成一团。

一个鬼子的帽子被挑落，呀呀号叫着，披头散发，举刀刺向妈貉，妈貉把腰一闪，朝前扑的鬼子后颈乱扎两刀，猩红的血沿着刀槽喷射到了他身上。另一个鬼子从侧面向他袭来，妈貉往后一让，刀尖划破了他的右肋，他敏捷地还击一刀，刺进这杂种的左腹。刺刀铿锵碰撞，濒死的惨叫、厮杀的吼声随低沉的山风飘散。

双方杀红了眼……

阵地上静悄悄的，没有枪声炮声。

这个回合后，国军的敢死队员冲上阵地，看见一个十七八岁的战士压着一个鬼子，双脚跪按在鬼子大腿上，双手卡住鬼子喉管，头发蓬乱，眼睛闪着愤怒的光，军衣的纽扣全部脱落，军衣背部豁开一个洞，沾满了血浆，全身都是滚打的痕迹。显然这战士原先是被按在地下，后来才翻骑到鬼子身上来，正当他与鬼子拼命时，冷不防背后被猛捅一刀，就这样睁着眼睛威风凛凛地坐起殉国，像头死不瞑目的老虎。刺他的鬼子也没逃脱，也死在这个年轻战士的身上，三具尸体相互叠压，三把刺刀甩在一旁。周围全是拼力肉搏置敌于死地的姿势：卡敌人脖子的，咬敌人耳朵的，抠敌人眼珠的……树上挂着炸断的四肢，炸塌的山洞前，鬼子和国军的尸体更是重重叠叠，双方士兵抓扯、撕咬在一起，许多还在"哎哟哎哟"地

第八章

叫唤。

没等敢死队员喘过气,鬼子又冲上来了。敢死队员把机枪架在尸体堆上,"突突突突"开了火,把前面的鬼子打成蜂窝状,直到最后一个冲上来的鬼子倒下很久,机枪声才慢慢地停下。

# 第九章

## 1

妈武终于回了更古坪。

自从怀揣"线子客"名单到县城,他就没落过屋,不知父母和金氏如何惦念,现在骑马走回家,眼底里浸透着烦恼和焦虑。

传闻扑朔迷离,但拿不到蒋毛毛的投匪证据,"线子客"名单上也没有秦猎熊和周泰望的名字,石碉楼受袭案进展全无。猎熊竟又在猄水街上盘下一间茶馆,开香堂收了十几个徒弟,过得热闹风光,而且还积极贿官。人生的考验一个接着一个,妈武感到苦恼和郁闷。

来到院宅,妈武点了一袋烟,慢慢陪着黎爹柱吸。想这十几天来,衣不解带,食不甘味,捉拿了几个"线子客",都和石碉楼劫案无关,他忧心忡忡,语气激动道:"爸爸,街上都在传石碉楼的事,有人说蒋毛毛引梁篾匠报复黎家;也有人说是周泰望向梁篾匠献了计;还有人说,是秦猎熊串通梁篾匠,借刀杀人。"

"审审蒋毛毛行踪。"黎爹柱咬牙说,他的眼珠黑中带黄,射出一束亮晃晃的光。

"这家伙一直没回家,屋里人说不知去向。"妈武回答。

"没有证据,就不能乱冤枉人。"黎爹柱瞪眼道。

"我会搞清楚的。"妈武皱着眉头说。

"唉,老话说得对,知面不知心。看你二弟那么老实,倒不按规矩出牌,和孙福媳妇勾勾搭搭。三姑又给他说了个姑娘,姓何,父亲在青龙观砍柴烧火,大哥去年入了伍,家里还有一个弟弟,聘礼送过去了。"黎爹柱不禁感慨，想起妈绥的问题。这孩子让人担忧，也让人可怜，如媳妇不上吊，早该抱娃当爹了。折腾过一回，条件也降了，七弄八弄定下一个，虽然其貌不扬，总比夺人之妻强。

二弟也敢胡作非为？妈武心里纳闷，忖道："妈绥可能想媳妇了。"

"我和你妈商量，用从向家手里买来的二十亩山地，连同上面搭建的零星连棚，同秦家换了八百块大洋，给妈绥重新办酒，谷子打完就办。剩下的大洋，再请几个风水高手看块地，等我进了岩腔，可以保佑你们百事百顺。"黎爹柱瞅着长子说。

"爸爸，秦猎熊给乡长送了钱，想顶黄团总的缺。"妈武犹豫一瞬，脸憋得像檐下的辣椒串一样通红，"我也想当团总，要不就和妈貉一样参军，总归不能缩在猎熊手下。"

"家里不太平，你能走？"黎爹柱眉头拧成个疙瘩问，"团总管多少条枪？"

妈武道："一百五十条。我派一个中队在碉楼驻扎，四面周围都清静了。"

黎爹柱闻言，脸色立刻柔和起来，问："把卖地的大洋借给你，能不能弄赢猎熊？"

"那就有两鳌，可是这笔钱，得给妈绥办酒。"妈武内疚地说。

"办酒要等秋天，另外再想些办法。"黎爹柱抖抖烟锅子道。

"我一定请阴阳给你看块最好的地，爸爸！"妈武感动不已，对父亲发誓。

黎爹柱想来想去，决定豁出去，支持儿子竞争团总的宝座。他打开柜门，白花花的大洋在柜子里码得整整齐齐，发射出让人兴奋的光。父子俩破釜沉舟，一起把这些当当作响的宝贝放进两个背篼。

妈武夜里才回石碉楼，忙中偷闲地和金氏作乐一番，天一亮就到院宅运大洋，父亲换了出门长衫和新草鞋，头上缠着崭新的白帕子，正在院里套马。

"你爸亲自送去。"陶九香替黎爹柱腰上扎着长衫下摆，抬头冲妈武说。

黎爹柱卷起袖子，从堂屋里将两个装满红辣椒的背篼端出来往马背上挂,妈武一愣,很快明白辣椒下面有昨天放进的大洋。"爸爸,你还是留在家里吧。"他焦急地说。

"那年进团防队,"黎爹柱逞强斗狠道,"就是老汉送你去的,老汉还要送你一回!"

妈武无法,和父亲一人一匹马心急火燎地出发。

大黑马驮着藏在红辣椒下的八百块大洋,和怀揣重大目标的黎妈武,心机深邃地向猿水走去。黎家已在老林生活了十年,赢得了山里人的敬佩和羡慕,父子俩的野心不断膨胀——黎家要控制热闹的千年古镇,做猿水的主人。

走到一临崖的陡岩处,妈武勒马下地。那道只有一肩宽,一边是陡岩,一边是深渊,他卸下"红辣椒",准备把两个背篼背过窄道,防的是马蹄踩虚,人马背篼一起滚下悬崖。这么条路,还是舍生忘死才凿出来的。他背起一个背篼向前,小心翼翼享受辛勤开辟的马道,突然间,一头野猪闯入视线,猪皮黑黑的,浓密的鬃毛在背上一耸一耸,毛梢带一点白,长长的獠牙在阳光下格外刺眼,发现人后,也不转身,反而从逼仄的岩上直跑过来。妈武枪法很好,但野猪已迎面闯近,开不了枪,狭路相逢,他手心冒汗,下意识地往岩边靠靠。

狰狞的野猪两眼发直,贴着悬崖奔到他身边,妈武眼疾手快,飞起一脚,就像将"乌梢蛇"踢进茅坑那样,将大约二百斤重的野猪踢下了悬崖。

黎爹柱将手里的枪放下,"嘿嘿"笑着说:"有搞头,回来背野猪肉。"他觉得这是一个很好的预兆。

妈武惊魂未定,半天才平静下来。


## 2

黄团总被刺,乡长日理万机,一早就在乡公所奋笔挥毫,向县上推荐猿水最高武装首领的候选人,妈武径直求见。

黎家父子背着红辣椒一前一后走到乡长对面。"报告乡长,"妈武不好意思道,"我屋爸爸卖了黄连,特地来看望乡长。"

"老人家,"乡长抬起眼皮,看了看穿着草鞋和长衫、黑红脸膛包着崭新白布头帕的黎爹柱,又看了看装着红辣椒串的背篼,见惯不惊地停下毛笔,苦恼地说,"你们不要为难我,都是世家子弟,该收谁的,不该收谁的?"

黎爹柱一脸紧张,小心翼翼地上前两步,赔笑道:"报告乡长,你两边都收,一碗水端平,向衙门推荐两个候选人,又省事又公平。"

"咦,这主意好。"乡长想了想,连连点头,脸上露出一丝如释重负的笑容,"老人家多吃几年盐,就是不一样。"

乡长欣然提笔,向县政府推荐两个团总候选人。不久后的一天,县长从待办卷宗里拿出猕水乡的呈文,看了秦猎熊和黎妈武的名字,认出后面一个,是前不久刚刚嘉奖过的剿匪功臣,提起朱笔,在那名字下画一道红线,批了"准如所请"四个字。

秦猎熊的八百元大洋打了水漂。

黎妈武继任团防总队长的大红榜文轰动了猕水老街,团丁里都把消息捎来更古坪时,黎爹柱正蹲在门外的树圪蔸上吸烟,听罢喜讯,似笑非笑地瞅着陶九香,像顽童一样哼着小调说:"莫要愁来莫要焦。"陶九香用力往他身旁扔了一个玉米芯子,黎爹柱不予理睬,继续得意地哼哼:"莫把少年焦老了。"哼罢,站起来大吼一声:"啊——呵——喂——!"向群山发泄心里的快活。陶九香笑得直不起腰,脸颊像喝醉了酒一样,泛着红亮的光,上气不接下气地说:"夏七发的'保符'就是灵!"

"叫妈武发兵,"孙福兴奋道,"把神兵杀了报仇。"

"总有一天,老子要捉住那个冒充虎神的篾匠。"黎爹柱眉飞色舞地说。

妈武是在猕水获得任命消息的,他忙着办酒来不及回家,带信请父亲和妈绥赶去应酬,黎爹柱提着烟杆直催妈绥牵马上路,让金氏带着永玉陪陶九香留在更古坪。

金绍三在花椒湾也收到了吃酒的邀请,金老娘喜得在屋坐不住,骑着马驹,带着礼物来看女儿和外孙女,她做梦都想不到妈武能当上团总,黎家会拥有仅次于乡长的权势,满脸都是骄傲和神气。

永玉戴着鲜艳的虎头帽,穿着精致的虎头鞋,扑进怀里叫"姥姥",金老娘笑容可掬地将带来的小银锁挂在外孙女胸前，捉住外孙女胖胖的手指一边晃，一边唱：

  妈的幺女要回来，白糖包子缎子鞋；这双穿了那双来，没得幺女哪得来……

金氏有些得意，和永玉咯咯咯直笑。

金老娘小声问女儿："妈武在外面，有别的女人没有？"

金氏说："没有。"

"女啊，"金老娘低声感叹，"你知道我们的家业是怎样置起来的？金家原也是穷困户，你爷爷年轻的时候，从青石背布到猕水卖，一天只吃一顿饭，饿了，就到幺店子讨碗米汤喝。时间一长，人家看见他就把米汤全倒地上。金家的瓦房，就是你爷爷修起来的。虽然现在家里有一点银子了，但你爸老实，又无权势，仍是人家欺负的对象。女婿有出息，在外面说得起话，男人有男人的事，你要好好跟着他。"

金氏一边给永玉梳头一边回答："晓得。"

几日后，黎爹柱和妈绥终于骑着骡子回到更古坪，黎爹柱见面就向金老娘抱歉："亲家，现在妈武可顾不上家里啰。"

金老娘乐得合不拢嘴道："男人哪能窝在家里，有妈武这样的女婿，是我们金家的福气。"

金氏眼露怨色，她算起妈武应该回来了。见嫂嫂花容不悦，妈绥忙在一旁解释："妈武没把更古坪搞忘，叫人贴了两张告示，一张催办各保派送壮丁骡马，还有一张就是悬赏碉楼劫持案的线索。"

黎爹柱接过陶九香递上的热茶，高兴地对孙福宣布："明天你去秦占云家，把我家大黑马牵去，不用抽签！完了给梯玛过话，黎家要给妈貉和银美办定亲酒！"他在猕水打听到妈貉的消息，说这孩子的部队在鄂西打了一个多月，弄死上万个日本鬼子，满意黎家的男人命大，八字硬，啥仗都搞得赢。

孙福点头说："是要抓紧，免得被别人聘了。"

黎爹柱蹦起来骄傲地宣布："梯玛金口玉言答应过，把银美放给妈貉，

拐不了的。"

陶九香幸福地说:"半个月准备足够了,越快越好。"

## 3

妈武如日中天,妈貉打下胜仗,妈绥心里酸楚,很受刺激。他怀念在县城读书的日子,回想当初,如果妈武不将那信交给母亲,让他和同学一起远走高飞,恐怕又是另一种光景。

陈年往事说有何用。

等待县衙批核猕水团总的日子里,何姑娘匆匆过了门——收到聘礼后,何家熬不到秋天,不断催促黎家把新姑娘接走,黄连卖不出去,失去赚钱手段的生活太困难了,只想少张吃饭的嘴。女方要求不高,妈绥又不想张扬,陶九香便叫了花轿和响器班子简单张罗,依然点了大香大蜡,但和上两次排场没法比。

和何氏躺在床上,妈绥有时会望着周大妹上吊的横梁发呆,琢磨究竟什么是福气。这天想着想着,突然听见门外有人吹树叶,悄悄喊:"黎妈绥,开门。"

妈绥一愣,听声音不是别人,正是死去的周大妹,明明埋在黎哈窟,怎么又回来了?

"你是鬼,我不开。"妈绥回答。

门外那声音说:"你开门吧,我是人,不是鬼。"

妈绥道:"埋了的人回来,不是鬼是哪样?"

那声音威胁说:"你不开门,我也一样进来。"

妈绥吓醒了,原来是一个梦,心里怦怦地跳。好容易挨到天亮,谁知怪事又来了,两人四只鞋,睡觉前放在床边上,早上爬起一看,被拖得东一只西一只的,第二天第三天还是这样,弄得他整夜不敢合眼。

陶九香知道后,马上叫人把那根横梁锯掉,心里却很奇怪,已经做了武道场,怎么还出这样的事?

黎爹柱蹲在堂屋门口,含着那支光亮如玉的竹棒烟杆,生气地告诉二儿子:"没做亏心事,老子前门后门都敢开,用不着害怕!记住几句话:

'吾含天地，咒毒杀鬼方，咒金金自销，咒木木自折，咒水水自竭，咒火火自灭，咒山山自崩，咒石石自裂，咒神神自缚，咒鬼鬼自杀……'专门降鬼。"他伸出左手，四个指头令人惊奇地穿来穿去，撑起中指的两个指节，解释说，"再掐这个诀，像这样掐，夏七发教的，祖师诀，驱魔恐鬼，懂了没有？"

妈绥几个指头扳来扳去，扳了半天也做不像，干脆直接竖起中指，黎爹柱给了他一巴掌："你手指头怎么是散的？"他左右手指交叉，做出一个动作，说，"这个呢？试一试，娘娘诀，法力更大，是一个枷。如果听到鬼在前面叫，你朝后面甩，鬼在右边叫你朝左边甩，方向要相反，正好把鬼枷住，把它夹得叫唤。"

妈绥认真地绕着手指，终于学得比较像样了，他一边练习，一边默记先前那个咒语。

黎爹柱望着在天井中的腊梅，以肺腑之言警告："记住，拉屎的时候不能念！"

妈绥不敢告诉何氏，夜晚苦啊，嘴里叽叽咕咕念着咒，用父亲教给他的这个枷，前后左右同鬼交战，度过自己且惊且惧的新婚时光。

孙福满怀收获地从斩蛟谷转来，他带去黎家要给妈貉和银美办定亲酒的话，捎回另一个重大消息：夏七发准备给儿子夏良现传法，已遣人到猕水街上贴红帖，邀请乡民们前往参加，日子就在十天以后。

这可是吸引山里人的大事，黎爹柱熄掉正在燃烧的土烟，激动道："那崽家伙，几岁就跟他老汉打下手，现在穿得法衣了。"

绝学后继无人，是梯玛世家最可悲最可怕的结果，其严重性超过没有子嗣。夏七发必须传法，否则会遭神谴。虽然自古父不度子，应该易子而传，但夏七发自有应对，他把族谱给儿子排定的"银"字辈，改为"良"字辈，相当于把独生子过继出门，以便度那孩子。师承久远的巫法中断在谁手里，谁就将万劫不复，过去青龙观老道长给新坛道长授职，也曾邀请远近乡亲见证捧场，传法仪式庄严而神圣，正常情况下每隔一二十年才有一次，人气越旺越好。

陶九香兴奋地说："把日子错开，我们好好准备。"

黎爹柱握着威风凛凛的竹棒烟杆，道："等良现度职以后再办。"

妈绥默默地坐在火塘边，不发一言，他觉得自己的命生弱了，既羡慕妈武，又羡慕妈貉。

陶九香兴致勃勃地忙碌，详细列着采买清单，准备喊妈武代购。圈里的母猪开始嚎春，两头公猪还小，她让孙福回家把自个屋里的公猪牵来交配，可惜晚了一日，母猪翻栏跑掉了，遍坡叫唤也不答应。过了两天，它竟独自"哼哧哼哧"从坡上走回来。失而复得，陶九香喜出望外，忙向它道歉，让它去圈里吃食。谁知母猪见了孙福牵来的公猪，始终不肯亲热，一头野猪却跑来围着猪栏打转。黎爹柱到碉楼喊来三个团丁，埋伏在竹林中，野猪一来就打。但打死一头，又来一头，让人防不胜防。陶九香猜那畜牲肚里揣进了野猪的种，头痛每天连人带牲口要喂饱十几张嘴，一不留心就出麻烦。

妈武好长时间没回更古坪了，她不安地想。

# 第十章

## 1

失眠一夜的妈武领着崔四走进冷冷清清的茶馆，一脸铁青，全无新官上任的喜色。县里命令优抚抗日烈士，送来一份文件和几份战报，獴水十七位忠勇子弟阵亡，妈貉名列其中。他心脏抖得厉害，不敢相信自己的眼睛，妈貉所在部队刚传鄂西大捷，怎么会牺牲呢？战报说古历五月，日军谋取长江上游，从宜昌集结十万鬼子攻打西陵峡，妈貉所在连队凭险据守老娘娘口，与日军反复冲杀，全部殉国。

烈士简介讲，妈貉最初在云阳整训，后到湖北作战，担任机枪手，毙敌上百。碉楼劫持案还没有线索，凶讯却白纸黑字报来。他鼻子一酸往下看，抚恤名单上面还有孙福的三兄弟、周家二娃子和妈绥的舅老倌何万万，没有音信的孙老三原来一直随部队在河南作战，一年前所在班与日军惨烈搏斗，光荣捐躯；周家二娃半年前在湖北大别山殉国；何万万是个神枪手，在河北战场牺牲于日机轰炸。

日他娘的日本人，活剐了都不解恨，他简直想亲赴前线，但是千年古镇需要自己，几天前还有一份要件送来：县上向獴水急调二十五名壮丁。

下了半天雨，下午终于亮晴，因为不逢场，茶馆弥漫的水汽和烟草气味稀薄很多，妈武没有理会老板的逢迎，悲愤地在八仙桌边坐下。乡长给每保分配去两个壮丁名额，把催办的任务交给他，称病告假了。问题是，半年前送走的几个壮丁偷偷摸摸逃回来，东躲西藏，控诉不是挨打就是挨饿，动摇其他青壮的决心，全乡十一个保，一共报上二十二人，金氏的远

房表哥也在其中,还剩三人没有着落。各户散居,又不能翻山越岭去捉人,他刚刚当上团总,实在舍不得离乡,面临这个史无前例的挑战,真是气急败坏。好在九保的保长冉洪尤把三个人送来了,其中两个是黎家的佃户。因为九保分辖花椒湾,人口较集中,冉洪尤连哄带吓,谎称黎团总亲自交代的,不去就杀一儆百,终于把他们说服。冉洪尤也学会了狐假虎威,妈武正琢磨这事到底应该夸奖,还是惩罚,突然发现门外走来两个陌生人。

在他眼里,猇水人脸上好像贴着标签,一望便知。这两位看样子有五十多岁,一高一矮,穿着破旧的长褂,缠着青色的土布包头,风尘仆仆的样子,明显是外地客。他们在长板凳上坐下,要了壶茶,高个的说:"来龙深远,去脉奔腾,是大富大贵之地,但从山脚到山顶,哪一处有真穴呢?"矮个的说:"应该在山顶,地高人贵嘛。"高个的又说:"山腰未必不行。"

妈武一愣,明白遇上了"赶龙匠",就是阴阳行家,他注视着他们,忧伤地问:"有什么争执不下的事,能不能说说?我是本乡团总。"

矮个的赶龙匠从板凳上站起来道:"幸会团总,我俩捉脉望势多少年,这次从鄂西长阳来,走走停停,撵来撵去大半年,才追到猇水。"

妈武恨恨地问:"日本飞机在宜昌屙崽崽,二位怎么过来的?"

矮个赶龙匠卷卷袖子回答:"水路不行走山路,我们想看看,祖脉支干纵横,有没有一个可以驱妖降魔,扫荡鬼酉的龙穴。"

妈武盯着他问:"有无收获?"

高个的赶龙匠啜了口热茶,用指头点着八仙桌回答:"此脉从云中发来,经过鄂西长阳,如同一条活龙翻滚爬行,到了这一带就像到了站。"

他的矮同伴在板凳上重新坐下,道:"我们从太祖山追到少祖山,走破了十几双草鞋,有没有龙穴,还要继续勘察,先在街上休息两天。"

崔四在旁边插嘴:"那样的龙穴世间罕见,绝对不好找,其他宝穴倒可能有。我听到过一首民谣:'黎哈窟里有穴地,大尖山的小尖山,牛头山的马鞍山,哪个找到这穴地,幸福日子过不完。'"

"我怎么没听说过?"妈武犯疑。

崔四说:"你去问问佃户,老一点的都知道。"

两位赶龙匠面面相觑，立即商议："明天就去探穴。"

妈武寻思，找到一块风水宝地，兑现自己当初的承诺，或许会弥补父母失去妈貉的悲伤，忧愁地告诉两位赶龙匠："不瞒前辈，我正要为老父找一块好阴宅，若找到了真穴，几百块大洋不会吝啬。"说罢开了茶钱，叫崔四回去通知几个弟兄，明天敲锣打鼓把壮丁送走。

天色渐暗，高个的赶龙匠向妈武要过黎爹柱的八字，抬头感慨："江山藏佳穴，留与有缘人。"

他的同伴将手往妈武肩上一拍，满意道："祖宗有德，团总有缘。"

第二天一大早，妈武豪言壮语送走壮丁，带上崔四和另一个兄弟，背上蓑衣斗笠，同赶龙匠一起骑马进山。

马道左边是岩，右边是壑，五个人黑色链条似的，踩着刚刚铺过地面的积雪跋涉。碧绿的油墨溪长年不枯，蜿蜒曲折地流过峡谷，两双火眼金睛，追逐着发源于千里之外的一条山脉的最终落处。

"四方都是山，你们怎么知道朝哪走？龙穴毕竟稀罕，如果没找着，岂不是白走半年。"妈武有些累了，在马上怀疑地问。

"'上等先生观星斗，中等先生寻水口，下等先生随山走。'我们看了星象，推断此山应有佳穴。"高个的赶龙匠笑呵呵道。

"这条龙脉连续数千里，山势挺拔，灵秀异常，常有云雾缭绕。可以先寻找雾气，发现识别真正的龙。"他的矮同伴说。

"千辛万苦寻块宝地，既然大富大贵，为啥不自个留着？"一路上，妈武都在琢磨这个问题，终于忍不住问了出来。

高个的赶龙匠环视左右，苦笑着回答："灵气所钟之地，必是有缘之人才可享用，否则违天不祥。"

他的矮同伴在后面补充："我们福薄缘悭，学了这一行，双眼不瞎，已经是神灵照顾了，怎么敢独吞造化？"

## 2

一行人像蚂蚁牵线一样移动，来到黎爹柱土地簿上一块叫茅草坪的山间坝子，谭家佃户刚刚在上面建起一幢木板房，仅门口窄窄的小径铲除了

茅草，左右还是荒地。

"这里是巴子岩。"妈武又饿又疲倦，嘴里哈着白气抬手一指。山里多奇石，前后左右的山头形象都十分生动。右面山崖上，看得见有两块风化的巨石，一大一小，活像两头坐着的老虎。周围十几匹大山梁子土语叫黎哈窟，汉话意思就是老虎居住的地方。"我们去烤烤火，填一填肚子。"妈武翻身下马，和团丁牵着牲口向木板房走去。

茅草坪对着油墨溪峡谷拐弯，景色奇妙，征服了远道而来的阴阳行家。大半年来，他们不畏险阻，不分寒暑地奔波追赶，一路艰辛，不见少祖山决不罢休。终于找到了少祖山，又不知真穴何时露头，没想到坐在茶馆里喝茶，却有了意外收获，两位赶龙匠站在窄窄的坝子上，向周围群山环视，惊讶难以自抑，道："团总辛苦了，先去喝茶，我们马上就来。"

妈武带领团丁钻进谭家佃户还散发着木头味的新屋，两位行家却站在坝子边上，呼吸急促，衣摆随风飘荡，脸上眼神炯炯，发射出激动的光芒。他们是长阳有名的风水师，深信神主廪君寅年寅月寅日寅时生，是天上的白虎星下凡，廪君棺材下葬的地方，长阳人称白虎陇。古老的生气从云雾笼罩的太祖山，一路传递到这里。两人寻龙捉脉，探到这神砂拱卫、生气萦回的地方，百感交集，突然产生了一个重大猜想，迅速掏出罗盘，从空间到时间，从星宿到五行，全方位地考察、验证。

交汇着天文地理的罗盘上，现出一条决定黎家兴亡的中轴线。

聚纳灵气的地穴，果然在这块小坪坝上。不过千万年来，巨石卧虎默默注视着宝穴，一旦骸骨葬入，地气接通，它们将衔尸而去。

"此穴大吉大劫，"高个赶龙匠乍喜乍惊，评说，"户主三代子孙当中，定有一人执印封帅，开疆拓土，役鬼降魔，横尸万里，贵不可言，可也终身坎坷，枪林弹雨不得平安。"

他的矮同伴忧心忡忡，喃喃叹息："这个奇穴贵中带煞，虽能成就武功，但剑指天下，近伐远诛，血沃万里，战乱几代，风险太大！"

两人不知所措，惆怅地感慨，怎么会这样？怎么会这样？

神主廪君在人间成就了一番大业，重归白虎星宫，从那以后，战争与迁徙、血腥和杀伐像影子一样跟着白虎后裔。如果点准穴眼，再待寅年寅月寅日寅时下葬，对黎家、对族群意味着什么，铁鞋踏破的赶龙匠最清楚。

也许，曾有同行来过这里，但是闭口未提。将此龙虎交穴公诸于世，宇宙中天、地、人、机缘等各个层次的信息都有讲究，否则点穴者将受到天谴，他们清楚，穴场越稀绝，天谴也越严重。

"祸福难料，看看神意。"高个赶龙匠从怀里掏出一对竹卦，捧在胸口祷告，伸手和带绳子的眼光一起扔出去。他连扔三次，与同伴面面相觑，"怎么办？"说罢跪在地上，抱着竹卦放声大哭，伤心得像丢了宝贝的孩子。

"难道神灵另有安排？"他的矮同伴也很难过。

妈武和团丁围在佃户屋里烤衣服，不知道一场激烈的对话，正在外面意味深长地进行。他钻出谭家佃户的木板屋，心事重重望着这边问："哪个在哭？"

两位行家止住抽泣，擦去泪痕，收好竹卦说："没有谁哭。"

妈武走过去，瞅见两人脸上迷惘有之，惊惶有之，表情奇怪，愣了愣神问："看出来了吗，有没有好穴啊？"

"有！"回答坚定而郑重。

妈武问："好穴在哪里？"

高个赶龙匠思考片刻，揩了揩潮湿的眼睛，指指妈武脚下，严肃地说："团总站的地方，就是穴场的正位。"天意难违，与其招来神咒，不如再待奇日，或将穴眼偏离一两尺。他从水口分析，移过去一点点，避开贵气煞气，窠边扑腾打闹，化解大屠大宰，偏财还是有的。

妈武诧异地低下头，看了看脚下的乱石和灌草，脸色带着疑云问："这就是好穴？"

"山管人丁水管财。"高个赶龙匠说，"前方两列支龙蜿蜒相似，对峙合抱，祖考百年之后葬在这里，黎家的财运，一定会滚滚如同东海长流水，是个好穴场。"

"遇到前辈，是我家的福分。"妈武抬头观察前方，只见峡谷云雾缭绕，若隐若现，赏心悦目，若有所思地说，"饭菜快好了，先进去吃点

东西。"

两人收起家什,心情沉重地走进屋内,围火而坐,喝了点苞谷酒,捧着佃户端上的饭菜,闭口不提刚才的事,注视妈武的眼睛,就像飘浮在遥远夜空中的星辰,远离这片大山这群山民,有一种不可言说的悲哀和忧伤。

外面又下起雨来,佃户谭老汉和团丁感到好奇,看他们在外面测了半天,很想问问真穴在哪里,却见妈武一脸肃然,怕他忌讳,话到嘴边又咽回肚里,只知茅草坪是块宝地,啧啧称奇。

## 3

山谷里日照短,雾气像阴魂一样蒸郁不散。借宿一夜,妈武领着客人踏着泥泞和云雾回到更古坪。两位行家七弯八拐,猛见一群撵山狗站在石坎上冲着来路狂吠,妈武出声吆喝,十几条威风的尾巴摇摆着散开。浓密的林木覆盖下,一圈杆栏式木楼孑然而立,一个头缠洋布白帕、身穿黑色棉袍的老头站在朝门前,远远地看着他们。

妈武翻下马背,领着客人走上石坎介绍:"爸爸,这是湖北来的两位师傅,昨天在巴子岩下,给我们指了块阴宅。"

黎爹柱热情道:"弄几个拿手菜,我们吃酒。"说罢把客人让进堂屋。

妈武栓好马和骡子,端了些干果冷肉出来,放在火塘边款待客人,问:"有一首民谣:'黎哈窟里有穴地,大尖山的小尖山,牛头山的马鞍山,哪个找到这穴地,幸福日子过不完。'爸爸听过没有?"

黎爹柱喜不自禁:"老佃户可能晓得,黎家是虎种,阴阳宅选在黎哈窟是天意。"

矮个赶龙匠停下手里剥着的核桃,突然问:"哪样,老伯说你家是虎种?"

黎爹柱下巴上的短须被火光映得根根透明,笑道:"山里人讲古不依路数,信不得哟,你们在我家多住几天,吃好耍好,还要听些稀奇事情。"

妈绥从梁上取下块腊肉,用火钳夹到火塘上"嗞嗞"地烙皮,问:"前辈从鄂西来,晓得部队在那边打仗不?"

矮个赶龙匠道:"怎么不晓得?我们从清江出发,走到西陵峡遇到开仗,被部队喊去拴水雷,还把稻草捆、干柴捆扔进江里,缠住日本军舰,到底打胜了,江水都染红了。"

高个赶龙匠说:"日本鬼子慌起撤离,拉人帮着埋尸,埋不完就掀到江里。"

"狗日的杂种,万世坐水牢。"妈武脱口自语。

陶九香与何氏从菜地回屋,见来了客人,赶紧舀米煮饭。

妈绥转着脑袋,得意地来回叫:"妈,这两位先生从鄂西来,前辈,我家幺兄弟就在那里打仗,他们部队打死了一万多日本鬼子。"

矮个赶龙匠问:"山上到处都是炮洞、机枪洞,你兄弟是炮兵、步兵还是海军?"

妈武忧伤道:"步兵,阵地在老娘娘口。"

高个赶龙匠惶惶补充:"那是国军十一师,惨呢,很多身首都不完整,战斗结束后,漫山遍野是腐烂的尸体,天气热,气味大得很,部队到处收殓合葬。"

"出个帮助子孙扫荡鬼酋、开疆拓土的雄穴,多好!"矮个赶龙匠犹豫地感叹。

"日本鬼子跑这么远来打来抢,若不被灭无天理。那个雄穴虽能役鬼降魔,成就武功,但剑指天下,近伐远诛,血沃万里,战乱几代,哪辈子收场?"高个赶龙匠凝视着窗外,悲愤地说。

"风水选对了,出个相王天子廪君那样的英雄,把日本人杀光,岛子占到起,乱就乱几辈,怕个哪样?"妈武黑着脸道。

"没有那么简单,这个雄穴贵中带煞,不是一般的贵,不是一般的煞。"高个赶龙匠盯着火光,失神地低语。

"子弹连娘老子也不认的,死人太多,人人都带鬼过,辈辈血海深仇,我们是罪魁祸首。"矮个赶龙匠垂头感叹。

"黎哈窟有这样的奇穴?"妈武伤心而又紧张地问。

"随便说说,并没有发现。藏风聚气,得水为上,今天找到的穴场可保你家有福有财,团总放心。"高个赶龙匠苦涩地回答。

妈武沉默许久,突然对身边的父亲道:"爸爸,上面来了一份通知,猎

水有十七人阵亡。"

黎爹柱扭过头来问："哪个阵亡？"

妈武盯着火堆，说："孙老三、周二娃、妈绥的舅老倌何万万……还有妈貉，一共十七人。"

"谁？"黎爹柱眼睛都要瞪出来了。

"哥你说妈貉，何万万还有孙老三……"妈绥在一旁吃惊地喊，看见妈武瞪他一眼，后面的叫声咽了回去。

"妈貉阵亡？"黎爹柱脸上的肌肉抖了一下。

"啥？"陶九香正在一旁削菜，听到黎爹柱的话，好像突然被什么东西打了一下。

"刺刀战恶得很。"矮个赶龙匠忍不住说。

黎爹柱疑惧地瞅着妈武，问："你弟弟回不来了？"

妈武颤抖地低语："子弹不长眼睛。"


## 4

陶九香身子一软，扔下手里的菜刀，瘫坐在地。

妈绥号哭出声："那廊场，离獜水多远？"

"水路来回一个月，山路来回两个月。"矮个赶龙匠流露出深深的同情。

黎爹柱摇晃着站起身来，瞪着吃惊的眼睛，不相信地打量长子。

妈武把母亲扶上板凳，难过道："等处理了公务，我从水路去一趟。"

"能不能抬回黎哈窟？"黎爹柱望着黑乎乎的窗外问。

"魂归故里！"妈绥抽抽咽咽，喊出一句。

"国军和鬼子扭作一团，四肢五官都不齐，一处坑里埋好多脑瓜壳，怎么找？"高个赶龙匠摇头。

陶九香从板凳上慢慢站起身，趔趄了一下，庄重地向门边走去，道："我要我的儿子。"妈绥扑上去直叫："妈，妈，娘！"

悲痛浓云一样虚幻地笼罩，更古坪陷入迷茫和混乱。

赶龙匠歇了两日，谢绝挽留，与黎爹柱抱拳告别。

妈武遵守诺言，尽管经济捉襟见肘，又为妈貉悲伤，仍向客人支付昂贵报酬。仗义的赶龙匠敬重黎家有个忠勇之士，坚持只收一部分，眼神无法形容。妈武略微纳闷，但无暇追问，也没有勉强，派团丁把客人送到獍水。兢兢业业的地仙给黎家留下一个安慰，沿着莽莽群山，继续找寻未知的天精地气去了，更古坪重归孤独。

妈貉的阵亡使妈绥面无人色，非常震动。弟弟个子和他差不多，但身手敏捷，枪法也好，舞刀弄棍比自己中用得多，若是自己岂不死上几回？他心里又痛又惧，背着父母放声大哭，为活蹦乱跳的弟弟，也为自己。一年之内，家里两个人说没就没了，真是奇怪啊，他想。

妈武陪父母住了三天，默默回到獍水，请来一拨匠人去茅草坪挖坑，正式开工修墓。

匠人们起早贪黑，吃住都在佃户屋里，高矮一切听妈绥安排。

黎爹柱好歹看地来了，老远就听到"叮叮当当"的声音，土石在地上堆得像座小山。这巴掌大块坝子是当年和山丘一起从梨树湾向家过户来的，砍柴打猎间或路过，也不懂风水的秘密。站在坪坝边缘蹙眉观察，青草依依，微风悠扬，这山谷，这水口，仿佛真和祖先有一种特殊的联系，黎爹柱略感安慰，忧伤地叹了叹气，吩咐匠人在旁边垒一座空坟，给妈貉留一个纪念。到底是黎家的种，豁出命也要弄死入侵贼，但他的亲儿子啊，才十八岁，黄瓜刚起蒂，还没有疼够呢，就这么走了，什么也没留下，多可惜。想起这个，他就感到鼻子发酸，心脏发抖，后悔没对这孩子关心点。他曾经梦见妈貉和同伴与鬼兵搅在一起，那鬼兵的帽子被扯掉了，披头散发，想用刺刀捅妈貉的胸膛，就好像对着自己捅过来似的。他举刀向前，像杀猪一样狠狠结果了那杂种，结果妈貉还是被杂种刺倒了。乖乖崽啰，皮肤最光滑了，从小就像泥鳅一样，长大还像绸缎一样，他娘给他洗澡总抓不住。想起儿子的皮肤豁开了血洞，他简直要发狂，坐起站起都痛得慌，恨不得亲自上阵，捅死几个日本杂种，他渴望刺刀在日本杂种身体上抽插的感觉，打了胜仗的妈貉，一定多次体会过这种感觉，不会白白送条命。他突然发觉，自己是多么喜欢这孩子，他要给他立个衣冠冢，再过些年，父子二人就在这里做伴，永远也不分开。他要听他讲战场上的事，并且搂他。

"昨天听说,国军把鬼子打到河南去了。"妈绥手里拿把锄头,伤心地站在坑边,小声向父亲报告。

"多养几个儿子,总是对头些。"黎爹柱从牙缝里挤出回答。

妈绥听到了话中的责备,消沉地辩解:"以前我要去重庆半工半读,参加抗日救亡会,你们又不同意。"

黎爹柱鄙夷道:"有本事,你直接去前线,只要杀死一个日本人,又囫囵回来,都算给你弟弟报仇,如果回不来,你妈和我赔大了。"

妈绥垂头丧气地说:"读书也可以报国,是家里不要我读。"

黎爹柱悲哀道:"怎么没要你读,你是黎哈窟书读得最多的家伙,总不能读一辈子啰,总要为家为业,像你哥那样。"说到这里,他住了嘴。要讲妈武,扛枪最合适,但黎家祖祖辈辈没出过团总,地位来之不易,唉,他后悔没多生几个崽。

妈绥抬头看了一阵云影,闷闷不乐,忍气吞声道:"还要备一部分方料和石料,预付一部分工钱和饭钱。"

黎爹柱注视着万年吉地上忙碌的匠人,皱紧眉头说:"家里顶多还有两百元现洋,妈武的资金已经抽空,你计划点搞。"

妈绥忧郁地回答:"这是黎家的祖坟,再节约也不能寒碜,明天,我把最后那些黄连拿去卖空。"

黎爹柱反对道:"连价这么低,有个哪样卖市?"

妈绥叹道:"爸爸,卖几个钱,算几个钱,总不能把地处理了。"

"老东家,二东家,进屋去烤烤火?"佃户谭老娘砍柴回来,看见黎家父子站在地坪上说话,大声招呼。

黎爹柱抬头答应:"一会儿弄顿晚饭来吃。"

谭老娘高兴道:"我这就弄,还有一腿麂子肉哩。"

## 5

"黄连上草,丹砂之次。御孽辟妖,长灵久视……"崔举人手迹在黄连货栈的老墙上,顽强呼唤着不知去向的连商和连农。

妈绥牵着骡子从货栈前走过。

"黎妈绥,走,一起吃酒,这么长时间没见你了。"敞着棉裓的迩养站在街边上,招呼往日赌友。

妈绥摇头道:"你们叫人把我带来的黄连收了,我办招待。"

迩养惊讶地问:"你怎么现在卖黄连,霉起白毛灰啊?"

妈绥丧气道:"你只管给我转手出去,我家经济紧张。"

"黎妈绥,好些日子没见你,来烧口烟。"趿着拖鞋的小摊贩站在茶馆门口,招呼往日烟友。

妈绥摊开手里焦干的坨子说:"你们叫人把我带来的黄连收了,我办招待。"

摊贩惊讶地问:"你霉起冬瓜灰啊,怎么现在来卖黄连?"

妈绥丧气道:"我家经济紧张,你只管给我转手出去。"

小摊贩连连撇嘴:"经济紧张?你哥好歹还是团总。"

三教九流的人都来看热闹,有个斗行老板半是同情半是讨好,慷慨出钱收了黎家的存货。但是吃酒的时候,迩养埋怨妈绥老实,本钱都没卖回来,秘密点拨他生财的窍门和道理:人挣钱永远费劲,权挣钱才能四两拨千斤。迩养出了一个特别主意,向他保证只赚不输。妈绥听罢视野打开,颇以为然,想起来时听花椒湾的人说,王道长正在那里搞事,替落第秀才陈玉举老母亲超度,来不及去妈武那里打招呼,牵着骡子直奔花椒湾求见。

行至天黑,妈绥来到陈家,看到院里有些纸扎和香供的残迹,家神已被请回龛堂,晓得陈老娘已上坡了,忙问吆狗的主人家:"玉举大哥,听说道长在你屋?"

陈玉举是妈武的佃户,见妈绥一脸焦急,应道:"二东家有什么事?道长在喝茶。"

王道长坐在火塘边休息,看见一个穿着洋布棉裓的青年朝自己走来,主动出声打招呼:"妈绥啊,吃过夜饭没有?"

妈绥客气道:"不慌,我有紧要的事请教道长。"

王道长问:"什么事啊?"

妈绥喝了几口茶,闲扯地说:"我那屋子不清静,鞋袜被一个家伙乱拖,想请教道长,既然已做过超度,怎么还有东西回来?"

王道长若有所思道："道士诵经超度，增长福德，减轻罪孽，只是助缘，到底有没有好处，有多大好处，还须因人而异。"

妈绥皱着眉，看了身边的陈玉举几眼，那落第秀才马上道："你们说话，我去收拾一下堂屋。"

陈家几个子侄正准备坐过来聊天，被陈玉举用眼色赶开了。

妈绥小声进入正题："我家开销严重超支，阴宅阳宅都需用钱，很想向道长请教点金术。"

王道长认真道："贫道不会点金术，只学过一点遁根术。"

妈绥诧异地问："什么叫遁根术？"

王道长解释说："巫教里的东西，夏七发肯定精通。比如，我们走路累了，想喝点什么，贫道立一根树棍在路边，问你想喝酒不？你说想，树棍里就能吸出酒来。你说不想喝或者够了，马上就没了。"

"能不能遁出洋钱来？"妈绥问。

"那可以，道理一样啰。"王道长说。

"道长高明，遁一点洋钱出来看嘛。"妈绥很是惊讶。

"遁根术一共有二十四道诀，我只会一十九道，还得练剩下的五道。"王道长面带惭色解释，"一个诀要练七七四十九天。每天早晨起来，斟碗无根水，面对东方，心手合一地掐诀念诀。练完二十四道诀，才能想物来物。但只能够用，不能敛财，否则不灵，还会断后代根，你可让夏七发做。"

妈绥失望道："意思是，即使练成此术，也不能经常用，道长还有没有更好的方法啊？"

王道长注视着进进出出收拾锣鼓家什的弟子，说："还有一个，贫道更不敢乱讲。"

妈绥央求道："不妨，我们可以去门口讲。"

王道长犹豫地啜了口热茶，起身慢慢往外走。他脸颊瘦削，前额看起来是光头，后脑勺上却留着一小绺头发，一边走，一边取出衣袋里的瓜皮帽戴上。

妈绥紧紧跟上。

陈玉举给火塘端来一盘炕干的带壳花生，见状忙问："道长去哪里？"

"吹吹你家门口的好风。"王道长一边走，一边回答。他走到门外一棵梨树下，望着黑乎乎的田畴站定。

月光朦朦胧胧，妈绥礼貌地说："这里没有他人，道长不妨讲讲。"

王道长听见蛙虫尖着嗓子在吟唱，默然了一会儿，低声说："端午节中午，你到山沟野地里转，遇到一大一小两条蛇在耍，如果看见大蛇把小蛇吞进去，又吐出来，吐出来，又吞进去，不要惊动它；等到大蛇第三次把小蛇吞进肚，只剩下小蛇的头在它嘴巴外时，用柴刀齐七寸的地方砍下来。这重叠的两个蛇头，俗称'蛇吞相'，拿回家晾晒、风干，再打一斤酒泡。泡够了又晒。等到谁家死了人，要办七七四十九天的大道场，你把它放到米碗里，只露一点点脑袋在外面，放到道场去，不要让丧家发现，否则要赔钱。丧家请的经全部念完后，这个东西就成了。每个月初九对它上一次香，晚上把它放在碗里，再放两个洋钱，第二天早上就是一碗洋钱。记住碗不要太大，日积月累可发大财。"

"一定要端午节中午？"妈绥好奇地问。

"一定要端午节中午，"王道长说，"百虫百毒最盛的时候。"

妈绥失望道："这可不好找，又要端午节中午，又要大蛇吞小蛇，太麻烦了。不如青龙观借块宝地出来，让我在上面种大洋。"

王道长一愣，目不转睛望着他，道："怎么种？"

"现在黄连价格一跌再跌，"妈绥心事重重地说，"只大烟成了抢手货，我想借道观禁地种几亩烟苗，收割后悄悄弄到恩施去卖，价格是黄连的十倍。"

"观里虽有一点林地，那是观里的香灯口食，每年要维持道友的生存。"王道长努力使自己镇定，青龙观建于前清，经过百多年的募化和农道并重，积累了四十多亩林地，平时有护林的长工，一直严禁外人伐薪采樵。

妈绥照迩养传授的办法劝告："道观才几个人，种出了大洋，我送几挑谷子来，再捐三十斤桐油和几套冬夏道服，你们吃得完穿得完？"

"仙家之地，不敢违抗禁令，做政府制止的事。"王道长将手垫在下巴底下，垂着眼皮道。

"外人进不来，只要你们不说，谁也不知道。"妈绥厚颜无耻道，"乡长

还等着烧烟哩,就算知道了,也有我家兄长撑持。"

王道长慢慢抬起头,凝视了黑咕隆咚的前方一眼,说:"贫道不敢答应。"

"道长好好想想,改日请到更古坪喝茶。"妈绥黯然收场。

# 第十一章

**1**

隔着一沟黄灿灿的水田,竹丛掩映的夏家院子与煎熬在刑与罚中的峥嵘蛟头遥遥相对,近十年时间,梯玛已将这里变得充满人间烟火,景物和从前一样,又不一样。如今,夏家要以此为舞台,举行准备已久的传法仪式。

妈武领着几个团丁,叫上孙福和妈绥,和忧心忡忡的父亲一起,带着白米和桐油向斩蛟谷走去。黎爹柱骑匹黄骠马,不紧不慢夹在两个儿子中间,来到夏宅,只见几个乡亲蹲在门口,对着一沓沓裁得方方正正的黄裱纸,用榔头和刀具敲着一个个刻花。夏七发一面招呼他进屋,一面把一堆敲好刻花的黄裱纸撕开,用火镰点燃,这纸是用稻草做的,黄得就像老巴子的毛,纤维粗糙,是神灵唯一接受的钱币。

谱系复杂的神图挂在堂屋板墙上,分上中下三层,上层是天国菩萨,中层是三皇族祖,下层是小兵和五猖。夏七发算好这段日子诸神在地,头天就开始祈祷:

> 高山大庙,低山小庙,天神地神,先祖先师,敬请前来帮忙,起驾动身,惊天动地。生了长脚的,敬请奔跑;生了翅膀的,敬请飞翔;天路迢迢,癫狂直下……

唱了一宿,百神翳其备降,一支浩浩荡荡的神灵队伍,从海市蜃楼陆续赶到夏家院子。女神满屋,男神满堂,挤不下的,蹲在箩筐里,站在米

桶上，一种听不见看不到的热闹笼罩着院宅，空气中充满了灵异的目光。

几个帮手抬着刚砍下的人头粗的芭蕉树，一路喊着号子，穿过围观人群进屋，随着一记沉闷的撞击声，高高举起两米高的树干，稳稳当当立在屋内放好的磨盘上，新鲜黏稠的汁液溅了他们一身。

夏七发大步走上去，一边从下往上抹树干，一边遒劲地唱："叫你流你就流，叫你不流就不流；一口喝断长江水，长江水上打倒流。"他这么一唱，流液不止的树干果然干了，人们惊叹不已。

院坝里传出令人敬畏的牛角号，帮手弟子人踩人地叠着罗汉上去，将一块一米多高的神牌，立在树干顶端，高高地耸入夏家屋脊，警告一切邪精鬼怪止步。

携酒提肉、凑钱聚米的父老乡亲陆续到达，黎爹柱看见秦保长和老三猎牛背来一坛苞谷酒，秦家的舅子周泰望采了一扁背新鲜艾叶，金绍三带着半背茶叶和叶子烟，连汪斌全先生也骑马和几个街坊一起来了。

"要是老三走之前，来梯玛这里要一张护身符，说不定不会死。"孙福沉浸在失去兄弟的悲痛中，一坐下就遗憾地抹泪。

青石乡的谢崇民道："对头，早点咋没想起？我屋尔金这次中签了，要向梯玛求一张符。"

另外一个山民说："我家老二也刚走，不知在不在县城，还能不能见面？"

妈绥停下手中的笔说："夏叔，县城掉下一架日本飞机，里面一个日本鬼子满脸燎浆大泡，身上有张护身符，和你画的一样曲曲绕绕。"

谢崇民问："长得什么鬼样子？"

旁边的山民问："是不是头上两只角，角上两把刀？"

妈绥答道："跟我们差不多，周身是伤，讲话我听不懂。"

夏七发刚刚听说妈貉的事，失神地感叹："和清江相通的水道，祖宗的船老古年生都去过，一直到世界的边缘。'千潭万水分枝散叶。天火烧太阳，地火烧五方。雷火常执法，烧死诸不祥。龙舟下弱水，五湖四海任飘荡。'这是古歌。"

"日本是不是世界的边缘？"谢崇民想了想，问。

"地球是圆的，没有边缘。"猎牛幽幽地回答。这孩子十七岁，在县城读新学,刚放了假回家,知道三丁抽一五丁抽二,明年也到入伍年龄。

"所谓边缘,就是已知世界的尽头,以当时的航运条件能达到的世界尽头。老古水道不这么堵塞、干涸,小木船跑得。"头戴瓜皮帽的汪斌全解释。

黎爹柱咽口唾沫,鼓着眼眶,恨之入骨道:"怎么没灭了日本!"

"老天晓得如何收妖。"夏七发悠深地长叹,语气透着悲伤。

"黄斑坐断千年路,邪魔外道化为尘。"谢崇民背诵古歌。

"前线没有梯玛?"妈绥的岳丈何老汉重重踩脚,阵亡需要度关。

"一个村一个村编在一起,再跟个梯玛,"秦保长对黎爹柱献言,"不许克扣打骂,妈武给接兵的交涉。"

妈武告诉他:"部队不信我们的神。"

谢崇民嚷嚷:"认为我们落后,晓得武王伐纣,谁是前锋?"

勤猎牛激动地插嘴:"那叫虎贲。"

金绍三改变话题:"梯玛,你买的杂粮都有法。去年夏天,我屋羊子害瘟,一连死了五只,不晓得病因。我见你在猕水街上卖胡豆,价钱便宜,我就买了几十斤,回去拌在槽里,几只瘟羊一吃,第二天就站起来了。"

夏七发眨了眨眼解释:"头年收的胡豆受潮,有点发霉变质。"

汪斌全盯着金绍三,不以为然:"可能长出了一种霉菌,刚好能治你家的瘟羊。"

## 2

夏七发给中签的乡民画了两张护身符,走到篝火旁点烟。乡亲们一宿没睡,围在火堆闲聊,一个团丁往里挤挤,挪出一段树干给他让座,建议说:"梯玛给在座的抗属来个戏法,行不?"

"来一个。"山民们附和,他们都听说夏七发会异术,但不随便显露,渴望亲眼见识。

为了打破惨然的气氛,夏七发转身进屋,将山民们送的一坛贴着红帖的米抱出来,另一只手还拿着一杆秤。他唱了一夜,看上去毫无倦意,在众人的注视下,将秤杆子捅破红帖,插到坛里,顺手就将坛子提了起来。

青石乡的谢崇民认出这是自家的贺礼，坛子里面少说装了六斤白米。"我来，我来。"他上前接过秤杆，谁知同样一提，秤杆起来了，坛子却在原地。

"提的时候小心点。"夏七发说着，顺手又将坛子提了起来。

人们围成一圈，就像老鼠围着新收割的粮食。

谢崇民接过秤杆，万分小心地提起，秤杆仍和坛子分家了。他摸着秤杆，着迷地说："梯玛，把你的艺术教点给我们。"

夏七发道："人若无智，不可以学艺；人若无行，不可以学艺；人若无恒，不可以学艺，弄不好要出事。"

李二爹从火塘中取出半截通红的柴块，点燃了一袋烟，怪有趣地感慨："潕水吴梯玛那么厉害，可惜徒弟太懒，道法不精。有一次在花椒湾庆坛，招呼不住坛神，一条蚯蚓大的小蛇梭出来，爬到树上，变得很粗很长的一条，收不回去，房子到处都起火，蓝幽幽的，又燃不大。没办法，只好雇滑竿去请师傅。吴梯玛八十多岁了，一走拢，吹几声弯角，火就熄了。吴梯玛看着那条盘在树上的蛇，把司刀一摇，生气地骂：'你个狗鸡巴日的，叫你学，你不学！你个牛鸡巴日的！叫你看，你不看！现在知道钻不过去了？你个狗鸡巴日的，还不赶快变小！你个牛鸡巴日的，不变小你怎么回得去！'一阵乱骂，也不知是在骂人还是在骂蛇。那蛇一听，竟乖乖地梭下树，往原路返回去，一边梭，身子一边变小，梭到坛墩下，又变成蚯蚓大的一条，慢慢打卷，卷得很小，很不起眼的一盘。老梯玛去年死了，临死的时候告诉徒弟，今后就照那样乱骂，心里想着今天教你的样子。但大家害怕，再不敢请那狗鸡巴日的徒弟做法事。"

夏七发叹气道："学法容易，传法更难。"过去十余年岁月当中，他出门总是带上儿子，让儿子耳濡目染，帮着筛茶奠酒、焚香烧纸、打锣助唱。休息时，针对疑难之处，再向儿子口授点化。"冷坛梯玛"这四个字所包含的耻辱，比最令人羞惭的罪孽，还要令人羞惭，夏良现已经记下大部分巫歌和仪轨，百艺俱备，只欠神通。

金绍三喷着酒气关心黎爹柱："亲家，到床上去打个盹吧。"

火光映红了黎爹柱现出衰老之态的脸，他和大家一起围着篝火取暖，等待下午进行"肉口渡师"，忧伤地说："我睡不着，亲家。"

"我给你们讲个事。"夏家的近邻,房子搭建在山腰的李二娘插嘴道,"前一阵夏天,我奶包痛,背着纸钱来找梯玛,看见一条马龙\*在天井里喝水,我刚走近,马龙就缩回对山了。"

李二爹接过话茬:"蛟龙额上的杉树,最近像变绿了些,莫非跑下来耍?梯玛心肠好,同情它身陷囹圄,天天在禹王面前说好话,容它改恶修善。"

夏七发沉思道:"它刚开始起蛟变龙,以为自己在做宏伟的事业,崩大山,涨大水,奔到哪里毁到哪里,禹王只有用雷轰电闪、暴风骤雨制它,即便游到大海,也要让大鹏金翅鸟吃掉。"

李二爹道:"早些年,有一天乌暗陡黑,我硬是看见金钩子闪电和炸雷打得它乱摆哩。"

汪斌全突然说:"你们看那岩头蛮光滑,草木也很稀疏,把烈士英名刻在上面多好,给后人留个纪念。"

"这个主意好,我要向乡长建议。"妈武的眼睛亮了亮。

"绝对要得,都是年轻后生,一起护法镇邪,孽畜绝对不敢张狂!"山民们七嘴八舌地议论。

说话之际,无声无息地走来个独辫小姑娘,穿一件阴丹蓝滚黑边的短衣,黑色长裤,四肢像虎尾一样修长而富有弹性,头部小巧无懈可击,丹凤眼,挑角眉,目光清澈凛冽,又透着温柔。妈武觉得面熟,那眉眼体态,有种说不出的韵味,像锦鸡羽毛上的翎眼一样神秘。

"爸爸,"小姑娘站在夏七发身后,拉了拉他的衣袖,"阿娘叫你。"

夏七发一听,起身随她进了堂屋。

妈武呆呆地凝望过去。

# 3

"各位乡亲,"夏七发大声道,"谢谢你们来给我的新堂弟子作见证,以

---

\* 马龙:山民对彩虹的昵称。

后还要靠你们多多扶持。"

"恭喜梯玛事业后继有人。"汪斌全真诚地说。

"恭喜新堂弟子走千家,发千家!"中午开起了酒席,妈武友好地向夏良现敬第一杯酒。

为了宴请捧场的客人,夏家挖出了三年前埋在地下的酒坛,几十位乡邻友好在酒香中见证了这场传承仪式。

饭后,夏良现将一挂长长的鞭炮挂在门外最高的麻柳树枝上,让抗属挑选事先准备好的楠竹火药筒,点燃引线,等火花射燃树上的鞭炮。

何老汉跃跃欲试,他点燃最粗的一个火药筒,火花"嗖嗖"冲过鞭炮。孙福上前,挑了一个不粗不细的火药筒点燃,火花又熄灭过早。妈武知道火花点炮不容易,亲自挑了一个粗短的楠竹筒,装好火药立在地面,对准鞭炮点燃引线。火花"嗖嗖"直蹿,越放越多,越蹿越高,麻柳树枝上终于响起了"噼噼啪啪"的鞭炮声。

一双水灵清澈的眼睛,向他投以佩服的目光,妈武望望,没发现什么,一转身,那目光又来了,豹子一样无声无息、紧追不舍、匍匐跟踪,妈武突然转身,向某个方向发出致命一瞪,小姑娘羞涩地将眼神敛回。

妈武一愣,起身大步走过去,温和地问:"是银美吧?长这么大了,你还记得我不?"

"记得妈武哥。"夏银美满脸绯红,扫了妈武一下,悦耳地说。

"你长变了,变得这么漂亮,我都没认出来。"妈武吃惊地说,妈貉的面容出现在眼前,心头涌起强烈的悲伤和遗憾。

不知何时,黎爹柱已坐到门外篝火堆前,抬头看见他们,估计小姑娘还不知道妈貉的事,叹口气说:"银美,这是你妈武哥。"

小姑娘伶俐地说:"我知道,黎叔和我妈武、妈绥哥哥来了,良现告诉我的。"

黎爹柱怜爱地看着她,这姑娘比妈貉小四岁,快十四了吧,个长这么高,他不由自主地想起妈貉,揪心地难过。

突然又响起了锣鼓,鸟冠长袍的夏七发提着一个麂皮口袋,锦鸡一样从院里跑出,向屋后的树林跳去,后面追赶着十七岁的夏良现,小家伙眉目标致,鼻梁秀挺,神色兴奋而迷狂。夏七发提着红裙跑呀跑呀,甩开众人的视线,从后面看上去,好像一个发疯的女巫。他跑着跑着,突然回头,气喘吁吁地问儿子:"后面有人没有?"

跑在后面的夏良现扬着剑眉,大声回答:"隔得老远有一个!"这是父亲事先交代好的,神灵面前无戏言,在这个诸神降临的时刻,他不能回答有,否则父亲不传;也不能回答没有,否则终身无后。

听到儿子的话,夏七发松了口气,停下来撩起红裙,盘腿坐在松毛堆上,抬头望望天际,远处停着块不大不小的白云,挥臂招了一下,将那块白云"逮"过来,气象万千地罩在自己头顶。面容俊美的夏良现满脸通红,汗流浃背地跪倒在父亲面前,周围全是枞树和马桑树,相传马桑过去能长上天去,夏七发在白云的注视和通神的马桑树丛的隐蔽下,肉口传度,张口传言,从器具到掐诀,逐一给儿子进行秘密的传授。

两人从林里出来,浑身上下挂着刺果和草根。黎爹柱和众多客人向他们默默注视,见那麂皮口袋已经到了夏良现手里,夏七发的脸上浮现出一丝慈爱和慰藉。

夏家拆去堂屋的芭蕉树,摆上了两张黑漆方桌,一通烧香打卦后,在方桌间拉起一丈多长的蓝布。这时一个帮手徒弟双手端起装着十杯酒的茶盘,等着夏七发筛酒祭奠。

围观的人群里面,夹杂着几个大姑娘小媳妇,夏家灵巧的女儿银美也进出其间,事前,夏七发再三强调不准瞟"野眼",必须目不斜视,这是一门硬功夫,不能洒泼一滴,徒弟心里十分紧张。一番烧香化纸,鸦雀无声,人们静静地注视着,更多的东西隐身于夏宅内外。

时辰已到,夏良现穿戴整齐,浅棕色的面孔被红色法衣映衬得英气勃勃。青烟袅袅中,夏七发拿着一个宽宽的绣花布袋出来,郑重地给儿子挂上。这是半年以前,他委托李二娘教她十岁的小孙女绣的,叫做"牌带",一定要十二岁以下的女孩子绣才行。夏良现花了半个月时间,将历代祖师的姓名、年庚以及父亲和自己的名字、所传符咒都写在纸上,折叠后,像奏折一样缝在布带中,这是传承弟子的资格证书,一旦放入,永不示人,具有极大的权威性,作法时随身佩戴,死后连同牌带烧掉。

从此,他将得到这个绣花布袋里的全部秘法,并与它生死相随。

堂屋里已像戏台似的布置好两张方桌,气氛非常肃穆、寂静。

五十多岁的夏七发端坐于一张方桌,看见儿子夏良现在另一张桌上跪着,中间拉着白色"桥"布*,心里百感交集:"新承弟子切记天外有天,不因邪心逞能!"老梯玛谆谆教导:"一戒喝天骂地,天是吾父地是吾母;二戒呼风唤雨,风是吾兄雨是吾弟;三戒空使神兵;四戒轻使符张……"

夏良现跪伏"桥"头,呜呜吹角。

老梯玛面容苍茫严肃,授完十戒又授十愿,把最美好的祝福送给儿子。

"弟子谨记。"夏良现瞪着明亮的杏目,一脸老成地说,他终于等来了这一天,成为人人敬重的梯玛,像父亲那样生活,是他从小的理想,现在,这一切就要实现了。

门外火光月影辉映,鞭炮大作。

帮手徒弟用筷子夹了一块敬神的生肉,举到夏七发嘴边,老梯玛将嘴皮挨上去,抹了抹;帮手徒弟又将这块意义重大的肉举到夏良现嘴边。夏良现伸嘴接住,一口嚼入肚中,意味深长地告诉大家,父亲这碗饭,现在由他吃了。

两人跳下方桌,手拿司刀边唱边舞,红裙像伞一样不断撒开:

> 佛公传与太公,
> 太公传与公公。
> 灵附来身有灵,
> 神附来身有神。
> 你们隐在弟子身前,
> 附在弟子身后。
> 隔山喊隔山应,
> 隔河喊隔河应,
> 千叫千应万叫万应,
> 百说百灵百说百明。

---

\* 桥布:巫师专用的禳灾器物。

梯玛的师承关系非常复杂，夏七发逐一呼唤，不肯遗漏。他跳得如此优雅，充满活力，陷入了梦游境界。旁边的夏良现从五岁起就学习走罡步摇司刀，但舞姿同父亲比起来，那还叫乌字读作鸟——略差一点。

父子俩心心相印，在威力无穷的禹步中踩星踏斗，神飞九天，进入到一个激动和陶醉的灵异空间。两人跳啊跳啊，夏七发每唱两三句，夏良现就跳着转一个圈，足足转到三十三重天，取得了掌坛梯玛的资格。

## 4

夜幕正退，东方欲晓，天际刚刚看得出一点微明。鞭炮再一次炸响，柏桠燃烧的烟雾和鞭炮的火药烟味掺和在一起，使夜空更加迷离。百闻不如一见，山民们在浓浓的烟幕下，随夏家父子出神入化的表演进入神界。黎爹柱和妈武、妈绥也看得出神，暂时忘了心头的悲伤。

一线晨曦已经由青变黄，四周的山野还很黝黑。夏家母女通宵烧火，伺候人神鬼畜的嘴巴和肚子，弄得头脸都是烟灰。帮手徒弟加香加烛，院里院外添加荞粑、豆腐和敬茶，铙钹锵锵地设斋施食，敬完了鬼神，才给远近乡亲端出热气腾腾的早餐。

东方的天际快要变红了，树枝分杈，神开神道，人开人道，各自起程返还。黎爹柱告诉妈武，他想在夏家休息两天，和老朋友说点家常。妈武叫妈绥留下陪父亲，递给他一条枪，自己领着团丁先回猕水。

乡亲们举着火把互相道别，孙福、何老汉、秦保长父子和更古坪方向的乡亲骑马的骑马，走路的走路，十几人一起出发；金绍三同花椒湾方向的客人邀约上了道，谢崇民和另一个乡民最满意，带着老梯玛给两家儿子画的护身符急急而归。

两宿没睡，妈绥担心父亲疲惫，提醒道："爸爸，你补补瞌睡。"

黎爹柱点头同意，送走诸神的夏七发安排了一张客床，让他的老朋友睡下。

夏宅里睡觉真是香啊，白处黑处都没有凶煞邪神，自从妈貉死后，黎爹柱就没这样睡过了。妈绥帮夏家收拾完院宅内外的用具，也倒在夏良现床上合眼休息。夏七发给帮手徒弟们分发利市，忙碌了一上午，全家埋灶

休整。

日头偏西的时候,黎爹柱饿醒了,他趿着鞋坐到火塘边,夏七发揉着眼睛从里屋出来,厨房传出妈绥和夏良现的声音,两人和夏家母女一起把热好的饭菜端上方桌,大家吃了顿迟迟的中饭。妈绥找些话题跟银美闲聊,黎爹柱神情恍惚,默不作声。夏七发知道老友的痛苦,也心疼妈貉这孩子,告诉他:"白虎蛮神带领族人走出石穴,东征西伐,在大峡谷里立国,战败后顺支流逃亡,千潭万水分枝散叶,传说他们携带禹王画成的九州河道图,沿古水系去了世界的边缘;也说他们化为白虎星共同飞升,留下警世预言:凡星光照耀之地,将不断经历毁灭、抵抗和同窠厮杀,在血中应验劫后重生——这个预言,被梯玛世代牢记。你听我讲,妈貉那孩子是白虎神派来的,派来拯救家园免遭毁灭,现在他已回到祖神身边,与祖神同享纸烛香火,你可以安心了。日本鬼犯下重煞,逃不脱天雷地火!"

黎爹柱叹口气,道:"豁出这把老骨头,我想和妈武收拾那帮杂种!"

妈绥的脸微微一红,明白父亲嫌自己不中用,不悦地挑刺:"走了飞了,哪来我们这些后人?"

"虎过留毛,风过留声,祖宗留着崖上的棺木。我们去山上转转。"夏七发同情地招呼黎家父子。

夏良现见状,忙起身跟着一起出门。

站在山坡上,遥遥可见对面被大禹王降服在岩石中的威武蛟头。这蛟头额上的杉树,高矮还是那样,没长一分一厘,但枝叶好像稍微清秀了些。

"绳是捆仙绳,百花来炼成,赠与弟子手,好把孽龙擒;剑是斩仙剑,千年百草炼,赠与弟子手,好把孽龙斩……"夏七发沉吟道,"这畜牲以为要入海了,就崩山涨水,兴风作恶没个王法,下场是五花大绑左右捆,压进大山千百年;用刀挖割肝和肺,剁成肉酱切成片。七十七变出岩层,变条蚰蛇拱泥土,苦耕田土不见天。"

"既然这样,爸爸为啥有时候要给它烧纸去?"夏良现不解。

"孽畜被锁在岩里蛮多年,如果真心悔过,禹王还是要挽救它,我要看着它改恶脱法。"夏七发告诉年轻的儿子。

"脱法后它会飞走吗?"夏良现触景生情,好奇地问。

"当然会走，那时要打雷下雨，岩头都要垮下来。"夏七发望着露出苍岩的蛟头皱眉道。

"我想看见它变成真龙，飞到天上。"夏良现说。

"如果道行低，还不得行哟。"夏七发忧郁地解释。

"道行低又怎样呢？"妈绥瞪着眼睛问。

"现不出龙相来。"夏七发说。

"现虯蛇相。"夏良现告诉妈绥。

夏七发怜悯地说："所以，它还要修炼。"

"夏叔，孽蛟脱法有什么征兆？"妈绥疑惑地问。

夏七发凝视着苍凉的锁蛟岩回答："它额上那棵杉树会变绿，长高，山上的石莲要开花。"

妈绥很是惊奇："石头怎么会开花？"

夏七发道："光秃秃的石莲会长出很厚的青苔，石莲越变越大，好像开了绿花一样。"

黎爹柱听着妈绥和夏家父子的对话，心里不知怎么就想到大鹏金翅鸟，想到了山民传说的神禽，翅膀比席子还大。"要是真有这鸟就好了，从天上飞到海上，吃掉豺狗一样的日本鬼子，把骨头渣子吐到山里，喂土狗！"他恨恨地诅咒。

## 5

在夏家住了两日，黎爹柱心情宽慰些许，第三天领着妈绥向老梯玛告辞。从斩蛟谷到更古坪近四十华里，途中要在猎户家里借宿一夜。父子俩一早骑马出发，次日中午，才进入箭竹沟地界。油墨溪在前面拐出一个大弯，蜿蜒八九华里，经过茅草坪向恩施淌去，远远的，黎爹柱听到从茅草坪宅地传出的"叮叮当当"的声音，知道工匠们正在干活。

两人牵马走到坝子上，看见空坟已经垒起来了，一堆新土前，有燃过的香蜡纸烛和炮仗碎屑。"东家老爷，"工匠停下手里的活，告诉黎爹柱，"昨天黎团总叫人把小兄弟的旧衣服拿了两件来，盼咐装棺入土，你看大小位置行不行？"

黎爹柱看那土堆紧靠自己的墓腔，递上一支卷好的叶子烟，对工匠说："蛮好，辛苦你们了。"说罢坐在妈绥从佃户屋里拿出来的凳子上，吸了一阵子烟，叮嘱道，"我叫人多带些香和纸来，每天记着给妈貉烧点去。"

一袋烟吸完，妈绥出来招呼匠人和父亲，一起在佃户屋里吃中饭。

父子俩打起精神继续上路。走啊走啊，太阳快落坡了，对面山坡上一路下来几十只豺狗，队列整齐，像神兵一样不慌不忙齐步前进，看到黎爹柱和妈绥，根本不予理睬，依然大摇大摆若无其事，一只也不掉队。黎爹柱吃惊地发现，它们和自己梦中看见的鬼兵派头非常像。这么多豺狗，老巴子见了也会绕着走，他紧紧抓住妈武留下的枪，紧张地戒备着。妈绥骑匹白马走在前面，黎爹柱感到了儿子的恐惧。

双方好像井水不犯河水，各走各的道。谁知豺狗一进入树林，就飞快地直往前跑，可能认出黎爹柱就是上次放枪夺走黑野牛的猎人，心有余悸，妈绥松了一口气，大冷的天，背心全汗湿了。

天色说暗就暗，黎爹柱骑着黄骠马走后面，两人一人手里举着个枸皮火把。到了离周大妹坟堆不远的地方，树林茂密，侵人肌骨的晚风，呼呼地吹，携带着千奇百怪的声音，好像什么东西在哼叫，也不知是树哼、山哼还是地在哼，更分不出哪一声来自神灵，哪一声来自鬼魂。

"啥东西，"黎爹柱喘着气说，"动静还不小？"他听见周围"欸欸吭吭"在响，间或"哄哄"地喷一阵气，明白有东西跟他们同路。

"是那个，"妈绥说，"就是那个。"

"胡说！"黎爹柱斥道。

过了一会儿，妈绥又说："快听，在说话，好像还在唱，好几个呢。"

空气中，传递着令人毛发倒竖的"欸欸吭吭"声音，好像在说话，也好像在唱歌。

"哎哟，"举着枸皮火把的妈绥突然叫起来，"我想拉屎。"

"快点，"黎爹柱犹豫片刻，说，"火把递给我。"

妈绥一听，跳下马来，把火把递给黎爹柱，"我拉得快。"他一边说一边蹲到一棵榕树下。黎爹柱也跳下马来，皱眉往前走两步，解开裤带撒了泡尿。

"莫扔，莫扔！"妈绥惊恐地叫道。

"你在跟谁说话？"黎爹柱疑惑地回过头问。

"那个东西，"妈绥提起裤子，神色紧张地说，"向我背上扔沙。"

"它敢！"黎爹柱知道妈绥讲的是什么，提了提衣袖，瞪眼道，"你走前面。"

"还是爸爸走前面。"妈绥不好意思，硬着头皮上马，跟在父亲身后继续赶路。

林子开始起雾，黎爹柱果然听到有人说话，但竖起耳朵，也听不清说的啥内容，心里一沉，勃然大怒："狗日的，到底是人还是鬼？！是人就过来！是鬼，就给老子滚开！！！"他放嗓乱骂，想起夏七发传授的祖师诀和娘娘诀，手指急掐起，狠狠地甩向前后左右。

声音渐渐远去，终于清静下来，黎爹柱松了口气，转瞬又流露出奇怪的神色，因为他突然发觉，耳边连风声也听不到了。

父子俩沉浸在巨大的恐怖中。

那天碉楼值勤的是崔四，夜里，他溜进厨房和厨娘冉氏调了一会儿情，后出来在观察孔下抱着枪打盹，迷迷糊糊听到有人喊："大哥，快来帮忙！干沟桥的鬼凶得很！我们搞不赢，派几个兵去接爸爸！"

崔四听出是妈绥的声音，一骨碌爬起来，使劲拍妈武和金氏的门："黎团总，黎团总！"

妈武以为又有劫匪，跳起来一边穿衣一边提枪开门。

"二东家说，干沟桥的鬼多得很，叫去接老东家。"崔四道。

妈武披上短裖，匆匆奔到楼下，桐油灯光中，看见妈绥头发蓬乱，衣服也撕破了，跟自己两年前从神兵手里逃出来时一样，吓了一跳。

"快去干沟桥，爸爸摔到沟里去了，黄骠马也掉下去了。"妈绥号啕大哭，边哭边说，"不得了……鬼凶得很，桥头都垮了，我背几次……上不来。"

干沟桥下面是乱石涧，有两人多深，昂洞、岩梁老树和周大妹的坟都在附近。妈武斥道："就算是鬼，也该抓一把毛下来！"他想，古木在石缝里横了多少年，前两天自己过时还稳稳当当的，怎么突然垮了？鬼有这么能耐？他不相信，带着五个团丁，抬上滑竿举着火把，合骑三匹马直奔

干沟桥。

"要副门板,还有黄骠马!"妈绥在后面哭喊,团丁崔四一听,忙下副门板用马驮着赶去。

雾气障目,他们一头露水赶到的时候,只见桥面只剩下一截树干,妈绥去时骑的白马孤独地站在桥边,它过不了独木桥。沟里茫茫冒雾气,火把往下看不见底,妈武恶狠狠地斜睨着前方的岩坎,威武的岩梁树和昂洞在上面若隐若现。他梭下沟壁,怪石和灌木丛划在肩背上,因为焦急,也不觉得疼。

他举着火把,看见黎爹柱和黄骠马都躺在沟底的乱石上,忙扑到黎爹柱身旁,叫道:"爸爸!"

黎爹柱全无反应,眼皮都没动,妈武心里咯噔一下。

两个团丁砍了葛藤顺着沟壁溜下去。

火光下,妈武见沟里有些血迹,不知是人血还是马血,他让团丁把黎爹柱扶起来,用葛藤绑到自己背上。

沟壁很陡,两脚蹬在沟壁上,好不容易爬到一半了,上面怪石是松的,没处着力,又背着个人,虽然两个团丁在后面使劲顶,还是爬不上去。又溜下两个团丁,在沟壁上拼命地凿坑,终于把昏迷的黎爹柱弄到沟上,放进滑竿里。

团丁又用葛藤把浑身是血、白沫糊嘴的黄骠马绑在门板上,四个人把它抬到空中,妈武和另两个团丁再加四匹马套上葛藤一起用力,才把这不幸的畜牲解救上来。

"团总看这里,桥头好像被挖过。"团丁举着火把吃惊地叫。

妈武一看,便桥一端的石头明显有些松动,他阴郁地盯了一眼,让五个团丁留下来架桥,抬头对眼巴巴望着自己的白马说:"你还要等等,桥架好后,你把黄骠马驮回来。"说罢抬起滑竿,在雾气弥漫的林间小道中急急穿行。

回到院宅,黎爹柱仍然人事不省,陶九香把衣服替他解下来,看见里面的裤子尿湿了,周身多处青乌,却没见口子,忙抹上前年泡制的专治跌打损伤的酒,然后给他喂了些清水。

"妖雾,"黎爹柱忽然嘴唇动了,迷迷糊糊道,"那个东西……拖我们……"

陶九香一惊,眼睛放出恐怖的光,忙叫妈绥去给周大妹烧纸,自己给伤痕累累的男人烧鸦片。

妈绥也喊头晕,他忍住难受,把半背纸扎倒在坡上,带着对青龙观的不满,一层一层把纸牵开点燃。堆得像座小山一样的纸扎,陆续变成满天弥漫的灰蝶,随着一股浓浓的青烟,飞呀飘呀,一路往干沟桥方向去了。

# 第十二章

**1**

妈武招呼一桌石匠带上榔头錾子、箩筐长绳去斩蛟谷开工,吃住安排在夏七发家里,工钱伙食由乡政府结算。锁蛟岩上题刻烈士英名的建议无人反对,乡长拍案叫绝,吩咐把这个道德教育基地尽快搞起。

这个秋天,花椒湾的庄稼长得格外好,黄连因为卖不出去,全乡都没种多少,整个山坡散布着小块小块黄绿色的玉米地,下一次雨长高一寸,欣欣向荣地摇摆着。但妈武情绪恶劣,黄骠马摔破了脑袋和肚子,不治而亡,白马一连几天无精打采。父亲每天上两回药酒,还要烧半袋鸦片才好受一点。这是秦猎熊干的,还是周泰望所为,或者是佃户不讲道理?祸不单行乡务多蹇,花椒湾的壮丁中途竟逃回来一人,接兵部队生要捉人,死要见尸,喊起要杀一儆百。逃兵叫蒋舍米,是蒋毛毛的一个隔房兄弟,乡团反复说合,由蒋家一个叫陈玉成的姑爷入伍顶这个缺,再罚两百个大洋,接兵点才同意结案。谁知节俭的蒋家交了大洋,却认为是圈套,不愿蒙受损失,和中签户聚议抗租。妈武悲从心生,各路冤家冲黎家而来,而自己束手无策,觉得和被神兵绑在滑竿上一样窝囊。难道死鬼真在和黎家作对?雾沉沉的上午,他准备去趟青龙观,向王道长求一道镇鬼驱邪符,忧愤道:"周大妹的道场是王道长做的,请他搞整到底!"

话音刚落,一个人影蹿上了碉楼脚下荆棘环绕的陡峭石道,崔四警觉地大喝:"啥人?"

"我。"原来是周泰望,"我要对黎团总说事。"

"你有什么事?"妈武道。

周泰望上前两步:"黎团总年前贴出来的告示,算不算数?"

妈武一愣,道:"当然算数。"

周泰望向他点了点头:"我想报案。"

妈武把两块大洋递给里都,交代道:"你去办,我有公务。"

周泰望跟着妈武和崔四走进碉楼,凑到妈武耳边,向他透露:"我知道你家碉楼被抢,是谁人唆使的鬼。"

妈武盯着他的眼睛,抖着眉说:"你有没有证据?"

"我有。"周泰望说,"大妹死后不久,秦队长怂恿我报仇,把碉楼的情况提供给梁大虎神,我一直不同意。有一天,蒋毛毛来我家打听更古坪的情况,我知道他投了梁大虎神,不敢乱讲,让他去找秦队长。后来他亲口告诉我,秦队长给出个主意,拿羊子打头阵,派两个人先来侦察,然后到花椒湾买羊。买羊的钱,是秦猎熊借给他们的,借钱时我在场,后来还了,弄妥后队伍摸黑才来。"

妈武狠狠瞪着他,道:"为什么以前不报案?"

周泰望一把鼻涕一把眼泪说出来一段冤情。

大妹死后,他一直替秦家牵马抬轿,深得秦猎熊信任,每隔两个月,就要从秦猎熊手里接过三十块大洋,到万县替他买吗啡。一年前,他听说秦家在向黎家买地,取出家中积蓄,搭在一起买了五亩。谁知秦猎熊怀疑他黑了秦家的钱,想出一条歹计。当他又从万县回来,拿出新买的吗啡,秦猎熊像往常一样未加细看就放进木柜。第二天,秦猎熊当着他的面,取出吗啡准备过瘾,却突然摊开手中的纸包,大声怒骂:"周泰望!你吃了豹子胆,连我的钱都敢黑!"他有口难辩,自认倒霉,不得不答应赔钱,一夜之间倾家荡产。事后左想右想,怎么也咽不下这口气,决定告密报仇。

妈武咬着牙,冷冷地反问:"你敢不敢去县衙对质?"

"要是有一句假话,我断子绝孙,千刀万剐!"周泰望咽了口唾沫,说,"我还知道干沟桥的事。蒋毛毛一直想收拾二哥,听说二哥要从斩蛟谷回来,约我在油墨溪等着下手。我想起黎团总待我不薄,看见二哥和老辈子来了,突然改变主意不搞,他就自己去干沟桥,把桥头石搬松。谁知老辈子走到半路,和二哥换了前后,替二哥掉了下去,我说的句句是实,我敢对质。"停了片刻,又道,"只要黎团总在悬赏的租谷外,再借点本钱出

来,让我去万县做点小生意,往后我肯定不能在猰水安身。"

妈武铁青着脸,定了定神道:"你站出来作证,我一定给你本钱!"他好像受到了压迫,解开棉制服,对着火塘露出紫黑色的胸膛。

黄连价格连续下跌,黎家经历了绑架、贿官和重金找穴事件,经济捉襟见肘,久久不能在街上修一幢新房,把金氏接到猰水居住,自己和团丁挤在团防队,虽然同意帮助周泰望,让他远走高飞,但等到秋收结束才有现洋,想到这里,妈武面部肌肉痉挛,吩咐周泰望稳几天,千万不要声张。

金氏有些寂寞,色欲惊人的妈武越来越不贪花了,见他出门又转来,关切地注视着他的行动。猰水坝的妖精雾一样多,哪个团总不被女人围着?妈武会不会被勾引上床?别弄个贱人回来做二房!她微微皱起眉,心事重重地向丈夫走去,刚到跟前,就听见了周泰望的话,惊得目瞪口呆。怪不得夏七发亲自打过"保符",家里也不清静,原来两个保人都不是好东西,坏了庄重的法事。

"回猰水!"她看见妈武走出房门,虎彪彪地对崔四喊,"回团防队,明天收租。"

## 2

槽坝上的稻谷成熟了,一小块一小块黄灿灿的,就像圣人的锦绣文章,乡民们忙着割稻子,家家户户庭院里晒着红彤彤的辣椒,穿枋上挂满了金灿灿的老玉米。

妈武带着一班团丁来到花椒湾,住在落第秀才陈玉举的院子里,设哨防守,准备等佃户们收割完毕,武装运走自己的租谷。

陈玉举提出要和黎团总弈棋,表情十分恭顺平静。当佃户们沐着夕阳,在团丁的押送下排着长长的队列,用口袋和扁背装好稻谷,团丁进来报告运粮可以开始的时候,他突然抬起头来,不慌不忙地对妈武说:"今年取消佃户的租谷,不知团总愿意不愿意?"

"为什么?"妈武重重地落下一颗棋子。

"今年花椒湾的壮丁抽得多,出人出力,可否免出租谷?"陈玉举胸有成竹地说。

"花椒湾女人能生,多去几人打日本鬼子,难道不应该?"妈武冷冷地反问。

陈玉举看着他的眼睛,问:"既然是为国扛枪,为什么病不给治,睡不给暖,饭不给饱,动不动就打骂,像对罪犯一样?"

妈武一字一顿道:"我也不愿乡亲们受虐待。按规定,逃兵是要杀头的,我让他们送点钱,把性命保住。"

主动参军的陈玉成正是陈玉举的胞弟,陈玉举抬起脑袋说:"我屋兄弟愿意顶替他小舅子入伍,为何还要罚蒋家的款?"

妈武恼火道:"都像那舅子一样跑,还打什么仗?部队的纪律很严。"

陈玉举不卑不亢地问:"团总心肠好,为何不替蒋舍米交这二百元大洋。"

妈武忍住怒气,道:"平时,我一直给佃户很优惠的租子,也很照顾蒋家,去年我家被抢掠勒索,弄得徒有虚名。这二百元损失,中签户就算蚀财免灾。"

陈玉举想了想,又问:"团总家碉楼不知是如何被破的?"

妈武站起身来,定着两个眼珠,说:"有人私下通匪,刁民贪财,见富就抢!"

陈玉举一听这话,也慢慢站起身道:"有几句逆耳忠言,希望你采纳。黎妈绥利欲熏心,威胁青龙观的道长,违禁贩烟;黎妈武你贿赂官府,强迫我们分摊损失,丧尽天良。这百十石谷子,对你无关紧要,却是农民的接肠粮,你何苦为区区小利,成为众矢之的?塞翁失马,焉知非福?"那落第秀才饱读诗书,摇头晃脑,把不交租谷说成是天经地义。

"你拿神兵敲诈我……"妈武脸色发青,嘴唇打抖。

"不是敲诈,只是奉劝你,息事是上策。今年的租谷,我们不交!"陈玉举越发慷慨激昂,他的兄弟妻儿听到争吵声,纷纷向两人围了过来。

"你我无冤无仇,你不仁,别怪我不义。"妈武全身的血都往头上涌。他恨这些佃户心狠手辣,不知好歹,专门和黎家过不去,刷地拔出屁股上的手枪。

陈家众人没料到妈武突然掏枪,把他紧紧抓住,团丁见状也冲上去,六七个人扭成一团。

"你们想干什么？"陈玉举边说边和子侄一起，强行去下妈武的枪。

扯来扯去中，妈武挣脱他们，狂吼一声放了一枪。陈玉举正好扑过来，在惊天动地的枪声中，伸手捂住胸口。

"黎家打死人了！黎家打死人了！"他老婆一见男人中弹，发疯似的奔走惨号。

陈家子侄架着陈玉举回屋，剩下两人同他们继续扭打。这时对面山坡上突然出现许多头缠黄布、臂缠黄箍的神兵，黑压压一片，跪在地上念咒：

"……阴兵在前——煞气大，阳兵在后——逞威风，獠牙尖尖——如利刀，脚指尖尖——似刀口。有龙你和龙杀，有蛇你和蛇斗，左边强行，右边硬走！……"

神兵念完虎咒，喝完神水，"冲呀！杀呀！"发出声嘶力竭的嚎叫，天动地抖，像发了疯似的直向小院子跑来。

原来佃户早有防范，串通好了梁篾匠的神兵，誓死保卫租谷。隐蔽在附近山坡竹林中的神兵听到枪响，一齐杀出，用鬼头刀"咔咔"砍杀，场面非常恐怖。虽说他们不伤害乡民，沿途乡民还是感到害怕和慌张，到处奔逃。

只见"神"字大旗如飞地逼进，大旗前面，飞跑着一个手提钢刀的人，他穿着双草鞋，齐膝的破裤像条短裙，胸前挂着一串子弹头的头目，边冲边喊："枪打不进，刀砍不进，你们的枪，只管朝我打！"衣衫褴褛，襟襟片片，好像遍身都插着小旗子，正是令人畏惧的梁篾匠。几十个神兵紧跟其后，飞一般向前，两眼发直，没有一个左右旁顾或犹豫停留，团防兵望之胆寒。

陈家子侄和妈武一样惊惶，彼此松了手。神兵已冲到对面，团防兵中的亡命徒和神射手"嗖嗖"狙击，就是打不到梁篾匠。妈武绝望之下，不停地朝一个扛大旗的神兵射击，那神兵跌倒在地，另一个神兵又扛起大旗。妈武见状，振奋地喊："打得死！打得死，不要怕，跟我打！"神兵刀枪不入的迷信被破除，团防兵士气提高，喊声和枪声一起震动山谷，终于倒下去好多神兵。

妈武仍然不停地朝扛旗的神兵射击，那神兵又被击中，却一把扯下旗帜，丢下旗杆，从背后抽出钢刀，上前几步，将正在瞄准的妈武砍倒。梁篾匠见此情景，大喊一声："神巴子起了，杀呀！"神兵蜂拥向前，追杀惊惶逃窜的团丁，立起尾巴追杀了好一阵子，才吹号收兵。

激战中妈武身中数刀，崔四飞快地背起他，逢岩跳岩，逢坎跳坎，和几个团丁一起逃离险境。那时暮色渐深，山林和天空浓浓淡淡地融合在一起，几个残兵败将轮流背着妈武，像丧家犬一样地来到金家四合院门前，把大门拍得山响。金绍三正在屋里吃饭，只听一声尖利的叫喊，扔下筷子出门一看，看见金老娘手里拿盏油灯，像截木头桩子站在门口，几个团丁背着个血人拥进来，气喘吁吁道：

"黎团总被杀了。"

"请老梯玛，快去！"金绍三吓得跺脚直叫。

"崔四去了，"一个团丁道，"半路上就去了。"

妈武流血过多，黑红的面孔变得蜡黄，双目紧闭，人事不省，和死人没有两样。

金老娘带着哭腔道："女婿呀，你可不要撇下孤儿寡母啊。"一边说，一边把他们领进厢房，把妈武放在金氏做姑娘时的睡床上。

"这这，谁干的？"金绍三颤抖地问。

"陈玉举串通梁篾匠，"衣衫褴褛的团丁疲惫地说，"杀了我们很多人，把稻谷也抢了。"几个团丁身上都染上了妈武的血。

"千刀万剐的东西，书都读到牛屁股里去了。"金绍三骂道，害怕地问团丁，"哪位兄弟辛苦一下，到趟更古坪，喊黎家来一个人！"

几个饿昏了的团丁进灶房狼吞虎咽吃了些剩饭和粑粑，其中一人揣两个粑粑在手上，失魂落魄地往外走，一边走一边抹泪："我去更古坪。"

"阿及，阿及，"金老娘这时又叫，"去看看夏梯玛走到哪里了，来的是不是老梯玛呀？请他快点，快去呀！"

金氏十六岁的大兄弟，注视了一眼血肉模糊的姐夫，朝黑黢黢的门外一路狂奔。

夏七发身挎麂皮袋，领着夏良现随崔四深一脚浅一脚踩着兽道。他浑身都被露水打湿了，耳边不时响起崔四的哭骂。夜雾中，什么也看不清楚，每翻过一道山梁或垭口，都要气势汹汹地吹响牛角，让当地妖孽提前避退。

走了近两个时辰,半道上冒出个模糊的人影,原来是阿及,迎上来话不成句地催促:"梯玛,路不好走,你快点,慢点,搞快点,我家姐夫伤得很哩。"

"没有好路,让你行啊。泥滑路烂,岩步子都没有一墩。一路野刺剐人,一路荒山荒岭。看见了水路,沿水路行,过大水,快得很,遇树树断啊,遇土土崩。赶得急啊,赶得紧,船上人啊,要坐稳。赶啊,赶啊,看得清啊——被勾走的魂魄,在水上浮沉。"

老梯玛嘴里唱着奇怪的歌,四个人在冷雾中跋涉,轮流背着两个大背篼。其中一个背篼里放着个土陶罐,里面装着夏家掌管的十万"阴兵"。

## 3

陶九香一整天都焦急不安,黎爹柱全身青肿,气息微弱,不能吞咽,只能喂些米汤牛奶。不知道干沟桥怎么这样厉害,难道武道场超度不了恶魂,周大妹又回到岩梁树下,给黎家制造麻烦?妈武去青龙观要的镇鬼驱邪符还没送来,她决定天明遣人去斩蛟谷请夏七发,梯玛有求必应,再远再累都不能拒绝,小病小灾她不忍求请,但最近一年时间,就是不清静。

畜生也奇怪,翻栏的母猪下了十只杂种崽崽,只只活蹦蹦雄赳赳,长势飞快,七八天疯长四十斤,见人就咆哮,见鸡就乱咬,加固了猪栏还困兽犹斗,孙福挑去猕水街上卖,乡民看见它们长嘴尖耳,人人都不买,最后出了个贱价,才被一家酒馆收去九只。剩下一只小公崽最野,死活没人要,孙福只好又挑回来。见这杂种卖不掉,陶九香连夜在猪圈旁点了一炷香,一对烛,放上纸钱、酒盏和肉,虔诚地祈求圈门土地,保佑黎家六畜兴旺,温顺听话,无病无灾,会吃会长。许愿圈门菩萨生日那一天,将小杂种当作牲祭送上,让它在菩萨门前超生成家猪。

妈绥痛苦不堪,对陶九香说:"妈,都是我不好,把那癞女子得罪了,弄得家里鸡犬不宁。"

陶九香盯住他,问:"你欺负她了?"

"没有,没有欺负,我要是说谎,挨五百满雷!"妈绥急得结巴起来。

"没有就不要乱说!不做亏心事,前门后门打开,你照样睡觉!"陶九香斩钉截铁道。

妈绥还是睡不着，天色还没亮，他起来撒尿，听见朝门被拍得很响："黎老伯开门。"山林寂静，报难的团丁用一种吓人的声音喊道，"神兵把黎团总杀了……"

"啊，该死的！"陶九香惊慌失措，骂声和眼泪一起迸发，从黎爹柱身边坐起来，赤脚奔了出去。

是孙福开的门。

"团总中了神兵的埋伏。"团丁裹着团冷风进来，望着孙福身后的陶九香，悲痛欲绝地说，"弟兄们被杀死大半……"

妈绥裹着裤腰走出堂屋，急促地叫了声："什么！……"

陶九香差点晕过去，口中发出一声哀号。

团丁跟着号了两声，又停下来，道："团总还有气，人已背到金家院子，崔四去叫夏梯玛了。"

"去碉楼喊金妹。"陶九香一听，止住眼泪，吩咐六神无主的妈绥，"和你大嫂马上去，带点银子。"

虽是初秋，屋里却已经像冬天了。"妈武，妈貉……"人事不省的黎爹柱迷迷糊糊地呼唤，眼皮动了一下，张开嘴，很受罪的样子，舌头慢慢地往外伸。

"拐了拐了，妈武还活着，老巴子，你不要听拐了。"陶九香着急地凑上去，用手使劲向上扳男人的下巴，怎么也扳不动，黎爹柱绝望地张开牙床，舌头伸得更出来了。陶九香面容骤变，搂着男人的头大哭，对看不见的索魂冤家骂骂咧咧："黎家没有亏待你，你跑来凑热闹干啥？找你相好蒋毛毛去，你不是想嫁给他吗？快去快去。"她泪如雨下地斥责。

黎爹柱一个劲地向上翻白眼，有种无形的力量在往外拉他的舌头，舌根好像要被拉断一样。他想叫回妈武，却看见很多旧朋老友在面前转来转去，神也有，鬼也有，人也有，急忙上前招呼，舌头奇迹般地一会儿伸出来，一会儿缩回去。他痛苦不堪，反反复复地吞吐着舌头，突然间憋足力气，冲满屋哭声义无反顾地一别脑袋，做完这个抗议动作，五十六岁的黎爹柱带着对长子的牵挂，随门外的冷风，追寻黎家的列祖列宗去了，时间大约在黄昏时分。

陶九香和妈绥惊慌不已，呼天抢地，想唤回黎爹柱没有走远的灵魂。突然，从西北角的树林里，传来一声令人毛骨悚然而又低沉的"嗷呜——"，震天动地，十条撵山狗狂吠不已，群山肃穆，落叶旋舞。陶九香想起听过的关于黎家的全部神话，心里一愣，放声大哭，在男人脸上盖了三张稻草纸，脚下放一碗荷包蛋饭，一双筷子，点上一炷香，叫妈绥到朝门外放鞭炮，孙福去请夏七发。

"回来的时候，"孙福噙着一泡泪水，问，"去不去请王道长？"

"不！"涕泗交流的陶九香瞪着大眼，坚决地说，"请老梯玛来送，我家祖上老人都是梯玛送的，在那边好得很！"

但大家听到了刚才那个声音，心里害怕，不肯出门，陶九香把家里那根背橛树杈子递给孙福，重复着夏七发当年的交代："老巴子不喜欢这个，见了倒绒，竖不起毛来。"

孙福磨蹭了一会儿，壮起胆子出门牵马，走了两步又回过头来，道："刚才说崔四去叫梯玛了，夏七发肯定在花椒湾……"

陶九香道："那你先到金家院子，等老梯玛救下妈武，再请他来，妈绥留下。"

妈绥哭着吩咐团丁："你去碉楼叫我大嫂。"边说边往竹竿上挂鞭炮，掏出难得使用的洋火，站在朝门屋檐下，正要动手划燃，突然一抬头，看见一只老巴子，从距他八十米的树林中逡巡而来，那被传说神化了的脸上，高贵的"王"字和残酷的白毛斑现得清清楚楚，吓得掉头就往屋里跑："妈妈，"他慌慌张张叫道，"老巴子，来了个老巴子……"

陶九香听见二儿子惊叫，止住悲伤奔出门，但是什么也没看见，她心慌地问："哪有老巴子？"

妈绥结结巴巴地说："往那边走的……扬长而去……你闻嘛。"

陶九香走入树林，前转后转，果然看见一串巨大的梅花脚印压在倒伏的茅草上，空气里有股腥臊味。她战战兢兢，脸色大变，却没吭声，回到屋檐掏出火镰，引燃鞭炮信子。

"妈呀，你想把老巴子引来？"妈绥硬着头皮举起竹竿，诧异地问。

"老巴子过个路，它不喜欢火炮，绝对不得转来。"陶九香道。

妈绥无法，豁出命去放炮。

火炮"噼噼啪啪"炸响,向山野宣告一个阳间生命的结束。

待在碉楼里的金氏也听见了虎啸,正疑惑,鬼哭狼嚎的团丁撞进门来报丧:"呜——,伯娘叫太太去,老伯过世了。"

"啊?"金氏失手松开女儿。她知道公公被腿上的毒疮折磨,但不信会死人,站起身来忙往外走,不理会永玉跟在后面奶声奶气地叫唤:"妈妈,过世是什么意思?"她一边走,一边心惊胆战地问:"妈武呢?回来没?"

"黎团总,呜呜,"团丁的声音让人毛发倒竖,"被神兵杀了……"

院宅的鞭炮声证明了一切,金氏的世界在那一刻崩溃。眼泪呀,山里女人这时只有眼泪。她不知道自己是怎么走到院里的,和陶九香抱头痛哭,最后在女佣冉氏的搀扶下上了马,跟孙福一起赶往花椒湾。

## 4

晨雾还没有散,主仆二人赶着山路,只听周围有声音在响,也不知是什么东西,孙福紧张地握着背橄树杈子,金氏哭哭啼啼跟在他身后。这女人既为黎爹柱的猝死悲恸,又担心男人的伤势,反倒没有工夫害怕,人马不歇走到金家院子。

妈武肚脐到后脊椎骨交叉处的魂魄已离他而去了,一上午,夏七发都在气势汹汹地发兵追魂。他把背来的一个土陶罐放在金家门口,把弯牛角插在堂屋的木柱上,从麂皮袋里掏出草药,给一动不动的妈武嘴里含上十步还阳,伤口敷上九死还阳,然后又摸出几种名称不同的还阳草,叫金老娘拿去煎水。金老娘知道梯玛给的不是等闲之物,那些奇根异草,平时多有神鸟守护,采药人从岩上用绳索下吊时,神鸟立即用利喙啄断绳索使采药人坠岩身亡,不管是药农还是梯玛,都要在高岩峭壁间,听得见水响又看不见水的地方采掘,十分艰难凶险,像捧珍宝一样捧进三脚上的鼎罐。

做完这一切,父子俩换上法衣,一人烧纸念咒,一人吹角发兵,率兵进入另一个世界。

青烟袅袅,香烛摇曳。

"请来野猪一对,发兵去!"夏七发走起术步,挽动手掌,配合巫歌给力。"家猪一双啊,发兵——去!十万猛将啊,发兵——去!八大金刚,发

兵——去！去啊！人界没有——天界找，天界没有——地界寻，飞过去，飞过去，发兵——去，追魂——去！"

他带来的鬼兵鬼将，都装在那个土陶罐里，就为这个陶罐，老梯玛必须亲自前来。祖师规矩，师傅临终才能将掌握的兵权交给衣钵传人。现在，夏良现是唤不动那些雄兵猛将的。

金绍三夫妇知道夏家父子走了一夜的路，饿着肚子干仗，一定很累，但妈武一条命吊在半空中，容不得耽搁，两人焦急万分，紧张地看着老梯玛铺天盖地发命令，指挥只有他自己才看得见的兵，在没有硝烟的战场同无常斗智斗勇斗狠，夺回妈武的生魂。

一个灯盏似月圆，照亮三界及大千。夏七发神游天地，全力以赴，累得骨头散架，鼻息微弱的妈武眼皮终于跳了一下。

"药水端来。"老梯玛深深地叹了口气。

金老娘端来半碗神草煎出的水，正遇上金氏和孙福拴马进屋。

"妈武！"金氏泣不成声，向浑身血迹的男人扑过去，"怎么被打成这样？"

听见亲人的呼唤和哭号，妈武抬了抬眼皮，瞳孔失神地扫过媳妇的脸，嘴唇抖了抖，却没有发出声音。

"醒了，"金老娘忙把药水递到金氏手里，道，"喂一点。"

金氏接过药碗，抹抹泪，舀了小半勺，轻轻伸进妈武微微张开的嘴里，一双泪眼望着他，说："吞进去，吞进去啊。"

妈武眼睛没转，嘴唇动了动，吮住一些药水。

一屋人围了上去。

夏家父子松口气，走到门边一个烧纸念咒，一个吹角收兵。

"老梯玛！"金绍三在夏七发跟前小声道，"把您和小梯玛饿坏了，来吃一点东西。"

"好好。"夏七发不慌不忙地说。

"饿了的兄弟，轮流来吃饭。"金绍三对悲伤沮丧守在屋里的团丁和黎家长工孙福说。

脸色异样的孙福忙跟进灶房。

金绍三端上饭菜，和他们一起果腹。

"辛苦两位梯玛。"他担心地问,"我家女婿,多时可以吃饭啊?"

老梯玛平静道:"过两三天,吃软一点的东西。"

金绍三感激地说:"梯玛真是神仙啊!"

夏七发沉思道:"阎君虽然放了他,陈家不会放过他,以后再有什么事,恐怕我也无能为力了。"

"啊?"金绍三端着碗的手抖了起来。

夏七发心情沉重地说:"杀人不该偿命?"

崔四一听,也慌了神,他问:"神兵打死了我们那么多兄弟,还不够数?"

"谁打死了陈玉举?"夏七发问。

"黎团总,难道他们非要杀黎团总?"崔四恐惧地放下筷子。

"乡上总要给妈武做主!"金绍三惊惶地说。

夏七发道:"衙门总是先治昏官,后惩刁民。"

"谁给我家团总女婿出个主意?"金绍三脸上流下泪来。

另一个团丁两眼发直道:"都在抢稻子,这几天肯定顾不上。"

"呜呜,"到了金家一直双唇紧闭的孙福,突然哀号道,"我到底几时说啊?"

夏七发问:"你有什么事?"

孙福哭着说:"听到妈武被杀,老东家就咽气了,伯娘还等着老梯玛去更古坪送灵哩。"

"啊呀亲家!……"金绍三大惊失色。

在场的人都愣住了,崔四脸色惨白,道:"不许在团总面前说!"

夏七发盯住孙福,没有出声,眼里掠过一丝惊讶和忧虑。他站起身,默默走出去,来到妈武床边,看着刚刚吮完药水的黎家长子。虽然一天一宿没合眼,他的眼睛还是那么有神。

"给弟兄们……做场法事……"妈武面无人色,双目紧闭,声音像蛛网一样细。这个时候,大家原本应该围着火堆吃新谷子的,谁知弄出这么多人命,十几个团丁说没就没了。按猿水风俗,恶死的尸体不能运回家,更不能进入族人墓地,妈武极度不安,怕惨遭杀害的阴魂埋怨,让花椒湾和黎家不得安宁,希望他们安息或者离开,充满了痛苦和矛盾。

"这就请梯玛,"金氏明白妈武的心思,忍住泪在他耳边道,"定个时间。"她难过啊,想起黎爹柱还停在院宅,又不能告诉妈武,心都碎了。

夏良现挨近夏七发,小声道:"这伤重呢,爸爸明天再去更古坪。"

老梯玛不易察觉地点点头。第二天一早,他把麂皮袋取给儿子,轻轻交代几句,叫孙福背上法器,不声不响出了院门。

"我缓两天到。"金绍三在他身后哽咽。

老梯玛去了更古坪,金氏和夏良现商量后,通知家属抬尸,把死去的十几个团丁葬在花椒湾毗邻更古坪的第一个山坡上,既能享受香烟纸钱,又不致困扰人畜鸡牲。

阴风怒号,撞击着这个女人悲愤的胸膛。

"城隍索命,生死有分。青龙山前,白虎山后,阵前被杀有人顶敬孤魂,无人顶敬孤魂。"高坡之上,英姿美容的夏良现怀抱一只公鸡,嘴唇开合,飞快地吟诵邀请,"站在阴曹地府,四山丛林,古木树上,享用纸钱荞粑,毛鸡刀头,欢欢喜喜百无禁忌……"然后接过金氏手里的菜刀,不慌不忙往鸡脖上一抹,扯下几枚带血的鸡毛粘贴在坟前片石上,超度这场武装冲突中冤死的所有孤魂,让他们殇死的亡灵和一切凶恶的血食神祇,帮黎妈武守住这片良田。

千百年来,山民佚死的多,晨死早埋,晚死夜埋,山坡上又多了个巨大的土堆。

## 5

黎家院宅里还停着丧,陶九香换上硕大的白布缠头,伤心不已,揪着手帕长歌当哭,声泪俱下:

> 竹子一年一年发了好多笋子,
> 树子一年一年结了好多果子。
> 竹子开花要死了,
> 果子烂了要落了。
> 老巴子什么都不爱了,

他……呜……回去了。

陶九香一边哭，一边唱，孙福已和金氏去花椒湾，妈武生死未卜，守在灵前的，只有妈绥和自己，男人劳累一辈子啊，就这么冷清。

中午里都从青龙观回来，不相信自己的眼睛，咧开大嘴哭了。符没有求到，因为王道长去县城了，还不知什么时候回观，他内疚得不行。

陶九香放声大哭。

"伏羲，"传来了老梯玛的声音，身穿法衣的夏七发进门就唱，"天有八卦，地有四方。人有三魂七魄，鬼有十二路毫光。上前问一声孝家大嫂，亡人几时得病周身不妥？是老病还是痛头痛脚？请的医生是哪个？是官药还是草药？"

"妈武？……"陶九香嗓子已经哭哑了，看见梯玛，抖着嗓子问。

"过两天，就能吃饭了。"老梯玛叹道。

陶九香这才跪在地上，用唱腔回答他刚才的问题："初一初二浑身发烧，初三初四茶饭不要，初五初六妙药难调，不觉一旦命全抛。"她的丧歌像寒风一样凛冽，影子一样飘忽。唱到这里，陶九香突然抬起红肿的两眼问，"请问梯玛从哪路来？"

夏七发似唱非唱地回答："我从大巫山上来。"

陶九香又问："看到些什么景致？"

夏七发又答："看见八十老翁挑一挑，七十老母提一笼。一年之际春为首，冬寒春暖夏后秋。金乌玉兔往西走，三河源水从东流。长短寿缘天生就，富贵荣华前世修。任你黄金垒北斗，到头白骨藏荒丘。"

陶九香和老梯玛说的是土语，唱的是古调，凄厉，苍凉，原始，听起来简单，但不好掌握，内容主要是劝陶九香节哀。

两人对唱了一阵，夏七发指挥妈绥擂响丧鼓。那鼓绷着一头大黄牯的皮，是十保的公物，平时香火养在秦家，头天赶紧用骡马驮运到院宅。

孙福到竹林里砍了一根一丈多长的竹竿，在顶端捆上三包重要的物品：茶叶、丹砂和大米，另外捆了五十六扎纸钱，然后将这根制作好的竹竿，与桃树枝绷好的七把弓箭，一起放在棺木的头上，请死去的黎爹柱享用。

鼓声被一浪浪的回音传遍整个山谷，听到丧鼓的山民放下活路，循声

而来。

陶九香把撕好的白布孝帕抱出来，分给大家披扎在头上。夏七发头顶鸟冠，手拿铜铃，在棺木前用土语念念有词，作法驱邪祭灵。他一手摇铃，另一只手也不空着，飞禽走兽、花鸟虫鱼、风雨雷电和日月山川，都被手指千变万化，惟妙惟肖地模仿出来，令人眼花缭乱。

祭毕，他戴上威严的白帝天王面具，将司刀一挥，擂响牛皮鼓，远近乡民充满敬畏，三五一拨起脚跳丧，称作打廪，又叫舞白虎。

　　天生人兮地生人，吾祖母兮为盐神。巫罗山兮有五娃，巴务相兮号廪君。众灵山兮有来脉，子孙望兮有始先。歌巫奠兮祀其祖，远古流兮至如今。

悲怆的神歌，从夏七发的喉咙里流淌出来。

堂屋红烛高照，香烟缭绕，长明灯在棺木右下角闪烁跳跃，在白帝天王和八部大神等众多族神的画像下，一部史诗开始了。

茫茫阴间，黎爹柱的灵魂从哪里走啊？道路是那么遥远，岔道又多，身穿长袍、面容清癯的夏七发用古老的鼓声和歌声，引领老朋友的灵魂头也不回地出发。他肩扛司刀，站在牛皮鼓旁发歌领唱，神色苍茫，吊丧的乡亲一起帮腔。一个山民接过鼓槌，双目圆睁，抡起双臂内行地助威。他累了，另一个人接过鼓槌又打，直至汗如雨下。

秦猎熊代表秦家在朝门口向陶九香作揖致哀，和闻声而至的山民一起上香进屋，见众人踏着鼓点手舞足蹈，马上抬起瘸腿上阵，俯仰进退，大呼小叫，模仿老虎摆尾、跳跃、洗脸等动作，抖动双臂和屁股，膝盖不断弯曲，发出"嗬嗬喂——杀！"的呐喊声，跳得一身热汗，面孔油黑发亮。

夏良现结束了花椒湾的法事，匆匆与金绍三父女一起赶到。

一天当中，两个最亲的人一死一伤，妈绥成熟了不少，他默默站在陶九香身后，在母亲需要的时候上前帮一把。乡亲们围着棺木绕来绕去，跳得痛快酣畅，他注视一阵，也忍不住踩着鼓点上前替换。这家伙聪明，左手左脚和右手右脚同时出动，认真地跟在乡亲后面，一会儿就跳得默契自如，好像云在天上飘，水在山里流那么协调。老祖先们在崇山峻岭上肩扛背驮，手抓足蹬，爬坡攀岩；在战场上执戈持矛，同手同脚，龙行虎步。

鼓点突变，夏七发替换下跳丧的山民，和着节奏与夏良现对舞。父子俩时而躬身逼视，时而击掌撞肘，时而忽掀忽扑，时而前纵后跃，口里发出阵阵号啸声。最后，英俊的小梯玛一个同边手后空翻，腾空跃起，立起尾巴从夏七发头顶跃过去："猛虎下山！"夏良现也学到了！

夏七发领着他的弟子擂了三堂小战鼓，三堂大战鼓，跳了六六三十六堂跑马射箭，八九七十二趟击鼓破阵。整整三天三夜，他右手握铜铃，左手拿司刀，和祖先一起披荆斩棘，开疆拓土，如痴如醉，激情处用古老的土语大声放歌，狂舞不止，迷倒了所有前来吊丧的人。黎家堂屋被围得水泄不通，山民的想象力伴随着铜铃司刀的沙沙声和夏七发旋风一样的脚步层层深入，最后和他一起到达了祖神居住的地方。

只有夏七发才能组织出这样隆重的跳丧仪式，唱得出这样格局庞大的军葬赞歌，人们啧啧称赞。

第四天清晨，老梯玛站在棺木旁，决绝地砍碎了一片象征世俗生活的瓦，黎爹柱的灵魂彻底告别这幢他亲手缔造的豪宅，化为白虎升天。

陶九香被几个妇女陪着，她三魂当中有一魂随着送葬队伍去了茅草坪，瞅着巴子岩下，妈貉空坟旁边那块等待着主人骸骨的弹丸之地。

夏七发先让帮手在生基里烧了两捆玉米秆，打扫后，亲自扎上衣摆跳下去，在热烘烘的穴场里画了个符，撒上丹砂接通地气，跟着跨回地面，接过夏良现手里的鸡，咬破鸡冠，绕穴淋血一周，隔除污秽，让抬丧的乡亲缓缓放入棺木。

鞭炮大作，夏七发最后洒出驱邪的雄黄酒，妈绥和代替妈武的金氏跪在地上，盖了三锄土，然后由抬丧的乡亲帮忙，七手八脚垒起一个硕大的长坟。

黎爹柱的骸骨就这样与来自遥远的太祖山的古老生气融为一体，一股巨大的力量源源不断地自地脉中传递出来，萦回在云雾缭绕的大巫山。

# 第十三章

**1**

一连串的劫杀和丧事折磨得陶九香晕头转向。自打迁入密林,大起大落、大喜大悲的命运像幽灵一样笼罩着这个家,她瞅着黎爹柱留在板壁上那根拐杖长的竹棒烟杆,沮丧得无法形容。

妈武是在黎爹柱下葬后第十五天,一个月黑风高之夜回到更古坪的。老宅远远就传递着凄凉,全无以前的生机。

几天内,县长相继接到青龙观道长和猕水乡咨事的呈文,后悔察人不慎,电令撤销黎妈武团总一职,猕水乡又没了团防队长,秦猎熊故伎重施,用一张豹皮和五担黄连的代价拿到了一纸任命,出门巡视肩挂连枪,黑衣黑马,后面紧跟背枪的团丁,如可疑之人挡在路上,老远就喊:"让道!""啪"的一鞭打马冲过去,派头十足。周泰望改口不认账,再也不提报匪的事,仍在秦家牵马抬轿。

黑夜来临,陶九香抱着黎爹柱生前用过的水竹长烟杆紧烧慢吸,妈绥沉迷于鸦片,变得更加消沉,隔着火塘,谁也不说话,黎家威风扫地,家业就这么败了,连日的悲伤和倦意一起被大家带到床上。

陈玉举的大儿子陈广爱一不做,二不休,聚集族团友好,烧香打卦,歃血为盟,请梁篾匠的兵来教练神术。那时梁篾匠的队伍越来越大,已经拖去万县地界惩恶扶善。陈广爱深受激励,竖起"抗暴保家"的三角旗,穿起赭色长褂,自号"陈大虎神",不仅收割了黎家的全部稻谷,还放出狠话要妈武的人头,事情弄得收不了场。金绍三情急之下,对外谎称妈武伤势太重,昏迷数日,在接到撤职消息的当天不治,和死难团丁埋了一堆,央告女婿躲起来，带信叫更古坪不去看望，以免走漏风声。

黯然躲了一些日子，妈武偷偷溜回更古坪，叫醒陶九香，跪在黑黢黢的地上，对母亲说："我对不起祖宗。"

陶九香在孙福拿来的亮火中拉住妈武，摸摸他汗津津的身体道："畜生，外面都以为你死了！"

妈绥听见熟悉的响动，出来一看，是日夜挂念的妈武，又惊喜又难受，激动地问："哥，你的伤好没好？家里担心要命。"

"基本痊愈。"妈武痛苦万分地对陶九香说，"妈，我去万县转一转，找汪大哥，血洗陈家院子。"

"找谁？"陶九香抬起眼睛问。

"汪正明。"妈武定定地望着火苗说。

陶九香在脑子里搜索，汪正明，妈武对她讲过，是汪斌全先生家的大儿子，听说从獽水小学毕业，又到重庆进了洋学堂，娶了个大老板的女儿，在万县发财，是有名的袍哥大爷。每年和太太回獽水一两次，妈武在汪先生家同他认识，每次提起，眼角眉梢都是佩服。陶九香愁思片刻，道："冤有头债有主，陈玉举死了，陈家寻不到你，相信已被他们除脱，等这件事平息后，大家一起算账，你先去避风头，不要拌蛮。"

何氏跟在妈绥后面，紧张地问："大哥一走，家里怎么办？"

陶九香喝道："他不走，陈家来索命，情况更坏。"

妈武吃了点东西，同母亲一道去石碉楼。自从猎熊取代妈武上任，把值勤点改在油墨溪秦宅，碉楼里剩下的团丁走了，只有厨娘冉二娘还在这里。听见陶九香的声音，那忠诚的厨娘赤着脚跑出来开门，看见站在后面的妈武，惊得捂住嘴，恐惧地问："是人是鬼啊？"

陶九香不满道："人，鬼门关上的人。"

天刚开始放亮。

金氏躺在永玉身边熟睡，做梦似的听见妈武叫门，起来一看真是丈夫，一头扎在他怀里哭哭啼啼。

妈武瞧了一眼熟悉的木床和床上的女儿，把金氏搂到火塘边。

陶九香坐在草凳上点烟，对着压住火苗的鼎罐吸了两口，说道："媳妇子，妈武暂时要离开獽水，陈家不会放过他。"

妈武对金氏讲了自己的打算。

金氏捏着手帕只是哭，可怜巴巴的，也不说话，令人心碎。

陶九香叹气："永玉快醒了，当娘的要利利索索。"

金氏啜泣道："晓得，不能让獴水人发现妈武。"

陶九香催促："动作快些，不要拉拉扯扯，我看今晚就走，抓紧先休息一下。"

金氏惨然道："听你们的。"

妈武望着金氏，咬牙切齿地说："我避一阵子，回来重新开始！"

陶九香道："等永玉醒了，我把她领到院宅去，免得闹闹嚷嚷。"

金氏感谢地看了婆婆一眼，那孩子已有大半个月没见爸爸了，不缠着妈武才怪。趁女儿还未醒，她打水让疲惫不堪的丈夫洗漱了一下，躲进旁边的小房间里困下。

冉二娘早饭还没煮熟，陶九香哄永玉说，二叔二婶给她准备了好吃好玩的，连拉带抱地把孙女带走了。

金氏给妈武收拾好包袱，进屋挨他躺着，细细打量丈夫。妈武已不是那么年轻了，和第一次见面相比，发型从中分变成了寸头，眉宇和鼻梁间也有些倦意，却仍然透着英气。他呼吸平稳，正深深睡去，远离了眼前的危险，睡得像什么也没有发生过一样，今天一走，几时才能平安重逢？想到这里，金氏的泪又流个不停。

日头偏西，陶九香领着永玉向碉楼走来，一边走，一边低声嘱咐孙女，不要对外人说看见爸爸了，否则妈武和全家有危险，说到这里，她抬起手掌往脖子上一抹。永玉知道花椒湾租谷被神兵抢走的事，恐惧地瞪着眼睛，连连点头。

妈武搂着金氏困到下午，又接着和女儿厮混。

"爸爸，神兵为啥要抢我家的租谷？"

"佃户贪财，背着爸爸串通他们。"

"神兵为啥不抢秦家？"

妈武被问住了，神兵一再和黎家为敌，真不知道怎么同女儿解释。都怪蒋毛毛那小子可恨，还有秦猎熊，心眼太窄，早晚要把他除脱。他抱起女儿，回答说："爸爸也不知道，永玉不要问这么多。"

金氏目送男人身背斗笠，骑马消失在夜雾中。

情况很快变得十分复杂，秦猎熊受命于危难，主要任务是平暴治乱。陈家子侄和秦猎熊都是黎家的仇人，没想到黎家的仇人和仇人之间，又你死我活地干起来。

陈大虎神广纳人才，几次派人上门，邀请夏七发给自己当顾问。他见过老梯玛上刀山，三十六把锋利的钢刀绑在树干上，夏七发赤脚踩着刀刃上去；用牌带逼退恶鬼，又踩着刀刃下来，庄重地唱："上刀容易下刀难，竹篮打水上高山；一树神刀白如银，脚踩手把下刀门；步步踩在刀刃上，不惊人处也惊人……"这样的功夫传授出来，岂不威风？但被婉言谢绝，老梯玛只叫儿子夏良现传授了一个口诀："鸣角忧忧叫三声，弟子统兵上刀山；我娘生我一十八，从来不怕被刀杀。"用于乡民防身。

花椒湾历史上最可歌可泣的岁月，就这样到来了。陈大虎神在花椒湾一带，建立了一块武装根据地，对付新任团总秦猎熊的剿灭。他训练的神兵族团，亦农亦兵，招之即来，来之能战，赴汤蹈火，勇猛异常。一个个穿着边耳子草鞋，裤子挽齐小腿，包着黄布头巾，威风凛凛，很有些神气。平时，拿两张书桌一块黄毯搭起公堂，开庭审理民事纠纷，旁边插有黄布旗帜，上书"种地不交粮，杀猪不上税，卖谷不打行"。旗帜下卫兵守立，号声高奏，气氛庄严。不仅黎家的租谷，就连金家和其他大户的租谷，也收不到一颗。

妈绥被震天的杀声搞得不知所措，双方都和黎家有仇：弄死秦猎熊，便宜了陈大虎神；弄死陈大虎神，又便宜了秦猎熊，哪边吃败仗他都欢喜。陶九香脑子也像棕丝一样乱，不知道应该帮助谁，消灭谁。

秦猎熊到处搬兵，请来了忠县驻军卫营长，加上纠集的团防队伍，一共千余人对花椒湾进行围剿。神兵也不和他们硬拼，组织了很多小分队埋伏在密林深处和险要隘口放冷箭，打得赢就打，打不赢就跑，聚则为匪，散则为民。官兵打不到，又捉不住，被搞得疲乏不堪，气得放火烧房。乡民见房子被烧，愤恨地和官兵血战，一次次围剿，都被他们以少胜多、以弱克强地打败了。

## 2

陈大虎神的队伍越剿越壮大,那日天还未亮,金老娘和阿及正在油灯下舂糍粑,几个潜入附近的神兵药死看家狗,装着过路去找火吸烟,厨房门一开,他们一拥而入,捉住母子俩不准叫喊,直入内室,金绍三还在床上就被捉住了,没有遭到什么反抗。神兵背着粮食和洋钱,带着哭哭闹闹要求不杀的金绍三撤离。金老娘只好把向黎家买来的连山,又过户给团总秦猎熊,才凑够给当家人赎身的银子。

猎熊在金家屋里接过地契,感慨万千,记起了曾让他朝思暮想的女人。一个暖和的下午,他领着两个团丁,迈上了石碉楼脚下狭窄陡峭的石梯。

金氏仍住在石碉楼里。

自从周大妹自杀,妈武出走,妈绥心灰意冷,迷恋鸦片,一次少说要吸掉一斗谷子,命运是这样的无情,黎家最聪明的孩子活生生被鸦片毁了。院宅门口栽着二十几株罂粟,一到春天,绿色的果实上便浸出眼泪一样的汁液,陶九香将它们刮下来,熬得出大约一两多鸦片。山里人都知道这东西沾不得,吃了没精神,要断后代根。过去除了人畜当药引,剩余的,陶九香就叫妈绥拿到猕水街上的鸦片馆换粮食,现在,供妈绥自用还不够。每天上午,何氏一面把冒着热气的饭菜端上桌,一面催喊男人起床吃饭,很久才能喊出房门。金氏看不下去,提醒婆婆陶九香说:"再不分家,祖屋都要被二弟抽光。"

妈绥已与续妻何氏生了个瘦弱的儿子,取名永志,提起分家,二媳妇何氏就抱着儿子永志,惊吓地跪在陶九香面前:"妈,媳妇没用,劝说不了妈绥,分了家,没您老人家管束,他越抽瘾越大,我们娘俩可怎么过啊?"陶九香心疼孙子,受不了何氏的哀求,暂时收起了分家的念头。金氏拒绝搬去院宅和他们同住,虽然被神兵洗劫过一次,但房间、设施和用具,依旧有足够的排场,仅剩的几亩山地佃出去,尚可维持她和女儿以及佣人的基本开销。她要在石碉楼里捍卫她和妈武的不动产。

伤心啊!这样的日子什么时候结束呢?

个子像小孩一样的秦猎熊,领着两个团丁越走越近。听到狗咬,花容月貌的金氏从窗户往下一瞅,看见秦猎熊穿着崭新的制服在叫门,光彩照人的脸蛋随即腾起一片灰雾。

"开门!"猎熊说,"我有公务。"

厚厚的大门打开了,猎熊让团丁等在外面,一个人走进客厅。他眼睛瞪得很大,一双眼珠子圆溜溜的,看见金氏依旧干净香甜,美丽动人,心里腾地蹿起一团绿荧荧的火:妈武和猎豹一样死了,这个女人,终于轮到自己了。

金氏道:"你快点说,有什么事?"

秦猎熊不怒不恼地看着她:"为了收回花椒湾,给你男人报仇,我差点没叫陈广爱打死,水都不让我喝一口?"

"上茶。"金氏向在客厅掰玉米的厨娘冉氏唤道。

秦猎熊道:"我是专门来看你的,你已为黎妈武守孝一年,我想和你结秦晋之好。"

金氏道:"你指使周泰望,把石碉楼的情况报给梁篾匠,我还没有起诉你呢。你不报匪,神兵就不会来打劫;不打劫,妈武就可以不收佃户的租;不收租,妈武的枪就不会走火,陈家就不会搞暴动,我家就可以继续富贵下去。把我家弄成这样,还有脸来提亲,你站远些!"金氏说罢,抹起了泪。

"都是蒋毛毛干的,你千万不要听人挑拨。"秦猎熊全神贯注盯着她的脸庞,既像瞅着恩人,又像瞅着仇人,"黎家没有兴盛下去,都怪黎妈武老是乱来。他乱抢老婆,我秦猎熊并不是好惹的;他乱收租谷,花椒湾人也不是好惹的;如今他死了,我也不怪你。"说着,动手把金氏往自己怀里一拉,"我们本来就应该是夫妻……"他虽然矮小,却生得头大手大,孔武有力。

"来人!"金氏发出一声惊慌的大叫。厨娘冉氏闻声奔进客厅。"滚!没你的事。"秦猎熊冲她吼道。谁知冉氏沉着地说:"这话差了。秦团总是有身份的人,看上我家奶奶,是我家奶奶的福气,你只管请人上门提亲,由媒人说合,不必失了有钱人的体统。"

秦猎熊得意扬扬的脸,顷刻间黑下来:"好,好,我叫人提亲,你们要是耍我，保证没有好下场。"他一边说，一边往门外走去。

他回家就叫团丁请张三姑去喝茶。

"三姑，我哪里对不起你？"秦猎熊对那狡猾的媒婆说，"我哪里亏待过你？黎家当年给了你多少钱，要你给黎妈武撮合？这次你给我撮合，要是说成了，要粮只管来我家背，要钱只管到我家来拿。"说着从太师椅子上站起身，只比他家的红漆桌子高一巴掌，"你会放鬼，就会捉鬼。光会放，不会捉，看我不……"他咬牙切齿，眼露凶光，把后面的话咽了回去："去黎家提亲，去！"

张三姑昏天黑地往前走，两手拍打着大腿，悲愤地高吟："天不平来地不平，"她又哭又唱，"一边落雨一边晴；翻山越岭遍吃苦，人家倒来骂媒婆；板栗开花牵成线，骂你媒人想挂面；板栗开花结成球，骂你媒人想猪头……呜——"她索性坐在石头上，掏出蓝布手绢蒙在脸上，"石榴花开红满林，你是穿针引线人；水晶花开根又长，全靠媒人搭桥梁；三天两天走一头，进屋见人就开口；一来一往操心多，背时不知为的啥！呜——"凄凉沮丧之际，一群猴子来到她身边，眨着大眼皱着眉头，模仿她忧愁的表情，淘气地往她怀里掷果子。

伤心的媒婆一路跌跌撞撞战战兢兢，走了一段路，突然像是有了主意，转身又往秦家走。她的铁嘴向来无敌，但再次见到秦猎熊，却语无伦次："秦团总，我有一个好主意。"

猎熊见她又回来了，吃惊地问："你有什么好主意？"

"团总不能说是我讲的——你既然铁了心，"张三姑惶惶解说，"就派人去抢算了。若是上门提亲，就算黎家同意，金氏一嫁再嫁，也只能坐黑壳轿子，有辱团总的身份，不如派人抢亲，又管用，又有面子。"

猎熊看着她，点点头，觉得这女人，做了半辈子媒，还真有脑瓜。

天狗要吃白月亮，不是犟种不聚头。秦猎熊派一个团丁换上砍柴人的衣服，藏匿在更古坪碉楼附近的柏树上，每天侦察动静，赌咒发誓不抓住老鼠不算角色。

五月的一天，金氏领着厨娘冉氏一起出门，打算去花椒湾看父母亲，上马没走多远，就被一群蒙面人抱起飞跑。

## 3

"乖乖,我想你想癫了,不要哭,你在我家,不比给黎家当寡妇强?"金氏被送到秦家老宅,猎熊把又哭又骂的她关在一间偏房,不许任何人进去,凭自己一张嘴劝告。

"我们八字不合,你最好把我送回去,免得不好。"金氏头发蓬乱,一脸泪痕,镶边的洋布短褂被抓得七歪八扯。

"我老汉在世时算过了,我们的八字合得起,今天总算做夫妻了。"猎熊笑吟吟将手掌放在金氏的肩上,被金氏用力推开。

"到了我家,就是锦鸡进了铁笼,不肯也得肯,不干也得干,过来,困觉!"猎熊去拉金氏。

"你听我讲,"金氏揩了两把泪,紧张道,"黎妈武没有死,他躲陈家的追杀,马上就要回来了。"

猎熊愣道:"都说他死了,和被神兵杀死的团丁一起,埋在花椒湾通往更古坪的第一个山坡上,你哄我没有用,真的回来了,也不怕,老子就当鬼打,困觉!"

美女金氏被秦猎熊武力征服,给他做了二房。秦老娘和猎熊大婆子同仇敌忾,时时刻刻寻衅制裁,猎熊只好把她弄去獂水街上,关进自己修在街尾的新宅。

妈绶颓废萎靡,每天长吁短叹,带一本《七侠五义》赶着羊子往坡上走,羊子吃草,他就仰面望天,陷入沉思,承受住山岭的悲风。

陶九香又恨又怒,妈武一去不返,音信全无,真不该说他死了,抢亲在獂水不犯王法,寡妇再嫁天经地义,妈绶劝她木已成舟,息事宁人,吃下这个哑巴亏,但看着五岁的永玉没人照管,她的气馁和伤痛无法形容,每当太阳出来,便披头散发跪在朝门前,面对东方拍地而唱:"奉节獂水,秦氏猎熊,柱头钻虫,衣服生霉,腊肉涩口,桃李枯树,吃水有骨,吃盐有蛆……"咒秦猎熊踩岩垮岩,踩坎垮坎,不得好死。

咒来咒去,秦家终于敲丧鼓了,但死的不是秦猎熊,而是保长秦占云。

秦家多难啊!金氏受不了猎熊的关押,自己给自己报仇,在内院里施

媚术,去药铺买草药冲洗催情,弄得二十三岁的"短一寸"不能刹车,行房过度,精壮壮的小子愣得了弱症。他的大娘子周氏托哥哥周泰望花三块大洋买通刽子手,割下一个刚刚断气的神兵的阴茎给他吃,还是无济于事,快快不乐的秦保长精神抑郁。

好抓的老鹰,不抓爪子痒;咬惯的猛虎,不咬牙齿痒,自从黎家来到这里,秦家遭受过许多打击。两角要寻触,两刀要寻刺,他很后悔,当年如果把野心勃勃、贪得无厌的黎家大小直接撵走,就不会发生后来的不快。秦家自搬到油墨溪边三十多年,除了淹死的、摔死的,没有一个病死的。战祸不断的日子里,仁义的秦保长得了重病,忧心忡忡地闭上了眼睛。

秦家大举治丧,为防神兵偷袭,猎熊请夏七发和王道长一起去替秦家求和,陈大虎神看在两人的份上,答应休战一月,双方各有妥协。

来秦家吊丧的人,比黎爹柱进洞前还多,流水席开了四天四夜,场面隆重,大号排排吹,喇叭呜呜叫。夏七发和王道长同时受邀,一起为秦家送亡,感到前所未有的挑战。两班人马反复商量如何分工,结果是梯玛负责跳丧,把亡灵送交十殿阎王,道长负责超度和开路。穿红色法衣的夏家父子和黑色法衣的道士们同屋献技,各司其职,忙中有序,热闹了半个月,出殡那天,锣鼓、唢呐、狮子、孝龙,端香盘的、捧香炉的、司乐的、扛祭幛的、举挽联的、举花圈的,扯了半里路长。灵柩已经到了坟地,后尾还在景色迷人的秦家老宅未出场。

陈大虎神的事业蒸蒸日上,谁知形势急转,日本鬼子斗不过中国,说败就败,宣布无条件投降。控制了三峡地区的国民党军长杨森认为国家最需要人的时候,山里人抗丁抗租,目光短浅,就派驻扎万县的第三师师长王陵基部旅长陈侯亭亲自出马,掉转枪口,在猎水组织联团清乡。

陈大虎神和清乡兵的最后一仗,是在花椒湾打的。这位山民领袖喝了神水,在弹雨中冲刺,举着一把长刀,横舞竖舞,只见周围人头落地,他却毫发无伤。陈侯亭对此表示出很大疑惑,后来在总结中撰写道:"以同一枪弹射击同一阵地之神匪,前后左右皆有伤亡,而匪首身中数百弹丸,衣穿小孔如筛,身显红点如疹,却体无损伤,留待射击专家研究。"

从血战到混战,那个惨烈啊!有的清乡兵脑袋掉了,身体顿一阵才倒，真是惊天地泣鬼神。停火之后，夏七发举着一面大旗，上书"救死扶伤"四个大字，带领几个弟子和十几个好心的乡民，跑到战场上抢救伤员，掩埋尸体。

一个神兵中了枪，子弹从腰后穿到小腹，拼杀一阵，感到小腹在鼓气，忙叫夏七发看。夏七发在他的伤口上画了个字讳，猛抓一把，大吼："莫鼓气！"神兵痛得倒地，被好心的乡民扶走，用泥巴敷了三次，竟愈合了，只是前后都留下疤子，继续活了十多年。受伤的清乡兵也被夏七发医过不少，事后，双方的人都感慨地说："我们在血盆里抓饭吃，不能到夏梯玛家里去。在他家里滴一点血，都对不住人。"

战斗从树枝在晨光中分杈开始，打到当天下午，陈大虎神寡不敌众，带着二十几个护卫且退且走，逃到斩蛟谷一带，陷入绝境。那时烈士英名题刻全部完成，另有二十个大字："东邻凶狡甚，蓄意灭中华；烈士付流沙，野老永相亲。"气势磅礴地凿打在锁蛟岩上，见证着同窠厮杀的古老预言。

太阳已经落坡，余晖把天空染得血红，密密麻麻的清乡兵围追上来，大喊："你们不要抵抗，我们只捉陈广爱一人，其余的，我们都让路，赶快离开陈广爱，逃命吧！"

前有锁蛟岩阻隔，无路可走的陈大虎神眼看坚持不住，恨不得像祖神那样，在末日里奔白虎星飞升，悲哀地发话："神仙打仗有胜负，神兵打仗有伤亡。"让护卫们赶快弃他而去，寻一条生路。谁知护卫不愿投降贪生，继续用枪箭抵抗，最终和陈大虎神一起，被全部击毙。

吃够了苦头的清乡兵一看陈大虎神被打死，一窝蜂拥上前去找他的尸体，骂着要割神狗儿的肉吃。那地方并不大，但在迅速昏暗下来的天色中，他们怎么也找不到陈大虎神，只好悻悻而返。

当天夏七发和夏良现在花椒湾救治伤员，没有回家。夏老娘劝说两个附近来看热闹的山民，去看看人是不是死了。天太黑山民害怕，等到第二天一早，两人才来到尸体横陈的浅沟里面，小声叫着说："陈大虎神，你在哪里？你快出来，我们把你背回去。"

说了这话，两人走到灌丛边就把他看到了，赶紧动手拖起，一人背在背上，一人在前面开道。尸体好像没有重量，两人一口气不歇，跟长着翅

膀一样，飞快地把他运回了家。当晚，花椒湾的丧鼓响了，远近乡亲同样前去坐夜，孝帕撕了两百多条。丧事中传出一个说法：有人被清乡兵买通，见利忘义，给陈大虎神吃了混有狗血的粑粑，秽了神灵，破了他的法。如果不是这样，清乡兵根本打不死他。这位威震一时的神兵首领，被秘密葬于花椒湾和双凤庙之间的青山丛中。

据守关隘的神兵被陈旅长剿灭，黎家、金家和其他花椒湾的大户都很惊喜，又可以在自家田土上自由收割，真是盼望已久了。乡里组织起狮子龙灯狂欢，日日锣鼓喧天，庆祝日本鬼子投降和獏水解除治安大患，给陈旅长的兵披红挂彩，热闹了半个月，由团总秦猎熊亲自击鼓颂唱："红旗飘飘红旗绕……"载歌载舞将他们欢送回去。

做完这一切，秦猎熊志得意满，打算带金氏回箭竹沟，这女人怀孕数月了，他想弄回老宅生。但秦老娘认为女冤家面相不吉，加上大娘子周氏之前已养了两个儿子，婆媳俩坚决抵制，猎熊无法，只好带两个团丁回去说情。

一年来，女人和神兵弄得他内忧外患，垂头丧气，都快想不起油墨溪米虾的香味了。

# 下部

## 第十四章

**1**

零星散布的苞谷已过半人高,宽大的叶子像绸带一样,在阳光下密集地垂吊着,那么蓬勃,那么旺盛。仍然是黎家疏通的那条马道,越往上走灌木丛越密,茂密的杜鹃林已经过了花期,只能见到满树油光发亮的叶子,长满尖刺的藤蔓缠绕着姿态各异的枝干。

"白刀子进,红刀子出,今天我要,把猪杀。"一个叫曾老猫的铧匠在猎户屋里喝醉了酒,把衣服脱来搭在肩上,光着通红的上身往山下的家宅走去,一路偏偏倒倒,像得了瘟病一样哼哼叽叽,"你一刨,我一铲,修得猪儿,白晃晃……"

"老猫,又吃醉了,小心拦路鬼哟。"卷腿挽袖忙于薅草的佃户见状,笑嘻嘻地招呼他。

曾老猫快活的哼哼被打断,气鼓鼓地说:"哪个鬼不怕我……我呼……呼……呼呼……"他噘起嘴巴,狠狠向外喷着酒气。

岩坎下走来一个担着柴挑的力夫和一个头戴毡帽、身穿长衫的木材商人,佃户们好奇地打量着二人,眼光停留在那可疑的商人身上,窃窃私语:"这是黎团总?……""是他,坟头都在呀……"

"呸呸!"佃户们吐口唾沫,掉头便跑。

妈武忧伤地从万县归来,头上戴了顶城里人的毡帽,脸上带着思考的表情,眼神沉痛而严肃,宽宽的臂膀显露着山里人的倔强和执着。汪正明送了他八条崭新的洋枪,指导用明团暗队的方法,把秦猎熊和卫营长作为打击对象。两年多的时间,他跟汪正明到过重庆,去过宜昌,生

活就像在峡口中奔腾咆哮的江水一样激动人心。同两年前比起来，他的皮肤颜色变浅了点，下巴上留了圈短胡子，神情多了些警觉，少了些狂妄。

万水争夔门，数百米宽的江面在青石峡陡然变窄，形成巨大的漩涡，两岸陡峰如壁，宛若两扇大门。他从码头下船，雇了一个力夫，带着藏有枪支的柴担，手持码头大爷的名片，顺逃难走过的盐道昼夜赶路。回来头一晚，汪正明设酒给他饯行，把留声机里的音乐放得十分柔和，婉告猎熊已抢走金氏，因为任务重大怕他莽撞，消息被封锁了半年。妈武无比震惊，胳膊一抡，重重将对方打倒。他怒不可遏，心如刀割，对这样的代价感到困惑、窝火。

"黎团总回来了？"醉醺醺的曾老猫哼哼叽叽，在狭窄的山道上和传说中死去的黎妈武相遇，打着酒嗝招呼。

"回来了。"妈武回答他。

老猫突然想起什么，两腿跟跄了一下，立身站住，瞪着血红的眼睛问："你是人，还是鬼？"

阔别猡水两年的妈武这才想起，在乡亲们眼里，自己早已经死了。他看了老猫一眼，愠道："你才是鬼，我没有死。"

"我看你，也不像鬼。"铧匠仗着酒后阳气大，亲热地搂着他，一面悄悄把左手中指咬破，猛地挤两滴血在妈武身上，大喝，"怕不怕这个？"

妈武看着他滴在自己长衫上的中指血，皱眉道："我若是鬼，脚下怎会有影子？"指了指树洞里的泥塑，又道，"土地菩萨能让我从面前过？"

铧匠睁着一对滚烫的眼珠，说："你在水边照一下。有没有影子？"

妈武走了半天，嘴里也渴了，对挑着柴担的力夫道："伙计，歇会儿，喝点水。"说罢蹲到水边，取下帽子，注视着水里那张熟悉的脸，心里充满了感慨：两年前，满街跋着半截鞋子的人请他吃酒，他都浑浑噩噩地应承，坐骑随意啃道旁的庄稼，行为不拘像个二流子，也没几个人敢吆喝，他捧了几口水喝下，惭愧地抬起头来，抹抹湿漉漉的下巴，认真道："我以前是鬼，现在是人。"

铧匠已瞅见水里的影子，酒意醒了一半，掏出随身携带的竹筒，舀了一筒水咕嘟嘟喝下，又舀了一筒水，"啪啪"地拍在滚烫的肚皮上，疑惑地问:"你真还活着?"

妈武盯着铧匠的眼睛,道:"去万县、重庆转了转。最近黄连的行情咋样?"

铧匠酒气熏天地说:"涨起来了,前不久,周家一担卖了八万元(法币)。哈哈,我知道了……"

"知道什么?"妈武见他突然发笑,不解地问。

铧匠怪有趣地回答:"我笑你躲陈大虎神,现在他死了,你又回来了。"

妈武瞪着坡上一小块连地,严肃地说:"过去的黎团总的确死了,现在,我是另外一个人,有空到石碉楼来吃酒吃茶。"说罢点点头告别。

连价终于抬头,陶九香好几年没收连种,忙去地里收集,屋后岩壁上有过去掘好的小洞,她把黄连种子和沙子一起藏进去,等到半年后挖出来,才能去地里撒播。这芝麻大的种子,到底是稀罕物,人们又需要它了。

到了下午,她坐在石院坝里剥玉米,突然听见黑豹吠了两声,抬眼望去,朝门外来了一位戴毡帽的男子,黑豹亲热地跑去迎接。只见那人取下帽子,走进门槛叫了一声:"妈!"

陶九香摇晃了一下站起来,妈武扶住母亲,陶九香的头发全白了,永玉长高一大截,扑闪着眼睛靠在奶奶腰后。惊喜不已的妈绥和陌生的弟媳闻声出来,还牵着一脸茫然的小侄子。

妈武愧疚地摸了摸女儿的脑袋。

"你媳妇,"陶九香慢慢道,"去了獴水。"

## 2

走进石碉楼,妈武两眼发直,非常难受。曾经充满柔情蜜意的石屋,到处是灰尘和蛛网,想不到活着还有这样难受的时候,他摸着黑黑的胡子,默默坐在床沿上。

妈绥站在一旁,萎靡地吸着土烟。陶九香不声不响跟进来,晃了一阵脑袋,心碎道:"苦了我儿。"

妈武缓缓神抬起头来，变换话题，忧伤地汇报一个情况："半个月前，我去宜昌，看了妈貉的战场。那年夏天打的仗，部队担心瘟疫，草草一埋就开拔。每晚山上都听到鬼哭狼嚎的声音，冲杀、怪喊、呻吟，有中国话，也有日本话。当地人害怕，要和政府搞场法事，请远近梯玛一起荐亡。赶紧给夏叔带信，我提起他的本事，乡长马上写了请柬，路费都有报销。"

陶九香心酸地问："妈貉躺在那里，他肯去最好，怎么去呀？"

妈武道："从万县搭大船，一路下水，在西陵峡转小船，上水两个钟头，靠岸爬山，四五天就到了，二弟最好同路。"

陶九香抹泪道："明天，妈绥就去斩蛟谷，请老梯玛早点动身。"

妈绥问："我不晓得路，是到宜昌转小船？"

妈武道："对，我去的早几天，当地还捉住两个穿对襟长衫、讲中国话的日本人。"

妈绥紧张地问："他们在那里干什么？"

妈武说："他们从南京来，买了好多馒头和酒，向水牢里的鬼子告别，被人发现破绽，不坦白都不行。"

陶九香嗤道："鬼都装得像人？"

妈武道："一个老汉在江边捡柴，看见钱香摆起，以为谁家请梯玛作法，谁知越听越不对劲。他被日本人捉去做过小工，听过日本话。"

陶九香问："没杀了祭国军？"

妈武道："他们交代自己不是兵，是随军巫师，当地人不信，给打得半死，被镇上解走了。"

妈绥抖掉烟灰说："国军要毙了他们。"

妈武道："妈，二弟，以后你们不要开口闭口都是国军，现在蒋介石发动内战，共产党要把他推翻，重新建立一个国家。"

妈绥愣道："重新建立国家？"

妈武道："千万不要出去讲。"

陶九香道："山高皇帝远，管他哪个当朝。"

何氏的大嗓门穿透暮色，撕心裂肺地传来："妈，饭好了！"

妈武寂寥地扫视屋内，慢慢站起身，重重地走下石阶。

陶九香在他身后关好厚实的大门。

何氏在黎家煮了三年饭，风风波波见过不少，桌上听陶九香讲，湖北要修大道场，为了超度妈貉，妈绥要接老梯玛同往，明天就出发，想到自家大哥牺牲在河北，忧伤地望着菜盘出神。

妈武端起酒碗，说："我给汪正明大哥写封信，二弟带去万县，请他帮你们买船票。"

永志刚学会上桌吃饭，"菜菜菜菜"地欢叫着，荤荤素素撒了一地。妈绥无奈，回头塞他几勺，嘱咐道："崽家伙，爸爸要去宜昌，吃饭能干点，不要奶奶追起喂。"

永玉马上在对面示范："弟弟你看，就像我这样吃。"

永志立即溜下长板凳，栽栽斜斜从桌底钻过去。何氏弯腰捉住儿子，拎回板凳威吓道："坐好，吃了饭再和姐姐耍，不听话，小心耳矢！"

永志手舞足蹈地叫："耳矢妈妈，耳矢妈妈！"

妈绥和陶九香同仇敌忾拿眼恨她，永志求救地看着奶奶，陶九香替孙子揩了揩鼻涕。

妈武将碗里的酒喝尽，看见母亲给自己的米饭上面夹了许多菜，埋头一口一口吃掉，放下碗筷，低声宣布："我要去看永玉的妈。"

孙福正往桌上端汤，闻言道："猎熊被神兵吓怕了，猍水院宅门口有团丁守哨，没有他的许可，谁都进不去。"

大家都不说话，气氛令人窒息，永玉刚才还在对永志嬉笑，脸色看着看着就变了，呜呜开哭，打破沉闷道："我想妈妈。"

何氏忙给侄女擦眼泪。

妈武咬着牙，从衣袋里摸出一盒洋烟，走到火塘边点燃，令人生畏地吸着，眉头紧皱，一副见过高级世面的样子。

## 3

清早，妈绥说动身就动身，揣着妈武写给汪正明的信和西陵峡地方的请柬，任重道远赴斩蛟谷接老梯玛而去，陶九香叮嘱他要带一小袋要塞的土回来。

送走二弟,妈武没有再提金氏,却走山串户,邀约喜欢舞枪弄刀的乡民,包括铧匠曾老猫在碉楼里喝茶,闭口不提家仇,满嘴国家大事:"日本鬼子投降了,但蒋委员长想挑起内战,把我们拖回到比黄连还苦的苦水里。"

"你不要乱说,我是保长的邻居。"铧匠吓了一跳。

妈武对七个大胆山民道:"更古坪太闭塞,只晓得簸箕大个天,不知道全国形势。日本鬼子对我们同胞奸、淫、烧、杀,城里人都知道八路军、新四军在沦陷区浴血奋战,蒋介石政府跑到重庆躲起,使大半个中国的同胞背井离乡,家破人亡。"

铧匠笑眯眯道:"獂水山高皇帝远,管他哪个当王!"

妈武想起自己跟汪正明对着墙上的毛主席像赌咒发誓,沉思道:"男儿哪能苟且偷生?你们有没有胆量,跟我去弄一个人。"

"弄哪一个啊?"花椒湾的篾匠赵长有问。

"先发杆枪!"妈武决心大干一场,果断地打开柜子,把新式步枪抱出来,干净利落道,"愿意跟我干,枪就归你们。"

崭新的刺刀被下午的太阳照得锃亮,赵长有用握篾刀的手摸着光滑的枪托,向莽莽苍苍的原始森林瞪着眼睛:"'烧火棍'可以通天通神,有了它,万事如意!你说弄哪个?"他把枪栓拉得"哗哗"响。

妈武盯住他们的面孔说:"更古坪的秦猎熊掌红吃黑,强夺民妻,镇压农民起义,既是黎家的仇人,也是压迫乡邻的团阀,我们把他消灭了,把游击队建立起来。獂水山区和井冈山的环境条件差不多,三县交界,哪里都鞭长莫及。"

"团防队可不是好对付的,你最清楚。"铧匠曾老猫一脸茫然。

"那要智取。"妈武道。

"秦家和恩施梨树区区长向锦堂沾亲,不知道向锦堂报不报复?"一个乡民胆怯地问。

"现在恩施恶霸向锦堂被神兵缠得焦头烂额,无暇他顾。消灭秦猎熊,还能起到敲山震虎的作用。"妈武说着捉来一只猫,刺破猫的皮肉,滴了两滴猫血在小半碗酒中。"枪都拿起,把这酒喝了!"他说,神情坚定而严厉。

喝猫血酒就是喝虎血酒，七个乡民端起酒碗一饮而尽。

妈武又去母亲的圈舍拖一头猪出来放在石板上吹气，准备捅死。

"干哪样？"陶九香吃惊地问。

"乡亲们说我捡回条命，应该杀猪请客。"妈武答道，他把七个人分成两拨，一拨煺毛开膛，一拨学习《三大纪律八项注意》——从汪正明的小本子上抄来的。

"革命军人个个要牢记，"妈武的声音低沉而严肃，"三大纪律八项要注意。第一，一切行动听指挥，步调一致才能得胜利。第二，不拿群众一针线，群众对我拥护又喜欢。第三，一切缴获要归公，努力减轻人民的负担……"

两拨人轮流着认真地听，念罢，大家吃肉出门。

陶九香在床头被噩梦惊醒，紧张得周身颤抖起来。

铧匠侦得秦猎熊回了老宅，一行人径直朝箭竹沟方向走去。走到下半夜，断后的铧匠曾老猫在月光下看见一条大蛇，大约有七尺长，三寸粗，像船一样，在溪水里犁出一道槽，他以为天要下雨，抬头一看，月光正亮，是一个难得的晴朗之夜。这时，走在前面的赵长有听到一声惊呼，回头一看，铧匠曾老猫踩到溪水里去了，赶紧停住脚拖人。那铧匠也不说话，只顾用手指着下面。赵长有顺着他的手指一瞅，一条看不见头尾的长蛇，身子黑地现碗大的花，一起一伏地分着水，发出哗哗的声音。赵长有慌慌张张赶上去把妈武拉住，惶惶道："一条菜花蛇，掀起一米高的浪。"等妈武和其他兄弟围上去看，只听到"哗哗"的水响，好像什么东西在分水，但什么也看不到。

"是一条大蛇，无头无尾。"曾老猫也说自己看得清清楚楚，又说先前还远远地看见河边有一堆火，好像是周大妹，坐在那里舒舒服服地烤火。

"莫非是成了妖，去看她家二妹？"妈武心里晃过这样的念头，却盯住曾老猫的脸，冷峻地说："你们实在不想去，也不勉强。"

"真的看见了，"曾老猫说，"我可以发誓。"

赵长有说："我也可以发誓。"

妈武觉得预兆不好，决定返回去，改个时间行动。

过了两天,妈武让母亲准备两升荞子,由两个队员磨了一个晚上,陶九香烙了一整天,全部给烙成荞饼,一个队员吃了大约两斤饼,再次从家里出发。

来到油墨溪边,妈武先叫曾老猫烧了一支香,皓月当空,寒风习习,只见升起的烟柱来去都是一条线,没有绕来绕去,妈武非常满意。

虽说山风冷冽,但妈武他们走到半路就出毛毛汗了,走到坐落在岩坪上的秦家老宅,天刚蒙蒙亮。挑夫开门准备去挑水,嘴巴被塞住,一把冰冷的刀架在他颈子上。两脚发软的挑夫知道这些蒙面汉的意图,惊魂未定地用下巴示意内室。他们知道大部分团丁已被放回去烧香,径直入内。房门是虚掩的,秦猎熊正在烧烟,两只眼睛惬意地合着,黑黑的头发有点乱,是猄水最时髦的中分,额上掉下来一小绺,但毫无感觉。大娘子周氏还在睡觉,旁边站着一个女仆,妈武带人扑上去,刺刀一举,那熟悉的额头就拉了一条口子,一小块头皮耷拉下来。猎熊睁开双眼,在血光中惊愕地看见凶神恶煞的昔日乡亲,伸手向枕头下去摸枪,妈武紧张地又捅一刀,瘦小的猎熊倒在了他的刺刀下。

女仆惊叫,周氏吓得把尿流在了床上,叩头如捣蒜地说:"饶命,饶、饶命。"

## 4

妈武杀死了团总秦猎熊,往他老婆周氏和女仆嘴里塞进布团,把她们仰面朝天地绑在床上。虽然学了《三大纪律八项注意》,一个叫罗家基的队员还是不由分说,把自己的破衣服脱下来,把猎熊的新褂子短翘翘套在身上;另外一个队员赵长有溜进厨房,打开锅盖,看见里面剩有腊肉,抓起来全部塞进嘴巴,然后飞快地用扁背把银元、大烟和护家的枪支背跑了,等团丁发觉追出来打枪,人已经到了半山上。团丁人少,不辨虚实,怕中埋伏不敢远追。

走到茅草坪,妈武说:"停下。"大家就停下,妈武逐一搜身,把几个队员顺手牵羊拿走的财物收缴一空,又叫罗家基"脱下"。罗家基便把绸褂脱下,光着膀子背枪。一帮人等到天黑才回屋,每人分了一条长枪,几十发子弹,兴奋地连夜回家。

陶九香默默盯着他们。

妈武脱下沾有血迹的衣服递给她,说:"秦猎熊已被我杀了!"

陶九香把血迹不多的衣服扔进盆里,担心地说:"秦家早晚都会知道,政府要给他撑腰,你再去找那个汪正明躲一阵子。"说罢,舀一大盆水去洗血衣。

妈武道:"既然回来,就不准备走。"

陶九香伤感地望着长子说:"我养了三个崽,不想孤孤单单过老。"

妈武道:"先在碉楼住几天,看看情况。"说完这话,便把背回的枪支弹药和银元大烟,抱到背后的岩洞里藏匿,自己躲进碉楼,早晚不露面,留意周围的风吹草动。

短短两年时间,猺水连续三任团防队长被杀被刺,沉浸在抗战胜利余欢中的县政府十分震惊。第五天凌晨,妈武还没有起床,突然听到院宅的六条撵山狗拼命吠叫,碉楼的撵山狗也跟着狂吠起来。从哨孔里望出去,只见四五个团丁从院宅向碉楼冲来。他摸出枕头下的手枪,三步并作两步地蹿入灌木丛,一边跑一边上子弹,钻进当年全家藏身过的老岩洞。

陶九香惊慌地看着副乡长谭瑞登亲率一帮团丁,从院宅的七个窗户同时翻入,妈绥和何氏吓得不行。"黎妈武在哪里,快出来!"谭瑞登厉声说。

"黎妈武两年半前就死了。"陶九香说。

"快搜!他没有死。"谭瑞登道。

"谭乡长,"陶九香忧愁地说,"我家妈武当年也在乡里捕人,黎家懂得王法,出了什么事?"

"老辈子,我们也不是外人,"谭瑞登道,"实话告诉你,黎妈武活着回来是一件好事,但不该把秦团总杀了。秦家在屋里捡到一件破衣,他家的狗把这个人寻出来了,叫罗家基,情况乡里都掌握了。"

"报告副乡长,"一个团丁从屋里出来,手里拿着一件衣服,"发现一件血衣。"

陶九香盯着那件洋布衣服,人血干了硬洗不干净,后悔疏忽害了

妈武。

谭瑞登正色道:"玩刀的人,要懂得刀口朝外;养虎的人,要懂得关好虎笼,老辈子你说对不对?"

陶九香脸向朝门外,斩钉截铁地回答:"我家的刀口和虎笼关得严严实实,有人来摸刀口和虎嘴,他自作自受!"

另一个团丁从门外进来,道:"报告副乡长,碉楼里有人睡过,被窝是热的。"

谭瑞登喝道:"你们转告黎妈武,限五天之内,到乡公所自首,不然查抄一切财产,我谭瑞登并不想做缺德事。"他骑上马,转身补了一句,"老辈子好好想想。"说完,领着十几个团丁撤了。

估计他们走远,陶九香亲自来到岩洞口,小声叫道:"快出来,走了。"

妈武钻出岩洞,跟母亲一起走上石梯。突然,他看见一位头戴斗笠、手提斧头的砍柴人背个扁背,穿条缀满补丁的齐膝短裤从碉楼下经过,认出那是马三。马三因当年采药在更古坪住过,熟悉地形,被汪正明发展成联络员。妈武和马三对了暗号,两人警惕地回到院宅。

在獛水起伏跌宕的历史上,黎妈武是一位毁誉参半的人物,有着与众不同的道德标准和复杂经历。马三带来了汪正明的密信。信上告诉妈武,梁篾匠的一个手下在万县被捕,录了当年与秦猎熊串通的口供,盼咐妈武马上把收缴的银元和大烟,送到乡长家里,然后到县府自首,他已疏通关口。

陶九香被弄糊涂了:"这个汪正明,让你往狼嘴里钻,什么意思啊?"

妈武思前想后,斗争了一夜,天还没亮就起床,发现陶九香仍坐在火塘边抽烟,心里有些难受,母子俩就这么隔着火塘默默凝视着,谁也不说话。

坐了一阵子,妈武慢慢起身,坚定道:"汪大哥在军界和政界,都有朋友办事,不会害我的!"点燃一个火把,义无反顾地走了。

## 5

妈武回来的消息反复传到金绍三耳里,因为妈武没来金家,他不好去更古坪走动，毕竟女儿是秦家的人了。猎熊被杀，团丁崔四瞒了几天才告诉他，听到以后，他没吭声，睁着眼睛愣了愣，扭头出门，骑马就往猓水走。他一生懦弱胆小，却生了个花容月貌的女儿，半辈子生活在惊涛骇浪之中。

走到临街的秦宅，破天荒没人阻拦。这院子前后三进，很是气派，以前他来过一次，急匆匆直往里走，却见四个女人背着背篼从内院走出来，其中一个面孔瘦削，小巧玲珑，正是猎熊的大娘子周氏。周氏挽着发髻，戴着钗镯，一身整齐利索，眼睛有些红肿。看见金绍三，也不慌乱，声音嘶哑地打招呼："婆婆叫我们找点东西！"

金绍三知道她嫉恨金氏，不敢多问，弯腰点头让了过去。

一个女佣把他领进内室，看见金氏正躺在床上，半年多不见，脸色有些苍白，身体像牛皮鼓一样拱起来。他说："女啊，你妈让我来看看你。"

"爸爸，"金氏伤心道，"我怎么办啊？"再次失去男人，快要生产的她充满绝望和凄苦。

金绍三忍住泪，靠上前去小声道："我听说，妈武回来了。"

"谁说的？"金氏有些不信，抬起泪眼道。

"佃户蔡邦子说的。"金绍三道，"刚才还看到一个人，好像是汪正明。"

"爸爸看错没有啊？"金氏吃惊地问。

"他和街上的人不同，"金绍三说，"老远就看得出来。"

汪家私塾和猎熊开的茶馆是邻居，离宅子这边约有半条街。汪家这大儿子每次从万县回来，猓水人都要传讲，金氏被抢以后，却没听说他回来过。金氏许多次想请汪老先生给汪正明捎信，打听妈武的下落，但猎熊防范得紧，就是撒谎去趟药铺，也有团丁寸步不离跟着，没有一点机会。现在妈武回来了，传奇人物汪正明也出现在街上，她预感到有点事情发生，紧张道："猎熊不会是……"说到这里，忽然住口，瞪大双眼看着父亲。

金绍三一愣，喃喃道："他刚回来，难道，难道……"

金氏哽咽道："如果妈武杀了猎熊，要不要偿命？……"

金绍三眼里闪动着恐慌，叹口气说："唉！我和你妈商量，把你接回花椒湾，不管那么多，先把伢崽生下来。"

"妈武看见我这个样子，肯定不想要我。"金氏面孔浮肿，用手绢揩了揩泪，道，"我不能离开这里，不能让秦家收回这房子，她们刚刚来了一趟，拿走了很多值钱的东西。"想起秦家大娘子周氏一直往自己身上泼粪，她只能在床上发力，委曲逢迎，对抗秦家主仆的仇恨，可怜肚里的孩子啊，她对未来感到彻底的悲观。

金绍三说不出话，发现女儿真有头脑，这节骨眼上，的确是不能走人。回去倒是容易，但是，女儿能一辈子待在花椒湾？他忧心忡忡抹了一阵泪，独自转去了。

阴雨绵绵中，运筹帷幄的汪正明刚到獴水，就被他的父老乡亲认了出来。这位背景复杂的知识分子回乡做了一些什么，今天看来，颇具文史价值，可惜已经无法考证了，只知道过了一个月，县府的朱谕贴在乡公所外，引来众人围观：

> 更古坪乡民黎妈武刺杀獴水镇团防队长秦猎熊，实属罪大恶极，本应按律严惩，查该乡民系报秦猎熊六年前私通神匪梁锡久，打家劫舍令其破产之仇；复查秦猎熊通匪属实，该乡民现已主动投案，知罪忏悔，尚堪教化，本县原情从轻议处，罚款八百元缴库，以儆效尤！

妈武完好无损地回到更古坪，如同神话传说。陶九香高兴地搂着他号啕大哭，哭了一阵子，突然扳过儿子的脸，对着天光观看，妈武的眼角已有一丝皱纹了，面容也显得比以前狠，这是流浪生活带给他的变化。感激神灵让黎家恢复了体面，自从万县回来，这孩子要么沉默寡言，要么咬文嚼字，脸上有些自己未见过的东西，乡亲不说乡亲，而说人民，眼睛珠子又冷静，又狂热，簌簌蹿着一团炭火，说一句人民，那炭火跳动一次，活像正在燃烧的咒语。杀了秦猎熊，大家背地里叫他"扁担花"，望着妈武熟悉又陌生的脸，陶九香心里发紧，隐隐地感到不安。

很快，又传来更让人吃惊的消息：乡长再次向上呈文，举荐妈武官复原职，重新担任团防总队长，结果县长不同意，认为更古坪人不服教化，团防队长一职被副乡长谭瑞登兼任。秦家老三猎牛原本在县城读书，猎熊一死，秦家要他退学回家，谭瑞登喜欢大洋，和乡长一起两边收受贿赂，把妈武和猎牛两个生冤家死对头，同时任命为团防中队长。妈武分管七保、八保和九保，猎牛分管十保和十一保。

秦家和黎家要做永世的对头了，陶九香忧伤地想。

## 6

猎牛继承了猎熊的茶馆和香堂，并不专心保政和治安，吃住都在茶馆里，和二哥的徒弟一起谋划着报仇。

连价涨到每担十五万元法币，连商们消失八年以后再一次云集猇水。一个叫张大鑫的商人看到街上位置最好、建得最气派的院宅外面贴着一份租房告示，当场交足定金，在里面设了个商号，一边收购黄连，一边出售从重庆带来的洋火洋布。

告示是金氏请人写的，她在猇水生下猎熊的遗腹子，也是个女儿，取名抱玉，为解决生活来源，打算将空着的第一进院子租佃出去。秦猎熊被刺杀，油墨溪那婆媳俩希望她尽快改嫁，好让猎牛继承这幢七成新的院宅，可二十六岁的金氏明白自己不能放弃，否则将会失去房产，硬着头皮抵抗命运。自从被秦猎熊抢来后，她在院子里关了一年，出门都有团丁盯梢。如今坐完月子，可以自由地出入大门了，反倒有些畏畏怯怯，怕邻居和街坊咬舌。寂寞郁闷之时，抱着吃奶的婴儿出来坐坐，常穿一件白色的矮领汗衣，一条大筒裤，外套绞股蓝衫子，琵琶扣，鸦雀黑的领口，襟边及袖口有青线、白线绣的花边；神色虽是黯然，但身材比以前丰盈，模样依旧俊俏。

一个晴朗的上午，改做商号的秦宅突然来了三位客人，一位头戴博士帽，身穿绸褂长衫，像个有派的黄连商，领着一高一矮两个随从，说有商务要同房东商量。张大鑫去黄连货栈了，伙计害怕同行来夺生意，故意拖延应付，客人从旁门走入后院，伙计拦都拦不住。

正在洗衣的女佣认出了乔装打扮的妈武，惊道："等等，我去喊一声。"慌慌张张奔内室报信。

妈武左等右等，不见金氏出来，叫换了簇新洋布夹褂的曾老猫和赵长有望风，独自闯了进去。

房间里的气息又熟悉又陌生,红木架子床帘帐掀起,箩筐里扔着尿布,那女人坐在太师椅上,正在给婴儿喂奶,猛见外人闯来,忙放下月白色的衣襟,紧紧地抱住婴儿。

妈武眼珠停留在金氏脸上,又吃惊又难过,无法保持平静,四目相对,恩恩怨怨,彼此谁都无语。女佣见状,用棉褛裹着婴儿去了隔壁。

风"扑扑啪啪"地拍打窗纸,诉说世上的悲欢离合,妈武心中闪过一丝后悔,家庭弄得这样不堪,也许当初不该出走。他取下博士帽,痛苦地说:"我这辈子,对不起你。"

"你一走,就没有消息。"金氏眼神发直,泪水盈盈,声音抖得令人心碎,"现在把他杀了,我怎么办?"说罢掏出手帕,绝望地啜泣。

妈武扫了猎熊的种一眼,茫然若失,生出隔世之感,等她平息下来,咬牙道:"伢崽崽给秦家,你回更古坪。"

金氏泣不成声,忧虑周氏已给猎熊生了两个儿子,抱玉送回油墨溪,只会代自己受罪。

"别哭,问你话呢?"妈武紧张地看着她。

"我……没脸回去。"金氏呆呆地望着他,不停揩泪。

妈武神情忧郁,默默地从怀里摸出个银钗,低声说:"在万县想你,去年买的。"

金氏不说话,眉毛弯弯,目光迷惘。

妈武端详一阵,突然起身上前,把银钗直撅撅地给她插在发髻上。

金氏抽泣着取下银钗,拿在手中。

妈武伤感地戴上博士帽,领着曾老猫、赵长有迅速离开秦宅。

回到更古坪,他告诉母亲,已去獯水看了永玉她妈。

"你打算怎么办?"陶九香犀利地盯住长子,一年来隐约有些丑陋传闻:猎熊个子小鸡巴细,金氏去药铺买草药缩阴催情,大家在街上听到的故事,件件都让黎家抬不起头。

妈武点燃一支从万县带回来的纸烟,说:"接回更古坪。"

陶九香长叹一声:"黎家还有什么面子啊!"

第二天早上,她叫妈武把撵山狗黑豹生的崽崽领进林子,看小家伙中不中用。

家里前后养了十几条撵山狗,数黑豹嗅臊嗅得最准,妈武跟了一里地,黑豹就领着两个幼崽把兽迹追嗅出来了,母子仨追着脚印跑得飞快。

没隔多久,三头野猪出现在前面林里,竟也是母子仨。一条小狗勇敢地冲上去,把落后的小野猪咬得"叽叽"叫唤,野母猪见状大怒,回头"嘀咻"一口把小狗咬住。黑豹心痛它的幼崽,扑过去紧紧咬住野母猪的腿,野母猪疼得放开小狗,转身在黑豹肚子上狠狠咬了一个洞,黑豹倒在地上,野母猪拖着它的两个崽,疯狂地向前跑了。

妈武放弃追赶,用芭蕉叶小心翼翼地把黑豹的肠子捧进肚子,抱着它回了家。

陶九香见黑豹肠子都流了出来,心疼得不行,手忙脚乱地弄些草药敷上。"黑豹下的都是撵山苗子。"她解下头帕把黑豹的伤口捆起来,感慨道,"畜牲是杂种好,人就不一样,黎家不能接受淫妇!"她想了一晚上,目光干净利落直截了当。

"妈!"妈武痛苦地喊了一声,"她不是淫妇。"

"看在永玉面上接回来。"陶九香说得斩钉截铁,脸上充满复杂严厉的表情,"但是,你要再娶一房!"

妈武满脸通红,点燃叶子烟"吧嗒吧嗒"狠吸。

# 第十五章

## 1

巨大的矩形玄武岩在岩壁上兀立,岩壁脚下,过往船只战战兢兢转着急弯。坡上竖着二十四面招魂幡,农舍星罗棋布临江而建。

江水很清,像条绿色的绸带在脚下陡折成 V 字形,村庄是在尖角右岸,只要在山上部署火力,时不时打一炮,扔个手榴弹,航道就无法顺畅通行,谋划通过长江三峡进入中国腹地的日本军队躲不过,绕不开。

那年仗打完后,村民的生活就不对了,到处都是合葬的兵,有些尸骨埋得浅,被野狗刨得漫山遍野,村民一股脑埋回地下,到了晚上,山上绿莹莹的,分不清是国军还是鬼子。几场大雨一冲,举目又是白骨。羊子叼着骷髅头奔跑,眼睛和嘴都被骷髅遮住,一对犄角从骷髅后面伸出来,好像传说中的山妖林怪。村民们惶惶不可终日,到处插上祭奠亡灵的白色纸幡。乡长百般无奈,号召全村来个总动员,上山寻找白骨入坑,呼吁绅民捐款,搞场法事荐亡。

乡村绅民多方邀请,远近来了九个梯玛,乡长隆重招待,赠送崭新的大红法衣,但是五彩鸟冠只有一顶,只能给一位法师佩戴。乡长和绅民代表请梯玛们自己推选,九个梯玛交流一夜,以草鞋为替身过招,九双草鞋在空中展开切磋,秘密比试法力,天明搞定,共同推选胜利者夏七发戴冠主事。

规模巨大的道场建在山坡和悬崖上,新制的土布大纛在空中俯视长江,江水湍急,九支牛角号"呜呜"吹响,盘旋过江,直达万仞高耸的对岸。

村民们在山坡西面捆捆扎扎，砍树搭建了存放灵牌的三叉棚和法坛。妈绥帮着夏良现磨墨，贡献自己的乖态书法，写完"中方阵亡者之灵"，夏良现又叫他写"日方阵亡者之灵"，妈绥仰起脑袋，愣愣地望着年轻梯玛。

夏良现解释道："我老汉说白骨东一根西一根摆起，这么多鼓槌不劝劝送走，风水要坏。"

"各为其主，你写。"一声叹息从背后传来，妈绥一看，是参加法事的另一个梯玛，他疑虑地重新提笔，异常困惑，心想莫非还要给日本鬼子荐亡？

道场锣鼓大作，二十几个弟子手持三角令旗，踩着"咚咚"的鼓点轮番跳神，梯玛们在一旁时吟时唱，两宿过去，江雾散开，夏七发穿上八幅罗裙，戴上鸟状高冠，摇着司刀，变幻莫测地掐着法诀，从至高无上的天神到卑微低小的坛神，一个一个轮流恭维，好像日月星辰、鸟兽虫鱼、天地万物都在他手上。梯玛们跟在他身后步罡，并轮流在旁边助唱，曲调神秘古老，反反复复一人领众人和。

又一个通宵，夏七发请毕三界诸神，跨出门外，长长地吹角一声，八支号角在他身后齐鸣，黑幕笼罩大地，山上燃起一百多支火把，全体村民一起为阵亡者烧纸钱。

妈绥用红纸给妈貉写了个牌位，两手不停地烧香化纸。昨夜他和村民闲聊，听目击者讲战事的惨烈，哆哆嗦嗦哭了半宿，巴巴心疼自家亲兄弟。狗日的日本人，想侵占盘古留下的好江山，可恨哪！

他还听到一个惊人的事：三年前，村民王有财家添了一个伢崽，喜欢玩弄大人捡回来的子弹壳和钢盔，吃饭睡觉都要放在身边，见谁拿走就号哭。刚会说话，就奶声奶气地讲："我是日本人。"王有财生气地问："你是日本人，怎么到我家里来？"伢崽崽说："你答应给我一个面饼，我来拿面饼。"王有财诧异地问："你究竟是谁？"伢崽崽说："我是鬼小岛。"王有财惊出一身冷汗，猛然想起仗打完后，有个日本兵逃到家里来要饭吃，他谎称出去找面饼，向附近的国军告发，结果这个日本兵被六七个国军打死在水沟边，埋在叶子烟地里。王有财恐慌不已，不满地说："把个面饼给你，你走嘛，坐军舰回日本嘛。"伢崽崽一听，显得很不高兴，不再说话。

王家老少观察发现，小家伙喜欢吃生鱼、生菜，不喜欢吃肥肉和内脏，而且特别害怕"国军"二字。每当他调皮的时候，家里人威胁他："好好坐着，不然把你送给国军！"他一听，马上就老老实实坐在那里，绝对不敢起来。村民见他趴在门口的矮墙上，俯望岩脚的长江，就逗他说："日本狗儿，在等日本军舰开进来啊？"但伢崽崽对这样的玩笑感到厌倦。

妈绥难以相信，心想鬼子到村民家投胎，还不被棍棒拳脚整死？又听说绅民代表叫那伢崽替鬼子端灵，答应给王家买只羊子，王有财不肯，乡长拼命做工作，他脱口道："王家肯定一天打八回！"

村民悲哀地说："王有财饿他，说你吃我们家的东西，早就超出一个面饼了，怎么还不走？崽崽不高兴，不爱和他说话，跟他娘亲。我们喊日本狗儿，他娘不准，跳起脚骂。王家真倒霉，生了三个妹疙瘩，总算得个伢家伙，长相又乖，吃饭还晓得给他娘递碗。"

妈绥感到头皮发冷。

火把光芒纷乱而摇曳，九个梯玛手拿司刀，吹角呜呜地向道场外面走去，村长亲自端着书有"中方阵亡者之灵"的木牌尾随其后，妈绥伸长脑袋，猛然看见一个崽崽跟脚走着，小手牢牢地抱着一个木牌，上书"日方阵亡者之灵"，表情看不清楚，步子还算自在，明白崽崽就是王家的报应，小家伙肯定不晓得自己在搞哪样，妈绥愤愤地想，便宜死鬼子了。

夏良现怀抱雄鸡，绅民代表抬着三牲、斋粑和酒跟在崽崽身后，在手举火把的乡亲的追随下，一行纵队往西面的三叉棚而去。

## 2

魂幡和篝火在山上营造出一个空间，夏七发登上用树枝架起的高坛，焚香燃炮，放声唱道：

呜呜呜呜风啸啸，
你们像老虎，呼呼飞过山——
扩疆争地，
打到哪里，

哪里吹响得胜号。
战鼓咚咚喇叭叫，
你们杀敌啊，
连刀子也不用，
吃生肉，嘎嘎响，
喝生血，满嘴红，还滴答。
青龙窝里青龙多，
白虎窠里白虎多，
青天白日太阳下，
无肉不能打，无敌不能杀。

青蛙和蛤蟆好像听懂了梯玛的话，在周围"呱呱呱"跟着说唱，篝火不停跳动，树枝簌簌地摇，夜鸟密密地叫，水陆空响成一片。夏良现领着绅民代表为山上所有的阵亡者焚香燃纸，点放火炮，浓浓的烟雾飘移出道场，弥漫在峡谷和大江上。

夏七发有力地往四方撒米，真挚而急切地呼喊：

敌人已杀死，魂灵要还家，
荒野外冷风大，雷雨狂，
水边的你，岩边的你，
别在山洞独自悲哀，
别在河边眼泪汪汪。
亲人天天把你召唤，
家乡大的小的、老的少的，
人人到堂了，人人到殿了。
爹妈爱的魂，
天空有路，你从白云缝里走，
地上有路，你从蚂蚁背上走；
没有长腿，长出仙鹤的长腿，
没有翅膀，长出雄鹰的翅膀；

快奔跑,快飞翔,
中日当事人,
亲人叫着你,
魂灵要还家!

地上的长草短草有多少,夏七发肚里的经文就有多少,妈绥跪在地上给妈貉烧了几捆纸钱,目不转睛地观察着一片片萤火,悲伤地体会山上的变化,猜测究竟哪朵萤火是妈貉的英灵,等待弟弟的孤魂从地下升起,享受纸烛和食物,然后穿云破雾、千里迢迢飞回黎哈窟。

夏七发忧郁的目光里面透着专注和虔诚,他说得那么诚恳,那么感人,那么动情,火光跳得更烈,夜鸟叫得更急,树枝晃得更狰狞了——

撑篙的鬼啊,你要撑好篙,
划船的鬼啊,你要划好船,
竹筒猛水水咆哮,
手抓好,脚蹬牢,
不要急飞,不要乱飙,
天路遥遥,快跑顺直道。
上一坡,下一坡,
如牛奔,似鹿跳,
岩坎陡,登天道。
听见鸡鸣不要怕,
听见狗叫不要慌,
焚香雾渺渺,燃火煮香茶,
酒如流水地上洒,
一杯接着一杯筛,
双方当事人,
走呀,走呀,魂灵要回家!

空气湿漉漉的,仿佛有血、汗还有泪,村庄和山峰在烟雾中飘浮,最悲情的旅程在夜色的遮蔽下开始，因为看不见，所以格外恐怖。

夏七发面对虚空庄重地作揖，然后走下高坛，沿路烧香化纸往临时搭建的三叉棚而去，端灵牌抬三牲的绅民尾随着他，夏良现带领众人拼命焚香烧纸燃炮，堆得像小山高的黄色纸钱，慢慢都化成了灰烬。

棚外立了大幡，两个梯玛放炮相迎，两块灵牌被安放在三叉棚内，香炉钵钵升起的烟雾随亡魂缭绕。桃花井里取甘露，杏花井里取净水，夏七发又说又唱，用表情丰富的手势和眼神，在里面替风尘仆仆的阵亡者擦洗面孔、后脑、前胸、后背和双手双腿，把一个个亡魂沐浴得干干净净，光光亮亮，又比又画地将擦洗后的脏水倾倒出去，把脚盆扣在地上了却纠葛，澡盆覆在地上了结纷争。

> 因为孽龙作祟，你们失去了生命，
> 肚内充满怨气，心里充满仇恨。

夏七发压低声音，与放在案桌前的两块灵牌窃窃私语，表情柔和亲密，好像最后对老朋友叮嘱什么紧要之事——

> 出发回家，
> 你们要把蒙在胸口的怨气驱走，
> 返回人间，
> 你们要把盖在头上的恶气赶开，
> 起身不要带上怒气，
> 动身不要带上武器，
> 你们肚内要高兴，
> 心中要欢喜。
> 只有这样，
> 成神才能成为好神，
> 才能享受最好的烟火……

头上顶幡、手里握纸的阵亡者被乡村超度，在三叉棚里安享猪羊和香

火,黑夜过去,黎明到来,晨曦由灰变黄,因为梯玛念了封口咒,山上的狗和鸡一声没叫。夏良现带领众人再次烧纸燃炮,夏七发点香作揖,走出三叉棚,沿路化纸撒钱,往合葬白骨的坑穴而去。两块灵牌突然被梯玛点燃,和数不清的纸钱一起冒出滚滚浓烟。

夜风呼呼吹刮,雀有窝,鸟有巢,游荡在战场的阵亡者起程了,万水千山在等着他们。一百多支火把在坡上移动,炮仗响彻夜空,月光从云缝里透出来,碎银似的洒满了半个长江。

## 3

船在江上过往,连价终于恢复正常。

连商张大鑫人在前铺,心系后院,得知女房东美貌惊人,跑了个丈夫,又死了个丈夫,独自住在宽宅大院里,与其说同情,不如说着迷。一日生意奇好,见金氏母女出来在街口晒太阳,爽朗地送了抱玉一个坠子。

晚上,金氏吩咐女佣炒几个下酒菜谢谢张先生。妈武来过一次后,再无踪影,她了解猰水男人,对更古坪不敢抱什么希望。坐在梨木桌前,她柔软的头发像云雾一样散开,随着身体的动作轻轻摇晃闪烁。月光,这个世界上最为神奇的就是月光,虽然如云雾轻白,却比铅和铁更有力量,它不需一弹一枪,就能扭转命运,创造奇迹,创造大悲也制造大喜。金氏皮肤苍白到透明,长发飘洒着一层让人迷惑的光,说话时,诱人的牙齿就像宝盒里的珍珠忽隐忽露。

酒过三巡,张大鑫的眼神就变得十分黏糊,感觉眼前和四周好像有一片云雾,在云雾的中间浮着一轮月亮,照得天地很美很惬意。一会儿觉得月亮在天上,金氏在眼前,一会儿又觉得月亮在眼前,金氏在天上。黄连商的心在天地之间兴奋地盘桓,仗着酒劲问:"太太天生丽质,又是大户人家的女儿,如今孤女寡母无依无靠。如不嫌弃,可否跟我回重庆?不愿离开猰水,我就把这幢院宅买下来。"

金氏一愣,多少年第一次接触生人,她一时有点不知所措,眼里是深深的恐惧和幽怨:"我的命苦哟。"

张大鑫呵呵笑了,爽快道:"苦什么苦?我的两个太太都幸福快活呢,添你一个不多,知道不?你比她们长得好看!"

金氏仔细地瞧了张大鑫的眼神,觉得他说的是真心话,这个男人年纪虽大点,但和气阔绰,出手大方,不知道哪来那么多钱,难道大城市的男人都这样?

"你不反对,"张大鑫说,"我就到秦家提亲,送他们几匹洋布。"说罢把她白蒿蒿、清香香的手拿起来。

"秦家巴不得,"金氏红着脸,道,"不用大哥破费。"

"不要紧,"张大鑫说,"我家开着布厂。"

"大哥真的愿意娶我?"金氏两耳晃着大圈子耳环,垂着黑眼睛问。她无数次揣测未来的命运,想象重回更古坪的生活,情况是那样悲惨,她,一个骄傲的女人,这辈子再别想在碉楼内外抬头。背时的周大妹从眼前闪过,她越想越害怕,清楚自己受不下陶九香的冷眼,情愿在陌生人跟前低三下四。

"当然是真的。"张大鑫摸了摸她的脸蛋说,"不知黎家有无意见?"

"我早就不是黎家的人了。"金氏为自己焦虑,小声道,"他不会阻拦的。"

张大鑫一展手臂,没怎么用力,她就已经在他怀里了。

金氏一生传奇,一共嫁了猺水两任团防队长和一个黄连商人,这黄连商人正是她的房客——她在床上给房客当了一夜恩人,第二天竟找出妈武给她的银钗——毅然决然地一折两段,托女佣去更古坪,亲手交给陶九香,给那个心疼自己又嫌弃自己的女人捎个口信:她要结婚了!

妈武从母亲那里听到消息,带上永玉,马不停蹄赶到猺水。林子里草本、木本的野花正盛开着,长相甜美的永玉非要妈武帮她摘一束给金氏拿去。

金氏正在后院哄婴儿,看见那父女俩进来,一时愣住了。"妈妈。"永玉把手里五颜六色的野花送给金氏,高兴地咧着小嘴笑。

"永玉。"金氏叫了一声,忙把抱玉放在摇篮里,搂住女儿看了又看,十分激动。

"你什么意思?"妈武咄咄逼人地问。

金氏心如刀绞,说:"我总归要嫁人,看在过去的情分上,请你们黎家

给我一条出路!"

"妈只是暂时想不开,"妈武脸色苍白,哆嗦着点燃一根纸烟,说,"过段时间,她会变的,看在永玉的分上,跟我回更古坪。"

"妈,"永玉偎在金氏怀里,好像想起了什么,抬起头来问,"世上为啥男人多女人少?"

金氏一愣,说:"不知道。"

"我知道。"永玉咯咯笑了,"告诉你,老古的时候没有人,伏羲和他妹妹造人,伏羲造男人,他的妹妹造女人。伏羲劲大,造好四个男人,他的妹妹才造三个女人。"永玉天真地拿起一朵野花,快乐地插在金氏衣襟上,拍手道:"伏羲说,该吃午饭了。妹妹说等等,我还差一个。伏羲说,算啦,让他们住一起吧。所以男的死了,女的可以又嫁一个,就像田土犁了一回再犁一回,耙了一道再耙一道。"

金氏花容大变,直勾勾盯着女儿。

"谁教你的?"妈武斥道。

"幺婶说的,"永玉睁大眼睛看着母亲,委屈道,"幺婶叫我,讲给妈妈听!"

妈武抬手给了永玉一巴掌,女佣听见撕心裂肺的号哭,救火一样冲过来,把小姑娘带走了。

"都怪我!"妈武吸着纸烟,气恼地说。

金氏声泪俱下地啜泣:"我没脸回去,我不能回更古坪,也不能回花椒湾。"

"谁说不能?"妈武低声道,"我们还像从前一样。"

"回更古坪,还能和从前一样?"金氏呆呆地问。

"嫁给连商,就能和从前一样?"妈武激动地反问。

"你给永玉寻个后妈。"金氏眼泪汪汪地看着他,"我要去重庆,那里没有人知道獳水的事。再说,秦家决不会同意我回更古坪,只会同意我跟张先生走,他已经提亲去了。"

"我要他们同意?!"妈武咬牙切齿,眼里冒出一道光。

"你刚回家就把猎熊杀了。"金氏听出他话里的恨意,忧郁道,"若再胡来,衙门不会饶恕黎家,永玉她奶奶也不会由你。"

这个女人说对了一半，妈武默默地想，更主要的是，不能让汪大哥失望。"我……"他痛苦地扔下烟蒂，一把将前妻抱住，三步两步向内室跨去。谁知金氏却挣扎得非常厉害，在床上左推右滚，逃避躲闪，妈武提防着女儿回来，又生气又着急，要不想着是永玉的妈，早就霸王硬上弓了。看来分开已定，他悻悻地站起来，看了摇篮里的抱玉一眼，悲伤地走了出去。

金氏在床上哭得一塌糊涂。

## 4

消息陆续传到更古坪：连商张大鑫在獴水摆了几桌酒，照城里的方式娶金氏做了三姨太，喜筵过后，领着新太太和不受秦家喜欢的抱玉回重庆去了。租赁院宅秦家不卖，连商另购了几亩山地，自己支付生产成本，按季统购地里的黄连，委托丈人金绍三代管，赚的钱一部分归到金氏名下。

妈武心灰意冷，又痛又恨，陶九香正考虑给他定亲，媒婆张三姑再一次来到更古坪，说东家姑娘也不乐意，说西家姑娘也不乐意。孙福在一旁出主意："问问妈武，夏梯玛的女儿咋样？"这长工信心十足道，"他乐不乐意？"

陶九香一愣，夏家和黎家是几辈人的乡亲，黎爹柱在世时，一直打算娶那小姑娘做三儿媳妇，可惜妈貉年纪轻轻死了，老家伙跟着也见了祖宗。一连串的丧事和劫杀使黎家今非昔比，夏家却八幅罗裙扫四方，名声和口碑让她自惭形秽，想起当年张三姑去梨树湾提亲的教训，她迟疑道："小姑娘叫银美，是该长大了，人家怎么肯嫁给妈武？"

张三姑在火坑边吸着叶子烟，似笑非笑地把妈武叫住，问他："给你去说夏梯玛的女儿行不？"

沮丧的妈武听罢，紧锁眉头也不答话，陶九香以为他是铁了心，要打一辈子光棍给自己看了，谁知媒婆刚要起身离开，突然听到妈武叹口气，忧愁地说："银美哪会看得上我？"

张三姑磕磕烟锅脑子，她半辈子给人做媒，一看就知道什么样的汉子，要配什么样的媳妇，尽管有时候也胡乱搭个桥——她觉得对不住黎

家,看着情绪低沉的妈武,扬起细眉决定试试。

一个云缠雾绕的上午,她背着带尾巴的猪大腿出发了;一个雾绕云缠的下午,她背着空空的背篼回来了,陶九香正担心老梯玛不肯把女儿嫁给妈武,谁知天降奇福,张三姑旗开得胜,夏家超然大度,竟客客气气默许下来。到底是老乡亲,根底枝节比别人清楚,陶九香想。

原来银美和妈貉未办定亲酒,算不得正式定亲,这两年上门提亲的不少,银美东家不肯西家不愿,眼看吃完十八岁的饭了,夏老娘非常着急。张三姑上门替妈武游说,银美常听父母提起黎家,又见过这小子,对声名狼藉的他大为同情,问清金氏的情况,扭扭捏捏告诉老娘:"愿嫁黎家。"老梯玛屋乱了阵。

夏七发正为漂亮儿子夏良现的婚事头痛。

夏良现一表人才,跟着他走乡串户捉鬼消灾,经常俘获大姑娘小媳妇的芳心,来夏家问好事求红庚的,有男方也有女方。谁知这孩子经不住野眼,迷上了乡长的千金王玉娥。王姑娘颇有姿色,趁夏良现给自己解结,挑逗传情非他不嫁,结果阴结解开阳结缠上,两人背地里悄悄约会。王家知情后极为震惊,因为,王姑娘曾指腹为婚配于区长二公子,君子一言驷马难追,王乡长在朋友跟前丢不起脸,把女儿关在绣楼上。夏家也是有面子的人户,他和老婆很不痛快,想替儿子娶斩蛟谷李二娘的孙女,小姑娘长相端正,当年还给儿子绣过牌带,但儿子心高,愣不待见其他姑娘。这小子自幼聪明伶俐,懂事听话,谁知在女人问题上这么倔,他头都气大了。如今女儿又自作主张,尽管与黎家是世交,但全乡上下都叫妈武"扁担花",知道他夜杀秦猎熊的故事,关键妈武还娶过一房,金氏虽已另嫁,女儿进屋却要给永玉当后娘,双方并不般配。夏老娘劝说半夜,还是无济于事,她唉声叹气,同夏七发床头商量罢,又去灶头商量,决定顺遂女儿,认可妈武这个让人畏惧的家伙,全力对付不听话的儿子,儿子才是夏家的一切。

陶九香在更古坪第四次替儿子娶亲,想办得和妈武娶金氏一样热闹。

痛不欲生的妈武大感安慰,为提防猎牛偷袭,他把手下的团防武装全都布置在碉楼警戒,备足滚石弹药,并将副乡长兼团防队长谭瑞登请来吃酒。

提前七天，夏氏就在斩蛟谷挥泪哭嫁，用土语唱得十分伤心：

我的爹，我的娘，
你们下贱的女儿，
像炉脚下的纸钱灰，
狂风一来纷纷飞。
像高山上的小鸟，
长大只有离娘飞。
一无枝歇二无窝归，
今朝离去何时回？
爹娘怀中三年滚，
头发操白许多根。
布裙从长背到短，
这山背到那山转。
又怕女儿吃不饱，
又怕女儿受风寒。
哭声母来箭穿心，
哭声爹来刀割胆。

夏老娘紧紧拉着女儿的手，眼泪不断线地流："黄毛狗儿阵阵咬，咬得我肝肠都断了。"李二娘领着孙女一起上门陪哭，小姑娘看着红衣红裤的夏氏，从怀里掏出手绢，伤感地拿眼睛去擒夏良现。那俊美青年正好进屋来送红炭，夏氏拿手帕捂着脸，凄凄惨惨哭诉离情别意：

抬头看见兄弟来，
眼泪汪汪落下怀。
你把姊妹看得重，
你来送我到他家。
把我送到万丈岩，
你莫半路就回来。

把我送到万丈坑,
你莫半路就转身。
把我送到阎王殿,
我到十殿你转身。
回家早晚烧张纸,
我到阴间也甘心。

5

虽然嘴里挖苦,夏氏却对哥哥充满同情,想着自己一走,哥哥的痛苦无人分担,父母的烦恼也无人分担,心里充满了内疚。但她必须去更古坪,那个神秘的男人正在等她,一切是多么矛盾和无奈啊!她舍不得上轿,一连七天声泪俱下,哭祖宗、哭父母、哭兄长、哭梳头、哭吃饭、哭撵山狗,见什么哭什么,越哭越悲。不是夏氏狠心,把丈夫家形容成阎王殿,德才兼备的她只有照本宣科,才会被认为是良家妹儿。哭得好不好,是山里评价新媳妇能力的一个标准,只哭不唱、只唱不哭或哭唱不真,都会被视为才德低劣。夏氏继承了老梯玛的艺术气质,天赋不凡,颇令妈武自豪。

新媳妇边走边哭,边哭边拜,乌黑的长辫早已梳成了"粑粑髻子",上面别着银簪。一张大红头帕盖下来,遮住她内心的激动,就这么被沮丧懊恼的哥哥背进花轿。前几天,王玉娥说嫁就嫁,上了区长二公子的花轿,哭声和陪嫁挑子拖得一样长,夏良现情绪低沉,恍惚忧伤,看着妹妹的花轿和嫁妆担子一起,向更古坪发亲,眼神有些发直。

花轿后面的抬货担子中,有一架崭新的织机和一床土红包边的五彩斑布。早在应承妈武之前,夏氏就开始织这个物件,她收集棉叶、棉梗、茜草、土靛、紫莓、土红、黄珠子等物,染了一箩筐棉线,然后一梭一梭织出莲花、莲子、荷叶、桂花、万字、桃心、毛笔与双钱、两双套在一起的鞋等图形,谐音就是因何(荷)得偶(藕)、连(莲)生贵(桂)子、必(笔)定双全(钱)、万世同心、同偕(鞋)到老,集中了所有的贺词吉语,带着山里妹子的婚姻理想,悲悲喜喜奔黎家而去。

颠啊，簸啊，花轿又要经过诡异的岩梁树，夏家在轿杆上挂了一副祖上传下来的铜铃，重量级的撞击声专抵鬼神耳朵：这是梯玛的女儿，不要对她无礼，不要和梯玛结下世仇。天气晴朗，蓝空中飘荡着白云，两只黄鼠狼趴在岩洞里打瞌睡，听到有力的铜铃声，惊恐地逃去了洞穴深处。鸟儿在岩梁树密枝上谈情的谈情，晒太阳的晒太阳，一只美丽的蝴蝶，在它们面前绕了两圈，又翩翩地飞走，追随由远而近的大红花轿去了。

婚礼没有金氏过门那样铺张，却更加热闹和隆重，到的客人特别多。

当年黎爹柱在房前屋后栽下的树，已经长得水桶一般粗，无论刮多大的风，手拿一盏桐油灯走过，火苗也不会被吹熄。在黎家风住雨歇的石院坝上，夏七发的弟子来唱了三天阳戏，奇特的打击乐震耳欲聋，把附近几个山头的乡亲都引来看热闹，据说一定要这样的鼓声，才能沟通天地，让三界魂灵听到。耍楼的椅子、院坝的板凳和草墩都坐上了人，周围还蹲着一圈、站着一圈。神乐人欢，一张张面孔兴奋不已。

鼓乐喧天，只等烧香拜堂。一对一尺多高的大红龙凤蜡烛不停地流泪，夏氏深深地伏在地上，从盖头下观察妈武硬朗粗壮的影子。她喜欢他透出来的种种气息，她看见他起身又伏下，伏下又起身，在司仪的喊声中，对着天地祖宗三拜九叩。她渴望自己的影子，和身边这影子合二为一，这一时刻马上就要到来了，夏氏沉浸到美妙的联想之中，脸庞羞得像个熟透的野草莓。

"男归客堂，女入洞房。"司仪高声大叫，妈武给心中的警惕弄昏了头，抖抖袖子去招呼他的团丁弟兄。

"黎队长，"曾老猫端着酒碗叫住他，"我们打个赌，今晚，你如果能让新媳妇说话，一句话赢一块钱，不开口你就输了，倒给我三块钱。"

妈武点头答应："这还不容易！"

"快去抢房。"张三姑急促地走过来提醒他。

妈武转身直奔洞房，顶着盖头的新媳妇已经到了婚床边上，朱顺的老婆正在给新人铺床，她一边整理床单，一边嘀嘀咕咕地说着福誓："铺床铺床，幸福吉祥……"妈武抢上前去，又稳又准地往床上一坐，谁知颇有准备的新媳妇也坐到了床沿上。按猸水风俗，两个新人谁先坐到床沿中央，谁就在以后的生活中当家，妈武紧紧搂着夏氏的腰，趁她心慌意乱之际，

第十五章

毫不客气地把她挤到一边去。

陶九香满意地笑了。

曾老猫和几个团丁等在洞房的窗户下，只听人散后，妈武连喊两声："银美，银美。"新媳妇没有答话，只拿一双水灵的眼睛看着新郎。

妈武又喊两声："银美，银美。"

新媳妇还是没有答话，她料到外面有人听房。

妈武无奈，只好把被子一拖，横盖在身上长吁短叹："我的新姑娘最聪明，什么事都做得好，就是这被子做得太短，盖了肩膀，盖不到脚；盖了脚杆，盖不到肩膀。"

夏氏忍不住，娇嗔道："自个把被子盖横了。"

"一块钱！"妈武坐起身来说。

"你说什么？"夏氏问。

"两块！"妈武道。

"你疯了？"夏氏大吃一惊。

"三块！"妈武又喊。

夏氏生气道："你疯了！"

"四块！"妈武继续道。

"我只输三块，只输三块。"曾老猫一听慌了神，忙在窗下叫起来。

妈武笑着小声对夏氏说："他们和我打赌呢，能让新媳妇说话，一句话赢一块钱。"

银美又怒又乐。

妈武问："银美，谢谢你嫁给我，你不嫌弃我吗？"

银美摇摇脑袋。

妈武又问："你不怕我啊？"

银美还是摇摇脑袋。

妈武感动道："银美长大了……"

月亮掩进云层，听房的团丁一起走了，只剩下孙福和他那最能熬夜的老婆。夏氏不知道，忘情地哼出低低的歌声："我的哥喂哥喂……当门舍一条河啊……呀……呀……"

孙福羞得把老婆拖走，那女人嘴巴快，第二天就学给黎家的女人听。

陶九香非常恼火,在院里赶鸟的时候,指桑骂槐地责怪新人不害臊。妈武厚着脸皮装糊涂,夏氏面孔绯红低头不语。

新媳妇除了这一点不像话以外,手脚倒是十分勤快,没事就坐在从娘家带来的织机前,把经线一端系在腰间,脚踏提棕,一手织纬一手挑花,用一块牛角片边挑边打。夏家屋后青山上的各种花草鸟虫,就连夏七发身上那把好看的火镰,都被她织进布里了,简直是五花八门。家里的门帘、枕帕、帐檐、被面……各个角落的色彩一天天缤纷起来。想到银美终于嫁入黎家,陶九香装聋作哑闭了嘴。

# 第十六章

## 1

春天，万物复苏，冬眠的蛇虫们苏醒过来，又开始蠢蠢欲动。陶九香把蒿叶捣烂，和上糯米做成粑粑，点燃一炷香，把有苦味的食品端上神龛。这种古老的方法可以堵住蛇虫的洞穴，让人畜免遭其害。

敬完神后，陶九香坐在堂屋的太师椅上，神态严肃地宣布了分家的决定。

她把黎家的地产分做三份，花椒湾剩余的几亩土地，全部分给了妈武。这孩子毒气大，去那个惹是生非的地方合适，她自己则和妈绥一家留下更古坪、黎哈窟一带的二十亩山地。

婆婆偏爱新媳妇夏氏，何氏心中不满，但陶九香不这么认为。在何氏不安的泪光中，她又在花椒湾郑重其事给妈武和夏氏盖了四间瓦房，希望他们在里面快快地生儿育女。

搬家那天，高挑灵敏的夏氏和永玉一起坐着滑竿，妈武雄赳赳地步行在旁，身后尾随着长长的家什担子，五颜六色的队伍行进在满目苍翠的森林小道中，像图画一样好看。远处飞过一群白鹤，滑竿上突然响起美妙婉转的歌声：

清早起来去上呃坡，
背上那背个火药呵角呵；
看到金鸡翻了呃坳呃，
还不哩开火要打哟脱呵。

是新媳妇夏氏在唱，她年轻的面庞在阳光下闪着珍珠般的光芒。妈武手起枪落，两只白鹤应声坠地，挑夫连跑带跳捡起白鹤，高高兴兴地饱览着五十华里森林农耕区迷人的春天景色，直奔新家而去。

夏氏真是令人惊讶，她有一副非凡的歌喉，不管在更古坪，还是在花椒湾，人们发现她可以一天不讲话，却不能一天不唱歌。夜里也要唱。但她有晕吻的毛病，每当妈武抱着她，将棱角分明的嘴，吸盘一样压在她的面颊和唇舌上，她就会四肢无力，心跳加快，一会儿便头晕目眩，呼吸急促地昏迷在妈武怀里。开始一两次，妈武被吓得手忙脚乱，又羞于向人求助，心急火燎地捏揉她的身体，摸索她脸蛋；后来有了些经验，发现出不了人命，只需一个打滚的拥抱和有力的深吻，就可以让这个双眼微闭的女人，重新苏醒过来。每天每夜，两人就这样心醉神迷、死去活来地缠绵。原来女人脱了衣服都一样啊，妈武感慨万千。

花椒湾地处奉节东北部，山峦起伏，溪涧纵横，与东面的万县、西面的恩施，分属涪陵、万县、恩施三个专区，辖地交错，是作奸犯科之徒出没和鸦片、吗啡走私的要道。妈武落户后大办酒席，广交朋友，周围来归者"如水之就下，兽之走圹"，除附近的山民，还有渝东鄂西三山五岳的英雄好汉。花椒湾新宅一时间红红火火，吵吵嚷嚷，出现了一番新气象，就是没有婴儿的啼哭，陶九香对长子的胡闹惊愕不已。

夏季将到，陶九香将头布包得整整齐齐，顶个斗笠，骑上一匹母马，率领妈绥夫妻和他们两岁的儿子永志，叫上孙福，浩浩荡荡向花椒湾出发。自从分家后，他们还没有一起去玩过，顺便也去猕水赶一次场。

妈武没想到母亲、弟弟、弟媳和小侄子突然降临，和夏氏杀鸡煮肉忙个不停。九岁的永玉也很高兴，跑进跑出地叫奶奶。

陶九香见外面有些人在练习打枪，又不像团防队的兵，劈头问妈武："你哪来养兵的钱？"她知道他们是妈武私养的武装。

"有枪才有一切，"妈武向母亲解释，"汪大哥支持我，只是人藏在幕后。"原来他不满足一个中队二十几条枪，另外操办着二十几人的民团。

汪老大葫芦里到底装的什么药，为什么要隐着形？他的神通和无私帮助，让陶九香感到不踏实。汪家是猕水的世家，汪正明在万县囤下了码头；老二汪正雄刚从重庆大学毕业回猕水小学教书，也与妈武交往密切。

梁篾匠完蛋的消息已经传遍猕水。据说他受恩施神兵邀请一起攻打恩施驻军，驻军几挺重机枪压阵仍未占到上风，密叫士兵打赤膊戴黄箍，扮成神兵的样子去闯营。周围山区有好几股神兵队伍，大小"虎神"昙花一现，转瞬即逝，梁篾匠以为是同伙增援，将他们迎进营地，驻军内外夹击，将梁篾匠当场打死，追随者死的死散的散，遍地弹壳和尸首，有人看见他的脑袋挂上了恩施城门。听到这个消息，妈武注视着山道，很久没有说话。

冤有头，债有主，黎家的仇人全都死完了，这孩子还想干什么？陶九香思忖。

"婶娘。"四个穿短褂的壮汉笑盈盈过来打招呼，陶九香横看竖看，都觉得他们不像普通山民。她知道秦家老三猎牛不屈不挠到处告状，喊着收拾无法无天的黎妈武，给他哥哥报仇，已三次去恩施搬兵，妈武现在交游广泛，倒也不怕秦家。但这四个人面相不善，好像传说中的"四大天王""八大金刚"，其中一人虎背熊腰，满脸络腮胡子，短褂的第一二颗布袢未扣，青黑的胸毛打着小卷。

听夏氏说，这四个人清明节后就来了，他们为什么住在这里？

## 2

"十个铜板，全家团圆——东家，来一张？"猕水坝的相师挎着相机在门外吆喝。陶九香像没听见一样，满脸怒容，目不转睛地盯着那络腮胡。

妈武接过相师递过来的样片，拿到她眼前说："我在汪先生家见过，万县最时兴。"汪先生家有一张汪正明的照片，一身皮袍、头戴皮帽的袍哥大爷文质彬彬地挺身站着，太太穿着旗袍，洋气地坐在他身边，鬈发披到腰际，漂亮时髦，羡煞山里人。

"真人怎么在上面？"何氏好奇得不行。

"人坐好，机器一按，就上去了。"妈绥内行地说，他在县城读书时，陪同学进过相馆。

"多少人上去十个铜板？"夏氏问。

"多少人都可以。"相师慷慨地说。

"给我们来一张。"妈武一边招呼，一边把陶九香扶到凳子上。

"好,来一根条凳,"相师殷勤地安排,"老人坐前面,儿子坐两边,媳妇站后面。"

夏氏拉拉妈武,叫他进屋换件长袍,并向一个叫江春云的长工招手:"过来照张相。"

见孙福站在后面,长工也好奇地站过去。

陶九香把眼睛转向相师胸前的机器,很是疑惑,不放心地问:"不会把魂吸走?"

"不会,妈妈。"妈绥觉得母亲少见多怪,"城里早就流行了,要不是给家里省几个铜板,我早就照了。"

陶九香重新缠了缠包头,一家人掸掸衣服,抠抠泥点,围绕她或站或坐,妈武高兴地把永志抱来放在膝上。

相师叫声"一二三",按下了快门。

拍完照,大家围着相机观察议论,趁这个机会,陶九香悄悄问妈武:"络腮胡子是不是杀场上走脱的要犯?"妈武笑着说:"如果是要犯,还敢和我们一起拍照?"

他告诉母亲,四位朋友从万县过来,和汪正明两兄弟认识。陶九香不再说什么,心里却想着明天去獴水,要拜访一下汪老先生。

因有外人,晚饭吃得颇为拘谨。陶九香感觉不安,这家伙胆大妄为,不见得见好就收。人不犯我我不犯人,目前,添丁进口才是这个家庭应该干的,德才兼备的媳妇啊,也不长脑子劝劝丈夫!

"好好过日子,"睡觉前,她一双厉害的眼睛,不客气地盯着夏氏的肚皮和屁股,"要不要请你娘屋兄弟,来做一场法事?"

"婆婆,"夏氏红着脸说,"再等等媳妇。"

"生下崽崽,"她临走时,叮嘱长子,"才是真正的兴旺!"

第二天,孙福先回更古坪,妈武扶母亲上马,目送她领着弟弟一家器宇轩昂地走上通往獴水的马道。

很久没有去獴水赶场了,但陶九香无心转耍。妈武现在羽翼丰满,不能仗着手里的枪,为所欲为。她心事浩茫地跨进汪家私塾。

下午,汪斌全老先生给学生布置了作业,换上短褂,正笔直地站在院坝里练习太公钓鱼。他膂力过人,一只手握住八十斤重的长枪枪柄,慢慢地将枪尖竖起来,又慢慢地放下去。见自己多年前的学生黎妈绥陪着陶九香进来,十分意外。

"汪先生,"妈绥恭敬道,"母亲和我来看看您。"

"谢谢汪先生,教会我家两个儿子识字。"陶九香一边说,一边看着妈绥从背篼里拿出茶叶和腊肉。

老先生虽被革职,却满腹经纶,受人敬重,前后娶了五个老婆,都没有子嗣,而且不幸早殁。一直到五十岁那年,第六个老婆才给他生了两男一女,老先生对迟来的两个儿子视若珍宝,亲授四书五经和刀矛棍棒,望子成龙。兄弟两人先后考中重庆大学,成为猕水最早到大城市求学的青年,不会不走正道,陶九香想。

"老嫂嫂不用客气,一家人还好?"汪老先生放下长枪,让长工给这母子俩上茶。

"托祖宗的福,还能过得去。"陶九香一直在心里思索着如何措词,"汪先生,最近见没见过我家妈武?"

"有日子没见了。"汪斌全捋捋胡子问,"出了什么事吗?"

"交了一些不知深浅的朋友。"陶九香小心翼翼地说,"我希望他支撑门面,不要狗胆包天乱来。"

"男子汉嘛,多交朋友未必是坏事。"汪斌全道,"相同的种子,落在不一样的土里,长起来都不一样。只不过……"老先生呷了一口茶,"应该知道自己往哪个方向长,比如,有的部分往下长,有的部分必须向上长。"

陶九香严肃道:"汪先生能不能教教他?"

"他会感觉上下方向的。"汪斌全想了想说,"人像植物一样,对光明和黑暗都有先天的感觉。即使是小草,也会勇敢地抗拒地心引力,在黑暗中朝着光的方向长,一旦接触到阳光,马上张开叶片。这是我儿子的话。"老先生眼里含笑。

陶九香失望地皱着眉,不得要领,觉得这老先生,也太夫子气了。

## 3

妈武送朋友出门的时候,夏氏坐在窗前描描画画,妈武送朋友回来,夏氏还坐在窗前描描画画，妈武以为她在描铺盖花，上前一瞅，却见毛边纸上，一个毛发披脸的裸乳野人，坐在岩石上，手掌交叉，伸出食指和拇指，好像在示范一种手语。

妈武愣了神。

当上堂口大爷，时时有人抬轿来请他去主持公道，断"板凳官司"，家里经常是宾朋满座。他变得越来越像汪正明那样循循善诱，口才惊人，给前来投靠的贫困山民讲"耕者有其田、分田废账"；给江湖上"三刀六个眼"的黑道人物，讲袍哥参加孙中山领导的三合会推翻满清政府，讲瓦岗、梁山弟兄反暴反霸，满肚子龙门阵，和岳丈夏七发的神歌一样滔滔不绝，张开双腿坐在椅凳上，好像就是这个样子。

"银美，"他问，"你画的是？……"

"女卜王。"夏氏回答。

"女卜王？"妈武感到疑惑，"做什么用啊？"

"送子。"穿件绞股蓝色衫子的夏氏小声说。

妈武油黑发亮的面孔绽出笑意，在媳妇旁边坐下来，问："这样就能送子？"

"她的手指有法。"夏氏道。

"也不需要男人？"妈武想逗逗媳妇。

夏氏在女毛人身边，又画了一个男毛人，头上、身上都是毛发，两腿微屈，毛茸茸的两手举在胸前，对着女毛人，像端杆猎枪一样，握着一根螺旋状的棍子。

"这是什么？"妈武望着那棍子，皱了皱眉，"好像是做杵山棍用的藤缠树。"

"杵山棍又叫祖师棍，"夏氏红着脸，说，"也叫子孙棍。"

该死的，还是一幅春宫画！妈武故意说："好像来了一个刺客，毛人要斗法？"

"他啊，"夏氏抬起头来说，"在接受神的祝福。"

妈武忍住笑，一把捉住媳妇："怎么祝福？你能不能给我示范一下。"

夏氏灵活地从他手里挣脱，并腿坐在床沿上："这样的。"她一边说，一边轻轻拍了拍手掌，然后分开，再挨个交叉小指、无名指和中指，合上两掌,伸出食指和拇指,瞬间变出一个形状,和女毛人的手语一模一样。她向妈武强调地弯弯指节,展示了一阵,又重新分开,晃着两掌,在胸前交叉,五指翻转,变出另一个形状,这个形状更奇了,九个指头像荷花苞一样合拢,只剩一个大拇指,若隐若现在里面伸缩,极像男女交合。

妈武看得眼花缭乱,搂住媳妇道:"你怎么会这个?"

"我哥替人求子,把子孙棍吊在腰下,很灵哩。"夏氏不好意思地说。

"子孙棍能变出伢崽崽?"妈武笑意盈盈地看着媳妇的脸。

"好谷要从秧上来,伢崽要从棍中来。"夏氏脸蛋一红,羞惭地说。

妈武眼里射出一道火,将夏氏的画团了,一把脱掉短褂,解开裤腰。谁知夏氏又灵活地挣脱了。"我们一定要生个崽崽,"她着急地说,"不能随随便便……斗法。"

"今天谁也不留!"妈武气得一拍床沿,"生个伢崽崽。"他咬牙切齿地说。最近每天开夜饭,都有一两桌人听他高谈阔论,去屠户的案桌一砍就是半截猪,差点又把母亲的话忘了。

晚上,夏氏在堂屋里烧起三炷香,和妈武一起跪在地上,香烟袅袅中,这位梯玛的女儿用十指灵巧地模拟男女交合,虔诚地说:

金香银香,
黄蜡宝香;
天地公公,
天地婆婆,
黎氏门中,
求赐男女;
有屁股,有眉毛,
有嘴巴,有舌条……

妈武听着媳妇滔滔不绝,说出这么多排比句,十分佩服。上床后,他捏着夏氏的乳房,自豪地说:"猕水数你们夏家和汪家最有学问。"

夏氏滚到妈武怀里,脱下最后一块布裙,一番令人晕眩的缠绵,她牢记着婆婆的叮嘱,心里有一些压力,使出浑身解数,挑逗妈武满满地下种：

> 怀男怀女坪，
> 选男选女坪。
> 日哟！
> 又犁土，
> 又爬坡，
> 背起来，
> 下水科，
> 肚皮看到看到啊，
> 起坨坨。

她哼着从父兄那里听来的求子歌，随着妈武的喘气，歌声变得越来越断断续续：

> 土也要啊……田也要，
> 山也要啊……水也要，
> 云也要啊……雨也要，
> 地也要啊……天也要，
> 男也要啊……女也要，
> 神也要啊……鬼也要，
> ……

那天夜里，一场最绵长、热辣的交配，在花椒湾最新的瓦房里进行。夏氏在妈武耳边，梦幻般地唱着淫词秽语：

> 我是那软泥巴插棍啊……
> 越插越进；
> 你是那小崽崽的鸡鸡啊……
> 越插越硬。

  我磨子磨出男啊……
  碓子舂出男。
  ……

  妈武陶醉在夏氏营造的生殖氛围里,一声不吭,整夜充满火一样的激情。

  幸福的生活永远是那么短暂。被神兵纠缠不休的向锦堂,婉拒了秦猎牛请他攻打花椒湾的建议,却送他二十几条枪和几箱子弹,告诉他,直接到县里找县党部。

  夏季的一天,一直想刺杀妈武,积累了一些失败经验的秦猎牛,满腹仇恨地向县党部走去,禀报"刁民黎妈武,在花椒湾妖言惑众,聚集歹徒,图谋不轨,证据确凿"。县党部接到这个禀帖,一下感到问题严重,秘密手谕乡长"早日殄灭,勿使燎原"。谁知这份计划,又被汪正明迅速得知了,立马给妈武捎信,命他领着游击队员进山游动,潜伏待令。

# 第十七章

## 1

大半个世纪过去，猰水下了无数场暴雨，那个夏天的火药味和血腥气犹存，时空少许搅动，又能闻到冲天而起的杀伐之气。

接到汪正明的手令，妈武让夏氏和永玉到斩蛟谷暂住，两头猪交给保长冉洪尤喂养，通知明团暗队的游击队员将家小化整为零，分散转移，有亲投亲，无亲靠友。

枪声很快响起，副乡长谭瑞登任命团防中队长秦猎牛为先锋，大举进剿花椒湾。可劫匪也猖狂起来，先是一股武装包围了偕洞乡公所，劫杀了乡长，活捉了乡丁，提走了全部枪支弹药。后西乐坪乡公所又被袭击，有钱人纷纷将枪支藏起来，然后携金拥帛，四散逃匿。幸好卫排长赶到，如今他在偕洞同乡陈侯亭部当差，已经升任营长了——卫营长与劫匪在西乐坪展开激战，劫匪经过茅草坪前面的峡谷，向湖北转移。

大大小小发生了十几次乡公所被袭事件，震怒的卫营长率领队伍大举清乡。无奈山高谷深，丛林密布，沟壑纵横，洞穴颇多，一个营的人马又无法合围，尤其到了夜晚，长达几公里的山坳上灯火点点，人影游离，东一枪西一枪，一追击，人又跑了。这时，更大更惊人的消息突然传来，恩施梨树区区长向锦堂夜里被诛，一批从杨森部刚刚运到的枪支弹药悉数被提，三县震动。

奉节、恩施两县地方的国民自卫队，很快接到一份万县方面的密电。

几天后，国民党万县地区突然袭击，调奉节、万县、恩施三县地方国

民自卫队,协助卫营长在以獂水坝为中心的五十华里半径范围内,形成一个铁桶似的包围圈,进行扫庭犁穴式清剿。他们派一个排到更古坪围住黎家老屋,用枪托把陶九香、妈绥和抱着婴儿的何氏赶到灶屋柴堆处,逼他们交出武器,说是黎妈武自己交代的。

"妈武已经半年没回家了,"陶九香震惊不已,满脸担忧和疑惧,"家里根本不知道有武器。"

兵丁们拆墙壁,挖地板,搜了大半天,一无所获,将锅碗瓢盆砸得稀烂,把梁上的腊肉、值钱的钗镯搜走了。

花椒湾的老少男女被押到坡上,周围架几挺机关枪,听卫营长训话:

"父老兄弟姐妹们,汪正明、汪正雄、黎妈武上抗政府,下抗人民。谁家'通匪''藏匪',谁窝藏枪支弹药不报,你们要说出来,不然,就会受他们的连累,到时候枪声一响,全部打死在这里,都别想活着回去……"

从上午拖到下午,没有达到目的,最后点火烧掉了妈武的瓦屋,绑走了游击队的基本群众田德贵,当场悬赏一百五十担谷子捉拿"匪首"汪正明,悬赏一百担谷子捉拿"要犯"黎妈武。乡民这才听说,这三次劫杀,都是共产党的游击队干的,主要是黎妈武的人马,而汪家大儿子是头头。

"黎队长吃了豹子胆!"保长冉洪尤知道后跺脚不已,"杀谁不行,偏偏去杀向锦堂。向家住在梨树湾,再恶再毒,也碍不着花椒湾。人家两代武举,又是区长,女婿在杨森手下带着几千人的兵!黎妈武简直是疯了。"

陶九香得到消息,目瞪口呆,她早知太平日子过不长,却没想到长子把祸闯这么大,更古坪的黑暗岁月又到了。

妈武派自己的长工,游击队员江春云出山了解情况,不知被谁点了水,卫营长把他捉住,和田德贵一起关在乡公所里,十指插针、吊"鸭子浮水",硬要他们说出汪正明和黎妈武人在何处。两人被折磨得遍体鳞伤,矢口否认见过"奸匪"。

卫营长先杀了田德贵,用铁丝把一个汽油桶绑在江春云的背上,桶内燃炭火,不一会儿便皮焦肉绽,晕死又痛醒,痛醒又晕死。江春云被兵丁从看守房拖出后，知道自己走到了生命的尽头，听到枪栓拉响，喊了句"共产党万岁！"在汪家屋前绿油油的萝卜地里，兵丁朝他背后放了两枪，鲜活的血液和他的生命一起从枪窟窿里咕咕流出来，慢慢地渗入大地。

汪斌全被汪正明提前送去了县里，可惜猿水乡乡民代表主席汪正雄没有走脱，他化装成一个走乡串户的弹花匠逃往忠县，因刷过牙被自卫队的哨卡看出破绽。卫营长诱他交出汪正明和其他同党，汪正雄拒绝，皮带被打断成三截，不久解到万县，以"通匪、窝匪""纵匪殃民"罪杀害，日子是农历八月初五，那晚星光璀璨，汪正雄默祈最后瞬间，能像传说中的先人那样，奇迹般奔白虎星飞升，努力地喊"共产党万岁！"拂晓时分，卫营长命兵丁用蘸了桐油的竹火把，到附近农舍借火种，点燃又熄，熄掉又点，借了三次才将汪家老宅引燃。汪正雄弃世时，一股浓烟从汪家四合院上方冲天而起，熊熊大火燃了四天四夜，幽冥之中，为他照亮了上天入地的路。遗体是他的妹夫去领回来的，猿水乡接受整肃成立了一个"钢务团"，秦老三也是成员。"钢务团"不许他的遗体从街上过，妹夫和自家兄弟被迫在山梁上挖出一条崖路，才抬回家宅背后掩埋。

"这只是杀人，"卫营长冲山林瞪着一双发红的眼睛，说，"老子还要放火！"万县方面部署得严，催促得紧，他气急败坏，叫手下放火烧山，"抓不住你，也要烧死你！"他将通往花椒湾和凉风垭的大路全部戒严，第二天，只见长达五十华里的大山梁子好像中了魔法，浓烟四起，烈焰腾空，一条巨大而蜿蜒的火蛇抖动着，凶猛地直舔苍穹。母猿腹中胎儿烧爆，蛇虫出洞乱窜乱爬，忍受着不可名状的恐怖。山谷夜如白昼，一百华里外的天空都映红了。就像几十亿年前的宇宙大爆炸，地球上到处火辣辣、红彤彤的样子。汪正明站在一处高坡之上，看着茂密的森林燃烧着孤独耀眼的火光，无比悲愤。

大火整整燃了一个月，快到原始森林核心区才自行熄灭，野兽烧死不少，游击队员却一个也没有烧着。永恒的天空目睹了这一切，但缄默不言。

卫营长的兵撤走后，汪斌全被他的亲戚送回猿水，看到自己住了三代

人的祖屋化为一片灰烬，屋前垒着小儿子的新坟，屋后是六个太太的旧坟，曾经美好和谐的一切，变得那么荒凉和悲怆，汪斌全流着老泪，不断地用拳头捶胸口。

得知儿子出事后，他在县里重金贿赂县党部官员，无奈儿子是"奸匪要犯"，不得通融。老先生哀哀叹气，从被革职的那一天起，他就认识到军阀团阀的黑暗和腐败，归家后课儿曹读，养出两个叛逆的儿子，想不到被弄得家破人亡。

令人惊讶的是，灰烬中，还剩有一块刻着"天地君亲师"的牌匾。那牌匾黑漆镶金，原是嵌在神龛里的，神龛已经烧毁了，木制的牌匾却完好无损，周围乡亲连连称奇。七十多岁的汪老先生默不作声，把矮墙上一盆百余斤重的雕花青石端到小儿子坟前，抱着那块黑漆木匾，住到祠堂去了。

生活总要继续，汪家的女婿提着锄头来到萝卜地，准备挖萝卜给家中老少妇幼果腹。谁知地里滴灌了人血，如同享受了一次祭祀，坨子刨出来，个个像人脑袋瓜那么大，叶子又深又肥，头发一样披在顶上，揩掉泥土一看，白白嫩嫩的。汪先生忙叫女婿全埋回去，让它们待在地里。许多年后，那地里的萝卜坨子挖出来，汪家老少都只卖不吃。

不久，汪斌全病逝于祠堂。

## 2

夜色降临，天空终于重归暗蓝，大地无限寂静，听不见一点蛙声和兽语。山林慢慢凉下来，变得死寂而光秃，像一片魔鬼出没的绝地。

大约过了八九天，妈绥听山民说，猺水有人看见妈武的脑袋被挂在奉节城头上，落得和名震猺水的梁篾匠一样的下场。他悲痛不已，流着泪告诉陶九香："妈，妈武被捉住了，说是已经，已经……"他没敢说下去。

"别胡说，你哥哥好得很，好得很！"一直提心吊胆的陶九香马上打断妈绥的话，斩钉截铁道，"他们捉不住他！"

当年机灵顽皮的妈貉突然阵亡,难道气威胆壮的妈武也会突然离开自己?陶九香坐在朝门外,想起妈武当年脏着小脸随大家一起进山的样子;想起他和黎爹柱披荆斩棘,用弯刀砍开出山便道;想起他往腰上捆一根草绳,赶着几只羊子虎虎生风往坡上跑;想起他挎着枪骑着马威风凛凛,令人畏惧的目光;想起他忧伤严肃地带着八条洋枪从万县回来;想起他在花椒湾高谈阔论大讲反暴反霸……看着斜坡上成片的荒凉发白的茅草,她双眼滚烫发红,把泪水慢慢烤干了:这些茅草是老巴子打滚最喜欢的地毯,也是放过牛的儿子最喜欢的床毯,它们通达神意,无微不至,无所不在:风中飘动着茅草,屋顶上盖着茅草,乡民腰上拴着茅草,牛低着头吃着茅草,小姑娘背篼里装的是茅草,路上、地里到处都是茅草。漫长的多灾多难的岁月当中,祖宗将茅草和米饭搅拌在一起发酵,用茅草滤过的酒祭神求福,还用它打结起卦,来为不可知的事情占卜吉凶。这个瞬间,茅草似乎向她传递着一种模糊的信息,妈武一定会化险为夷,决不会死!

她又想起了那个神话:在种族灭绝的关头,白虎变成一个英武的小伙子与放羊姑娘成亲,传下了黎家的种。一次两人正在草坡放羊,突然响起一声惊雷,白虎化成一颗白亮亮的星星飞上天去。

星光投向峡谷,分不出是古是今,陶九香手里攥着枯黄的茅草,坐在朝门外,望着夜空发愣。神秘的白虎七宿头朝西、尾朝东,无论是谁,看它一眼就会终生难忘!带领族人走出巴子洞的老古蛮神哟,主宰世间兵戈和战争的老古蛮神,如果注定要让后辈儿孙经历流血和屠杀,又何必无数次挽救族人?

妈绥说:"进去吧,妈妈,求求你!"他忍着泪,低声下气地说,"我虽然不如妈武讨你喜欢,但我发誓,我会照料你,保证你老人家平平安安。"他和老婆何氏把欲哭无泪的陶九香搀扶回屋。

妈武太莽撞,净干吓死人的事,哪能得到善终?妈绥悲伤地想,这辈子还是平平淡淡好,媳妇何氏没有金氏漂亮,也没有夏氏灵巧,和自己一样安心本分,母亲跟着他们,往后的日子,也不指望别的,只求风平浪静。

正难受间,一个戴破草帽的山民尾随进了门,陶九香认出这是铧匠曾

老猫,一把将他抓住,喑哑地问:"妈武呢?妈武呢?妈武呢?"

曾老猫告诉她:"妈武没有死,城墙上挂的人头不是妈武。"

话音刚落,陶九香嘴角一动,伤心的脸上露出一个奇妙的微笑。

原来卫营长为了向上交差,也为了吓唬猇水人,撒谎汪正明和妈武被打死了,命兵丁把江春云和田德贵的脑袋割下来,血肉模糊挂到奉节城头示众,说是汪正明和黎妈武的首级。

曾老猫讲,汪正明没有死,在卫营长找不着的地方。黎妈武也没有死,烧山后,他们白天钻老林,夜里宿岩洞,没有吃的就用桑木条做成弓,檽树条做成箭射猴子。中了箭的猴子把箭拔出来折断扔掉,用树叶塞上伤口,攀到树枝的最顶端隐藏,抛开这个树枝,又抓那个树枝,连抓几十次才掉到地上被捉。

失去同伴的猴群每天晚上在洞外啼号,岩洞很深,是个熊窝,老巢被占的黑熊也在附近低吼,搅得游击队员夜夜惊心,虽然枪多弹足,他们却不敢随便乱放,暴露目标。

妈武叫曾老猫潜回花椒湾,把寄养在冉洪尤家的猪赶进老林。曾老猫出洞以后,这头黑熊总不远不近地跟着他,枝密雾重,距离正好是弓箭极限,弄得他不胜其烦。好不容易回到花椒湾,冉洪尤已经把猪卖了,还威胁要把曾老猫送到卫营长那里去,幸好他老婆出来阻拦:"干不得哟,'扁担花'回来收拾你,全家都跟着倒霉。"冉洪尤想想才把曾老猫放了。铧匠空手而返,在黑熊的追赶中,东窜西奔逃回洞穴。

离秋收还有一个月,没有吃的,三十几个人每天啃野果,曾老猫说到这里,拿出妈武的纸条,请求陶九香接济。

陶九香手心紧紧捏着那纸条,给曾老猫撮了一背大米,看着他消失在魂魄游荡的夜色中,回到神龛前点了一炷香,出朝门向白虎星所在的方向鞠了三躬,然后跪在地上,嘴皮飞快地翻动,替大儿子祈祷一番,站起身来对妈绥说:"你哥哥的命,若不在菩萨手里,就在魔鬼手里。"

妈绥不相信地说:"山这么大,卫营长搜得过来?"

"卫营长倒不怕,"陶九香说,"问题是那三十几个没吃没喝的男人,都是吃血饭的,哪一天饿不过了,一同反水,妈武的脑袋,还能不被他们割下来？"

这么一说，妈绥也愣了。

陶九香明白妈武是在刀尖上玩，不敢不管这事。按曾老猫的吩咐，她隔几天就叫妈绥和孙福背一趟粮食和蔬菜，放在一个枯树洞里，等妈武夜里遣人来取。

妈绥虽然害怕，但事关哥哥性命，也不敢马虎。半个多月时间，把院宅喂的猪牵完了，土豆、玉米和储谷也背完了，三十几个男人，简直是有多少吃多少，何氏忍无可忍，抱怨这么下去，黎家早晚会穷得火塘上架不起三脚。

度过了最困难的一段时间，联络员马三终于给游击队送来密信。信中说，解放军先头部队将绕开三个大峡谷，从恩施走油墨溪上的崖路来。卫团长接到陈侯亭手令，一夜之间，已将全部人马撤到了长江对岸进的石宝寨，准备凭借长江天堑，抵挡从青石码头渡江的解放军。

## 3

长空无云，月亮周围长了毛似的，绕着一圈昏黄的光环，那么朦胧，那么肃静，是狂风欲来的征兆，妈武怎么也睡不着，游击队员已被他领回更古坪，这个安详的山区夜晚，和一千年前的任何夜晚没有区别。突然，妈武听到一声大而沉的虎啸："嗷呜——！"不禁打了一个寒战。老屋的猪羊都杀完了，只剩下四条撵山狗，虎啸使四条狗同时凶猛地狂吠起来。

此时从另一个方向，也传来了"嗷呜——嗷呜——！"的声音。都说一山不容二虎，妈武揣测，如果这是一头老巴子，好家伙，它飞跃的速度真比狂风还快。

"嗷呜——""嗷呜——"只听山上虎啸四起，弄不清哪是叫声哪是回声，令人毛发倒竖。或许到了发情的季节，这老虎在吼叫求偶，对面的老虎在呼应，彼此要赴双雄会？空气中，果然嗅得到一股凛冽的腥味，那是公虎母虎的生殖气息。这神兽只在月晕时交配，雄虎跳上雌虎的背部，用嘴咬住雌虎颈部的皮毛缠绵，直到交配一二十次，才发出大吼，起身

离开。

猰水的老虎多,但主要在黎哈窟,一般不出山,周围岩坪、浅丘和坝子上的乡民和陶九香一样奇怪,很多年以后才恍然大悟,感慨不已:

"难老巴子飞来飞去下坝,原来是要改朝换代了。"

早晨,所有的山峦仍被雾气笼罩,白色的云团将天和地连在一起,妈武挑选了五个队员,和他一起向油墨溪峡谷走去。道路是腐叶堆积的兽道和曲曲弯弯的栈道,峡谷最窄处,两边的植物交叠在一起,空气都是绿的,抬头是刀削斧劈般的粗粝石质,低头是覆盖其上的藤蔓和灌木。他们一边用刀砍开树藤一边跋涉,希望遇见从恩施过来的解放军。

中午天才升上去,地才露出来,风儿来回吹,鸟儿自由飞。

解放军的前锋队伍果然到了恩施,住在梨树湾与猰水交界的第一个寨子里,那寨子叫茶山寨,是一个山间的小平坝。游击队员头天在山洞里住了一宿,第二天黄昏才到茶山寨,躲入对面的老林。那老林边缘有一块横在半空的突岩,靠着弯曲遒劲的古榕树根支撑,抓住一层薄薄的泥土,在岩上展开一片浓密枝叶,看上去岌岌可危,随时可能垮塌倾覆。妈武趴在树下观望,发现寨子背后的悬崖和左右两侧都有警戒,他悄悄俯视下面的解放军,想起三年前在万县的岁月,庆幸自己遇到了革命家汪正明,杀气腾腾的心里,充满了巨大的期待和喜悦。

"什么人?!举起手来!"悬崖上的游动哨突然大吼,隐隐看得见哨兵头上的五角星,妈武又激动又紧张,一时答不上话来。

"举起手来!不然我开枪了!"

哨兵一边喝令一边拉动枪栓。

曾老猫急中生智,两手脱下衣裤,赤身露体站在岩上,说:

"我、我们是游击队,来、来……欢迎解放军。"他的头发很脏,上面挂满了碎枝断棍和其他杂物。

寨门开了,几个解放军走出来,将一件军衣披在他的身上。

会合后,听说正是他们薅除了梨树区区长向锦堂的武装,一位首长紧紧握住妈武的手道:"蒋介石以为解放军入川,除了走剑门,就是过夔门,我们从小路绕过重点防御,谢谢游击队,清除了这条道上的障碍!"说罢，叫两个士兵抬来三箱弹药，高兴地送给他们。

妈武的自豪无法形容。

在茶山寨住了一天，他留下赵长有给解放军带路，然后听从首长命令，回去集合队伍，盘查过往行人，拦阻国民党溃军。

# 第十八章

## 1

若干年后,妈武因为种种原因被解放军镇压,但这件事却牢牢记录在峡谷史中: 他和猿猴老鹰一起,把解放军引进来了。

秋天又至,漫山鲜活响亮的黄叶恣肆飘逸,坡上有绿有黄有红有白: 黄的是稻谷,绿的是玉米、连棚和树林,雪白、嫣红的是杜鹃花和罂粟花,星星点点的还有些其他颜色。这是更古坪最美的季节,妈武激动地领了命,满载而归。

猎水的伪政府官员正忙着转移财物逃往异乡,溃军说到就到,见猪就拉,见鸡就捉。他们闯进冉洪尤家里,把冉洪尤抓起来带路。

冉洪尤委屈地说:"长官,我是保长。"

溃军连长不耐烦地吼:"带了路回来,你还是保长。"

游击队在场口堵截,听见枪声,妈武大叫"缴枪不杀",曾老猫连发八枪,溃军放下枪杆,跪在地上求饶。曾老猫上前捡枪,谁知溃军猛地拾枪扣动扳机,但这一枪打哑了。这个亡命之徒一跃而起,从鞋里拔出两支手枪,一边跑,一边把两手放在肩上,头也不回地向身后打双枪。曾老猫的裤脚被"嗖嗖"的子弹洞穿,在弹雨里追出几里地,才结果了他的性命。曾老猫在他的口袋里搜出两枚银元,揣腰包里没有交公,后来为此坐了一年大牢。

妈武在街上碰见一脸紧张的冉洪尤,叫人将他绑起一顿好整。这时奉节成立人民政府,汪正明就任中共奉节县政协副主席。猎水人民政府也宣布成立,妈武就任中共猎水乡第一任乡长,曾老猫和赵长有等几个游击队员成为乡里的武装干事，他们站在乡公所门外，趾高气扬地换新匾，几个头帕上面顶着尖尖斗笠的娘们看见了，躲在街边悄悄说妈武的坏话：

"黎家多怪，秦猎熊为给黎老大报仇，同'陈大虎神'打了几年仗，到头来，反被黎老大杀了。"

妈绥背着背篼去猕水买铧，山地上下犁，二十天就报废一张铧，钝得不能再用，需要背到猕水坝以旧换新。他路过老街，刚好听到娘们的话，忙帮自家屋里圆场："秦猎熊勾结神兵，抢了我家石碉楼，又抢了永玉的妈，他是咎由自取，老辈子莫乱讲。"

顶着尖尖斗笠的娘们看见他，瘪瘪嘴，马上散了。

妈绥换了新铧，往一个熟悉的铺子走去，想再买点大烟。谁知刚到门口，就看见妈武从乡公所方向走来，穿着四个口袋的干部服，屁股上挂两把手枪，后面还跟着两个娃娃兵，他一愣神，转身道："哥，我来换铧口，顺便看看你和嫂嫂。"

妈武一脸严肃，低声警告："不要吸鸦片，新政府正在打击吸毒贩毒，去叫你嫂嫂热两个饼，路上吃，现在土匪多，早点回。"

难怪大烟涨价，妈绥失望地想。他装着买了两个饼，掏了几次钱，终于没敢在妈武眼皮下买烟。他知道，哥哥和自己的距离越来越远了，哥哥是黎家的骄傲，唉，他再不像当年看见妈武当上团总那样，酸溜溜的不平衡了。

去干部宿舍瞧了夏氏，妈绥忘记大烟涨价带来的苦恼，哼着小调走回更古坪：

> 正月逢春好散花来嘛哟，
> 依儿个呀儿啥哟；
> 文武百官来饮酒嘛哟，
> 依儿个呀儿啥哟；
> 新官上任啰坐旧衙……

他一路都在想，妈武胆大妄为，这次却有脑瓜子，怎么就知道杀掉向锦堂火线立功呢？解放军穿油墨溪峡谷进来，从猕水翻山越岭到青石码头，不仅要卫营长滚蛋，还要渡江打到重庆去，这事奇怪，祖宗发现的崖路天知、地知，解放军怎么知道？

屋里光线很暗，陶九香正坐在火塘边吸烟，妈绥坐到母亲身旁，打开一张画，神秘地说："这是银美嫂嫂给的，毛主席，他是当朝最大的官，叫我们不要买地，把田卖掉！"

饱经风霜的陶九香端详那画，见上面的脑袋有真人那么大，慈眉善眼，和和气气，叮嘱道："收起来，不要给别人看到。"

妈绥喜滋滋地对母亲说："你害怕什么？妈武屁股上挂两把手枪，后面跟着两个兵，比当团总还威风。"

陶九香捧着脑袋，咕哝了一句："要是卫营长他们回来，就麻烦了。"

妈绥一听觉得有理，想起街上见到的那些兵，都是学生模样，一个出胡子的都没有，心又吊起来，忙把画像放进柜子里。

炮声果然又响了。

过境的解放军需要粮食，妈武的主要任务是组织征粮。国民党奉节特委会派了一个当地籍的伪军官来獴水，同伪团总谭瑞登谋划串联，组建"反共救国军"抢粮抢枪。这伪军官不是别人，正是谢崇民的儿子尔金。当年谢崇民替他向夏七发讨了护身灵符，这小子打了日本鬼子又打解放军，跟着部队出生入死，愣毫发无损，悄悄藏匿在密林中，纠集零匪和股匪，封官许愿，封了秦猎牛一个连长。

大峡谷民变四起，一个"虎神"拉起一支人马，大小"虎神"没有统一的组织，也没有固定的人马。谢尔金怀揣护身灵符，从恩施邀请一支神兵打头阵，张牙舞爪地向乡公所和粮仓扑去。

四面山坡都在往獴水街上拥人。有的拿手枪步枪，有的拿马刀棍棒，有的拿猎枪斧头，衣服长短不齐，年龄老少混杂，乡公所前后都被包围了，一挺机关枪封锁了大门。曾老猫和赵长有等乡丁被围在里面，不想等死，猛开后门用连枪扫了一梭子。山上也枪声大作，封锁大门的机关枪手被一枪打死，曾老猫和赵长有乘机冲出包围圈。前门后门都在打枪，秦猎牛慌作一团，以为是解放军来了，领着土匪连跑带跳四散逃窜。谁知山上的枪声是妈武冲上去打的，他从县里开会回来，刚到禹王宫，就看见神兵和土匪围攻乡公所。

新政权武装力量薄弱，神兵和土匪打死了十几名解放军和征粮干部，不久，偕洞乡乡公所也遭袭击，所有的枪支和粮食被抢走。解放军决定报仇雪恨，由万县地区赵副专员亲率一个正规连，带着两门小钢炮和一门八二迫击炮赶来，连夜架好大炮。天亮以后，赵副专员用望远镜往四下里观察，一个解放军拿着红旗统一指挥。红旗一挥，三颗炮弹"咚咚"出膛，垭口上，马上传来了震耳欲聋的爆炸声，那声音从一个垭口出来，带着新的声音，又钻进另一个垭口，无数山谷都震荡着天塌地陷似的回响，隆隆不绝，令人心惊胆裂。

大炮打了整整一个上午，垭口处的树丛中，腾起无数团带红光的黑烟，岩石火星乱溅，树枝乱倒乱飞，隐蔽在灌木丛中的匪徒鬼哭狼嚎，觉得自己并不是打不进、杀不进的，依着密林的掩护，把长矛上的矛头折下来插在腰间逃散了。

猫水人被大炮唬得半死，赵长有抑住心跳自言自语："解放军厉害，幸好哟，参加了游击队。"

妈武看见瘦瘦高高的秦老娘戴着斗笠，背个背篼站在山道边，伤心地望着山垭口流泪，知道她正想象着猎牛肠肚飞挂的惨景。"老辈子，"他说，"叫你儿子回来自新吧，现在解放了，叫你儿子别和人民政府作对，我不会计较过去那些事情。"

"我家猎熊为你报仇，和'神兵'打了几年仗，到头来却被你杀了。"秦老娘喃喃自语。

妈武说："猎熊站在反动统治者的立场上，杀他没有错。如果我坚持剥削阶级的立场，肯定也要挨炮。"

秦老娘流着眼泪感慨："'扁担花'，你什么事都干得出来，真不计较两家以前的恩怨？"

"老辈子，你放心，共产党人不会公报私仇。"妈武严肃地说。

"晓得了，你是不计旧仇，也不念旧情。"秦老娘说罢，踽踽离去，等炮火一停，亲自上山找回了儿子。那时秦猎牛躲在山洞里，身边只有几个心腹，晚上睡觉手里拿支香，烧得手疼又换地方躲藏。如果不自首，迟早也会被乡民自卫队活捉。

几个匪徒缴械自新，妈武给他们讲解一通政策。秦猎牛不知好歹，烦

躁地说:"黎老大,你赢了,要杀要剐,随你。"

妈武忍住怒火,告诉他:"真要杀你,就不会拉你一把。"

高个黑脸的蒋毛毛站在秦猎牛身边,不服气地重复:"要杀要剐,随便,我们弄不赢你。"

这是黎家的另一个冤家,二弟多年的神秘对头,妈武狠狠看了他一眼,厉声道:"只要改造好,大家乡亲还是乡亲。"

## 2

解放军那个厉害,大大小小打了二十几仗,捉住匪徒五百多个,蒋毛毛也在里面,和秦猎牛一起,捆绑关押在猿水街上一个旧粮仓里。

赵副专员看着他们,恨得咬牙切齿:"黎乡长,"他对妈武说,"我想同你商量个事。"

妈武说:"首长,什么事?"

赵副专员气愤地说:"我想把这些人全部杀了!"

"首长,"妈武心里跳了一下,吃惊地问,"你想当张献忠?"

"我们的战士啊,不忍心害山民,拿重机枪间歇性超越点射,反被他们抱住枪管,混在一起肉搏,搞得天昏地暗,血肉横飞。南征北战多少年,"赵副专员眼里含着泪水道,"眼看都解放了,反而死在梭镖和长矛下……你的乡亲真是凶恶残忍,听说他们认白虎为祖?"

妈武无言以答。幸亏汪正明领他走入了一个波澜壮阔的世界,站在这个世界的入口,他逐渐成熟,看清自己的乡亲眼光短浅,心胸狭窄,保守顽固,只见过巴掌大块天,不懂国家和阶级的利益,只晓得殊死搏斗,一根筋拗到底。事到如今,要让赵副专员枪下留人不容易,但五百多个鬼魂死不甘心,集体向白帝天王告状多焦人,妈武梦见乡民朝他吐唾沫星子,默默连夜呈文,通过汪正明向行署递交。

等着处决的匪徒关在粮仓里,隔壁驻守着一个排的解放军。粮仓的门窗破损不堪,如果匪徒们负隅顽抗,集体冲出来,解放军很难控制。曾老猫和赵长有等干事进山筹粮去了,妈武领着两个通信员,荷枪实弹守在院坝外的岗亭里,形势万分危急。

两天后的下午,乡公所那台手摇电话机丁零零直响,县里紧急来电,通知乡政府马上去取文件,谁也不知道内容。两天没合眼的妈武派走一个通信员,在岗亭里放置了一张木桌,将冲锋枪架在上面,枪口伸出哨孔,度日如年地瞄准粮仓大门。

监视到下半夜,忽然听到"砰砰砰砰"的枪响,解放军的心都拧紧了,出来巡哨,未见其他动静,又回去了。

过了许久,岗亭木门被"啪啪"打得山响。"谁?!"妈武大声问。

外面没有回答,木门却被拍得更响了。

"谁?!"妈武紧紧盯着门板,又问。

外面急促地答了一声:"我。"

是通信员的声音,妈武一听,连忙移开门闩。

通信员一头撞进来,反身靠在门上,呼哧呼哧喘粗气。

"怎么回事?"妈武问。

一手拿电筒、一手提枪的通信员面如土色地吐出一句:"老虎!"

浑身打抖的通信员解说,一头大老虎拦在山道上,两眼炯炯放光,像两盏红灯笼,比黑夜中遇到枯骨中飘出的磷火还刺激,吓得他把弹夹里的子弹全部射了出去。老虎喉咙里发出"轰轰"的声音,好像咳痰一样,随后一声巨响,滚下了道旁的悬崖,不知打死没有。

"原来是老巴子,"妈武松了口气,"老巴子传说多,我们都不敢随便杀,怕遭天谴。老巴子脸上有一根胡须,可以看到人的本相,看到面前的人现出猪相羊相就咬,现的是人相就不会咬。"他望着双眼瞪得溜圆的通信员,把从父亲那里得来的常识告诉他:"以后遇上,就赶紧让路,站在靠崖的一侧,不能正面望过去,不要看它的眼睛。"

"给老虎让路?"通信员上下牙床抖个不停。

"或者拿根背檕树杈子对着它,"妈武认真地说,"必须是背檕树,它闻了要倒绒。"

第一个在獚水大山遭遇老虎的解放军通信员心有余悸,嘴皮打架地说:"我……我害怕。"

"我也害怕,但我父亲遇到过两回,老巴子没有咬他。"妈武想起家族内传的那些神话,心里有种不安的感觉,立即转过话题,道,"看看你带回来的文件。"

通信员哆嗦着手拿出红头文件，妈武一看，是关于《将参加'反共救国军'的匪徒杀人权上交行署》的通知。他不敢耽搁，马上出门去找赵副专员。

第二天，五百多个死里逃生的在押匪徒不知怎么知道了解放军夜遇老虎，全都相信这是祖神在保佑他们。

头戴斗笠的夏七发正好来赶场，听到满街都在议论这件事，急忙来到乡公所，向妈武打听解放军遭遇老虎的地方，想去看看。

妈武对通信员说："你也一起去，带个路。"

夏七发穿件打着补丁的青布长褂，裤管卷过膝盖，背着背篼和通信员一起走了。半路上，他看见一棵碗口粗的树子，扳了一截枝干下来，除掉枝叶，做成一个木杈拿在另一只手里。

通信员吃惊地问："这就是背，背什么什么？……"

"背榭树。"夏七发说。

"老虎真害怕这个？"通信员满脸疑惑。

"不是害怕，"夏七发不悦地说，"是不喜欢那个味道，只有它能闻到的一种味道。"

年轻的通信员半信半疑，也扳了一根拄在手里。"老乡，"他已听说当地土人把老虎当成祖先，不打不杀，家家香炉前还供着牌位，非常奇怪，不知武松在当地人眼里，是英雄还是冤家？想到这里，他边走边问，"你知不知道武松打虎的故事？"

夏七发说："听过。"

"能不能讲给我听听？"通信员走上山道，认真地说。

## 3

夏七发颧骨很高，眉毛又浓又长，眼窝很深地下陷，两颗眼珠大大的，颜色黑里带黄，一年前留起了连腮胡，看上去像只猫头鹰。他捻着胡子说："那就给小同志讲嘛。"说罢，手脚并用地从山道下到岩底，嘴里开始了叙古："武松来到店子要喝酒，老板娘问，要多少？我们这里三碗不过冈。武松说，你只管拿！"

通信员挂着背槭树杈跟下去，担心地喊："小心点，老乡。"夏七发也不理他，继续道：

"老板娘说，路上有拦路虎！武松说，我不怕！他把三碗酒一喝，拿上扁担就走了。走在路上，听到林子里呼哧呼哧响，看到林子来了一只老巴子，他举起扁担，几下就把它打翻到岩下。"

"看着脚下，老乡。"跟在身后的通信员见他讲得激动，提醒道。

"你顾着自己。"夏七发说，"一会儿，林子里又在呼哧呼哧响，一看，又来了一只老巴子，他几扁担又把它打翻到岩下。等了一会儿，林子里又在呼哧呼哧响，一看又是一只老巴子，武松几扁担把它打死，又掀到岩下。"

讲到这里，夏七发停下来，喘喘气说：

"武松站了一会儿，看还有没有老巴子来，结果没有了。他到岩底一看，是三个人披的老巴子皮，手里拿着铁抓子，岩下还有不少死人。武松回到店里，又找老板娘讨歇，老板娘说，叫你不要去，我说有拦路虎！武松说，全被我打死了。

"老板娘问，打死了几只？武松说，三只。老板娘一听就哭，岩下那些死人都是她三个儿子谋财杀害的。"

"与众不同，"通信员累得上气不接下气："我回去讲给人听！"

两人顺灌木丛找寻老虎的脚印，终于在一个隐蔽的巨石旁发现了受伤的老虎。这是一只近两百公斤重的公虎，胸前的白毛凝固着第一滴血流出来结成的痂。它安静地靠着石头，坐在那个风吹不到的角落里，两只前爪撑着身体，好像在休息。

通信员紧张地握紧了手枪，两人躲在灌木丛里看了很久，老虎一直没有动。夏七发轻轻地从背篓里拿出两兜治枪伤的植物和一只野兔，都是上午在街上乡民送的。他先把野兔"啪"地扔到老虎脚边，虎却依然坐着，睁着眼睛一动不动。

夏七发一愣，往前挪了两步，将一兜草药用力扔过去，老虎还是没有反应。通信员见状，胆子也大起来，向老虎身上扔了个石子，但无论如何试探，老虎始终坐着。

  通信员一颗乱跳的心终于落回胸口,他明白,老虎是死了,它知道自己活不了多久,特意找了这个不易被人发现的地方,看着这片山林,威风凛凛,像个死不瞑目的战士。他从灌木丛中站起来,小心翼翼地问:"它的同伴来不来埋?"

  "不来。"夏七发说。

  "豹子和狼来不来吃?"通信员问。

  "它们害怕,"夏七发道,"不敢。"

  通信员好奇地鼓着眼睛:"它就这么坐着?"

  夏七发说:"等皮和肉腐了,虫子蚂蚁会来瓜分。"

  通信员道:"听黎乡长讲,老虎脸上有一根胡须可以开天眼。老乡,你把它的胡子割给我。"

  夏七发说:"办不到,这根胡须,老巴子一死,它就自动脱落,马上钻进地里,谁也得不到。"

  "真可惜。"通信员失望地催促起来,"老乡,我们赶快回去,天晚了不安全。"

  暮色四合,两人一人点了一支火把,深一脚浅一脚地往回走,走回乡公所,已是深夜。

# 第十九章

## 1

行署的判决书下达猎水,批准只对伪团总谭瑞登、伪军官谢尔金等七个罪大恶极的匪首执行枪决。在机关枪"哒哒哒"的连续扫射中,七个匪首像竹竿一样倒下,灵符只护积德人,以为死神躲着自己的谢尔金,终于倒在了解放军的枪口下。猎牛虽是个连长,因为主动改过自新,和蒋毛毛等人一起保住条命。

但是年关过后的一天,电话铃突然响起,奉节县公安局的干部通知,秦猎牛在集训期间言语顶撞,坚持反革命立场,已经被镇压了,这家伙到底没站到革命队伍里来。

不久抗美援朝队伍来征兵,妈武背着左轮手枪东走西走,到处开会。这天他刚出乡公所大门,旁边突然蹿出个人影,嗷嗷大叫一声"扁担花"!一块石头迎面砸来,被他闪过,这才看清是秦老娘。头发蓬乱的秦老娘一边骂,一边"咚咚"擂着自己的胸膛,脱下一只鞋子拿在手里,愤怒而仇恨地冲上去打他,被通信员冲上去死死按住。门哨要把秦老娘带去关押,被妈武制止,他心绪不宁,领着通信员迅速离去。

乡里又敲锣又打鼓,征兵情况仍不理想,猎水女人觉悟低,刚分到土地,不愿家中劳动力远征,硬把刚生下的奶崽塞到戴大红花的男人手里,妈武压力颇大,谁知秦家最小的儿子隆平前来报名,他吃惊地问:"你屋老娘同意吗?"

秦隆平道:"同意,我妈陪我一起来的。"当年在秦家岩坪上跟着哥哥玩棒的小家伙已经长大了,依然肥得像个冬瓜。

秦家四个儿子,如今就剩下隆平一人,妈武想起刚才的一幕,觉得他老娘真让人猜不透,问比自己矮半个头的隆平:"秦猎牛被人民政府专政,你怎么看待这件事?"

隆平很懂革命道理,平静道:"三哥踩歪了脚,他是罪有应得。"

妈武二话没说,照顾秦隆平,让政审条件并不好的他报了名。这个肚脐硕大的家伙有运气,因为报名的人不多,部队放宽条件,给他戴上了大红花。

街上贴满了黄底黑字的标语:"耕者有其田。"衣衫破旧的乡民被组织起来游行,每张脸都那么兴高采烈。

全乡的大户被定了成分,陶九香定为地主,更古坪的碉楼和院宅被没收了,贫农团批准她只住其中三间,又给妈武留下三间。妈绥吸光了自己那份家产,勉强定个中农,何氏惊喜得很,因为农会把包括正房在内的三间好屋分给妈绥,鼓励她勇敢地加入农会。其余大小屋子拿给周泰望、孙福、迩养、王洞河四家人抓阄分配。迩养原本有些家业,因为又赌又吸,一年前败下去,连房子都换了姓,老婆跟一个盐贩私奔。他东说西说,讨到孙福的一个姨侄女孙九九,领着两个儿子,和九九一起在黎家院宅落了户。

黎家的连地归了佃户所有,浮财全部出门,花花绿绿在院坝里越堆越多,首饰钗镯也交了,屋里像被神兵洗劫过一样。

孙福跟四户乡亲一起在朝门外排着队,挨个按手印,领取胜利果实。他做梦也没想到有这样的好事,悄悄对老婆说:"我帮了黎家十几年,分这么多浮财,外来户没出多少力,也分这么多浮财,贫农团不公平。"

雕花柏木架子床搬出去时,遭到陶九香的强烈反对,妈武匆匆忙忙回来一趟,嘱咐母亲当个开明地主,不要隐瞒财产。

陶九香气愤地说:"妈武,你打游击把家里的猪羊和粮食都弄光了,又搞什么把戏!"

妈武一把拖出根烧了半截的树枝,在黎家火塘旁边左拐右拐,画了两个碗大的字"革命",拍拍手解释和补充:"就是消灭剥削阶级。"

陶九香光火道:"大牙床是你爸爸用捡来的金豆打的,不是刮的地皮。"

妈武从口袋里掏出一本《关于划分农村阶级成分的决定》留给妈绥，让他和母亲一起学习，急急去了花椒湾。

"见鬼！"陶九香狂怒地骂了一句，感到长子变了，变成了被他打死的那个落第秀才。

妈绥观赏着地上的墨宝，拿起妈武使过的树枝，重新端端正正写了两个碗大的字。

陶九香瞅着黑色的炭迹，问妈绥："他画些啥？！"

"革命，看看，他还没有我写得好。"妈绥不服气地说。

## 2

妈武去花椒湾参加诉苦大会，绅粮大户都被捉上戏台，金绍三比谁都积极，主动把银钱交了出来，数量不多，解释被土匪勒索破了产，妈武信以为真。

贫农团却不相信，认为金家在耍花招。"不见棺材不流泪，不见狗屎不恶心。"他们愤恨之下，捆了一大把香，上面撒上辣椒面，淋点菜油，将金绍三夫妇绑在高凳上，桌上点燃香把，直熏得二人口鼻流血。

妈武在下面说："算啦！何必整女人？"

贫农团长说："母老巴子特别凶。"

妈武说："已经关了枷，凶不起来啦！"

贫农团长不高兴地说："乡长心疼伢崽崽外婆了吧？"

这么一说，妈武便不吭声了。

金绍三经不起折腾，香把燃到一半，就开始告饶："不熏了，我……我……交代。"痛苦地把埋洋钱的地方交代出来，贫农团的人一挖，愣挖出白花花几百块大洋，妈武目瞪口呆。

乡民越斗胆子越大，一个妇女突然跳上戏台，情绪激动，语无伦次地控诉："我揭发黎妈武！揭发他杀人越货，欺压乡里，叫人吊打冉洪尤……冉洪尤同黎妈武去赶场，冉洪尤假装弯腰系个鞋带，也要落在他身后，不敢走前面，怕被他一脚踢下崖去……'扁担花'你自己说！是不是这样？"

妈武一看，是冉洪尤的老婆，会前还和自己打过招呼，不知怎么就跳

到台上去了,他脸膛憋得通红,感到万分紧张。又一个佃户跳上戏台嘶喊:"我揭发黎妈武!揭发他拉丁派款,贿赂官府,强迫我家分摊损失,揭发他杀害乡民陈广爱,揭发黎家逼死民女周大妹,向黎家讨还血债。"原来是蒋舍米,几个乡民跃跃欲试,全靠土改工作团压着阵,才没把他们的乡长揪出来斗。

张大鑫倒有先见之明,卫团长刚一走,他就到了獴水,都以为他又来收购粮食和黄连,谁知他是来退租分地。金氏守之如命的花椒湾田土,一天之内竟被他慷慨大方分给了佃农。

分到良田的佃农也兴奋,脱了衣服,打着赤膊跳到田里一阵乱踩,两手抓着稀泥,不断地往自己身上、脸上糊抹、拍打,像吃醉了酒的土地神。

一个佃户把地里的黄连采挖起来,卖了三十块大洋,拿在手里,白花花的两大卡,家里盖了新房,买了耕牛,还剩下一半,不知怎么才花得完,把他老婆急得直哭。

张大鑫小心翼翼地散完他和金氏的财产,在乡里开张路条就走了。临走时告诉失魂落魄的岳父母,政府不准一夫多妻,金氏刚替他生了一个男孩,他要把她留在身边,金绍三夫妇感激不尽。

文明人就是聪明,硬是度过了这个关煞,再晚些日子,他就走不脱了,妈武很快接到指示捉人,对象是獴水的伪保甲长和劣绅,一共捉了三十多个,关一阵又放走些,最后还剩十五个,与落网的国民党特务一起关押在旧粮仓里,轮流接受审讯。半个月后门被打开,脸色冷峻的妈武站在屋檐下,对他们说:"全部出来,放你们回家。"

十五个人卷起被盖卷,松松垮垮地走出房门,武装干事曾老猫和赵长有领着六个新兵,跟在他们身后。

"到底是不是放我们哟?"一个伪保长问。

"放你们回家,走!"曾老猫用枪尖对了他一下。

"那,就在这里放了吧?"另一个反革命分子试探道。

赵长有说:"走到前面统一放。"

"怕是去见祖宗哟?"三保的伪保长唐正谨有些犹疑,他的罪名是资匪通匪。

一听这话，其余的人骚动起来。"是杀是放，"一个伪甲长说，"给个实情，我们挑个地方。"

曾老猫和赵长有瞪了他一眼，并不答话。

一阵令人不安的沉默。

走着走着，唐正谟突然说："算了！要唧个就唧个，不走了。"

"要杀我们这些人，不走了！"姓贾的反革命分子气馁道。

"就在这里吧，"一个国民党军特务把被盖卷从肩上取下，放在身边的石坎上，叹口气说，"这里风光好。"那是一片狭长叠岩，野草丛生，乱石林立。但石间隙地，山花绚烂，树木繁茂。

"可以，就在这里。"另一个伪保长也很绝望。

"实在不想走，"赵长有气冲冲道，"就成全他们。"

这些人临死都不听话，本来，枪毙地点是在前面的一个岩坎。

"你们槽头作痒！"曾老猫说，"蒋介石的几百万军队都被打垮了，你们还和共产党对着干，自个找死！"这些人当中，一小半他都认识。

国民党特务望了曾老猫一眼，招呼左右坐在被盖卷上，咬牙等待夺命的子弹。他是当年与谢尔金一起入伍的壮丁，先抗日后剿共，升任少校连长，继谢尔金之后被部队秘密遣派回乡，被解放军捉了活的。

曾老猫和赵长有怕他们十五个人集体默祷，死后飘到白帝天王那里告鬼状，飞快地扣动扳机。

十五个人东歪西倒，有的人中了弹没倒，又喊："还要补一枪。"这里喊了那里喊，新兵手里的枪抖个不停，曾老猫和赵长有跑来跑去，忙得满头大汗。

## 3

枪毙事件发生不久，黎爹柱的坟墓旁开了莲花。

在猇水森林那些歪歪斜斜的三叉棚、吊脚楼和木板房中，传说就像狼嗥一样多，它从火塘上方充满灰尘的光线中产生，真实性虽然无从考证，却使老林里的生活更加生动神奇。下面这个故事同样如此。

谭老娘十八岁嫁到茅草坪，解放前，全家一直租黎家的山地耕种，男

人十年前先她而去,留下三个牛犊一样健壮的儿女,和一幢破旧的杆栏式木楼,与黎爹柱的坟墓相距十四五米。黎爹柱刚入土那阵,陶九香常去,一去就哭,谭老娘也陪着哭。

夏天的一个夜晚,谭老娘在家里掰玉米,忽然发现屋外有亮光,她定睛一看,只见黎爹柱的坟旁,一个隐隐约约的光团从地面升起,灼灼地忽闪着,越变越大,时而分开,时而合拢,时而移动,好像一群金灿灿的小鸡娃在不停地扑闪,谭老娘非常奇怪,她用衣袖擦了擦眼睛,弄清没有看错后,起身扔了一个簸箕过去,谁知这一扑,就啥也没有了。

第二天谭老娘对几个儿子一说,儿子们认为那是天地之灵气,日月之精华,是宝地在开莲花。都说黎家找到了民谣中所唱的那穴宝地,但莲花为什么没有开在黎家大坟上,难道真穴竟然在旁边?谭老娘和她的儿子非常奇怪。

这件事情慢慢传开,陶九香感到黎家蒙受了巨大欺骗。莲花开放的位置,应该才是民谣称颂的宝穴,因为骨骸受着灵气,自有异象。罗盘到底是怎么测的?据说埋正了穴眼,赶龙匠非死即瞎,难道他们故意偏移?陶九香犯疑:黎家的幸福日子,会不会毁在赶龙匠手里?

妈武果然出了事。

在陶九香没落的壮年,妈武曾激起她对家族的全部信心,但自从房屋财产被收,她的脾气变得很怪,起早摸黑,用片石在屋后砌了三百来米长的堡坎,造了一亩养老田,种点粮食和庄稼自己吃,固执地不要妈绥和何氏帮忙。新搬来的邻居王洞河问她:"你儿子当了乡长,为啥这样苦奔?"

陶九香气呼呼地回答:"自己吃,自己种,我自个剥削自个!"

夏氏的肚子大了,不好意思回斩蛟谷。因为老梯玛也被定成化形地主,土地和财物全部没收,老宅一半分给了贫苦山民,夏家父子对妈武颇为不满,妈武整天忙忙碌碌,只好雇两乘滑竿把媳妇和永玉送回更古坪,请生气的母亲照料。在夏氏分娩几天前的一个下午,妈武突然回到更古坪。他看上去瘦了,头发也长了,脸上棱角分明,没带卫兵,也没带枪,神色落寞,告诉陶九香,前两年在山洞里滚草,落下了关节炎,卫生站的膏药不管用。"我已告病回家,以后就在更古坪放羊。"他往火堆里添着柴，平静地说，"妈妈，我想让您圈里的羊，从两只变成一百只。"

陶九香一边吸烟一边摇头，黎爹柱遗留下来的那支威风烟杆被农会收走了，妈绥重新替她制作了一根短烟斗："去斩蛟谷烧点纸，让老梯玛用红铁治！"她目不转睛地盯住妈武，这孩子，眼里那团炭火已明显冷却，不再熊熊地跳动，出了什么事呢？

"烧红铁要请三界神灵，动静太大，"夏氏挺着大肚子道，"现在政府不许烧纸，不敢做了。家里不是有公公喝剩的碎蛇黄连酒吗？这酒也能治湿症，喝下去作用一样。"因为多次看见父亲治病，她对医术略知一二。

陶九香喷了口青烟，看着袅袅烟圈中的儿子，问："你不当乡长，他们同意了？"

妈武蹙着浓黑的眉头，将烟杆对到母亲的烟杆脑子上，使劲将烟叶吸燃，脸色阴沉道："贫农团开会，说我催租逼粮，引起农民革命。"

"黎乡长，"朝门外突然传来一个愤怒的叫声，"你以为躲在老巢，我就找不到你？关了老娘十天，你要给一个说法！"一向衣着讲究的张三姑，蓬头垢面地从门外闯进来，径直走到石缸边，舀一瓢冷水咕嘟嘟喝下。

"啥事？"陶九香愣道。

"说我把地主的女儿，说给贫农的儿子。你看！你看！"张三姑抹把湿漉漉的腮，激动地挽起衣袖。她瘦瘦的胳膊上，显出绳索捆绑的勒痕，接着又撩开衣服，腰背上也有两块青乌。

"你要提高觉悟！"妈武说。

张三姑莫名其妙，委屈地反驳："我没把贫农的女儿说给地主的崽，还不算觉悟？"

"你今后少给年轻人操心，"妈武严肃道，"他们自己知道传宗接代。"

"我多管闲事？"张三姑悲怆地拍着自己的腿，又伤心，又惊骇，"以后孤男寡女遍山唱淫歌我也不管，我发毒誓。"

"我有点累。"妈武眉宇间透出困惑和克制，转身出了房门。

## 4

屋后斜坡上,核桃树葱茏的树干相互呼应着伸向苍穹,浓密的枝叶像两把张开的巨伞,太阳每天从布满树叶的天空升起;周围的梨树和桃树,每年都要结几扁背酸甜交织的果实,他是吃这梨吃这桃长大的,老屋重新将他容纳,白茫茫的茅草温暖细密,在风中像波浪似的摇晃,呈现出一种令人舒适的秩序感,呼唤他扑上去纵情打滚。

妈绥背着高高的粪桶从坡上回来。"我来试试。"妈武说。他回屋喝了一碗甜酒,压住臭气将粪桶装满,在妈绥惊奇的目光中,披上蓑衣,给陶九香的稳产田背了满满一桶粪,然后拿把长柄木勺,一勺一勺给每窝秧苗施肥。谁知浇了一半,膝关节疼痛难忍,他扔下木勺,用火柴点燃烟叶卷,深深地吸起来。一边吸,一边仰面躺到旁边的茅草中,想着给未来的孩子起个什么名字。

他出神地想着,差点忘了浇地。

因为搬来了四户贫农,用水打挤,他叫上妈绥,一起动手在屋后重新挖一口井。两把锄头对着挖,一锄下去,一把土上来,半天就弄出个洗衣盆大的坑。左一下,右一下,土渣像水花一样乱溅,两人气喘吁吁,汗水不住地往下流。

忙了三天,井底终于开始渗水,起初有一点浑,隔了一天一夜才清凉起来,他舀了一瓢送到嘴边,刚刚喝下去,就来了几个背枪的民兵,当着陶九香的面,客客气气地通知他,回乡里去参加清匪大会。

"开完会快些回来。"夏氏担忧道。她躺在床上,肚子把棉被顶得像小山一样,产期就是这两天了。

几个民兵留歇一宿,在陶九香苦恼的眼光中,跟妈武一起出了朝门。

太阳尚未从云层里露出来,但东方的天上已现出暗红的光晕。山风吹刮,一行人脚底下云蒸雾涌,永玉和撵山狗黑豹在林子里一路跟着他们小跑。

"回去了,永玉。"妈武说,他看见女儿手里竹马似的拿着一根背橇树枝,知道是陶九香给的。

"还走一会儿。"永玉在后面跳了两步,快乐地说。

"怕遇上老巴子。"妈武说。

"老巴子还在睡觉,奶奶讲,老巴子见了这个要倒绒。"永玉调皮地晃了晃背檞树枝,停下脚步,道,"好吧,爸爸,我们回去了。"

妈武看着女儿站在一棵花团锦簇的杜鹃树下,那么小,那么可怜,沉默地掉过头去,继续往前走。走了一会儿,忽然听到后面有声音,转身一看,永玉还在后面,小家伙得意地咯咯笑个不停:"爸爸,现在我们真的回去了。"她终于停了下来。

"回去等妈妈生小弟弟。"妈武对女儿眨了眨眼。

山林默默地看着他们。

亘古的苍峦,目睹过多少日月星辰?承载过多少金色的朝霞?熟悉的月亮,见证了人间多少苦乐丰歉,如今又将迎来一个黎家新生命的诞生。虽然自己豁出条命大干了一场,这孩子降世那一天,和自己出生的时候到底有多少不同?妈武思绪万端,一路锁着浓眉,目光少有的严峻。

当天晚上,夏氏顺利地生下一个男孩,名字是提前取好的,叫永刚。

山影、树影和星空还是那样寂静,吹面的凉风带着和上古、中古同样清新的气息,陶九香利索地用白线扎好婴儿脐带,白线是虎须的象征物,她希望小孙子受到祖灵的保佑,但心里充满一种预感,不顾婴儿的啼哭,向他的小嘴灌了一勺何氏递上来的黄连汁:"先尝尝苦水,免得受不了日后的罪,乖崽啊。"她一边给婴儿擦身,一边道。接着,用剩下的黄连汁兑了点夏氏刚刚分泌出来的奶水,一边一下抹抹自己的眼角:"这是个灵验的方子,都抹抹,"她说,"免得见风流泪。"忙完这一切,她才腾出手来抚摸永刚。她摸着孙子红嫩的脑袋,仔仔细细打量他啼哭的模样,她看啊看啊,时光一阵倒流,妈武出生的时候,也曾这样捧在她手里,两人的神情和哭声真是相似,有那么一瞬间,她不知道手里抱的是妈武还是永刚。

不晓得是不是因为爸爸不在,永刚生下来就哭,"哇哇"大哭了两天。妈绥到猕水打听,吓了一大跳,原来妈武开会就被关起来了,乡长一职在这之前,已经由穿黄军装说北方话的马副乡长接替了。

陶九香吩咐家里的每个人撒谎,对夏氏说妈武回乡里有急事,心想长子越来越心狠手辣,猕水好多保甲长都死在他手里,难道县里要收拾他?

夕阳在群山上面移动,像顽童赶群牛羊一样放牧着阴阳。山民们每天

日出而作,日落而息,中午在地头码一堆柴火,一篓土豆倒进土堆里,火一点上,一会儿就飘出了诱人的香味。人们围成一团,从火中刨出土豆,不停地吹,不停地拍打、啃啮。他们看见过去的黎队长,后来的黎乡长被自己组织起来的民兵押走,既吃惊又不吃惊。

妈武的经历和生活从来就有些神秘和离经叛道。

# 第二十章

## 1

永刚满月的时候,夏氏终于知道了真相。她咬着嘴唇来到新井边,舀了一点清水灌进婴儿的嘴里,接着收拾起衣服和干粮,将酒坛里的碎蛇捞起来焙干,研成粉和进干粮袋;然后用灶锅烟子在他娇嫩的脑门上画了个"王"字,又在背笼底层放只鸡,让胖胖的婴儿骑着"神凤",一路打马,镇精伏魅地赶到獂水乡政府。

乡武装干事赵长有和曾老猫调去了黄连农场,新干事是匠人朱顺屋里的一个族侄。朱干事告诉夏氏,妈武已经被政府逮捕,几天前解押到了县城,不叫家属会面啦。

夏氏捆放好背笼,把永刚绑在胸前,解下拴马绳,踩着镫子爬上马背。

朱干事说:"嫂嫂放心,县里已经打了招呼,对他一不捆绑,二不枪毙。"

夏氏没有反应,拉拉缰绳,朝县城方向走了。

风在山岭间呜呜地吹,空中乌云密布,树梢呼啸不已,连古木都被吹得沙沙直响。岩上的洞穴里,一只母老虎安静地守着它的两个幼崽。

妈武受了半天审,回到关押他的空屋子里,两眼昏花,周身发软。看守准备吃饭去了,却三天三夜不给他带饭,只让喝水,饿得他脑袋里出现幻觉,就在这时,他听到一个凄厉的声音——

哪哩送郎哪哩送到那五里坡哎,

哪哩天上哪哩雷公哪哩打下来哟,
哪哩天上哪哩雷公哪哩莫打我噻,
我再送他五里哟就回来——!

原始质朴,叫魂似的,压过了呜呜呼啸的风声,四面八方刹那间全静了下来。

这是夏氏的歌声。

夏氏的声音很难形容,和史前的植物和风一样古老狂野。永刚被吵醒,在母亲胸前哇哇地哭。

熟悉的声音,把妈武从幻觉中唤醒,他知道自己生了一个儿子,因为妈绥到獁水看过他一回。儿子的哭声使他屏住呼吸,眼里涌满了泪。

"不准唱歌!"看守粗暴地向门外吼道,"谁在号丧?这是什么地方?需要安静!"

妈武张着嘴巴待了一秒钟,突然,他伸出手去拿看守的枪。

"拖我的枪干什么?"看守把他推到一边。

妈武说:"打人!"

看守骂道:"打哪个?'扁担花',你要死不活还不老实,再饿两天!"说罢,锁门走了。

妈武像叫花子一样失魂落魄"对不起,"他攥着窗棂对看守喊,"麻烦把这个,给门外那女人。"

看守转身看看,是一块当地男人常用的黑布手帕,犹疑了一下,接在手上向大门走去。夏氏被挡在县政府门外,天色阴暗,好像快要下雨了。她接过黑布手帕,急忙递上一个包袱,道,"请你交给黎妈武。"

天边传来了隐隐的雷声,狂风呼啸,街上窗落门响,路边细一点的树木被连根拔起。看守盯了她一眼,不耐烦地说:"走开,我要去吃饭,蛮雷硬是被你唱来了!"

"快回去!"外警走过来说,"要下大雨了!"他接过夏氏手里的包袱,打开检查了一下,见是衣服和干粮,与同伴小声交流了两句,拎着包袱走进院子。夏氏比天色还要忧愁痛苦的眼光,一直追着他,直到拐弯看不见。

"还拖枪不?"性躁心善的看守把包袱扔到屋里,"吃的来了,也不能让你饿死。"

妈武把包袱打开，拿出一个土豆饼塞进嘴里。

大白天就像黄昏一样迷蒙昏暗，暴雷响个不停。雨粒一颗颗打下来，很快连成了线，刷刷地冲洗着大地，夏氏顺墙根躲到街铺屋檐下，风雨跟着她，把她的衣服都淋湿了。

"这种天气，你一个女的，带着这么小的孩子，从哪里来？"一个正在关窗的掌柜见她取下背笼给永刚喂奶，从街铺里伸出头来问。

"从獬水来。"夏氏抬起头来道，"叔叔，这里有一只鸡，可不可以借您的灶，杀了炖锅汤，我只要一半。"她的头发贴着脑袋滴水，看上去失魂落魄。

"可以，"掌柜道，"我听你唱得抓心，是不是家人关在里面？獬水这么远，你今天回不去了，隔壁就是客栈。"

夏氏把永刚奶饱哄睡后用土布兜在背上，从背笼下层捉出来时带的"神凤"，走进掌柜家的厨房。

黄昏的时候，雷和雨停下来，天色又亮了。

夏氏端着一大盅鸡汤，焦虑不安地来到县政府大门口。因为下班，大门已经关了，但还有一个老头在旁边的小屋里值班。"老伯伯，"夏氏低声下气对他说，"您能不能给我开门，让我进去。"

"现在下班了，你有什么事？"老头问。

夏氏道："我给里面的人送饭。"

老头问："给谁送饭？"

夏氏道："黎妈武，他在里面出不来。"

老头恍然大悟："下班了，我只是个看门的，不敢放你进去。"

夏氏失望焦急地央求："您能不能把这盅汤送给他？"

老头端着茶盅，和刚换哨的内警看守交涉。内警喊了一声："黎妈武！"

妈武看着那娘俩，在窗内心如刀割。

## 2

几天以后，夏氏从县城转来，憔悴落魄、双眼红肿的她带回了结果：

妈武获刑劳改五年，罪名是立场不稳，历史不清，监狱在万县。

妈武的人生总是从深谷攀上陡岩，又从陡岩跌入深谷，变幻不定，让人心惊肉跳，难道这就是他的命？

某种不祥之兆，仿佛一直在暗处窥视着黎家。陶九香又一次忍受着命运的嘲弄。她的腰弯了，背驼了，性情越发古怪，每天早晨拄着拐杖在八字朝门外来回走，发现有人看她，嘴里就发出两声低吼，把人家吓一大跳，莫名其妙，骂她"母地主""老地主婆"。

夏氏天天号哭，奶水也回了，换成羊奶后，永刚并不拒绝，真是个乖乖崽。日子这么过着，很久不见的金老娘有天畏畏缩缩来更古坪，走到坡上，她看见一个毛发倒竖的老女人茕茕孑立，拄着根拐杖，一会儿愤怒地朝地上戳戳，一会儿又狠狠地向天上捅捅。走近发现是陶九香，她大吃一惊，道："你怎么变得这个样子了？"

"我看见'八部大王'了，"陶九香望着金老娘，嘴角微微露出一丝笑意，"他们说，妈武是被坏人害的，他们要为他申冤。"

金老娘停下来，胸口一起一伏地喘气。

"八部大王"是八个武艺高强的虎族首领，是梯玛威严的八角鸟冠上，绘着顶着供着的八个大神。他们从小喝虎奶长大，个个赤胸露背，身高一丈，力气过人，食量过斗。老古唐明皇被新疆反贼搅得坐卧不安，命"八部大王"各率一万二千人马赴疆作战，他们临阵冲杀，屡战屡胜，凯旋回朝，但唐明皇害怕"八部大王"夺取唐朝江山，用毒酒毒死了"八部大王"。收尸的时候，"八部大王"一个个从地上站起来，一言不发，竖眉鼓眼，立如磐石，顿时，天空雷雨交加，电光闪闪，鸡叫狗咬，皇宫一片黑暗，吓得魂不附体的唐明皇，忙躲在金銮殿下说："大王息怒，朕封你们为'八部大神'，续掌巫山疆土，建庙立祠，与天地共存，永受香火。""八部大王"的身躯这才倒下。后来，唐明皇为他们举行了隆重的葬礼，并把每年正月初三到初八定为祭奠日。山民对"八部大王"尊崇备至，如有重大冤情，总相信"八部大王"的帮助。

金老娘道："山再高，挡不住太阳；牛再大，压不死虱子。老姐子，你多上一些香！"

陶九香一声不吭，又将拐杖重重地朝地上戳戳。

永玉正在火坑旁剥玉米，看见金老娘进来，扭捏地叫了一声："外婆。"

"乖崽。"金老娘一边说，一边伸手在胸口里掏来掏去，摸出一个鸡蛋大的香包，上前给外孙女挂在颈上。她知道永玉添了个弟弟，心疼地想，这孩子没爹没妈，往后，不知道有多少活在等着她。想到这里，局促地坐在凳子上，小声对陶九香说："永玉她妈来信了，想把永玉接到重庆读书。"

陶九香抬起惊愕的脸："她知道妈武的事？"

"阿及写信告诉她的。"金老娘说，"张大鑫有钱，心又好，上次回来还带了这个。"说罢，伸手又在胸口里掏来掏去，掏出一张小小的照片，陶九香一看，一个鬈发披腰的漂亮女人抱着个穿裙子的小女孩。"这是……"她端详着问。

"永玉她妈！这是抱玉，五岁了。"金老娘的脸微微一红，道，"信上说城里的小姑娘，七八岁就进学校，世面见得多，比乡下人聪明，叫永玉也去，留在獗水怕被蛮抢。"

金老娘伤痛的话，勾起了陶九香对永玉的怜惜，孙女今年十二岁了，长得跟她妈一样好看，两颗眼珠又大又亮，就是命苦，往后不知该怎么办。

夏氏正在灶前搅拌汤锅，她从未见过金氏，听说那女人貌美，忍不住投过去忧心忡忡的眼神。谁知一瞧，心里一惊：那么洋气，搂着穿裙子的抱玉，根本不像山里人。她微微张着嘴，眼睛里闪动着复杂的表情。

"家里现在不比过去，"金老娘慈爱地搂着永玉，"永玉跟着她妈，老姐子也少个负担。"

陶九香皱着眉，一时没有说话。

"妈妈，"夏氏愁苦道，"虽说现在屋里屋外缺人手，永玉煮饭、抱弟弟的活样样能干，但还是去重庆好，读两年书，懂得识文断字再回来。"

山顶上风起云涌。"永玉崽，"陶九香搂着孙女，问她，"想留在獗水，还是去重庆？"

永玉咧嘴一笑，说："奶奶，我想进洋学堂，穿洋布衣，放假再回来看您。"这孩子，看了照片上的母亲和抱玉，充满了羡慕和好奇。

陶九香大半辈子没服过谁,唯独对金氏无可奈何。这个女人本事惊人,好像一轮又红又艳的太阳,魔力大,男人没有一个不腿软的,永玉以后识了字,不比金氏更厉害?她吐出一口叶子烟雾,问金老娘:"怎么接,等她妈回来?"

"我领回去,"金老娘透过面前的烟雾说,"叫阿及送到重庆。"

"也好,"陶九香说,"她妈自个把她养大,放个好人户。"

永玉高兴地靠着外婆,但金老娘揽着她,只是摇头叹气:"房子都给队上当仓库了,三口人挤在偏屋里住着。自从挨了贫农团的揍,又挖出了洋钱,我家老东西就奄奄一息躺在床上,水米不沾,今天早上说,想吃点吗啡。听说崔家还在偷偷摸摸卖,我去一打听,要五斗谷子。多余的粮都被贫农团撮去了,屋里柜子打翻,也只有三斗新谷。能不能跟你借两斗,让不走运的老东西死,死也死得舒服些?"

陶九香亲手垒的那亩稳产田,谷穗已开始灌浆,看在亲家一场的份上,把陈谷撮给了她。

妈武的女儿永玉给陶九香叩了三个响头,跟千恩万谢的金老娘一起离开了更古坪。

## 3

陶九香等到子夜,悄悄点燃香火,越过一千多年向"八部大王"求救。四周一片漆黑,三根香点燃后,好像另一个世界的磷火,她相信,"八部大王"的灵魂在那里了,匍匐四肢以额叩地,弄得额头上都是土。凌晨,她躺在床上,怎么也睡不着,惦着小孙子永刚和夏氏。家里没有当家男人,以后这日子,到底怎么过呢?

早晨起来,下雨了,山林一片苍茫。阴沉沉的天,灰蒙蒙的地,到处阴森森冷飕飕的,陶九香不由得打了个寒噤。为了照顾吃奶的永刚,她放下老脸,建议夏氏在更古坪落户,和自己住在一起。"银美,"她说,"不嫌弃妈的话,就在这里过吧,我不会委屈你们母子的。"

夏氏听得眼泪汪汪,叹口气道:"我们母子俩,是离了网的蜘蛛,脱了枝的树叶,妈妈,谢谢您老人家照顾。"

苞谷已开始灌浆，地里需用薅草，婆媳俩摸黑起床，吃过早饭，天上的星斗都还没落下，陶九香就背着水筒饭篓出门，夏氏背着永刚跟在后面，两人来到地头，把饭篓和永刚挂在树上，水筒放在岩边，佝起腰便开始干活。直到太阳当顶，永刚在背笼里哭，夏氏才擦擦汗，到树荫下喂奶。汗水流了她一脸，衣服像被水泡过。陶九香把饭篓和水筒取下，用水把饭泡泡，递给喂完奶的媳妇。永刚吃了奶，含着奶头又睡着了。凉风习习，夏氏和陶九香也靠着树子打盹。当鸟雀把她们吵醒，两人又把永刚往树上一挂，顶住太阳继续荷锄。

薅完一遍，陶九香骨头都散架了，夏氏却不叫苦。她发现绵软俊俏的幺儿媳妇性格里面，藏着一种说不出的气质，就像坡上的茅草一样泼辣和强韧，令她非常意外。

半年过后，夏氏成了家中的主要劳动力，连牲口都听她的话，忙不过来了，撵山狗黑豹帮着她放羊。几户邻居见了，都惊奇地说："哎呀，鬼婆硬是有办法。"

永刚转眼满了两岁，这天夏氏打柴回来，陶九香帮她卸下背夹，神色不安地整理了一下柴垛，睁大双眼道：

"听说没？你娘屋的事，老梯玛那些法器，全部被收了。"

夏氏心里咯噔一下。

父亲法事中使用的辟邪用具，平时摸都不能随便摸，特殊日子里，还要焚香烧纸。那把司刀，见魔驱魔，见鬼打鬼，起码传了五六代人，有众多神灵加持的法力；还有几个精美传神的面具，不仅沾过鸡血，而且念过咒，虫蚁避退。特别是牌带，是她十岁那年，在母亲指导下绣的第一件作品，虽然稚嫩，但父亲说，定要十二岁以下的女孩子绣，那一年，父亲正式成为爷爷的传承弟子。后来李二娘的小孙女也帮哥哥绣了一个。

这些法器全部具备神性，非常灵异，直接涉及家族和乡民的祸福。

夏氏焦急地问："妈妈听谁说的？"

"院子里都在说。"陶九香给她盛上一碗土豆饭，现出满脸的担心，"老梯玛捉那些鬼，不知道交没有？会不会出事呀？"

夏氏背上永刚急急忙忙赶回斩蛟谷，途中在腊家沟找人户借宿一晚，第二天中午才到家。

土改时，夏宅又搬来了三户人家，正是弄午饭的时候，院坝里没有人，夏氏进屋，放下背笼，看见父亲、母亲和哥哥闷闷不乐地坐在火塘边，忙提醒儿子："叫外公！"

永刚从背笼里爬出来，放声大喊："外公！"

夏七发一把揽过外孙，"嗬，"他摸摸永刚的小脑袋，欣慰道，"长大了！"

"怎么想起回来？"夏老娘从草墩上站起身，给永刚拿了一个土豆饼，问他，"尿不尿床？"

"不尿了，能睡到天亮。"夏氏道，"妈妈，家里好吗？"

"司刀收走了，"夏老娘犹疑地看了一眼夏七发，叹口气说，"现在就是担心牌带和那些面具。"

夏氏浑身发软。父亲司刀的刀锋下，无数邪神精怪惊慌失措，落荒而逃，个别胆大的，也规规矩矩，蹲在屋角不敢乱动。就这么说收就收了，不知道以后退不退还。

## 4

夏七发衰老了许多，花白的头发又长又潇洒地披在赤裸的肩上，看得见肋骨的胸膛被塘火映得红彤彤的。夏氏深深地为父亲难过，惶恐地问："爸爸的阴兵阴将呢？收走没有？"

她知道那十万阴兵阴将，是爷爷临终前传给父亲的，平时密封在一个陶罐里，除非有特殊需要，才念咒招诀，放出来行法。他们尽职尽责，专门捉拿病人的魂魄归身，法事一完，立即又收回去密封。还有父亲大半辈子捉的鬼，装在一个羊皮袋里，看上去有的是一块石头，有的是一只蜘蛛，有的是一截树根。按规矩，十万阴兵阴将，父亲将在去世前传给哥哥夏良现；羊皮口袋里的鬼，父亲也会在去世前亲自作法，将它们放归四野。

"这些东西，"夏老娘说，"随便打开要出事，他们恐怕不会要。"

夏氏一听，松了口气。

"反正现在，还没有人问。"夏良现道，"民兵来了几趟，只叫把面具交上去，说再不交面具，他们只好搜屋，上辣椒香。"

"那份罪不好受，熏得人七窍流血。"夏老娘摇了摇脑袋，愁苦地说。

"妈武不打紧，崽崽窜几年就回来了，你哥的事才难弄。"夏七发搂着永刚道。

夏氏晓得父亲着急哥哥的婚事，低声道："爸爸，只怪喜欢哥哥的女人多，他太骄傲了。"

夏良现能言会唱，相貌俊美，外出解结消灾，总有女人偷偷摸摸递眼神献殷勤，面临的诱惑比一般男人大，但有运无命。第一次是和乡长的千金王玉娥，王姑娘对他一见钟情，却嫁给了指腹为婚的区长公子。第二次是和李二娘的孙女，善良的姑娘希望一辈子替他浆衣洗裳，他却把人家认成干妹子。第三次经受不住勾引，迷上了团总黄天良的遗宠田氏，在父亲的干涉下分了手。第四次是和马四姑娘，媒人走了头回，正交换红庚的当口，认识了田小小，死也不肯要马姑娘了，夏七发容忍他的花心，赔了马家一背礼。第五次是和田氏的妹妹田小小，夏七发本有忌讳，但想到夏家该娶媳妇了，看两人也算天造地设，于是同意换红庚下聘礼，谁知接人前夕，田家突然悔婚，送还聘礼，三天之内把田小小嫁到了县城去，不知是不是在报复他，七搞八搞，弄到二十出头还未成家。

夏七发懊恼道："过去条件好，没当回事，现在恼火了。"他不明白乖乖一个伢崽子，怎么偏偏在女人的问题上这么倔。

夏家目前处境艰难，夏氏能理解父亲的焦虑，急忙安慰道："爸爸，世上没有剩男剩女，总有个姑娘，会做我的嫂嫂。"

风华正茂的夏良现坐在一旁咧嘴苦笑："难道没有姑娘嫁我？不提这个，面具的事紧急，要不，"他灵光一现地说，"弄远点，背到更古坪藏一阵子？"

夏老娘道："这主意好，早一点怎么没想到？"

夏氏一惊，婆家的成分和自己的身份，不允许她冒风险，可是怎么对他们说呢？她呆呆地望着火坑出神。

夏良现猜出了妹妹的心思，瞪着杏目分析道："他们不会去更古坪搜，你别放在屋里，在附近选个安全的地方，埋在下面，做个记号，过几年再挖出来。"

夏老娘说:"对,对。"

夏氏眼圈红红地说:"妈,我要想一下。"

夏七发开了腔:"把白帝天王和牌带背回去,"他内疚地望着女儿,说道,"好好埋起来,其他的就留在斩蛟谷。"

夏良现钻进里屋,端着背笼走出来。夏七发伸手从里面取出一个古朴浑厚的面具,摩挲着,举在眼前仔细端详,好像在无声地交流什么,这就是白帝天王。它凶猛、狰狞、威武、狂傲,双目圆瞪,脸颊微突,须发遒劲,任何人摸上去,都会感觉到一点体温。

早年蒙易神婆的儿子廪君化为白虎,引领族人勇猛作战,因有功于中原王朝,反被赏赐鸩酒,它张牙舞爪、横眉怒目坐于金銮殿上,把皇帝吓得胆战心惊,被封为白帝天王,立庙祭祀,才点头飞身而去。白帝天王既为族神,又是皇帝赐封,比任何神祇都威严,族人崇拜他,比崇拜任何神祇都要虔诚和尊敬,他的庙宇庄严无比。这面具是夏家祖上传下来,跳了一百五十年,最有法力。夏氏知道"他"已经跳活了,平时和其他面具一起放在檀香木板制成的小箱子里,如果第二天有人来请,头天晚上,就能听到箱子里发出"砰砰"翻动的声音,早上打开一看,珍贵地放在箱子底部的白帝天王,已经翻到箱子上面来了。"他"和牌带一样,实在太重要,不管是对家族还是对乡民。

夏良现用玻璃纸把自己和父亲的牌带与白帝天王捆在一起,绑在背笼的底部,把永刚抱进去坐上试试。夏老娘忙给女儿外孙做酸菜玉米饭,次日一大早,夏氏便背着白帝天王和永刚,在夏良现的陪同下出了院门。

夏七发把长衫子的下摆掖在腰间,也扛着锄头上了山。

夏氏和她的哥哥走在坡上,一首快乐的歌从他们身后悠悠地传来:

背笼背得乖,
装个小崽崽,
姑娘做了母亲了,
脸上放光彩。
崽崽脸儿洗得白,

鸡鸡从裤兜里吊出来,
肉肉坨坨,
人见人爱。

夏氏回头,看不见人,她知道,那是她的老父亲在唱给她听。

## 第二十一章

**1**

夏氏带着娘家的重托,心事沉重地回到更古坪,两条撵山狗不像往常一样迎上来,反而跳到门外,嘴里紧张地呜呜叫唤。

"怎么了,黑豹,猛子?"陶九香看了夏氏一眼,问,"你路上碰了什么东西?"

夏氏不敢隐瞒,赶紧把背笼收起来,告诉婆婆里面的秘密。她水没喝饭没吃,等到天黑尽,偷偷把玻璃纸捆好的牌带和白帝天王,埋在了离家最近的玉米地下面。

两条撵山狗这才摇着尾巴进屋。

那时秦家小儿子隆平抗美援朝回来,当了生产队的队长,经常开夏氏的斗争会。自从白帝天王埋在地里后,陶九香和夏氏这两个争强好胜、性格倔强的女人,格外老老实实逆来顺受,特别是夏氏,怎么斗,也不争辩输赢对错。

"母老巴子服帖了。"隆平队长一次开了陶九香和夏氏的斗争会下来,得意地对旁人说。

春天里,兴起了人民公社,土地收归社队,每家只允许留下一小块自留地。秦老娘想起更古坪人人皆知的关于黎家祖坟开莲花的传说,找到隆平队长,让把茅草坪紧邻黎爹柱坟墓的几分地,批给秦猎熊与大婆子周氏留下的长子秦基安做屋基,喜出望外的秦老娘指挥子侄在谭老娘看见莲花扑闪的位置,七手八脚修起了一排木板房,给刚刚娶上媳妇的秦基安住。

新房快要竣工的时候,秦老娘害怕木石行中的忌讳,想偷偷请夏良现来做福事，她的小儿子隆平队长不同意，秦老娘骂道："这不是一辈人的事，不能依你！叫夏良现晚上来，我们不说，哪家哪户知道？"

隆平队长拗不过老娘，被迫同意他们夜里搞。第二天，秦老娘悄悄背着纸扎去斩蛟谷，谁知她好说歹说，夏良现就是不答应。

减租减押和清匪反霸的时候，夏家院里的财物被贫农团没收了，夏良现耿耿于怀，看不惯勇敢的社队干部，加上他害怕民兵揪斗，拒绝献艺。

秦老娘让小儿子秦隆平去说，隆平队长不得已，只好亲自上门，和颜悦色给他看不起的夏良现做工作："你悄悄做一次，别人不知道；万一知道了，你就说是我叫你搞的，民兵那里我负责！"

夏良现抵触情绪未消，原本打定主意不去，但是，因为白帝天王面具埋藏在更古坪，他惦记着祖传重器，终于向对方妥协，挑了个吉日从斩蛟谷出发。

早春二月，一丛丛粉红色的花束，像宝石一样点缀在田间地头。布谷鸟的叫声中，人们陆续下地忙碌。陶九香和夏氏不要别人帮助，向邻居周泰望借了一头耕牛，在埋有白帝天王面具的那块地里扶铧翻泥，点种苞谷。夏氏在前面吆牛，年近半百的陶九香在后面撒种。她腰上右边挎笆篓，左边挎撮箕，一边一下，熟练地往土窝里撒灰丢籽，两手默契自如，好像在跳一种古老而简单的舞蹈。

可是牛在前面犁着犁着，突然不走了，使劲赶也赶不动。夏氏一愣，心里闪过一阵惊慌，她明白了，牌带和面具可能就在下面，于是，吃力地把那畜牲头上的犄角往旁边扳，哪里扳得动。夏氏又着急又生气，一鞭子打下去，这犟牛反倒挣着脖子，大弯角朝地下一撬，沾满泥土的玻璃纸捆，顿时暴露在光天化日之下。刚好加入了民兵的迩养背杆"三八式"步枪从边上过路，警惕的他眼睛瞪得又大又圆，以为里面是浮财，大叫一声"鬼婆！"跳下田坎，一把抢了过去。

迩养急不可耐地把玻璃纸撕开，人神皆惊。"嘿！怎么说，两个鬼婆，看着老实，倒比男人胆大！"迩养跳上田坎，得意地对听见声音走过来的周泰望道，"给我喊队长。"

"不，别，迩养。"陶九香趔趄着扑过去，她扑得太狠了，浑身颤抖地摔倒在新翻的土地上。

"妈！……"夏氏忙去扶她，紧张使她的声音听起来有点歇斯底里。

周泰望一见牌带和面具，心里便明白是怎么回事了，放开嗓门，积极地大喊：

"队长——！队长——！队长——！"

"队长——！队长——！队长——！"

一浪一浪的声音，在山谷回荡。一会儿，隆平队长的问话就从远处传来：

"么事——？么事——？么事——？"

"么事——？么事——？么事——？"

这个中午，成为更古坪人永远难忘的日子。夏家梯玛自开坛以来，三十七代祖师和夏七发、夏良现的姓名、年庚以及充满法力的传承符咒，和白帝天王面具一起难逃厄运，在更古坪由迩养点火，周泰望见证着化为灰烬。夏氏望着一股青烟飘向日落的方向，两眼发黑，晕了过去。

事后秦老娘责骂小儿子秦隆平，不该当这个罪魁祸首，但隆平队长争辩说："两个民兵看着我，不烧怎么交代？再说，猎熊猎牛都死在黎妈武手里，我一见那两鬼婆，心里就不舒服。"

秦老娘于是不再出声。

头天早晨，夏良现如约上路，当晚在一猎户弃置的窝棚里生火宿夜，第二天才到更古坪。他走得很快，看见上百只鸟儿在树上吱喳喳吱喳喳地叫着，音调又短又急切，好奇地慢下脚步，仔细听了一阵，可惜不像父亲那样能听懂，不知鸟儿们聚在一起议论什么。

天色还早，他决定先去妹妹家，问问面具埋藏的地点。

坡上的树都抽出了嫩芽，野花也悄悄地开了，他大步走着，猛地看见一条马桑枝上，穿着蜥蜴又干又瘪的尸体，"呸"了一口，绕道转过去。他知道这是"屠夫鸟"粗嘴伯劳的恶作剧，它们将捕获的昆虫、青蛙或蜥蜴等贯穿在没有长树叶的树枝上，事后又忘记撕下来食用，春天枝梢长出了分枝和绿叶，人们也不知小动物的尸体是怎么穿进去的，造成惊悚和悬疑，是一种不吉利的恶鸟，看来今天应该谨慎从事。

他带着微微的心跳，走近住满了乡亲的黎家旧宅，正碰上妈绥在圈舍拉了屎出来。

"你怎么在这里？"妈绥望着他，一边提裤子一边问。

夏良现说："我来看看我外甥，二哥，他们是哪一间？"

妈绥腾出一只手指了指，脸上的表情特别奇怪。

## 2

从妹妹夏氏那里出来，夏良现的模样发生了变化，剑眉耷拉，好像行尸走肉，埋着脖子，慢慢地向油墨溪方向挪步。快到巴子岩的时候，一条黑影站在前面等他，是放心不下的秦老娘。

"怕你走错了，我出来等，"秦老娘见他走来，终于松了口气，"就在下面，听见水声就到了。"

天色太暗，看不清景物，夏良现眉心竖着个"川"字，跟秦老娘跳了几道坎，终于听到了隐约的流水声。

"到了，到了，快进屋歇歇。"秦老娘殷勤地说。

新房头天刚上瓦，里外都散发着木头的香味和泥坯的腥味。秦基安和他新娶的媳妇迎出来，又瘸又矮的秦猎熊，倒生了个高高壮壮的儿子。

秦基安腼腆道："叔，先吃碗拐糟蛋，菜一会儿就好，马上就吃饭。"

夏良现拉着五官端正的脸，也不答话，秦老娘隐隐感到不安，但转念一想，夏良现初来乍到，不可能听说中午的事。"辛苦你了，"她笑着说，"看看，膝盖上都是泥。香蜡纸烛都备好了。"

秦基安端出半背篼稻草制的黄表纸，说："叔，你看够不？"

夏良现跟没听见似的，推开面前的碗，在油灯前坐下来。他的脸色非常难看，好像得了重病，垂着头掏出带来的弧形刀具，对准一沓裁得方方正正的稻草纸，哆哆嗦嗦用榔头敲出一个个括号。这不起眼的草纸，是鬼神世界流通的钱币。

福事从子时开始，弄到下半夜才结束，隆平队长没有露面。做完扫尾活，已是凌晨，窗外微微现出蓝光。

"叔，吃点东西再走？"秦基安感激道。

夏良现却拾起工具，伸手打开门闩，一步跨出房门。借着模糊的晨光，他看见门前平了一小块坝子，侧面对着油墨溪峡谷。秦老娘和秦基安

陪他顺来路转到新房一侧,但房侧的情况,却让年轻的梯玛吃了一惊:新房后墙与一座长满青苔的长坟只有一尺之隔;后墙还开着小门,通往墓碑前一间用茅棚搭起的低矮灶房,难怪一直感觉到煞气,那是黎爹柱的大坟!他想起了民谣:"黎哈窟里有穴地,大尖山的小尖山,牛头山的马鞍山,哪个找到这穴地,幸福日子过不完。"

"叔,你看什么?"秦基安解释道,"这里地势平一点,没办法,就是太挤了。"

作为知晓阴阳的梯玛,他明白秦家的想法,停下脚步,抬眼环视四周,顺着坟后的羊肠小道走了。

秦基安是在当天晚上吃饭时,感觉两腿不对的。媳妇张氏是梨树湾的人,生得细皮嫩肉,有一手不错的厨艺。煮出一锅酸菜豆腐,一盘炒腌肉,倒了半碗玉米酒。秦基安酒足饭饱,心旷神怡,准备和张氏吹灯上床,谁知这时怎么站都站不起来,屁股也抬不动,就像在火塘上生了根一样。

张氏非常着急,以为男人是为新房累狠了;天天和请来的乡亲一起挑抬,晚上还要和她干一两场。头天做福事一宿没睡,天亮又出了一天的工,恐怕伤了精气,忙拿了床棉被靠在他腰后,让男人歇歇。谁知到了深夜,秦基安仍然站不起来。

张氏没办法,只好又抱来一床棉被,焦急地道:"将就睡一觉,天亮再请郎中看看。"

"我想尿。"秦基安说,他难受地扭来扭去,想抬一下屁股,可是屁股沉得像座山,完全不听使唤。

张氏拿来了夜壶,帮男人解裤,可秦基安抬不起屁股,褪不下夹裤。

"尿裤子上了。"秦基安泄气地说。

## 3

张氏好不容易挨到天亮,头没梳脸没洗跑去向秦老娘求救。

一宿坐在火塘边的秦基安,正在垂头大声打呼噜,秦老娘急急忙忙赶过来,扳醒孙子道:"站起来试试?"

秦基安睡意矇眬地抬了抬腿，又欠欠屁股，吐出一句："不行。"

秦老娘在屋里走了几步，抬手撑住一根柱子，问："怎么是湿的？"

张氏上前一看，诧异地说："哪来的水？"

那柱子好像出汗一样渗出水珠，还在往下流。

张氏奇怪地瞪大眼睛："怎么流水呢？"

秦老娘紧张道："小梯玛听说了白帝天王被烧的事？"

张氏说："我去梨树湾请郎中。"

秦老娘绝望道："有什么用？中了夏家的邪术。"

"奶奶，我脚都麻了。"秦基安在火塘边叫。

秦老娘抹泪："叫隆平来看，他闯下的祸，害了我孙子！"

张氏蓬头垢面飞身而去。

秦基安吓着了，问："奶奶，难道我一辈子站不起来？"

秦老娘内疚道："我给你热饭，我们请老梯玛解决。"

隆平队长走进屋，气得跺脚："这个灰笼，我叫民兵收拾他！"

秦老娘像那柱子一样流眼泪："你真是不晓得利害，人家一口水，恶鬼都能喷到屋角去，还怕你不成？"

隆平队长问："娘说怎么办？"

秦老娘摸着柱子上流出的水："好汉不吃眼前亏，老娘去斩蛟谷下个矮桩。"

隆平队长说："那我去。"

秦老娘气愤道："你太忤太傻，烧了人家祖传的神器，想去找死！"

隆平队长有点后悔。

秦老娘救孙心切，胡乱吃了早饭，提着茶叶和稻草纸，匆匆赶往斩蛟谷。她出发得晚，日落才到腊家沟，不敢一个人走夜路，在熟悉的乡亲家借宿到天明，又爬起来赶路。

夏家父子正在地里薅草，夏良现眼尖，看见秦老娘，有意躲开，对父亲道："我去捡点干柴。"

秦老娘气喘吁吁地爬上来，还未说一句话，老梯玛就望着她说："我知道你要来。"

"梯玛是怎么知道的呢？"秦老娘吃惊地问。

"鸟儿告诉我的。"夏七发忧郁道。

"梯玛怎么懂鸟语？"秦老娘不相信地眨着眼睛。

"有一次，我在路边看见蛇舞（交配），用树枝抽散了它们。晚上，梦见一个女人来找我，问为啥行凶打伤她的丈夫？我说，你丈夫乱搞女人，我过路搅散了他，你应该感谢我才是。女人说原来这样，是该感谢你。说完在我耳边吹了一口气。第二天一早，鸟儿叽叽喳喳我全听懂了。"

秦老娘听得毛骨悚然，额上大颗大颗地淌汗，道："我孙子站不起来了，新房的柱子也流水，老梯玛想个办法救救他。"

夏七发扛着锄头从地里回屋，他已进入花甲之年，花白的头发披在肩上，坐在火塘边，手握一根一米长的旱烟杆，"吧嗒、吧嗒"地狠吸。茶叶和稻草纸，是他最喜欢的两样东西，但他却让秦老娘把背来的东西全带回去。

秦老娘为忤逆的隆平羞愧和担心，想到动弹不得的孙子，焦急和难过地又哭又唱，痛心疾首地在老梯玛跟前赔不是：

"梯玛可要宽宏大量啊……呜……我家隆平身不由己……迮养和周泰望那两个龟孙呜……斗志高啊……豺狗一样瞅着他，我家隆平呜……当个队长不容易……"

"快回去吧，不要背叛祖宗。"夏七发说，烟雾后面，他的目光深邃而沧桑。

声泪俱下的秦老娘疑虑重重，回到茅草坪，张氏看见她便道："奶奶，基安起来了，正在屋后冲洗。"火塘边果然没有了孙子，柱子也不再流汗。看到邪术已被解除，精疲力竭、脊梁冒汗的秦老娘如释重负，瘫坐在火塘边。

夏良现躲到太阳落坡才回家，轻手轻脚走进门，就看见父亲坐在火塘边，满脸通红，刺鼻的叶子烟雾缭绕着浓浓的酒气，心里一抖，想退出去。

"站住。"夏七发的声音不高，却令他发心里发抖，"为啥在秦家新屋放水堰，使定身法？"

"我恨……"夏良现不敢抬头。牌带和白帝天王被烧，十几代梯玛的资格证明没有了，羞辱恐怖啊。

"这碗饭，以后你不要吃了。"夏七发"吧嗒吧嗒"吸着毛烟，神色悲怆地说，强烈的不安使他看上去那么孤独绝望。

夏良现知道父亲在废他，祖神封赠过梯玛百说百灵百说百明，这话能随便出口吗？父亲隆重授给自己的法，不能就这样废了，他恐惧地张着杏目，委屈地叫："爸爸，我知错，我改。"双脚一软，差点跌倒在地上。

"夏家祖上也出过事，情迷心窍让女人自己脱光，提起衣服自动走来，事后倒霉坠了崖。"夏七发忧愁的眼神移到儿子身上。

夏良现睁着泪光闪闪的大眼睛，哭丧着声音说："我再不敢了。"

夏七发胸膛里发出来一声叹息，神色憔悴苍茫，伤心地说："你会惹祸……"

夜晚，非同寻常的夏家第三十七代梯玛在阴影里孤独地坐了一宿，不听儿子的辩解，陷入了很深的沧桑。他漫长地回忆祖上那些隐秘的和公开的教训，太阳出来之前，被人敬之如神的他不声不响做出一个惊人之举，废了第三十八代梯玛夏良现的传承。

# 第二十二章

**1**

　　油墨溪的岩穴和水草间，有很多漂鱼和米虾，隆平队长从小生活在溪边，吃够了里面的鱼虾。自从黎哈窟办起食堂，大家生怕迟到吃不上饭，在食堂周围搭起很多三叉棚，狼似的惦着一天三顿。清汤寡水收不住人心，隆平队长没办法，把家门口的美味介绍出来，给大伙改善生活，数他大公无私。

　　妈绥戒掉鸦片以后，身体恢复了健康，精神地扎着黑棉褂，背着扁背，扛把锄头，带领老婆何氏、嫂子夏氏和陶九香三个妇女参加造田，到了吃饭时间，又一起到食堂里排队等伙食，永志永光永刚也跟向猪母娘讨奶似的，跑前跑后地盼着开勺。

　　吃完香喷喷的鱼虾饭，天色已黑尽，男女老少各自动身回屋，隆平队长走到夏氏面前说："今天你唱得好，晚上去箭竹沟参加捞虾，明天免半天的工。"

　　夏氏同意，让永刚跟着陶九香先回三叉棚。

　　面具焚毁不久，猸水收缩连地面积，不让私人栽种，家家户户都上坡砌石造田，插秧薅草。隆平队长不给夏氏安排农活，递给她一面钩锣和一根棒槌，叫她打锣唱歌，编点新词唱到收工。

　　夏氏迟迟疑疑不肯张嘴，隆平队长生气道："叫你窝藏面具，别不识抬举。"

　　"叫你唱就唱吧。"何氏低声劝她。

　　夏氏自知难以过关，抬起手掌抹抹眼泪，想了一会儿，站在土坎上，

先闷头敲一阵钩锣:"铛!铛!铛!铛!铛!铛!——"然后开始唱:

早晨起,雾沉沉,
雾雾沉沉不见人。
东边一朵红云起,
西边一朵紫云腾。
红云起,紫云腾,
红旗冉冉下天庭。
……

声音刚开始有点小,唱上几句以后,神歌的韵律和节奏跑出来了,音量也大起来,两只手和嘴巴配合得收发自如,有板有眼。
铛!铛!铛!铛!铛!铛!——夏氏又唱:

红旗插在田坎上,
来了我这唱歌人。
吃肉先要喂好猪,
吃饭定要种好禾。
莫让青虫吃苗叶,
莫让黄虫钻苗心;
不准老鸦啄种子,
莫让野猪损苗根;
……

隆平队长瞠目,觉得这女人是个人才。"不许停,"见她突然停住嘴巴发呆,急急地吼,"不许停!"

夏氏捡起带来的水筒,喝了一口水。她身穿青衣,头缠白帕,右手提着一面钩锣,左手拿着一根棒槌,又打又唱到太阳偏西。参加会战的生产队员情绪很高,哈哈大笑地议论:

"唱得像老梯玛一样好听!"

"好好干，今年的先进，"隆平队长洋洋得意地宣布，"是裤裆里抓那东西——稳捉擒拿！"

夏氏跟隆平队长和炊事班的四个人一起留在食堂，炊事员还在洗刷饭桶和碗筷，隆平队长拿了一把柴刀，对夏氏说："这活儿轻松，我们去砍竹子，等会儿编虾壕。"

夏氏唱了一天，嗓子说不出话来，点头答应。

月光出来了，但竹林里非常阴森，大白天一个人路过，都有点毛骨悚然。

"苞谷坨坨像牛角，粟米穗穗像绳索；"胆大的隆平队长一边哼哼，一边从腰杆处砍断两根竹子，放倒在地，听见夏氏的脚步声，也不抬头，等她走近了，一手伸过去，狠狠地扯下她的裤子，然后起身，把这个百灵鸟一样善唱的女人掀翻。"绿豆叶子包得盐，高粱秆秆撑得船。"他兴奋地唱完后两句。

夏氏被隆平队长的突然袭击大吃一惊，慌乱地叫了一声，她的两臂被隆平队长缚住，下身被他的腿压着，只有脑袋可以动。背上竹叶堆积，潮湿阴冷，她想喊叫求救，又怕自取其辱。正在悲愤和焦急间，只听隆平队长叫了一声：

"莫扔！"

夏氏一愣，她也感觉到有东西从上面撒下来。

"哪个朝老子头上扔沙？"隆平队长停下动作，奇怪地说。

夏氏试着挣了挣四肢，仍是不能动弹，她冷静片刻，嘶声道："是那个东西！"

"老子没惹你，你也别惹我。"隆平队长捉紧夏氏。他不信邪，定定神，一边骂，一边腾出手来松开裤腰，硕大的肚脐眼直愣愣瞪着夏氏，跟个发射按钮似的，鸡巴好像上了弹簧，抖动着从机关下跳了出来。

一把阴冷冰凉的东西又落在颈项上，隆平队长神色慌张，抬头看了看。

夏氏也淋着了，她镇定下来，用低哑的声音说："把我的裤子拿来，鬼东西害怕。"

隆平队长心惊肉跳，怕被鬼魂附体。他听过很多古怪的传说，知道那个东西怕几样秽气，包括女人内裤，连忙坐起来，把夏氏的裤子提给她。

冷冰冰的东西还在撒。

夏氏抓过自己的裤子罩在头上，隆平队长有些气馁，骂骂咧咧，也将自己的裤子罩在头上。

夏氏一瞅，忙把裤子穿上。

隆平队长骂道："上了你个狡猾婆娘的当！"话音未落，刚才还能看见人影的竹林突然一片漆黑，伸手不见五指。隆平队长吓得眼都直了，想起幼时老娘教的咒语，说是消魔辟邪：赤赤阳阳，日出东方；读之三遍，百鬼潜藏……却是跟王道长捡的，不好乱念，一个激灵，张嘴大唱："东方红，太阳升，中国出了个毛泽东，他为人民谋幸福呼儿嗨哟……"七唱八唱，眼前总算明亮了许多。回头一看，夏氏站在离他三四米远的地方，正不声不响地把他盯着。

炊事班的人刚把饭桶和碗筷洗刷干净，看见隆平队长和夏氏一前一后，扛着两根竹子从外面回来了，月光照在他们身上，投下长长的黑黝黝的影子，两人走一步，影子也跟着走一步，就好像被鬼缠上了。更奇的是两人扛竹的方法，真是遇到鬼了！

"找几把刀，"隆平队长咋呼道，"马上破出来，抓紧编！"

怪念头立即抛到了脑后，三男三女连夜划竹篾，编虾壕，弄到半夜，六个人身上挂着一百只虾壕，奇形怪状地往油墨溪走去。

捞虾需要用草把和虾壕。米虾最喜欢柏树的香味，在水里放上柏桠扎的草把，阴森森的树叶，引得它们像牵线一样爬过去觅食。虾壕更省事，晚上放百把只虾壕在溪里，早上捞出来，运气好时，倒得出两三桶虾。

往水里放好虾壕，夏氏和炊事班的四个人跟在隆平队长身后，到秦家老屋火塘边打盹，只等天色放亮，一起去取虾壕。隆平队长恶狠狠地打了个哈欠，悻悻地躺到老婆床上。

## 2

秋天里粮食增了产，公社嫌亩产太低，隆平队长抱着脑袋斗争，在产量后面加上两个零，指挥大伙把粮食背往花椒湾，囤放在金家院子改成的

大队仓库。因为没分到一颗粮食，食堂断了炊，把出工时间缩短两个时辰，周围的三叉棚都空了，人们各自回家找东西果腹。院宅里几个男人合起伙打猪，周泰望的本领显露出来，晚上他能根据各种眼睛发出的光来判断是什么野兽，比如眼光亮长而摇动的是鹿；贴着地面时亮时灭的是野兔；眼光低而不斜的是老虎。无论蹄印有多杂乱，他都能查出野猪进进出出了几趟，中途有没有改变方向，是上半夜经过的还是下半夜经过的。判断清楚就和迩养放狗去追，再让妈绥和孙福守在关口放枪。

有回野猪蹿进灌木丛，半天没有动静，几条撵山狗对着里面狂吠，周泰望放了一枪，谁知野猪突然蹿出来，獠牙在他腿上一划，尖嘴在他屁股上一啃，然后往林子里猛跑。几条撵山狗死死追咬，妈绥和孙福气喘吁吁赶上去，两支猎枪同时开火，才将它打倒。

周泰望腿上被划了一道一寸多深的槽，屁股被啃了两个眼，分的猪肉还不够买药疗伤的钱。从那以后，只要碰到野猪，他就露怯不往前站，宁愿少分一块肉。久了又觉得划不来，东琢磨西琢磨，终于搞会铁夹子，根据兽蹄出没情况安埋在地上，一个人单干。

大家各自为阵了。

只要不出工，妈绥就背着猎枪去密林中转，胆量越来越大。一天下午，发现一头毛皮暗淡、肚子干瘪的黑熊，在一个建在松树上的黄蜂窝下面，像人一样站立起来，用前掌在蜂窝中乱捅。黄蜂受惊反攻，黑熊一边用左前掌扑打，一边用右前掌抓挠脑袋，嗷嗷乱叫，一怒之下，将碗口粗的松树晃倒在地，如饥似渴地吃蜜，他看得口水直流，端枪就放。谁知黑熊为了躲避黄蜂，就地一滚，闻声抓住他，"啪啪"就是两记耳光，打得他不晓得阴阳。黑熊还防他装死，拎起来狠狠往长满青苔的岩石上一摔，才气呼呼离去。疯狂的黄蜂乱蜇乱刺，妈绥凄凉地扑在石头上，一张脸肿得像屁股。直到听见枪响的社员赶来，拿青苔把他抹得像个绿毛怪，才救下他的命。

青苔能治蜂毒，妈绥治好伤后，身上落下四五处疤痕，为了给家里找点油荤，仍旧在灌木丛里转。猎越来越不好打，常常转上半夜，也看不到野鸡、野兔的影子，别说其他动物。

一个初夏的晚上，他举着火把在树林里走，又累又伤心，正停下来歇息，突然远处传来一声闷响，是猎物被击中的声音，一无所获的他两脚生风，拼命往出声的方向奔跑。

"砰！"地又是一声，妈绥听清了，是枪声！而且，是打在大家伙身上的枪声。有点像野猪，他不信谁的运气这么好，循声而去，气喘吁吁找了好远，正疑惑间，一个令他恐怖的画面，出现在树影前：一只老虎在马桑丛下趴着，金色身体上的黑色条纹，在月光下闪现着诡异的光。一个人身上横竖缠着牛皮带，背着土枪和弹药，躲在一块巨石后面朝老虎扔石头，动作非常眼熟。听见声音，那人回过头来张望，眼里簌簌冒绿光，像两盏灯笼，又像枯骨中飘出的磷火，原来是周泰望。妈绥吓了一跳，眼珠都要滚出来了，汗毛凛凛爬上身旁的古树。

"死了。"周泰望疯狂地喊，"你来得好，快去叫人！"

听到熟悉的声音，妈绥魂飞魄散，在树上呆呆地说："我不敢。"

周泰望焦急地解释："它踩中了夹子，我补了两枪，找不到吃的咋整？"说罢，捡起石块继续往前扔。

老歌这么唱："进山去捕猎，手执开山斧；劈开千座岩，穿山进地府；走山如平地，越谷驾云雾。岩羊跟我走，野鸡任我捕；獐鹿随我捉，山神赐我福。"周泰望胆大，直接把山神老祖捉了，妈绥战战兢兢，盯着那片黑黄相间的环状花纹，脑子里一片空白。他抖啊抖啊，看见死虎旁边又冒出一只活虎，在周泰望对面立起尾巴扑打跳跃，速度很快，斑斓的身体既柔软又刚劲，像一床厚实的土花被盖卷来舞去。山里人最欣赏这种姿态，形容谁动作快或做事迅速，总是说，他在立起尾巴舞。突然冒出来的老虎旁若无人，似乎不知同类已经遇害，而凶手正在现场，舒展自在地猫扑，谁知扑着扑着，转眼又消失得干干净净。妈绥哆嗦着拍了自己两巴掌，恍然大悟，明白是虎魂在同阳间告别，出发去祖先地。"娘呀，祖先同人算账怎么办？"那死虎一动不动，左前腿血肉模糊，但一直瞪着双眼，好像随时都要扑过来那样，地上的草和落叶被带血的梅花脚印踩踏得不成样子，触目惊心，周家的撵山狗斑子夹着尾巴，缩头缩脑地趴在地上。

妈绥心里挣扎得厉害，这是一只条桌长的雌虎，大油荤。

"快去叫人。"周泰望一边催促，一边取下白色的头帕缠在老虎额上，

蒙住那双圆圆的虎睛。他怕祖先算账，不敢让老虎看清自己。据说老虎死后，目光掉入地下会变成虎威，等到没有月色的夜晚，在虎头所枕的位置掘地二尺，可以找到这种叫虎威的东西，像琥珀的样子，可以用来辟各种邪魔。周泰望怕那目光，忍痛割爱，不敢要虎威。

妈绥平息了一下激动的心跳，思谋这恶事忤逆，但清理下来，大罪在周泰望，不在自己，惶惶然溜下古树，慌慌张张抬腿往回急走。七八里路不知是怎么跑下来的，到了院宅，气喘吁吁地挨户拍门："周泰望打死猫子了，喊你们去扛！"叫起孙福和迩养，原路飞奔而去。

"铁夹子夹的？"孙福边走边问。

"一头'扁担花'，踩中了铁夹子，跑不动，被周泰望打死了。"妈绥紧张地解释。

"啊？"二人一惊，顿时放慢了速度。山里人喊的猫子分老虎和金钱豹两种，又叫'扁担花'和'铜钱花'，大家一直相信，猎获'扁担花'会给家族带来厄运和严重后果，自从有记忆以来，山里就没有谁尝试过。

"胆子真大，砍脑壳的！"孙福瞪着眼睛说道。

"打都打了，砍脑壳的！"妈绥瞪着眼睛说道。

迩养咬咬牙，道："吃了，大不了是死，不吃也得饿死，弄回来算了。"

三个人又加快脚步。

## 3

老虎的额头和眼睛缠着白布，好像一个身穿兽皮、体魄巨大的山民，匍匐在血迹斑斑的灌草上。四个男人用藤条结成两个圈，一个圈住老虎的胸部，一个圈住老虎的腰部，将一根长树枝穿过藤圈，一前一后同时用力，老虎四肢猛然下垂，好像站起来了，抬着树枝的妈绥心里打抖，一阵冷战传遍全身。另外三个男人也惊慌地站住了，脑袋里掠过巨大的惶恐，喘气急促，不知所措。

"走不走？"迩养声音打抖地问。

"走嘛……"周泰望鼓起勇气说。

四个男人不想空手而归，终于迈开步子，吃力地上坡下坡，弄到下半夜，好不容易将老虎抬进朝门。

周泰望卸下自家的半扇门板，和妈绥、孙福、迩养一起把老虎抬上去，退下藤圈，拿出木梳，充满敬意地将老虎身上的毛梳理光滑，一边梳，一边沉痛地又唱又念："'扁担花'你瞎了眼，踩中了铁踩中了夹，我们才把你抬来，祝你早日升天，不要怪罪我们啊。"然后亲自操刀，从两只前爪的拇指开始，顺着前胸先取下一条近两指宽、两米长的虎带，像剖一头猪那样将老虎开膛破肚。全院锅灶同时生火，在黎明到来时把虎肉煮了。

"妈，"妈绥的媳妇何氏端着碗肉汤走到陶九香的床前，说，"醒了没？起来吃点东西，昨晚，妈绥和院里的人一起出去打的。"

陶九香掀开被窝，慢慢撑起身来。

"你趁热吃，不够还有，我去叫嫂嫂起来。"何氏说罢，把碗筷放在桌上，风风火火地返身出去，又端了两碗热气腾腾的汤肉来到夏氏床前，"二叔打着猎了，快起来吃，叫永刚也吃。天亮了，我要去叫永志永光。"

夏氏那时每天都要出工背木炭，累得睡下就不知醒。她睁开眼睛，吃惊地看着床头的碗，摇了摇永刚。迷迷糊糊的永刚被拉起来，穿上衣服，端着碗，喝了一口汤，没什么味道；用筷子夹了一块肉放在嘴里，感觉比较嫩，还有一点香灰味。但他饿极了，连汤带肉地吃起来。夏氏也捧着碗使劲吞咽，两人一边吃，一边冒汗。

何氏端着碗边吃边喝走过来，站在陶九香的门边，抹抹嘴，问："妈，吃完没？吃完再到锅里去舀，嫂嫂和永刚也去。"

一听这话，永刚端着碗就跑出门。

陶九香拿起筷子，嘴里虽然没味，仍然吃完了肉，喝光了汤，说："不像野猪肉。"

何氏舔着嘴道，"比野猪肉好吃，是老巴子肉，母的，中了周泰望的铁夹。"

陶九香怔了一下，喃喃地说："难怪，有香灰味，它受了那么多香火和纸钱。"说罢，胃里一阵抽搐，大口呕吐起来。

"妈，"何氏放下碗筷扶住她说，"吃得太快了，慢一点，锅里还有哩。"

但是陶九香不停地吐,连胃液都吐出来了,夏氏惊得张口结舌,周身肌肉紧缩,坐在那里,也在干呕。何氏惊慌起来,喊道:"妈绥,快来看妈!"

陶九香脸色苍白地指了指床,让何氏把她扶上去。

妈绥走进来,看见满地都是呕吐物,大吃一惊。"妈,"妈绥说,"你怎么了?"

永光和永刚兄弟俩也凸着肚子跟进来,"奶奶、奶奶"地号。

陶九香摇摇头,拉过被子,蒙头倒下。

"妈说肉有香灰味,"何氏对妈绥道,"害怕它受了香火和纸钱。"

两人你望我,我望你,觉得有点不舒服。这时候,院里突然响起了呼天抢地的女人哭喊:

"乖孙哟——"

"儿啊——啊啊——啊啊——"

两人快步走出去,听明白是周泰望的女人和老娘在嚎,忙到他家一看,真是乐极生悲,转眼之间,周家十二岁的小儿子就出事了。这孩子,吃了不知多少虎肉,浑身冒汗,又热又渴,跑到一边舀瓢冷水咕噜噜地喝,竟活活给撑死了。周泰望蹲在门口哭,孩子的妈和叔叔婶婶们进进出出乱作一团。

虎肉火气重,又是夏天,全院老少三十多张嘴,一共吃了八九十斤虎肉。饱餐的人流了一身大汗,都渴得不行,可是眼前的情况把大伙吓坏了,渴死也不敢喝水;手里还端着碗的,也赶紧停住了嘴巴。

## 4

林中发现了老巴子脚印和压服的草,还带着大量血迹,显然是中了铁夹。大清早,隆平队长得到报信,知道周泰望专门用这东西,骑着生产队那匹黑马向更古坪赶来。

周家女人一上午都在哭,凄凄惨惨给小儿子准备后事。虎皮、头爪和骨架在门口堆了两大堆,几条撵山狗站得远不肯近前。下午,周泰望老婆挖了一块黄亮黄亮的虎油，打算在伢崽脚前点一盏灯，因为家里除了虎油，没一颗其他油星。周老娘一见，又伤心又惊骇。"不敢。"她泣道，"只有人油祭虎主，哪来虎油祭亡人，伢崽受不下，周家都受不了——"正悲痛号啕，突然听到一声大吼："周泰望，你打的老巴子呢？！"是隆平队长闯进了朝门，他一脸怒火，知道他们连夜分了虎肉。

周泰望说："吃完了。"

隆平队长匆匆走进厨房，揭开锅盖，锅里还有点余汤剩肉，他全部舀起来咂巴咂巴打整了，抹抹嘴气呼呼道："老巴子是贵重财物，不是狩猎对象，你想当反革命？"

周泰望辩解说："它撞到我的铁夹子上，可怜我屋伢崽，几天没吃东西，倒给……"他说不下去，抬手抹起了眼泪。

饿瘦了一圈的隆平队长幸灾乐祸："谁叫你独吃独吞，交到伙食团，一人一勺，伢崽崽肯定不会死！"他看了一眼门口的一堆残骸，一挥手，"我心好，也不整你了，把剩下这些东西弄到猺水去，卖给药材收购站，卖多卖少都是队上的公款！黎妈绥，去找两个扁背，现在就去，明天正好公社开会。"

妈绥一听，出去找了两个大扁背，把虎骨、虎爪及虎胆装一边，虎皮和那条虎带单独装一边。

看着斑斓威风的虎皮，隆平队长又道："把这张皮子献给毛主席，表达我们黎哈窟的心意。来！"他看了妈绥一眼，两人一起抱起扁背往马背上挂，谁知黑马吓得屁滚尿流避之不及，活蹦乱跳把扁背甩在地上，试了几次都不行，弄得虎骨、虎皮上全是土，变得脏兮兮臭烘烘的。

隆平队长生气道："我不信弄你不动！"他亲自蹲在地上，背起一个扁背对妈绥说，"走，我们背起去。"

两人各自背着近百斤重的虎皮和虎骨，一路"呼哧呼哧"喘着粗气。太阳虽然偏西了，但吃了虎肉喝了油汤，仍躁得汗水哗哗地流，全身像被雨淋过，又酸又臭又腥臊。

走到猺水已是深夜，好在公社的招待所不上锁，两人进去草草睡了半宿。

第二天，隆平队长让妈绥把虎皮背去街上硝制，自己到药材收购站把虎骨、虎爪、虎鞭、虎胆按斤卖了，再去公社办公室开会，顺便汇报向北京献虎皮一事。

妈绥一到街上，就听见"铛——！"一记钩锣响，然后传来一声苍老浑厚的呼喊："煽阴风——！"沉默了一会儿，一个年轻圆润的声音接上："点鬼火——！"十分好听，妈绥大吃一惊，忙拿眼睛去找，远远看见两个画着大黑花脸的人，举着呼啦啦的火把，拿着圆圆的钩锣和蒲扇，又敲又扇地从对面走来，一个喊上句，一个喊下句，有条不紊地控制着停顿，声音和身影都似曾相识。看见街边有一些熟人，两人犹豫地站住了，这是夏家父子啊，旁边的干部推了推他们，老梯玛又"铛——！"地敲响钩锣，嘴里喊道："煽阴风——！"夏良现急忙摇几下蒲扇，接着叫："点鬼火——！"一边喊，一边把另一只手上的火把高高举过头顶。

火把是用枸树皮捶软绑成的，很大的风都吹不熄。父子俩配合默契，满脸墨汁、面目狰狞地从街头喊到街尾："铛——！煽阴风——！铛——！点鬼火——！"高音苍劲，低音迷人，充满了神歌的韵律和节奏。周围站了一群指指点点看热闹的人，调皮的少年嘻嘻哈哈往两人身上吐口水、扔土块。

"妈绥，"满脸皱纹的张三姑正在扫街，盯了盯左右走过来，小声道，"多时不见了，老娘还好啊？"

"好，好。"妈绥连声回答，他怕被梯玛父子看见，闪身躲到供销社里。

"夏家父子不得了，田队长把他们交给学习班，听说有蛇跟进去，把教管干部吓了一跳。"张三姑急急地跟进去说，"满街人都躲着他们，特别是你家大舅子，姑娘媳妇跟见了狼似的，怕他在哪里放截藤缠树，或者在哪里画一个'讳'，不小心踩到了、跨过了，要死要活跟他走。"

妈绥同情这个美男子，命运还不如麻脸的自己，叹息道："良现已经被老梯玛废了。"

张三姑细眉吊在眼角上，激动地说："大家仍提防他。教管干部造新屋，他一路过，打好的墙就松泡起来，散土一块块往下掉。"张三姑飞快地翻动嘴皮，"教管干部忙起一阵风，突然看见打好的墙要垮，又气又急，直骂土匠。土匠用手把墙上的泡土扒开，看见一只地老鼠正在拱墙，直喊冤枉，咬定过路人搞了鬼，冲上前面扯起他就到公社。妈呀，造孽，他在里面叫唤一夜，整死不承认用了邪术。谁信？知道秦家新房被他搞得流水，老梯玛也挨了拳头。"

妈绥吓一大跳，小心翼翼向街上寻望，"嗯"一声，低着头飞快地从侧门走了，赶回更古坪已是深夜，第二天也不敢把老梯玛挨拳头的事对夏氏说，只讲虎皮被堆放在公社办公室，准备由公社运到县里。

# 第二十三章

**1**

巨大的铁锅像刑具架在街沿上，卷袖挽腿的教管干部把薯藤、野菜和米糠一起放下去，噼里啪啦烧开锅，灭了火，叫住边敲边喊在街上游走的夏家父子，对夏七发说："听说你会吞口术，你一个人吃，连汤带水全部吃完！"

泡沫和菜渣浮满锅沿，热气腾腾地冒着浓浓的酸味，乡亲越围越多，夏七发见状皱了皱眉。教管干部为了揭穿其骗术，递给他一个大勺说："吃，连汤带水吃完！"众目睽睽之下，夏七发接过大勺，默默去舀滚开的野菜，弯腰把锅里的东西一勺一勺舀起来，用一双筷子左拨右划，低头往嘴里胡噜，少说舀了二十几勺，基本没嚼，若无其事，稀稀呼呼地吃完了。教管干部下不了台，粗着嗓门道："你把被夏良现弄垮的屋修起，一天时间，修好了，将功补过，如果修不好，罪上加罪！"

那屋正在挖土打墙，六七个劳力起码要干半个月才能上梁盖瓦，夏七发想起五十年前大旱，县长张麻子脚蹬草鞋，用手枪逼着自己求雨，伤感天灾可禳，人祸难治，叹气道："我吃得太多，散了法，要回去调整调整，两天后，再来给你修屋。"

教管干部猜他是怕了，爽快道："好，依你的，一言为定，两天后，你来当众把屋修好！"

夏家父子终于被放回斩蛟谷。

走拢家里，夏良现狼吞虎咽吃着老娘做的蕨根粑粑，然后洗澡睡觉，在学习班关了一个月，花嘴花脸游了七八回街，没洗漱过一次，爱干净的他搓啊搓啊，仿佛要洗去全部的委屈和羞辱。夏七发却找了根木棍，坐在后院的草墩上长吁短叹，愁容满面地用刚收割的稻草扎草人，以一种悲哀的、若有若无的声音哼哼：

> 芭毛林内去藏身，芭毛林内去躲形；
> 风吹芭茅根根动，不知哪个是我身……

是该躲起来了，不然危险啰，老梯玛想。稻草长度适中，疏松柔韧，他手艺熟练，抓起来捆捆扎扎，往里面支根木棍，一个有头有肩、有手有脚的真人高的草人就站在面前了。他一边扎，一边忧郁地哼哼：

> 万丈深潭去藏身，乌云洞内去躲形；
> 风吹乌云朵朵动，不知哪个是我身……

是得藏起来了，不然要倒霉，夏七发皱着眉头想。他扎了许久，哼了许久。扎好后，顺手给草人戴好一顶草帽，才停止哼哼，上床休息。

第二天中午，就有两个民兵来斩蛟谷捉人。

原来围观群众散去后，食堂喂的一头黑猪莫名其妙倒地而死，饲养员在圈舍里大呼小叫，大家赶过去一看，都默不作声，那头黑猪肚皮出奇地鼓，旁边有一大堆呕吐的野菜，发出难闻的臭气，一看就知道是被胀死的。教管干部脸一沉，知道自己上了梯玛的当，马上到公社搬兵。

两个民兵跨进夏宅，看见夏七发头戴草帽正要出门，二话不说，一把将他绑起来，押着就去猕水。

夏良现躲在屋后观望，晓得他们押去的是草人。

夜色朦胧，老梯玛悲愤不已，背着自己大半辈子捉的鬼，警惕，焦急，在山谷里疾走。

满耳紧一阵松一阵的鸟兽呓语，他走啊走啊，爬过一大段险恶的岩石，长衫子被剐破了多处，山谷间，只有他的身影在模模糊糊地行进。地点是头两天看好的，在猕水和青石之间，一个没有回头风的地方，极其隐秘。夜空仿佛由他的双脚控制着，越往前行，越是变得璀璨和光明，星星在以几何的速度递增。

他一边走，一边对身后的一口袋鬼说着表示离情别意的四言八句，絮了几箩筐巫话，终于在一个山岗上停下脚步，取下背篼，把口袋打开，将它们一个一个放归四野。

群星逐渐隐去，月亮露出半张脸来，山岩泛着清冷的银光。他和自己的影子一起烧纸化符，郑重其事向香火稽首作揖，然后抱出背篼里的坛子，检查一下封口咒，小心翼翼地放进岩缝里去。这就是替他冲锋陷阵的十万阴兵阴将，从夏家第一代梯玛那里传下来，到他手里，已传了三十八代。

并不是每个梯玛都有这么多兵马，陶罐放入坑穴的时候，他眼里老泪流个不停，想起了夏家祖上的故事——老祖宗采药时跑进山洞躲雨，看见洞里红光闪闪，遍地都是半透明呈朱红色的板块和菱形晶体，那是丹砂，是长生不死之药，老祖宗雇人日夜采挖，独拥丹矿和驱鬼之艺，后代派马帮跨长江，渡汉水，源源不断向咸阳输送水银。如今家道败落，巫法将断未断，"冷坛梯玛"四个字，让他感到羞耻和沮丧。

月上中天，光华如练。他浑身颤抖，不由自主地走走跳跳，像鸟一样忧郁地舞蹈起来，长衫子发出"刷刷"的声音。他跳啊跳啊，好像梦游一般，跳得那么专注，跳得那么痴狂，周围的树枝纷纷陪他婆娑起舞，人影和树影一起投在地上，好像枝挂纷披的风神在飞舞打旋。

不知过了多久，老梯玛仰面倒在山岗上，气温很低，他一动不动地躺着，望着满天的星斗，内心既狂热又茫然。

一个相貌古怪的山里人站在旁边，轻轻地叹气。

老梯玛感到他的手在自己脸上抚摸，迷糊地问："谁啊，这么晚不回家？"

相貌古怪的人说："我被锁在崖上，回不成家。"

老梯玛一愣，看见那手腕粗粗糙糙的，满都是鳞甲，明白是谁了，劝道："要多修善行，修成才能解枷。"

蛟龙咕哝："凡人如果走蛟，比我还疯狂。"

老梯玛说："还不是一样伏法。"

蛟龙说："这些年，谢谢你的照顾，等我出去再报答。"

神魔就在一念间，老梯玛感慨万端。他挣扎着想爬起来，突然感觉有一股力量推着他，两腿顺着那股子势，踉踉跄跄地回了家。

卧床后，他水米不沾，把夏老娘急得抹泪，在山坡上采回些斑鸠叶，捣成浆汁滤渣，用香灰做卤，点了半锅绿褐色的鬼神豆腐给男人果腹，夏七发仍然不吃。自打从獚水转来，他的胃好像被那一大锅猪食败了，装不进任何东西。

太阳刚刚落坡，几只鸟在夏家窗外的马桑树上叽叽喳喳，两只长尾山雀飞到他跟前，上上下下地不停地点头、仰脖、扑棱翅膀。老梯玛听懂了它们的话，它们在说："天黑，地黑；天黑，还没有全黑；地黑，也没有全黑；我们要谈，要谈，要谈……有一个人，想来想去，想去想来，为什么不去祖先地？为什么不去？"

又有一只长尾山雀在他窗前不断地飞着叫："唧呱——唧呱——唧呱——唧——！"它也在说："行吧，行吧，就这样，定了吧！"

夏七发一愣，失神地望着窗外，知道自己的日子到了，吩咐被揍得鼻青脸肿的夏良现找人给妹妹带信。

隆平队长正指挥大伙在黎哈窟砌土灶炼铁，夏氏被分配到背炭组，把木炭从黎哈窟的土灶，背到花椒湾的高炉去过秤，按重量记工分，一天背两三个来回。身穿青衣、双手漆黑的夏氏又饿又累，听带信人说父亲病重，把背上的炭送给返空的孙福，就去找队长请假。

"给你娘屋的人说，"隆平队长对用袖子抹泪的夏氏道，"有病要去公社卫生院拿药，不准再搞从前那套，有人揭发，队里也不好交代。"这个女人虽是个鬼婆，但说话有尺度，举止不马虎，现在满脸炭灰被泪水一淋，真像鬼脸一样怪异和恐怖。

夏氏连声答应，心急如火燎地奔往斩蛟谷。沿途密密匝匝、藤蔓缠绕的古树被砍了不少，脚下是滑溜溜长满青苔的软土，路比过去好走许多。

2

夏七发没想到女儿到的这么快，疲惫地抬起脑袋道："扶住我。"

夏氏看见父亲病成这个样子，抹泪说："爸爸，周泰望夹着一只老巴子，永刚崽悄悄割了两根胡须，我带来给你祛病。"

夏七发的眼窝显出一丝惊慌，枯瘦的手指抓住床沿，气短道："可射不可中；可中不可倒。"

夏良现忙把父亲滚烫的身体抱在自己胸前，接着补充："倒地不可宰；宰了不可煮；煮也不可吃……小心锅破食亡，牙断舌伤。"

夏七发整个身体像要站起来的样子，但他站不起来，伤心地说，"放进神龛。"

"快去，听你爸爸的。"夏老娘用眼神催促。

夏氏小心翼翼地把虎须放进神龛。

夏七发深陷的眼眶对着女儿，吃力道："有个人，看见别人在剐一只老巴子，也去割四两肉吃……"

"我讲。"夏良现担心父亲激动，接过话头：

"他的儿子在学堂读书，每天要从林子过。老巴子就变成一个白胡子老头，等他过林子，讲你老汉借了我四两肉，叫他还给我。"

夏良现抱着父亲的肩对夏氏道：

"儿子回去后，说爸爸您借了人家四两肉，人家要你还。这人说，我哪里借了人家的肉？儿子说，您借了胡子爷爷四两肉。这人很不高兴，说叫他到我这里来拿。儿子上学过树林，老头又问他，给你老汉讲了没有？儿子说讲了，我爸叫您自己去拿。"

夏七发通红的眼睛紧紧盯住女儿，夏良现捋着父亲的头发讲道：

"他这么一说，老巴子就等他拉屎的时候，不声不响过去，把他的屁股啃下一块。第二天，儿子在树林又看见老头，对他说，我老汉在茅坑上蹲着，屁股不晓得被什么啃了一块，疼得怪喊。老头说，你老汉欠我四两肉，叫他还，他不还，叫我去割——给你一点药。"

夏良现望着妹妹，继续对她讲：

"儿子回家把药给他，他问哪里弄来这么好的药？敷上就不疼了。儿子说：'是胡子爷爷先啃你的屁股，又给的好药。'这人才想起，自己割了老巴子四两肉吃。"

"吃了老巴子的肉，早晚要还回去的。"夏七发等夏良现讲完，急促地接了一句。他的脸色发红，喘了好一阵子气，两眼奇怪地望着空中，道："以后你们有事，拿竹卦来问。"说罢，脸上显出一些焦虑。

夏良现惊恐地看着父亲，有点慌乱，现在不准接灵送灵，又没有白布，他着急地流下泪来。父亲很早就对他讲过：龙太子苦于被梯玛收拾，装扮成凡人来夏家学艺，想把本领学到手后报仇。梯玛教了他三年，还有半年就满师了，龙太子说："师傅，我给你当了三年学徒，你还没有到过我家，请你到我家来看看吧。"梯玛觉得有理，就跟他去了。龙太子的家在老阴洞附近，梯玛进一道门，龙太子关一道门，一共进了十二道大门。梯玛心里起疑，龙太子来敬酒，他喝了头两杯，第三杯怎么也不喝，说我考考你，本事学到没有。一边说，一边甩出个手语，是威猛的祖师诀。龙太子反应很快，回了一个娘娘诀。梯玛又掐出一元将军，龙太子马上回日月二光。梯玛说："徒儿已入道！"龙太子得意地摊牌："师傅，我吃了阳间的饭，你就走上阴间的路了！"梯玛深深地叹气，说："死要死个明白，我想看看天。"龙太子答应："可以！"说罢在洞顶开了个碗大的缝，问："师傅，看见天没有？"梯玛说："没有。"龙太子开了个瓢大的缝，问："师傅，看见天没有？"梯玛说："没有。"龙太子开了个盆大的缝，问："师傅，看见天没有？"梯玛说："看见了！"一边说，一边甩一个阴弹把龙太子打倒，身体一蹿，直接从洞顶飞了出去。

从那以后，梯玛过世屋顶必须揭开三片瓦，用白布搭下来接灵。夏老娘悄悄地撕着床单，拼接白色的桥布。可惜法衣被民兵收走，没有八幅罗裙和鸟冠，不知升天的路有多曲折，夏七发无限悲伤，他抓紧儿子的手，干枯的眼窝冒出一滴泪来，说："我怕天窗打开太黑，藏了点月光，给你备用。"

夏良现问："藏在哪里的？"

夏七发咕哝："床脚下的竹篮子里。"

夏良现感到父亲把自己的手抓得那样紧，难过道："晓得了，阿爸不用担心。"

夏七发听了这话，眼底透出柔情，一个一个地摸索儿子的手指头。

夏银美泪满衣袖。

老梯玛肋骨嶙峋的胸口厉害地起伏，手指头冰凉，瞳孔却像驱邪的红铧一样滚烫，目不转睛看着儿子，将他的食指和无名指交叉，慢慢从后面压向中指的第三指节，做完这个动作，合上眼睛，熄掉燃了七十

三年的光。夏良现一看自己的手,竟被阿爸掰出一个祖师诀,想起梯玛落气时不宜落泪,强忍伤心,费尽力气将父亲的手指从自己的手上掰开。

## 3

天色渐渐昏暗下来,出工的邻居陆陆续续往回走,听到"噼噼啪啪"的鞭炮响,道:"老梯玛走了?"

同伴在夏家当过两年帮手,端起摆满十杯酒的木盘可以不洒一滴,惊道:"可能走了。"

夜幕降临。

夏氏和母亲忍住哭泣,为家族第三十七代梯玛穿寿衣。夏良现好容易掰开父亲握着自己的手,从火塘里取了一块柴,蹲在地上画地狱,又抱来半边石磨,气喘吁吁地堵住画中的"阴路";将父亲背到椅子上坐好,双脚踏着扣地的两个土碗;然后爬上屋顶,取开三片青苔覆盖的瓦。夜色晦明,他跳下地,弯腰拖出床下的竹篮,用木勺舀个不停,反复舀起阿爸收藏的东西往天上泼。

屋里慢慢出现了一道光柱,明晃晃地伸出屋顶。

夏七发的面容被照亮了。

夏良现看见光柱里飞舞着烟雾和灰尘,父亲的灵魂一步一步往上走去,爬上天窗后消失不见。

梯玛家族料理着有史以来最简陋的后事,没有道场,曾经学过两年巫艺的邻居握着一炷香进来,向梯玛行了二十四拜大礼。另外两家邻居也来上香,夏氏跪在地上回礼。夏老娘感激不尽,拿出家里的叶子烟和野菜饼招待他们。

想不到大家会来坐夜,夏良现取出养在神龛一侧的牛皮鼓,拿着两只鼓槌,时而重捶鼓心,时而连击鼓沿。听到"咚咚"的节奏,邻居们的腿自然而然地合上去,围着双眼紧闭的夏七发,熟练地跳起丧来。

夏家堂屋热气腾腾,住在山腰上的李二娘一家也举着火把下来奔丧。身手敏捷的夏良现满头是汗,忘了在公社受的罪,和父亲生前曾经带过两年的帮手轮流敲鼓，鼓槌忽起忽落，忽分忽合，他唱一句，邻居们应一首，跳累了，抽支烟，嚼两口野菜饼接着又跳，声音越来越大，和平日判若两人。

时弱时强的丧鼓声震荡山谷，在夜空中传得更远。跪在地上的夏氏心惊胆战，眼看树枝在晨光中分丫，才松了口气，一夜平安无事，父亲到底有神灵眷顾。

谁知这一想，门外就闯进个穿干部服的人来，是斩蛟谷生产队的田队长。

原来民兵把草人连夜弄到猱水，关了一天，押到街上组织批斗。教管干部叫他表演修房造屋，然而无论怎么吼，无论怎么打，老梯玛只是沉默。众人倦怠了，无可奈何，刚好隆平队长到公社取文件路过，见状奇怪地自言自语："夏七发明明生病要死了，怎么在这里？"

斩蛟谷生产队的田队长就站在旁边，听见此话，心里一沉，想起夏七发能让猪帮他吃食，再搞个欺骗人的把戏，不是没有这个可能。他头上冒汗，背上发毛，急忙退出会场，直奔斩蛟谷。

离夏宅大老远，便听到了"咚咚"的丧鼓，跨进朝门，就看见老梯玛的灵堂，他张口结舌，黑着脸冲死人活人一起嚷："临死都要作弄干部，扎个草人替他挨斗，事情还没处理，你家又搞迷信活动！"

夏氏大吃一惊，跪在地上的双腿抖个不停，恐惧地咬住嘴唇。

"大兄弟，"夏老娘忙上前道，"老家伙一辈子给人做好事啊……"她鼻子一酸，说不下去。

"老辈子，不是当侄子的为难你，"田队长说，"你家是重点监视对象，被人告发，我也要受处分！"

"我们不会现在的歌，"夏老娘忧愁地说，"就会唱这些老调。"

田队长提高嗓门，粗声问："哪个不会唱？去公社进学习班。"

夏良现手里拿着鼓槌，像一个被当场捉住的偷牛贼，大眼睛里闪动着不安。

田队长看着几个汗淋淋的邻居，鼓励道："你们来唱，《大海航行靠舵手》，一起唱！"

人们面面相觑，没有谁出声。田队长夺过夏良现手里的鼓槌，在鼓上一强一弱地打着节奏:"和我一起唱,唱!唱!"

仪式被强行中断,邻居们犹豫不决,扭扭捏捏地唱:"大海航行靠舵手,万物生长靠太阳……"

田队长见夏良现没唱,催促地瞪着他。夏良现只好张开嘴巴,跟着大家唱:"鱼儿离不开水呀,瓜儿离不开秧,革命群众离不开共产党……"他一边唱,一边哭,眼泪就像歌中的雨露一样往下掉。

夏氏默默抹泪。

"看见啦,连老梯玛死了,都唱革命歌曲。"天色渐亮,田队长对坐夜的邻居说,"以后谁家死了人,就这么唱!"他放下鼓槌,满意地揉了揉眼睛,"把革命歌曲带到阴间,教会阎王老子。"

夏良现一听,抽抽咽咽地哭起来。

夏老娘忍气吞声道:"阎王老子,不欢喜太阳……"

田队长打了个哈欠,说:"家属抓紧处理,给一天丧假,后天夏良现去公社,参加学习班!"

邻居们这才喝两口水,各自回家。

教育了顽固的夏家,尽职的田队长抹了抹脸,甩着酸胀的胳膊走了。

夏良现不敢再放铳,只放了一挂鞭炮,就把父亲背出门,夏氏尾随其后,夏老娘在门口放声大哭。

一望无际的群山和天宇,仍然那么寂静和安谧。墓穴是夏七发多年前看中的,就在夏宅屋后的高岗上。

夏良现背着父亲,一路想着他的音容,感觉背上出奇地轻。

自从贫农团收缴了家里那口香樟木棺材,夏家父子一有空,就在屋后的山上挖土打錾。弄了两年,慢慢在岗上凿出一个岩腔,腔内还拿柏木板子贴了壁。站在高岗上,遥遥可见对面半山高的抗战题刻和锁在岩石中的巨大蛟头。夏七发没少对禹王菩萨说好话,容它改恶修善,曾经有一段日子,这蛟头额上的杉树稍微清秀了些,可现在,又是那副半青半黄、不死不活的样子了,不知还要在岩头里锁多少年。

到了高岗上,兄妹俩把父亲平放在地,往岩腔里撒上雄黄和丹砂,然后小心翼翼地把父亲送进去,盖上挡板和浮土。五花八门的神奇事,就这样被山里最后一位听得懂鸟语的巫师带进了自己建造的坟墓。

# 第二十四章

**1**

夏老娘绝望地坐在院子里，扭曲着脸颊的皱纹，用右手扶着腮哭，深深地担忧男人上天的路。

夏良现走进堂屋，望着取开了三块瓦片的房顶，两眼怔忡，六神无主，不知怎样安慰母亲。该死的田队长，晚来半个时辰，父亲就顺当了，真是三十八代夏氏梯玛的孽障。

夏氏心里好像挂了铅，感到苦水把自己彻底淹没了，一边打扫房间，一边揩泪。她忧心忡忡，却又想起另一件要命的事：十岁的永志脚肿得下不了地，妈绶让她顺便带点草药回去。老梯玛看病除了画符化水、捉鬼招魂，还要推拉按摩，辅以药物，夏宅周围种满了没人认识的根根草草，山里人都知道。但是草药早被乡民连根带须挖走了，她在屋外转着圈找，望着光秃秃的地皮发愣，只好悄悄告诉兄长。夏良现木然地听罢，有气无力道："你去弄点狗肉做药引，狗肉沥水，也滋补。"

山里人是不吃狗肉的，夏氏以为自己听错了，怀疑地望着哥哥。

"老巴子肉都敢吃，还有哪样不敢吃？黄犬最好，黑犬、白犬次之。但不要用灶煮，得罪灶神。"夏良现脸色发青地说。

夏氏默然，麻木地扶住门框，满眼是愁。这个神奇的家，曾经是那么幸福，如今一切不再，怎么回事呢？看着可怜的母亲，她万分无助，内疚得慌。

即将去学习班的夏良现垂头丧气，陪母亲和妹妹坐到半夜才上床。一家三口失魂落魄，难以入睡。水银似的月光洒在坡上，洒在窗前，好像在

安慰屋里的人。

夏氏担心永刚,第二天上午,不得不告别母亲,迈开沉重的双腿赶回更古坪。刚跨进屋门,陶九香就走过来焦急相告:"妈武从万县来信了,孙福拿给妈绥的。"

孙福领了公社的补贴,每个月都要到猕水邮政所取两次件,夏氏与妈武月月通着书信。她只会认不会写,回信由妈绥代笔,最后一句总喊写上:"妈和家里一切都好,就是想你。"

半年前,妈武给家里寄过一封信,有一些咬文嚼字的新词。妈绥竭力控制自己的声音,念道:"母亲大人、银美我妻:我被肿病折磨,需要狗肉调药,想念更古坪的野菜马齿苋、蕨菜根、地木耳……"

夏氏伸手抓过那信,身子软得无法动弹,颤抖地拿着信纸,仔仔细细观看。无数个苦闷压抑的夜晚,她想念和妈武躺进热乎乎的被窝,想念妈武一手揉着自己的胸脯,一手紧紧地搂抱着自己的日子,想念他那令人陶醉的呼吸,每次万县来了信,她都反复摩挲、阅看,直到把那纸片弄得皱皱巴巴。看着纸上熟悉的笔迹,夏氏两眼模糊,难以想象妈武病得倒绒。

陶九香悲伤不已,突然间记起老梯玛,忙问:"你阿爸怎样?"

"昨天葬了……"夏氏哭泣道。

陶九香半张着嘴,瞪着失神的眼睛,心寒到极点。最有本事的梯玛说没就没,说葬就葬,"啊呀",她全身一阵发冷。

夏氏去看信尾落的时间,发现内容是两个月前写的,她呼吸急促,紧张地揩泪。刑期将满,全家老少都盼着妈武快回更古坪,永刚还没见过父亲,万一妈武饿得像永志一样下不了床……想到这里,她心如刀绞,一筹莫展,不知到哪里去找吃的。

那么多撵山狗,只有黑豹和周泰望家斑子还奇迹般地活着。黑豹年轻时百里挑一,毛根又粗,嘴筒子又长,下巴有三根胡须,追山特别厉害,还会帮夏氏放羊和照看永刚,哪只羊在坡上走远了,它马上奔过去吠回来;永刚几个月大的时候睡在箩筐里,黑豹就挨箩筐趴着,永刚哭了尿了它都知道下口唤人,算得上家里的半个保姆。现在没羊可放,永刚也不需要看了,黑豹也老得又瘦又弯,整天趴在墙根打瞌睡。

一家人不约而同想起黑豹。

妈绥和夏氏长时间凝视着这条毛发蓬乱的老狗，瞳孔发出令人害怕的光。

妈绥走到墙角，说："黑豹，黑豹。"

忠诚的黑豹一听熟悉的召唤，马上颤悠悠地站起来，慢慢走到他脚边，迟缓地晃了一下尾巴。

夏氏狠着心肠给瘦骨嶙峋的黑豹洗了个澡，永刚并不知道母亲和二叔要干什么，站在一旁还帮着淋水。

陶九香难过地注视着黑豹，伸出衰老干枯的手，慢慢在它背上抹了三下，便牵着永刚回屋去了。妈绥把黑豹唤到一棵矮树下，往它脖子上套了一个绳圈，黑豹向妈绥摇头摆尾，嘴里"呜呜呜"直叫，还伸舌去舔他的脚。妈绥心里酸楚得不行，但想到永志苍白孱弱、挺着个大肚子奄奄一息的样子，还是把绳索提起来，高高地挂在树杈上。黑豹被脖子上的绳圈带离地面，四肢悬空，出气困难，终于明白主人要干什么，眼泪顺着两边面颊流了下来。妈绥往它张着的嘴里，只倒了几滴水，黑豹便闭过气去。

## 2

剥皮的时候，妈绥摸到黑豹脸颊两边的毛湿漉漉的，知道这畜牲哭了，心里酸酸的，但又有什么办法？他用一把小尖刀，从黑豹的嘴开始剥皮，沿它的胸腹划开，然后破腹，内脏"哗"地一下淌出来，肚肠流到地上，沾了土，变得又臊又脏。永刚挣脱陶九香的怀抱，从屋里出来的时候，看见黑豹已化作一堆皮毛、骨架、内脏和红彤彤的肉。他号啕大哭，问夏氏：

"黑豹干过很多活，为啥打死它？"

夏氏眼睛湿润地对他说："你爸爸和永志的病，需要狗肉做药引，不吃狗肉，他们就要死。黑豹老了，可以救他们。"

但永刚和黑豹感情很深，不停地哭闹，伤心地问："难道奶奶老了，也要当药引吗？"

"胡说八道！"妈绥凶巴巴地吼道，"我们没有别的办法，你想让你爸你弟病死？"

永刚恐惧地睁大眼睛，难受的夏氏也不理他，默默在心里琢磨，怎样才能弄到粮票。她割下一小条狗肉，悄悄拿去请教孙福，孙福念着和黎家的旧情，告诉她大风堡成立了黄连农场，干活的多是从县里下放的右派和问题干部，再穷都比乡下人吃得起饭。可以用鸡蛋和斑布，从那些人手里换粮票。

家里虽然没有鸡蛋，但夏氏有一手巧活，她用买盐的钱买了一些棉线，坐在织机旁系上腰带，夜夜挑啊，织啊，知道妈武正在望眼欲穿地等待。油灯如豆，在地上和墙上投下抖动的灵巫的影子，夏氏看着那影子，两眼发直，神情恍惚，对被窝里的永刚说："妈妈教你一个字。"

"什么字啊，妈妈？"永刚揉着眼睛问。

"四笔都飘着写，"夏氏道，"没有一笔立起写，叫做四笔无立。四——笔——无——立，七十岁的人看了敬礼，八十岁的人看了作揖。这个字啊，你猜猜，猜猜念什么？"

七十岁的人看了敬礼，八十岁的人看了作揖，那不是奶奶这么老大岁数，都得听他的？这么厉害啊，永刚托起下巴想了半天，困惑地说："是个什么字啊？"

"是个'父'字，父亲的'父'。"夏氏憔悴的脸上，展露出温暖的笑容，"记住了，以后妈妈还要让二叔写出来，考你认不认得呢。"

六岁的永刚很高兴，他高兴的是自己识字了；夏氏也很高兴，她高兴自己教了儿子一个最了不起的字。

"妈妈，"永刚对父亲的好奇和渴望，全部被调动起来了，"爸爸长得像什么样子？"

"个子很高，枪打得很准，脸廓很好，"夏氏快活地眨眨眼，"比你二叔端正。"说到这里，她放下织梭，晃动着身体站起来，连摸带寻从床板下取出一张发黄的照片，上面围绕陶九香或站或坐着黎家儿孙媳妇长工客人十余个。

"这是不是我爸爸？"永刚指着陶九香旁边，一个身穿长袍，眉宇间有股狠气的男人问。

"是，"夏氏露出喜色，"你怎么知道？"

永刚也不说话，只瞪着眼把妈武看了好一会儿，又用小手指着陶九香怀里那个盯着镜头的小家伙，幸福地问："这个是不是我，妈妈？"

"不是，"夏氏说，"这是永志，那时还没你呢，永志才刚满两岁。这个房子在花椒湾，是你奶奶给我和你爸爸修的，离更古坪和猸水差不多一样远。新屋修好不久，奶奶和二叔他们来玩耍，你爸爸请人给拍的，你奶奶从来没有拍过照，紧张得很。"

"爸爸什么时候回来啊？"永刚又问，这孩子出生以后就没有见过妈武，心里的疑问在一天天增加。

夏氏端详着照片上的人像说："快了，快回来了，好好睡。"

"你也来睡，妈妈，"永刚撒娇说，"我肚子饿，想和你一起睡。"

"妈妈还要织一会儿，"夏氏把照片又仔细塞回床下，说，"你先睡，睡着了，就不饿了。"

夏氏手里拿着一端又尖又翘的牛角片，在织机上连敲带织，熬了三个夜工，终于织好一块猫脚迹花图案的斑布，色泽古朴，质地厚实，可以做铺盖面子，也可以做门帘。她天不亮就背着扁背出去，永刚在家等啊等啊，等到天黑，夏氏终于回来了，不仅换到了粮票，还捎回来半块黑油油的腊肉。

这半块腊肉经历不凡，多少年来令人感到匪夷所思，两个嫌疑人是猸水最神神鬼鬼的"麻五类"，被关押揪斗多次，脑子有些毛病，民兵始终审不清楚。

## 3

案情是这样的：

乡政府办的学习班结束后，八九个分散在山沟坡谷的"麻五类"各自回家，只有斩蛟谷的田队长被解去监狱，因为夏良现检举他，强迫乡民在葬仪上唱《大海航行靠舵手》，把颂歌当丧歌，公社书记义愤填膺，把他押送万县和妈武做狱友。"我忠心耿耿啊……"田队长满腹委屈，失意地向天哭诉。

谁叫砍脑壳的不分阴阳，缺德乱整，夏良现幸灾乐祸。

天气很冷，山风一阵紧似一阵，"麻五类"们背着脏分分的铺盖一前一后走出学习班大屋，路过乡政府食堂门口，夏良现往里一望，看见梁上挂着三块腊肉，脚步慢下来，喉咙里发出"咕噜咕噜"的声音。王道长赶上前，跟着往里望一眼，默默地离开了，谁也没有注意他们。

两人穿着灰蒙蒙的棉袄，把头埋进怀里，满腹愁绪地走着，路上碰到一个放牛的老汉，王道长疲乏地说："老人家，过一会儿，有三个伢崽崽从这里过，你不要吓他们。"

老汉朝牛身上甩了一鞭子，不悦道："小崽崽，我吓他们做什么？"

王道长和夏良现有气无力地走后，三个穿棉袄的小家伙来了，每人脑袋上有一条辫子，一路颠呀颠地跑，脸蛋油亮亮的，黑里透红，十分可爱。老汉问："你们到哪里去呀？"他们也不回答。老汉心里奇怪，突然想起刚才对他说话的，是以前青龙观的道长，后面那个是夏梯玛的儿子，两个声名狼藉的牛鬼蛇神在一起，想搞什么名堂呢？顿时提高了警惕，大声喊道："喂，你们到哪里去呀？"

寒风中，三个小家伙只管飞跑，并不理睬老汉。

老汉生气了，朝牛屁股上甩了一鞭子，粗声道："喊你们，不答应，老子今天，跟在你们后面！"

"哞——"那牛挨了一鞭子，抬起头来，跟着老汉一起往前走。

王道长走到一块避风的圆形巨石旁边，实在是饿得没力气了，往地上一坐，仰面长叹："玄黄兮访求仙机，混沌兮时乃所为……我不信，今天要饿死……"

"我也不信！"夏良现灰着脸，也跟着他在地上坐下来。

过了一会儿，后面来了三个可爱的小家伙，一路蹦蹦跳跳，像三个上学的崽崽，只是没背书包。王道长见状，马上用树枝往他们身上连甩几下，小家伙们挨个摔倒，往前一滚，竟变成三块黑油油的腊肉，脑袋上的辫子，原来是棕叶绺子。

夏良现一看，明白王道长使了遁术，朝手心里哈口气，兴奋道："还是你厉害！"他恢复了力气，展露开英俊的眉眼，麻利地起身寻找马桑枝生火，把一块让人垂涎的腊肉扔进柴堆。

"口含迷魂珠一颗，要把乾坤颠倒颠。"王道长长吁短叹吟了两句诗文，得意地感慨，"不来狠的，就是不行！"他脸上的愁容不见了，眼里也有了神采。

"有人！"夏良现突然说，他听到了人的脚步声，惊惊慌慌道："快，快……"急忙用树枝和土把火里的腊肉盖好。剩下的两块，两人分别揣进怀里藏了起来。

周围的树叶被山风吹得簌簌直响，放牛老汉呼呼大喘地奔了过来。

"跑到哪里去了呢？"老汉气喘吁吁地说，"三个伢崽崽，来找你们了？"

王道长嘴里支支吾吾，他心里有数，因为是用异术遁来的，不能说"没有"，否则三块到手的腊肉，马上就会不翼而飞。

"老人家，"王道长答非所问地说，"你的牛呢？"

"在坡上吃草。"老汉耸了几耸鼻子，上前用鞭杆刨开火堆，一块烧得透明流油的腊肉，诱人地出现在天空下，散发着猛烈的浓香。他又惊疑又兴奋，目不转睛地盯着腊肉，斥道，"你们骗得过我的眼睛，骗不过我的鼻子，哪里偷来的？！"

王道长张口结舌，不知怎么回答。

夏良现忙接嘴解说："不是偷的，也不是抢的。"

老汉看着他，敌意地问："那是哪来的？这么好的腊肉！"

王道长道："这户人家腊肉已变成精，人不在屋里，它们就出来说笑打闹，吃锅里的粑粑，玩火害人。我们把它们哄出来，正在架五雷大火烧，烧成炭就清静了。"

"你以为我是傻佬，"老汉嗤之以鼻，"相信这样的鬼话？"

夏良现硬着头皮拢了拢火，把腊肉刨进火堆，道："不信你听，有没有伢崽子哭？可不能随便吃，吃了，它就有了全尸，就能托生了。"

老汉听到火堆发出"噼噼啪啪"的声音，说："是像伢崽子哭，我胆子大，你们不吃，我吃，吃了不对人说。"

"那就吃，一起吃！"王道长苦笑，"我们也豁出去了。"

在长满苔藓的圆形巨石下面，三个人用树叶垫着手，把那块肉撕成几坨，生拉活扯地吃起来。

老汉吃得心满意足，嘴角流油，却听见坡上传来牛叫："哞——哞——"

他担心挨饿的豺狗袭击耕牛,把嚼不烂的肉皮揣进衣兜,鼓着腮帮子慌张离去,一边跑,一边还不舍地回顾。

夏良现和王道长等了一会儿,见他没有转来,松了口气,揣着各自藏在怀里的腊肉,分头迅速回家。

山径坡坡坎坎,到了花椒湾的岔道,夏良现看见前面有一个熟悉的身影,认出是缓缓赶路的夏氏,心中一喜,关切地喊了声:"银美,怎么在这里?"

夏氏停下来回头,看着哥哥叹道:"我去獴水邮政所,给妈武寄粮票。"

夏良现嗯了一声,低着头,走到前面一个没人的地方,捡块竹篾片,把怀里的腊肉取出来,割了一小块藏在衣服里,等夏氏走拢,飞快地掏出来递给她。

夏氏惊道:"这么好的腊肉,哪来的?"

夏良现紧张地解释:"不是偷的,也不是抢的。"

夏氏好奇地问:"那是哪里来的?"

夏良现低声道:"用树枝甩来的,你只管炖起吃。"他怕路口眼杂,顾不上多话,慌慌张张地摆摆手,急匆匆奔往斩蛟谷方向。

夏氏知道哥哥在学习班进出,挨过不少整治,猜这半小块腊肉来路不正,但舍不得退回去,衣襟里揣着它走到天色黑尽,终于到了更古坪。快到院宅的时候,却一屁股坐在地上,怎么也站不起来,两条腿像被谁抽了筋,软绵绵的不听使唤,冷汗把衣裳都湿透了。

# 第二十五章

**1**

夜色降临，夏氏还没回家，永刚又饿又害怕。二叔二婶出工回屋，发现永志已死在床上，永志全身水肿，肚子肿得亮亮的，吃了狗肉仍没挨过鬼门关。二叔二婶哭哭啼啼用凉席把永志卷去埋了，奶奶怄得要命，永刚为不幸的堂兄悲哀，越发担心母亲。他点燃个火把，一步一步走出去望，没走多远，就看见山道上歪着个人，也不知是死人还是活人，左盯右盯，慢慢向前移着脚步。

夏氏看见了火光，抬起她佝偻的身体，永刚怯怯地叫："妈？！"

"我晕，心里慌，腿软得很。"夏氏上气不接下气地说。

六岁的永刚像蜗牛一样架着母亲，慢慢往回拖。

夏氏瘦得皮包骨头，像根干柴棒一样，身上耸着一个空背篼，在他耳边道："我在农场换到粮票了。"

"换了几斤？"永刚问。

"五斤，"夏氏满足地说，"都给你爸爸寄走了。"

永刚愣愣道："妈，永志哥哥死了。"

夏氏沉默下来，脸色非常苍白，挣扎进屋，对儿子说："我想喝水。"

永刚给母亲舀来半瓢冷水。

夏氏喝了水，抬起头来，看见永刚两眼发绿，知道这孩子一天没吃东西，慢慢从衣服里掏出一团黑乎乎的东西。

"呀，腊肉，哪来的？"永刚欢叫。

"小点声，一没偷二没抢，你舅舅用树枝甩来的，快煮起吃。永志埋了

没?"夏氏费力地问。

永刚说:"埋了。"他把腊肉放进鼎罐,加了瓢水,盖上盖,往火塘添了两把柴。想起永志被凉席卷走,奶奶一面抹泪,一面吩咐把孙子埋在远远的看不见院宅的地方,忍不住打了个寒战。

夏氏有气无力地说:"要煮透,不然嚼不烂。嚼不烂,消化不好,就浪费了。"歇了一会儿,垂下眼皮又道,"煮熟撕一坨,给奶奶拿去。"

永刚说:"二叔二婶呢?他们哭得很。"

夏氏闭着眼睛,道:"肉少,人多,你给奶奶,奶奶知道分。"

永刚走到鼎罐跟前说:"我看好了没有?"

夏氏看了儿子一眼道:"还有一会儿。不要出去讲,讲了舅舅要挨斗。"

"知道。"永刚着急地问,"好了没有,妈妈?"

"快了,"夏氏道,"你闻,香味出来了。"

"真香。"永刚耸了耸鼻子。

"快了,"夏氏道,"你闭上眼睛,想一下'四笔无立'那个字,是怎么写怎么念的,就好了。"

"飘起写,一、二、三、四画,是'父亲'的'父'。"永刚把眼睛闭上,小指头在空中画去画来,说完迫不及待地睁开眼睛,走到火塘边道:"现在,肯定煮好了。"

"你会不会舀?"夏氏在他身后说,"别烫着。"

"我会!妈妈。"永刚道。他踩着草墩子,用瓢把那块腊肉舀出来,热气腾腾地端到夏氏跟前,一股奇香从瓢里散发出来,悠悠荡荡,杳杳渺渺,沁入母子俩的鼻孔和肺腑。

"好香啊,好香啊。"永刚用一只小手抓了抓那肉,烫得他又把手缩了回去。

"等一等,"闻到香味,夏氏来了一点精神,说,"等它冷一点。"

永刚把瓢放回桌上,用力拉着母亲的肩膀。

夏氏软绵绵地坐起身。

"现在可以了。"永刚口水直流地走到桌前,准备端肉。谁知一看,眼珠差点没落下来,瓢里空荡荡的,腊肉不见了。

"肉哩？"他叫了一句，桌上桌下团转看，边看边叫，"肉哩？哪去了？"

煮熟的腊肉不翼而飞，真是奇怪，夏氏一听，纳闷地问："你夹起来没有？"

"没有。"永刚惊慌地回答。

夏氏不知哪来的力气，两条腿晃悠悠地下了床。母子俩在屋里转着身找，永刚眼尖，发现周泰望家的撵山狗斑子正在门背后撕咬什么东西，"腊肉！"他惨叫一声，拖根柴块就向斑子打去。斑子一蹦，摇着尾巴跟永刚兜圈子，嘴牢牢地咬住剩肉不放。夏氏也拖根柴块打它，斑子却从门缝里逃了。永刚追出门去，那畜牲在他眼皮下一晃没了影，院里到处黑咕隆咚，永刚又气又急，"斑子！斑子！"地叫了两声，站在门外号啕大哭。

## 2

没吃没喝昏睡一天的陶九香摸索着从屋里出来，想起夏氏去了潋水，不知回来没有，她牵着永刚的小手，心疼地问："哭哪样，孙孙？"

"斑子把我的东西抢了。"永刚说，身体抽得很厉害。

周泰望见这孩子站在堆满杂物布着蛛网的角落前拼命地号，好奇地问："抢了你什么？"

"把它喊出来，就知道了。"永刚说。

"斑子！斑子！"周泰望叫了两声。

斑子一听主人的声音，摇着尾巴从黑暗处走了出来，它躲在人们的视线之外，享受完从人嘴里夺来的腊肉，一张狗脸全是兴奋，永刚的哭声更响了。

"斑子抢了你哪样？"周泰望生气地问。

"抢了我的……"永刚伤心欲绝，说不下去。

"抢你什么？……"周泰望追问。

"他抢了我的……肉尕尕。"永刚迸出悲声。

"你哪来的肉尕尕？"周泰望不信地问。

"我就是有……"永刚道。

周泰望瞪圆双眼，叫道："斑子！"他一把捉住那畜牲，把狗嘴往鼻尖上凑了凑，大吃一惊："硬是一股腊肉香哩。"生气地一巴掌给狗脸扇去，"狗东西，打牙祭也不叫主人。"斑子脑袋一偏，无耻地叫着跑了。"看不出，你家还有肉吃。"周泰望说罢，抬腿往夏氏屋里走。

"你妈回来没有？"妈绥哭丧着脸问。

"回来了……"永刚害怕地扑进奶奶怀里，祖孙俩跟着往屋里走。

夏氏两眼发直地坐在地上，见人们走进屋来，连连摇头叹气。永刚和妈绥一起把她架到床上。

"粮票换到没？"陶九香坐在床边，颤动着松树皮一样的皱纹，小声问。

"换了几多。"夏氏看着永刚脏兮兮的小脸，说，"在大风堡，还换了一个烤土豆……才从炭火里刨出来的，香味老远都闻得到，烫嘴……"

不知母亲说的是实情还是幻觉，永刚直流口水，夏氏心疼地看着儿子，看着看着眼帘一合，晕过去了。

周泰望走到火坑边，见鼎罐盖开着，探头一闻，端起油汤倒进瓢里，咕嘟嘟喝到见底，一股腊肉味满屋飘散开。"又不烫，又不冷。"他擦擦嘴缝评价，盘问永刚，"你们娘母偷了谁家的腊肉？"

永刚气恼地说："我们没偷，也没抢。"

"大案，"周泰望站在门边自言自语，"明天上工，问得出真相。"

第二天，夏氏没有起来出工，一上午都躺在床上，快到中午了，才蠕动一下身体，慢慢睁开眼睛，望着从窗外照射进来的阳光，望着阳光中弥漫的尘埃和烟雾，吃力地说："四笔无立，七十岁见了……要敬礼；八十岁见了……要作揖……"

守在床边的永刚一听，立即说"我晓得，是父亲的'父'。"

夏氏从胸腔里滚出一声满足的长叹："唉！"便落了气。

永刚恐惧地望着妈妈苍白的脸，撕心裂肺地嚎起来。

正是黄昏，出工的人们各自扛着农具回家，一整天，大家都在传说一件怪事：夏家屋里硬是神，竟能弄来腊肉，这东西早已绝迹，难道是谁家藏在洞中，被夏氏偷去不能承认？"回去斗她！"隆平队长吩咐喝过肉汤的周泰望。

周泰望和院宅的人心急火燎走在路上,心里一直在琢磨,回屋怎么弄这案件。

那娘俩屋里寂寂的,没有声音,几个邻居一前一后进去,看见床帐半垂,里面躺着个人形。周泰望老婆凑上去一掀,顿时魂飞魄散:一具尸体横在床上,脸上盖着稻草纸。"妈呀!"她一声尖叫,冷汗淌了出来。几个邻居来到陶九香屋里,却见"老鬼婆"揽着永刚,垂着头靠墙坐在灶台下。

"黎永刚,"周泰望上前把他从陶九香怀里拉出来,问,"你妈死了,你来交代,腊肉是哪里弄来的?"

永刚吓得哭起来,老老实实坦白:"妈妈背回来的。"

周泰望又问:"你妈偷谁家屋里的?"

永刚说:"没偷,是用树枝甩来的。"他想起夏氏叫他不要说舅舅,把舅舅二字吞了回去。

奁养的老婆孙小小眼珠一转,问:"从谁家屋里用树枝甩来的?"

永刚抽抽咽咽地摇头:"不知道。"

"胡说八道,"奁养问陶九香,"你呢,知不知道哪里弄的?"

"我啷个晓得。"陶九香顶着满头毫无光泽的灰发,垂下眼皮说。

"昨晚不问,现在怎么搞得清。"孙福在后面叹息。

周泰望非常后悔,想不到夏氏说死就死,带走了这个巨大的秘密。收了工,大家肚子还没填东西,本想顺藤摸瓜,找一条食物线索,可惜线索折断,他在屋里开坛揭罐,一无所获,又去冰冷的夏氏屋里乱掀乱翻,发泄一番,失望地散了。

## 3

夏良现像幽灵一样出现在更古坪。他回斩蛟谷歇了一夜,因为担心放牛老汉报案揭发,对母亲说了腊肉的来历。夏老娘好像有一种预感,竭力催促他到更古坪躲一躲。

妈绥拿出几张薄木板,准备在天井里钉一口简易棺材,月光下,看见夏良现轻手轻脚走进院宅，有些发愣。

"二哥，给哪个钉的？"夏良现小声招呼他。

"永刚他娘呀，上午没的。"妈绥又难过又内疚，悲声回答。

夏良现穿一条皱巴巴的单裤，周身都沾有灰垢，张大一双眼睛，傻傻地站在那里。他脑子本出了点毛病，这阵更加一塌糊涂：妹妹昨天在路上还好好的哪！听到永刚凄惨可怜地哭喊舅舅，又见夏氏直挺挺躺在床板上，这才明白发生了什么，俊美愁苦的面孔抽搐了一下。

他想起银美嫁到黎家的样子，揪心地难过，感到疑惑和绝望：薄命的妹妹啊，没享多少福，黑黝黝的头发这么快就变得焦枯，水灵灵的眼睛这么快就变得阴暗，红润光泽的脸蛋这么快就变得死硬蜡黄了，真叫人疼得慌。

山风吹刮，发出呜呜咽咽的声音。

陶九香的旧脑筋相信男坟发家，女坟发家又发人，伤心地让他给黎家重新指块吉地。夏良现垂泪叹气在院宅附近转，把离碉楼不远的一块旱地指给陶九香，他后悔没有背点香蜡纸烛来，黎家现在办不齐这些东西。

那块旱地并不起眼，四周分布着几个山包，行人不管从哪个方向来，都要走几步下坡路，人称"三九田"。第二天上午，妈绥奴颜婢膝地找到隆平队长，请他高抬贵手批给夏氏当葬地。连阴了半个月，每天凄惨惨雾沉沉，太阳总钻不出来，隆平队长这次很仁义，不假思索从裤腰带上解下公章，在黎家的用地申请上盖了个小小的"太阳"。

妈绥回到家已是下午，他看见陶九香端着半碗井水，用手指往夏氏口中滴，黯然地吩咐："喝了这水，下辈子，媳妇去个享福的地方……"

夏氏十六岁嫁到黎家，遭了很多年的罪，却从未说过一句埋怨的话，真是一个有德行的好女人，眼泪从陶九香的眼角落下来。望着媳妇骨瘦如柴的身体，她扶着棺材，悲痛欲绝地说："你男人要回来了，都不让他见一眼。"

院宅的男女青壮上工未回，夏良现怕自己被人发现，棺木出门不能在半道停下，也不能中途改道，否则，死者在黄泉路上都不顺当，他提醒妈绥抓紧时间。两人一起用床单把夏氏裹了裹，轻轻放进棺材，抬起木板准备封棺，突然，陶九香哀哀地喊："等等……"焦急地扑过来，把一件东西塞进夏氏手里。

难道是银子？过去乡民入土手里要拿一点，可哪里有银子？妈绥好奇地打量，原来是夏氏生前用过的黑布手绢，眼睛转瞬变红了。

外面一个人影也没有，夏良现和妈绥把棺材——其实只是个木板箱，抬出朝门。

灌木丛散发着植物的酸涩气息。

夏良现因为涉嫌腊肉案，一直警惕地观察着山道。他看见一个光着脑袋、穿一件破破烂烂棉袄的男人，突然转出树林，跋涉在石坎下，身影熟悉而又陌生，迟疑片刻，不安地问："是不是妹夫回来了？"

妈绥举目，"呀"的一声，受到了强烈冲击似的，一瞬间站直了腰，叫道："妈武回来了！天哪！妈武回来了！"

永刚拖着两把锄头，哭哭啼啼跟在后面，听见"妈武"二字，这孩子像被某句咒语震慑，止住抽咽，不知所措，瞪视着坎下的陌生人。

不速之客背着一个破旧的行李卷，抬起皱纹粗深的额头，仰视着高处的出殡队伍，目光迷离而恐怖。

妈绥扛着棺材的手不能放下，脚也不能停下，慢慢地前行，疑惑而慌张地喊："哥？……"眼泪像豆子般滚出来。

劳改犯黎妈武在经历五年监狱生活之后，遭遇了心惊肉跳的团聚重逢，他扔下行李卷，三步并作两步赶上前，一把扶住棺材，怔怔地问："妈绥，哪个？……"

"银美，饿死了。"妈绥的声音打抖。

"我妹妹命苦，路上停不得，永刚，还不快叫爸爸。"夏良现心酸道。

永刚瞪着大眼睛，怯生生地叫了一句："爸爸。"泪水像断线珠子似的掉下来。

妈武的目光掠过永刚猴子样的小脸。

"良现说三九田像一个天然莲座，隆平队长这回没装怪，批准我们用地。"妈绥挂着泪，可怜巴巴地解说。

妈武眼里浮起一层雾气，悲怆地接过锄头，牵着儿子的小手，跟跄地跟在棺木后面，声音沙哑地喊："银美，我对不起你……"

4

寒风掠过三九田,碉楼无声无息地注视着故人,漫不经心,已经没有当年的威风和生机。

夏良现抹泪把棺盖挪开,道:"妹夫回来得及时,赶上最后见这面。"妈武放下锄头,往棺材里探进身体,把裹住人形的草席松开,痛于夏氏神形俱变。妈绥看见夏氏闭得紧紧的眼睑簌簌滚出两颗水珠,以为自己泪眼昏花,用衣袖揩了眼睛再看,夏氏眼角的确是湿的。夏良现扶着棺材泣道:"银美,妹夫回来了,放心走你的……"

妈武把额头抵在冰冷的棺材上,痛苦地问:"她,说什么没有?"

妈绥小声说:"永刚晓得。"

永刚道:"妈妈教我一个字。"

"什么字?"妈武忧郁地问。

"四笔无立,七十岁看了敬礼,八十岁看了作揖。"永刚呆呆地说。

妈武把草席慢慢遮回去,紧紧地搂过儿子问:"永玉呢?"

"去重庆了。跟着她妈吃商品粮,少得饿殍病,看我永志,还走在银美前头……"妈绥抬起衣袖抹泪。

"老娘还好?"妈武颤抖地问。

"活起的。"妈绥抱头悲声。

"二哥,妹夫,听我说,等收了工,人多嘴杂搞不顺当,不如快些挖坑。"夏良现忧郁地催促,他担心大家瞧见自己无事生非,有些焦急,歉意地看了妈武一眼,动手给棺材钉盖。

落日将逝,天边泛出青黄的晚霞,一只墨黑的鹰低低地滑过三九田上空,盘旋两圈,然后直直地飞向云端,带走了夏氏的灵魂。

时光好像停止了。

妈武定定地望着棺材,望着憔悴萎靡的妈绥、忧愁灰暗的良现和瘦骨伶仃的儿子,眼神像秋霜一样凝滞和寒冷。

妈绥把锄头递给他,地上响起"笃笃"的挖掘声。

暮色慢慢地浸染出来,灰蒙蒙的人影出现在碉楼方向,夏良现老远看见,"哟"了一声,快步蹲到灌木丛中。收工的人们朝三九田凝视,一阵低语，最先发话的是孙福："你回来了？"这位昔日的长工最先认出棺材旁边的光头男人。

"我回来了。"妈武两手拄着锄头，冷冷地说。

"回来了好，回来了好。"孙福戚然感叹。

邻人无声地俯视着妈武，表情有鄙视，有好奇，也有茫然，却未轻举妄动，注目一阵，各怀心事地回家。

山野渐渐黑尽。

三九田垒起一个低矮的土堆，干瘦肮脏的妈武像棵枯树立在土堆旁，拽着永刚，黯然道："你们先走。"

夏良现抹把泪，没有挪步。

妈绥给夏氏的新坟最后添了把土，小声说："永刚陪着爸爸，我去把行李捡起。"在衣襟上擦擦手，和夏良现默默离去。

月亮移出云层，洒下清冷的白光，永刚走出几丈地，采了一把野花放在母亲坟前。

妈武抱起永刚，贴着儿子的小脸泣不成声："你妈撇下我们……"

永刚顿时感觉到这个人和自己命运的紧密联系，趴在他肩上"哇"地痛哭出声，既感动又伤心，号了一会儿，突然看见院宅方向冒出两条人影，一前一后，跌跌撞撞向坡上走去，永刚认出是邻居王洞河和他媳妇。

王洞河抱着个席子卷走在前，他媳妇哭哭啼啼提把锄头跟在后，多次见过埋人的永刚有点害怕，明白和永志一样得了水肿病的王家老二死了。过去王家老二最喜欢用弹弓袭击自己，近一阵子却蜷在地上晒太阳，和永志一样气息奄奄。永刚又恐惧又难过，紧张地问："爸爸，我饿，我会不会死？"

妈武抱着儿子回答："永刚，你不会死，家里有啥吃的？"

"什么也没有。"永刚像大人一样叹气，更古坪周围土堆一天比一天多，阴影处净是磷火，他仰起尖瘦的小脸，告诉妈武："奶奶说，红颜色的是土地公土地婆，蓝绿蓝绿的是鬼火，碰上要躲远点，小崽崽的颜色浅，是淡绿色。爸爸，要是我死了，我会想你和奶奶。要是看见我在树上打秋千，你们都不要害怕。"

5

妈武眼里结着一层冰,走进自己破败的家,打量着他和银美共同睡过的床,颓然跌坐在上面。

"我儿子回来了!"老态龙钟的陶九香在角落里揩揩泪眼,喃喃自语。

妈武喊了一声:"妈。"起身抱住她,母子俩相拥而泣。

"儿子,你老了!"陶九香迷蒙的眼光停留在妈武瘦削灰暗的脸上,呆呆地说。想起妈武两次久别,家里都没有把他媳妇给照看好,望着长子,她充满内疚,声音发颤,"老娘不中用,对不住你。"

"妹夫,到二叔屋里吃土豆。"饿得脑袋发晕的夏良现进屋轻声喊,他怕被邻居发现,一直躲在妈绥房中,在陶九香的盼咐下,摸黑把地里的土豆种刨出几斤,洗来煮了。

妈武扶着母亲走到妈绥房中。

陶九香接过何氏递来的热土豆,边吃边摇头,胸口梗得慌。

大家又饿又累又难过,嘴里感觉不出任何味道。

夏良现吞咽一番,绑了一个火把,悄悄对永刚说:"舅舅要走了,去一个很远的地方。"

"舅舅去什么地方?"永刚问。

"周游全国。"夏良现神色黯然。他个子瘦长,颧骨很高,眼窝下陷,看上去同夏七发越长越像。

妈绥一愣,他刚吃个半饱,抬起头来说:"大舅虽然背时,但是躲得过初一躲不过十五,不如不走。"

夏良现说:"出去看看,转来未必还这样倒霉。"银美死了,他不想躲在更古坪,突然冒出决心离开猕水,只要饿不死,做什么都行,感到在猕水熬不下去。

妈武皱了皱眉问:"永刚他外公答应?"

屋里安静下来,何氏道:"老梯玛进洞了。"

妈武眼里闪过迷茫的寒色。

陶九香问:"你娘咋说?"

夏良现低声道:"老娘叫我躲一躲。"自从报复了秦家,他从哪家门口走过，哪家就会在门口插一把辟邪的刀，直到他的影子消失，如今更担心放牛老汉报案，被公社重新弄去搞整。

月亮遮在云层里，崇山峻岭的巨大黑影从四面围上来，压住小小的院宅。

夏良现用目光和众人道别，点燃火把，搂搂永刚，说声舅舅一定回来看你，就开门出屋，让夜色吞噬了自己。

永刚呆呆地追出朝门，只看到高高低低浓浓淡淡的树影。

难耐的静默笼罩着屋里的人，妈武说："我出去过，再不出去，以后，死活守在一起。"

陶九香出神地喃喃自语："良现去哪里？"

谁也不知道答案。

山路像条长蛇游入老林，雾合过来，火把几步就不见了。前面很黑，夏良现从更古坪出发，走了一夜。他穿越油墨溪峡谷，想顺河流走下去，看看前面到底是一个什么地方。

就这么上路，走啊走啊，虽说山里阴郁邪气，夏良现不在乎，也不害怕。他踩过鬼门踩过神门，巴不得鬼摆五桌六桌，让他放开肚皮去吃，巴不得鬼哭神喊，让他痛痛快快去听，因为，他就是鬼，他就是神。

月隐月出，日落日升，他凄苦孤独地走了两天。

雾气烟雨，一条瀑布飞溅而下，清亮的水珠扑面而来。夏良现站在山顶上，思绪万千，泪眼蒙眬，凄迷地眺望远处逐渐降低的绿坡，感慨唏嘘。年幼的时候，父亲为传法改过他的字辈，夏家的香灰钵钵他回不去；年轻时好强逞能被父亲废了传承，祖师的天门也上不去，他是真正无归无属，无家可归。

云气飘动，拂过身后的崖路和林涛，一个个青翠的山头飘浮在雾海里，他判断、凝视着斩蛟谷的方向，跪下双膝，双眼湿润，犹豫迷惘。想起短短一个多月，父亲和银美相继而去，自己这一走，不知哪个时候转来，还能不能转来？就这么失踪，老娘谁来照顾？他扑倒在地，放声大哭，宣泄着心底的危机和绝望，泪水浸湿了脸旁的野草。

挣扎一阵，他爬起来，长嚎一声从半途折回去。

两个民兵坐在夏家火塘边商议去留。乡政府侦破了腊肉失窃案，派他

们到斩蛟谷捉人,夏老婆子嘴硬,愣不说儿子躲在哪里。两人等候多时,打算离开几日再杀回马枪,未出院宅,就碰见疑犯推门。

看见熟悉的民兵,肮脏褴褛、蓬头垢面的夏良现突然像疯子一样跑出去,飞快地脱掉衣服裤子,在当年父亲给他传法的马桑丛中,发狂地跳着一种没人见过的舞蹈,口中声嘶力竭地唱:

"黑天神黑地神,黑年黑月黑时辰,黑人黑马黑将军。捆鬼路捆鬼门,五雷五黑打你身。东黑五里南黑五里,西黑五里北黑五里中黑五里,黑尽邪魔不沾身!"

民兵看见他瘦削匀称的四肢筛糠似地抖,不敢上前去捉,任他一丝不挂,粗野癫狂地跳啊跳啊,直到"扑通"一声倒在地上。山风呼啸起来,民兵犹豫片刻,脱下一件衣服,围住他像牛角一样翘得高高的生殖器,把他押走了。夏良现一边走,一边还神经质地抖动身体,挨了一路的枪托。

# 第二十六章

## 1

妈武回到院宅,大家暗中观察,见他四十刚过,头上已有了短短的白发碴,看起来很苍老,出门砍柴,不多言语,面容冷冷冰冰,都说气威势壮的"扁担花"终于倒绒了。但是柴捆进门,院里就传来磨刀霍霍的声响,家家户户都听得见,发现这劳改犯蹲在磨刀石前,磨完了柴刀磨菜刀,磨完了菜刀磨镰刀,磨完了镰刀磨腰刀,锈色和寒光交替在脸上跳荡,大家放松的心又紧绷起来。

不久隆平队长通知劳力到猯水运粮,更古坪一共去十个男人,这是重活。大队要隆平队长戴罪立功,因为他给公社诉苦,汇报食堂饿死人,被叫去参加学习班,每天罚捡牛粪。饱受不公平待遇的隆平队长放下个人委屈,率领生产队员出发,妈武和妈绥都在其中。他们每天干十多个小时,把大米从猯水粮仓扛到板车上,看着板车拉往县城,又往空仓里堆谷糠和稻草,上面铺一层谷子,迎接上级检查,起早贪黑,又饿又累。

县里在猯水举办现场经验交流会,公社书记跨上主席台,猛地把外套扣子扯开,里面的汗衫写着四个鲜红的字"誓夺第一",豪情冲天。肠子粗、食量大的隆平队长禁不住恐慌,装粮的时候,顺手把稻谷往自己的长筒胶鞋里灌,谁知有一次出门的时候,被高大的门槛绊倒在地,鞋筒里的稻谷全倒了出来。粮仓保管员失声惊叫,隆平队长眼睛红得像要杀人,恼羞成怒地骂:"偷?他妈的!你的谷子自己跑到我鞋子里来,怪我偷?"

妈武只是干活,一声不吭,显示出特殊的、一种训练有素的沉默。

运粮结束,猯水人都知道妈武刑满回来了,更古坪招来许多猜测和关注。

一个雾蒙蒙的下午，院宅外突然拥来一群人，熟门熟路，直接走进妈武和永刚相依为命的偏房。看见坐在火塘前的陶九香，一个瘦瘦的中等个男子额上冒着汗珠，解开旧棉袄，露出能看见肋骨的紫黑胸脯，在人群的簇拥下，拱拱手道："老辈子，你认得我不？听说，妈武叔回来了。"

陶九香不放心孤寡的儿孙，早晚都坐在这屋，看上去迷迷糊糊，但是缺柴了却晓得添把柴，缺水了也晓得加瓢水。她抬起眼皮，不答话，用浑浊的目光警惕地扫视这群人。

"什么事？"妈武从后门钻进来，认出说话的是花椒湾的陈广林，表情有些吃惊，低声问。

"妈武。"陈广林身后有一个人叫起来，妈武一看，原来是铧匠曾老猫。曾老猫瘦了老了，头发花白，脸色发黄，穿件脏兮兮的中山装，一步跨过来递上支毛烟。铧匠过去总喊"黎团总""黎队长""黎乡长"，第一次对妈武直呼其名，还有点别扭。

"老猫啊。"妈武咧了咧嘴角，招呼道。

"你终于回来了，"铧匠愁苦地叹了口气，说，"明天我们要去花椒湾开仓背粮，去不？"妈武被抓后，他因私吞缴获的大洋，也被监狱关押了两年，但他有冶铁铸铧经验，被大队特许回花椒湾落户。

"叔，"陈广林目不转睛瞧着妈武，叫道，"民国三十五年为二百块大洋，我叔爷陈玉举招呼神兵背了你的租谷，你还记得不？我叫陈广林。"

妈武仔细瞅他一眼，三十来岁的陈广林眼睛酷似陈玉举，想起二十年前那个下午，陈玉举邀自己饮酒弈棋，背地里鼓动乡民抗租，血流成河，为逃追杀，他夜走万县，第一次听汪正明讲什么是剥削，什么是革命……看着手里的毛烟，他平静地纠正："乡民背的是黎团总的租谷，黎团总过去死了。"

陈广林道："不管哪个，我是破产地主，你是劳改释放犯。商量个事啊，你愿不愿意参加我们的队伍，一起去花椒湾放粮？口号是'两推翻，两不变'：推翻集体化，推翻伙食团；土地政策不变，耕牛农具不变。"

自从隆平队长指挥把粮食全部送走，花椒湾金家院子粮仓每天都刺激着人们的神经。陈家的人约黎家的人一起去放粮，同样刺激人们的神经，四下里一片寂静，陶九香紧张地注视着他们。

妈绥一步跨进屋来，他从外面路过，听到陌生人的声音，好像听到放粮，吓了一跳，进屋看见一大堆人，认得好几个，包括曾老猫和陈广林，心中一愣。陈广林是陈大虎神的外甥，有个哥哥叫陈广恒，民国二十六年随陈广爱攻打偕洞粮行，让人捉住，被洋油浇身活活烧死，那是陈大虎神打的一次著名败仗。当时，陈广林才十多岁，回家看见母亲痛哭，对他说你哥被烧死了。陈广恒已被好心的乡亲送回家里，整个烧得只剩下碗大的一团，黑乎乎硬邦邦的，不知是心脏还是什么别的东西。从此以后，这小子的心也变得像那东西一样硬，一样黑。放粮，只有这小子想得出来。"队里宣布过规矩，开仓的开除党籍，偷粮的开枪击毙。"他皱着眉说。

"去他妈的，"曾老猫给自己和妈武点燃毛烟，道，"皮包骨头的乡民天天挖野菜刨蕨根，看着自己亲手种的粮食关在仓库里，没上大锁，只贴着一张红纸封条，要是在前朝，早就破仓了。"

陈广林说："叔，那年我叔爷招呼乡民背你的租谷，还没有饿死人，现在屋里饿死三口了，我三天埋两个儿子一个姑娘。"

妈武蹲在火塘前吸烟，想起十几年前，自己第一次从万县回更古坪，鼓动乡亲们革命的情景，突然扭过黑郁郁的面孔，问："保管员是……"

"赵长有。"铧匠道，"我劝他放粮，他怕分不清阶级立场，不敢。"说罢瞧着靠在木板墙上的永刚问，"永刚崽啊，知道我是哪个？"

永刚仰起尖瘦的小脸，好奇地望着他，摇摇头。

铧匠问："伢家伙，想不想吃白米饭？"

"想。"永刚小声说。

妈武一边吸烟，一边看着永刚。

陈广林说："我是个粗人，只懂简单道理，饿死不如吃顿饱饭！"

"妈武，"年近六十，看上去显得更加苍老的铧匠冷冷道，"以前还有口饭吃，你发枪给我们，叫打游击革命；如今家家饿死人了，给没死的老百姓搞点粮食吃，就是反革命？"

妈武一直在吸烟，没有答话。

"老辈子，"陈广林望着妈武，愤愤道，"我们两家过去有仇，但现在，

事关全队老少生死,这事只有你能招呼!"

妈武扔掉烟屁股,站起身来,道:"分头通知各家,背上口袋背篼,明天下午,去花椒湾粮仓撮米,五口人一家去一人取三斗,五口人以上去两人取六斗!"

## 2

第二天,妈武树枝刚分丫就起来穿衣,不紧不慢往脚上套一双旧草鞋,陶九香注视着他的一举一动,忧愁地说:"要不,叫妈绥和永光他妈去,认识你的人多。"

妈武"吧嗒吧嗒"吸了支毛烟,一声不吭站起来,挎上背篼出了门。

朦胧的晨光中,周泰望、王洞河、孙福、孙家老大、迩养的老婆和儿子等背着扁背,急急忙忙钻出朝门,远远地跟在后面;年前迩养喝醉了酒,在火塘上烧坏了半边手和脸,行动不便,他老婆愣变得像男人一样利索能干。妈绥犹豫一瞬也挎个背篼,三步两步从后面赶上去。

不到花椒湾,就见三三两两的人扛着口袋、背着扁背来往奔走,越往前人越多,妈绥在里面看到很多熟悉的面孔,其中有冉洪尤和张三姑。冉洪尤旁边那人挎着杆土枪,在人堆里很显眼,也很面熟,他想起来是蒋毛毛,这个和周大妹树叶传情的男人,领着梁篾匠的神兵打劫碉楼绑走了妈武,又害父亲在干沟桥摔成不治,还和秦猎牛一起为匪,早就应该被除脱,全仗县里的宽大,才死里逃生活下来,他也来背粮?妈绥心里又恨又乱,挤来挤去找妈武,先前在人群中看见他和曾老猫、陈广林在一起,转眼又不见人影了,倒看见枯瘦如柴的金老娘在墙角瑟瑟地靠着,皮包骨头的阿及蹲在她旁边,墙上用红漆写着一行大字:毛主席万岁。

"老辈子,我们打下的粮食,都关在你老屋里⋯⋯"妈绥挎着空背篼,不好意思地招呼。

金老娘眼光呆滞,有气无力地说:"我每天睡在隔壁,都要饿死了⋯⋯"

妈绥一愣,想起她和阿及眼巴巴看着成堆的粮食囤在自家老屋里,伸手可摸,饿起来更惨,悄悄对阿及说:"快去拿家伙,装谷子。"

金老娘眼珠缓慢地转动了一下,小声道:"是死罪。"

"蒋毛毛的幺儿兔兔前几天偷青,被大队书记拿住,按在地里杀一儆百。兔兔在枪口下哀求饶命,哭声震天,书记的枪打不响,换了三次子弹,扣了八次扳机才打中,蒋毛毛赶到时,十二岁的兔兔正鲜血四溅,抬回家昨晚上才死。"阿及蹲在地上,恐惧地说。

妈绥吸了一口冷气,难怪刚才看见蒋毛毛挎着土枪,他环视周围,挺挺胸膛,小声说:"他是五类分子,今天这么多贫下中农,不怕。"

乡民每家都来了人,一些人背着背篼,手里还拿着菜刀,围住金家院子仓库。瘦成一个骨架子的保管员赵长有站在封条前,不安地问:"你们想干什么?"

"我们来取自家的粮食!"蒋毛毛说。

"开门撮米,先记到账上,以后再还!"陈广林冲所有人喊。

赵长有急道:"我屋也没有一颗粮啊,要能借能放,我早就背回家了。"他当年离开乡政府,去了黄连农场,后被通知回花椒湾守粮仓。正危急间,忽然觉得腰上抵了个东西,原来是蒋毛毛,这家伙不知从哪里弄杆土枪来顶着他。旁边一个人捉住这枪管,用力朝上扳去,目光冷峻,非常面熟,虎彪彪朝他瞪眼,赵长有一愣,认出是劳改回来的妈武,忙说:"这是国家财产,我要请示领导。"

"这么多人围在这里,你一走,十几万斤粮食就没了。"妈武盯着他,目光炯炯如电,"众怒难犯,踩死人不知轻重,追究起来你如实汇报。"

赵长有无可奈何地苦笑起来,看见越来越多的人拿着菜刀木棒挤过来,踌躇地让到一边。刚一闪开,乡民便一拥而上,木板门"吱嘎"一声,封条裂成两半,人们撮的撮挑的挑,背起粮食就走。

妈绥钻不进去,挤在前面的张三姑拼命替他撮了一扁背。

天已擦黑,妈武仍不见影,妈绥点个火把和院宅的人一起回去,一路胡乱想着,越走越兴奋。隆平队长也不讲觉悟,让他老婆周氏和秦猎熊的大婆子一起背着背篼举着火把赶来了,这么多人参加,妈武肯定不会有事。陈广林就是聪明,大家饿得那样狠,都没想过这样干!妈绥一边走,一边飞转着各种念头,肩上沉甸甸的稻谷,倒使他生出很多力气。

家里好久没有闻到过米香了,何氏连夜生火架锅,第一锅饭黎明前就被大家吞进了肚,永刚和永光两个孩子被白生生的米饭噎得小脸通红,妈绥吃得直着脖子瞪眼,好半天才幸福地说出一句:"死也值。"

夏氏和永志太可怜了,没能熬到这一天,何氏给他们盛了两碗,插上筷子,端到坟头上去。

妈武第二天才回来,除了一扁背稻谷,还带回了永玉请舅舅阿及转给陶九香的信。这孩子惦着妈武该出来了,问爸爸回家没有?说舅舅告诉她猹水的情况很糟,自己在重庆读书,每月有供应粮,只苦了奶奶和爸爸。陶九香心里一颗石头落了地,看来金氏不笨,这孩子不会像永志那样饿死。妈武思量半天,趴在桌上回了永玉一页纸,叫她好好念书,别管家里,也托金家转交。

金家院子仓库被强行借走几万斤稻谷,家家户户得了救命粮,很长时间都不报案,连隆平队长也装聋作哑。

妈武还是那样一脸寒色,沉默寡言,但院宅里恢复了生气,大家吃了饱饭,眼光也对他和气些。这样过去半个月,眼看粮食又要吃完了,一天中午,陈广林和曾老猫一起又来院宅,径直找到妈武,三个人警觉地坐在坡上商量什么,没隔多久各自散了。

## 3

几天后的傍晚,云雾笼罩,天色昏暗,下起了大雨。

妈武在火塘边"哗哗哗"地磨柴刀,磨刀石滑溜溜的,冒出来很多泥浆,永刚拿个小瓢倒水浇洗,妈武说:"不用,没有这些泥浆,刀还磨不快。过两年该你给家里砍柴了,就这样,用力要均匀。"

陶九香温情地打量着儿子和孙子,捅火准备煮晚饭,却见陈广林领着一群身披蓑衣、肩挎背篼、手拿刀矛的人从后门拥进来。

"老辈子,"陈广林在这些人的簇拥下,对陶九香拱拱手说,"在你这里弄顿饭吃。"

妈武将柴刀洗净,用干布将水汽擦干,对母亲说:"妈,多下些米。"

陶九香瞅了黑压压的人群一眼道:"你们多少人?"

"三十几个。"陈广林给陶九香递上一卷烟,说,"我们要去开獳水坝放粮,今晚住青龙观,那边还有人。"

陶九香默默地添水加米。

"先吃饭吧。"妈武招呼一屋子人拿碗舀饭,自己点了杆烟,蹲在火塘前加米煮第二锅。

"叔,老辈子,"陈广林望着妈武和陶九香说,"你们也吃。"

"你们吃,你们吃,"陶九香道,"等一会儿,第二锅马上好了。"

"我再去拿碗。"妈绥朝堂屋走去。

"既然如此,"陈广林说,"晚辈不客气了,我们还要赶路。"

一袋烟工夫,三十几个男人将两锅饭吃得干干净净,妈武也吃光一碗。

陶九香忧愁地望着他。

妈武不慌不忙地把空碗放在灶台上,慢慢穿上草鞋,披上蓑衣,挎个背篼,拿着磨好的柴刀和众人一起出门,外面漆黑一团,他身上的蓑衣很快被淋湿了。妈绥举着油灯把他们送走,回到灶房对陶九香说:"曾老猫旁边,背枪那个是蒋毛毛!"

陶九香坐在矮凳上,正将一把干透的艾蒿嫩叶揉成絮状火绒做火引子,听见妈绥的话,愣了愣神。她晓得那冤家跟过秦猎牛,自新后,落户在花椒湾,啐了口唾沫,骂道:"背时砍脑壳的,他才是真正的土匪。"

妈绥好些年淡忘了这个讨厌的男人,因为他已经看开,石磵楼的钱物,就算当年梁篾匠不抢,土改时也要缴出去,关键时刻,钱财根本没有大米管用。唯有干沟桥的事让他生恨,前后一思忖,心里五味杂陈。屋里脏碗成堆,和脑子里一样乱糟糟的,他慢吞吞地动手收拾。

"奶奶。"永刚在里屋嚷嚷,陶九香起身走进去,点亮油灯,看见永刚坐在木床上,兴奋地瞪着大眼睛说,"奶奶,明天我还想吃白米饭。"

"乖孙啊,"陶九香道,"好吃的东西,哪能天天有。"她一边给孙子盖上被子,一边哼着一首古老的儿歌,"亮火虫高高,下来诓你幺么;"她有节奏地拍打着孙子,似唱非唱地哼哼,"亮火虫矮矮,下来诓你崽崽。"

永刚从被窝里伸出手来将奶奶搂住,陶九香的声音越来越大:"你钻灶,火烧你;你下来,我抱你。你上天,雷打你;你钻空,蛇咬你。"

一个小小的亮点,从窗户缝隙飘进来,在床前移动,陶九香看着那亮点,撑起身体吹熄油灯,说:"奶奶给你讲一个故事。"

"呃,奶奶快讲。"永刚打了一个嗝,兴奋地说。

陶九香道:"有一个放牛娃,每天天不亮就去砍柴放牛,孝敬他的瞎子奶奶。神仙见他心好,就派白虎星下凡来帮助他。"

永刚在黑暗中咯咯地笑,这孩子从小到大,很少感到这样幸福。

陶九香又道:"他到山上打柴,突然从树林里蹿出来一只老巴子,放牛娃就往树上爬,老巴子没抓住他,身体倒被树杈卡住了,痛得直流眼泪。'老巴子老巴子,'放牛娃说,'你不吃我就摇头,要吃我就点头。'"

祖孙俩被夜色包裹,只剩下永刚的一对眼睛珠子,在微弱的亮火虫光线中闪动。

"老巴子听了直摇脑袋,放牛娃就把树杈砍掉,"陶九香接着讲,"让老巴子落下来。两个结拜成兄弟,屋里没有柴了,老巴子上山去背。它动作快,尾巴一扫就是一捆;屋里没有米了,老巴子去街上买。米贩见了它全身发抖,直说'老巴子……老巴子……'它把米口袋往背上一甩,不给钱,背起就走了;放牛娃没有媳妇,老巴子就去员外家,把员外的女儿衔起跑了,还连夜给放牛娃修了一座新房……"

永刚那个羡慕啊,他非常专心,没有听到其他声音,但是陶九香听到灶房有生人说话。

## 4

门外突然闯进来一个披蓑衣的人,正在刷碗的妈绥愣道:"你掉队了?快进来烤火。"

"这雨真大,"那人看了他一眼,说,"吃得饱饭吗?"

"吃得饱了,吃得饱了,"妈绥说,"多亏了你们。"

那人问:"有没有剩饭啊?"

妈绥说:"我给你弄,我给你弄。"

那人问:"还有十几个人。够吗?"

妈绥说:"够够够。"

门外这时又拥进一些人，全都披着蓑衣，背着冲锋枪，"你们……"妈绥傻了眼，疑惑地问，"莫非是解放军？"

那人说："我们是解放军！"

"啊？"妈绥话不成句地说，"我五十岁的人，说话颠三倒四，你可千万别当真，别把我弄翻啊。"他虽然也有白发，但才三十八岁，急起来就胡说八道。

"你尽管弄饭，"那人说，"不会弄翻你，解放军为的就是你们。"

"那是那是。"妈绥差一点晕过去。

那人问："刚才有人来过？"

妈绥惊魂未定，道："陈广林他们来过。"

"哪里去了？"那人问。

妈绥脑袋一转，支支吾吾："不知道。"

那人果断地说道："我们现在去青龙观。"

妈绥慌慌张张道："你们……在这吃点饭，明天去都来得及。"

"老乡，你要给我们说实话！"那人的表情非常严厉。

"好好，"妈绥腿都吓软了，"他们今晚……住青龙观……"

那人做了个手势，十几个解放军立即靠火塘坐下，等着吃晚饭。妈绥听他们说话，才明白询问者是县武装中队的马队长，得知黎妈武和陈广林要去猸水开仓，专门带兵来拦截。

陶九香故事讲到一半，听到灶房有动静，披上衣服走出来，看见十几个人身披蓑衣、抱着冲锋枪坐在火塘边，妈绥正在灶下烧火。

"老人家，"马队长招呼道，"我们是解放军，在你这里吃顿饭，没事吧？"

"啊啊，"陶九香瞅着他们怀里的冲锋枪，又瞅瞅脸色不好看的妈绥，道："吃，吃，你们吃。"说罢，站在那里忧愁地发愣。

"奶奶。"永刚在里屋叫起来。

陶九香迟疑地走进去，紧张地吹了灯，挨永刚躺下。窗外乌云遮天狂风呼啸，雷声隆隆大雨倾盆，她使劲掐了一下大腿，看看自己是不是做梦。

"你还没讲完，后来呢？"永刚打个哈欠，揉着眼睛问。

"后来县官听说,"陶九香心神不安地搂着孙子,"放牛娃在乡里抢米,还抢人,就把他关在衙门里,罚三千两银子,问他知不知罪。放牛娃说:'这是我的老巴子兄弟干的。'"黑暗中,陶九香瞅着小孙子的眼睛像亮火虫一样发光。"那老巴子跟踪到了衙门,在堂外大吼,把县官吓得瘫在椅子上,屁滚尿流地说:'三千银子拿去奉养你奶奶,赶快让你的老巴子走。'"

永刚的眼睛弯得像两个月牙儿,高高兴兴地睡着了。

凌晨,雷停雨歇,马队长见他的兵吃饱了饭,不容商量,吩咐妈绥带路,一行人直奔青龙观。

陶九香一直听着外面的动静,这时躺在床上呼吸急促,好像被梦境魇住了,长子的命运就像被人拴在了一条皮鞭上,起落都让人揪心。

妈绥不敢拗扭,领着队伍出了门。他又怕又累,摔了无数跟斗,浑身糊得像泥猴。幸好昨晚吃了顿饱饭,他发抖地想,不吃东西,怎么走得动这又陡又滑的山道?多没良心啊!自己吃了人家放的粮,还带解放军去捉人家;多没良心啊!解放军吃了人家放的粮,倒长出力气去捉人家。妈武多冤啊!他举着火把咧着嘴,边走边绝望地哼哼呜呜,发出山风一样压抑的低号。


## 5

天刚麻麻亮,一行人在青龙观前后埋伏下来。

"抢粮的老乡听着!"马队长举着火把向庙里喊话,"我们的政策是,首恶必办,立功受奖,胁从不问!"

从一扇窗户里伸出杆土枪,马队长被黑洞洞的枪口对准了。说时迟,那时快,警卫员眼疾手快掀开马队长,一枪射过来,打在身后的树丛中。

马队长叫冲锋枪回了几梭子,厉声喝道:"受蒙蔽的出来!顽固分子全部打死!"

四周那么黑暗和安谧。

"不要执迷不悟,"警卫员焦急地警告,"凡抢国库粮仓的,一律就地枪毙,希望你们都活下来!"

妈绥趴在一棵杉树脚下，牙齿不停地打战，紧张地抬起脑袋，伤心地望着古刹流泪，为妈武担心，就在这时，后门方向突然响起了枪声，解放军用四挺冲锋枪狙击扫射，密集的火力封锁了后门。

妈绥尿了裤子，他闭着眼睛，头埋在草里号啕大哭，心想妈武经历的战斗，大大小小总有几十次吧，难道都是这样打的？吓死人了，妈武真可怜啊，半辈子打来打去，早知道这样，还不如饿死。

"你愿不愿意看着你哥等死？"马队长突然蹲到妈绥身边，问。

妈绥抬起脑袋，悲伤地说："不不不，不愿意。"

"那你进去，给你哥做做工作，叫他不要与人民为敌。"马队长说。话音一落，两个解放军把他架起来，举着火把往后门方向走去。

妈绥哆哆嗦嗦往下蹲，他说："我怕打枪。"

"你向黎妈武喊话，他们不会打枪的。"一个解放军说罢，把他拧起来往前推。

"妈武啊，你听我说……"妈绥喊了一声，他哭得说不下去。

四周一片可怕的寂静，空气中的杀气让人窒息，两个解放军架着他走到门边，后面还跟着几个解放军。"妈武啊……"妈绥哭得昏天黑地，挣扎着又喊了一声。

大门开了，三十几个乡民伸着爪子陆陆续续走出来，走在最前面的是冉洪尤和曾老猫。微微的天光中，三条人影突然蹿出队列，跳下旁边的高坎，各往一个方向立起尾巴飞跑，谁知下面也埋伏了解放军，见状一扑而上。枪声格外猛烈，妈绥吓傻了，呆呆地蹲在地上，脑子一片空白。

坎下是一片刚砍过的竹林，蒋毛毛赤脚在里面冲刺，如履平地，解放军根本追不上，眼看要进密林了，发挥震慑人的火力优势，两支冲锋枪将他击中。

妈武和陈广林没有蒋毛毛的铁脚板厉害，解放军将其活捉。曾老猫早年也是铁脚板，但是老了跑不动，只有伸着爪子就擒。

一个解放军塞件蓑衣给妈绥，叫他去把尸体盖起来。妈绥抱着蓑衣，失魂落魄地跳下高坎，见蒋毛毛周身都在流血，出口处热气腾腾，还冒着泡沫花子，铺在地上好大一摊，边缘逐渐凝成血旺，枪眼仍像竹筒水一样"咕噜咕噜"地流，他打了个冷战，这么瘦一个人，想不到身上有这么多

的血。这就是周大妹的相好,几次三番和黎家过不去的蒋毛毛啊,现在被解放军打得稀巴烂,妈绥被血腥味熏得直想吐,又晕又翻胃,忙把蓑衣罩上去。

解放军扔下蒋毛毛的尸体,给妈武和陈广林上了绑,押着他俩和其余乡民往花椒湾而去。

妈绥不敢看妈武的眼睛,他难受地跟在他们身后走了一截,慢慢地停下脚步,木然地坐在树圪蔸上,像个死人一动不动。

快到花椒湾时,马队长突然看见路边的树圪蔸上,坐着个头发蓬乱、又瘦又毛的蛮婆子,身旁的烂泥里放着根扁背,似在哪里见过。"妈。"只听黎妈武叫了一声,马队长想起是昨晚在更古坪见到的老太婆,他的兵在那屋吃过一顿饭。

"妈武……"陶九香喊了一声。夜里看见那么多冲锋枪,她知道长子跑不掉了,凌晨就出发赶来这里,死活等着见一面。

"妈妈,你回去,不要到这里来。"妈武疲惫不堪,小声说。

陶九香抱着个装水的竹筒站在路边,犹豫地看了马队长一眼,从怀里拿出一个饭团,举到妈武跟前。解放军都认出这蛮婆子,没有制止,妈武弯腰咬了一口饭团,喝了两口竹筒里的水,避开陶九香的手臂,黯然地对母亲道:"快走,妈妈。"说罢,头也不回地迈腿离开。

陶九香心如刀割,眼窝像长苔的石臼一样湿润,有冷冷的东西从天上掉下来,打湿了她的脸颊和头发。看着长子就这么走了,在祖祖辈辈永远也走不完的坎坷路上走了,她微微合着干瘪的嘴唇,压抑不住滚出一串声音,分不清是抽泣还是哼哼。

# 第二十七章

**1**

半个月后的上午,黄连货栈外的空地聚集了许多人,人群外面,包围着持枪的解放军。一个用红布和条桌搭建的审判台,挡住了刻在货栈木墙上的崔举人手迹,县乡领导端坐于台前。

十五个抢粮的乡民面对人群站着,双手被高高吊到颈后,脑袋向前俯着,就像锁蛟岩上那头孽蛟。虽然捉了三十多个,关一阵放走了些,最后还剩下他们。

高音喇叭哇哇叫,县乡领导依次讲话,批判抢粮罪行和五花大绑的案犯。公社书记声严色厉,斥问暴乱首恶:"黎妈武,你怎么纠集五类分子抢国库?"

妈武俯着长出一层花白发楂的脑袋,漠然道:"粮食留起不分,看着人饿死,这不是革命的政策。"

会场突然一片寂静,鸦雀无声,公社书记生气地吼:"黎妈武,过去,你催租逼粮引起农民革命,是历史反革命,现在又用缺粮死人来攻击党的领导和三面红旗,是现行反革命,不要假装正神!"

妈武脸色苍白,忍住极度捆绑的疼痛,冷峻而清楚地说:"革命先讲活命,我没有假装。"

人们窃窃私语,嗡嗡声响成一片。

公社书记反驳道:"你也配提革命?有生就有死,不值得大惊小怪,你胡说八道,不怕枪毙处决?"

妈武沉默不语。

公社书记高声喝道:"黎妈武,你怕不怕枪毙?"

妈武依旧不语。

公社书记转到妈武跟前,愤怒地吼:"'扁担花',怕不怕枪毙?"

妈武瞅瞅他腰间挂着的手枪,黯然道:"让老少吃个饱,我对得起自己的良心。"

公社书记嘲弄地说:"你立起尾巴抢粮,还有什么良心?胡说八道罪上加罪,獴水谁不了解你?哪个要你动武整,县里晓得情况,救济粮过两天就到。"

妈武俯着头,似乎愣了一下。

公社书记厉声道:"劳改释放犯黎妈武!你对党和人民犯下不赦之罪,现在征求大家意见,除了你家亲戚,只要有一个人赞成你抢粮,就把你带回去重审,给大家三分钟时间。"说罢严肃地举起左手,亮出手表读秒报时,"一秒、二秒、三秒……还有两分钟……"

人们屏住呼吸,谁也不敢吭声。

公社书记高举左手,大声读秒:"一秒、二秒、三秒……还有一分钟……"

人们看着双手被高高吊到颈后的乡亲,眼睛含着深深的同情,脑子里浮现出逝去的一幕,突然产生了迷信的念头:不多不少刚好十五人,莫非是当年被杀的保甲劣绅,恶魂纠结来报旧仇?

时间到了,没有一个人举手。

全场死一般的沉寂。

公社书记走到台前,振聋发聩地说:"我们的政策是,首恶必办,立功受奖,胁从不问!劳改释放犯黎妈武,解放前就是土匪,刑满释放回家,对人民政府怀恨在心,策划反革命暴动,纠集乡邻开仓抢粮,判处死刑,立即执行。"

全场死一般沉寂。

个子瘦小的陈广林被勒得汗流浃背,浑身发颤。

公社书记继续宣判:"陈广林,解放前小有田产,后家业败落,被定了个破产地主,怀恨在心,策划反革命暴动,纠集乡邻开仓抢粮,判处死刑,立即执行。主犯蒋毛毛,武力拒捕,被当场击毙;主犯曾老猫,判处有期徒刑十五年，其余涉案成员，念其无知盲从，认罪态度良好，押回原籍监督教育。"

围观的乡民松了口气。

十五人被押往西侧的山坡，在画好白线的位置站好。

妈武对茅草坪祖坟的怀疑，正是从这个奇妙的时候开始的。"黎哈窟里有穴地，大尖山的小尖山，牛头山的马鞍山，哪个找到这穴地，幸福日子过不完……"梦幻般的民谣在耳边响起，赶龙匠那不可言说的目光从记忆深处浮现出来，他突然有些忧伤，黄泉路上，其他悬念都被抛在脑后，只剩下对祖坟风水的惶惑，神色黯然。

关于茅草坪的秘密，他将永远无法知晓了，在这个安静得听得见心跳的时刻，他飞快地想起瘦弱的永刚，想起衰老的陶九香，想起更古坪……和陈广林同行使他意外，两人应该是生冤家死对头才对，十几年前，他和陈家子侄翻脸厮杀，并为此逃离家乡参加革命。想起从瘦小的秦猎熊身上抽回刺刀，想起在用红纸画的镰刀斧头旗子前宣誓，想起夜杀向锦堂，袭击国民党乡公所，镇压十五个伪保甲长和劣绅，禁不住悲哀，紧张的神经好像蜘蛛网一样，莫名其妙地微微颤动，默祈自己的最后瞬间，也能像传说中的先人那样，奇迹般奔白虎星飞升。

行刑的民兵"砰砰"开了两枪，他不由自主往前一扑，流出了神与兽的血，一股腥气在空中扩散开。他想用血盆大口呼吸；想趴在山涧源头，泡在溪流之中喝水，但舌尖舔不到一丝水星；他听见了风声，听见大风滚着林涛，感觉草浪盖住了他的身体，耳边响起一种奇怪的声音，好像是鸟叫，夏氏的身影隐约在前，那是更古坪的山道，他盯着那忽隐忽现的身影，一跃而起，身轻如燕地奔到熟悉的云雾中。

断魂的子弹洞穿两个不驯的脑袋，带出了里面的组织。

生得传奇，死得荒凉，大禹3970年儒历1968年，人民政府以狂捉狂，以暴制暴，终结了抢粮首恶黎妈武坎坷曲折的一生。十三个陪杀场的乡民以为自己也要挨炮，却被逐一松绑，铧匠一动不动地站着，行刑的民兵上前推了一把，一股死气从手心传开，感觉像是碰了鬼，冒火地给了他一枪托。

"曾老猫，你捡了条命，该脱胎换骨、改邪归正了。"民兵嘲弄的声音在背后响起。

铧匠想起被自己毙掉的那些保甲劣绅最后的眼神,脸色惨白,身体僵硬,都定成反革命了,没想到祖宗保佑,还能够活下来,怔忡地跟着民兵离开。刚走几步,突然看见旁边的甘蔗林跑出两副担架,原来,黎陈两家已经得到领尸通知,带着滑竿赶来收尸。

陈家子侄冲到陈广林身边,一人提手一人提脚地把他放到担架上,抬起就走,因为恐惧压倒了悲伤,他们脸上没有一滴眼泪。

夏良现和黎妈绥跑在后面。腊肉窃案基本弄清,夏良现不是主犯,被关押教育了一个月,总算放回斩蛟谷,人还没到家,妈绥就带来凶信——永刚还小,请舅子和自己一起,去替妈武收尸。

妈绥一走到那地,就蒙着脸哀哀地嚎。胆大包天、永不妥协的妈武真的死了,脑袋上太阳穴和眼角两个地方在流血,半张脸看上去血糊糊的。夏良现因为过去替神兵收过尸,有些承受能力,提醒快过午时了,两人颤抖地把尸体弄上滑竿。

## 2

陶九香心狂神迷,欲哭无泪,做主把妈武和夏氏合了坟。两人都不是正常死亡,老话说一个是恶魂,一个是饿鬼,不应该埋在附近,否则问题严重。但陶九香无法接受长子被敲沙罐的恐怖事实,神经变得很不正常,相信把他埋在离碉楼不远的三九田,才能够对付一切古怪和绝望,这真是个大胆的决定。

她披着花白的头发,再一次越过寥廓的时空,向远远近近的祖先求助:

"生前是能人啊,死后是能神啊,祖公祖婆,你们在天坑里趴,高崖上趴,什么都瞧不见。噢,你们什么都瞧见了,黎家的儿啊,你们的子孙崽崽,月月有灾,年年有难。路啊再难走,洞啊再难爬,你们也要棍打刀砍,上有芭茅也砍,下有芭茅也砍,左有芭茅也砍,右有芭茅也砍,大风扫路大雨洗路,雷公开路电母照路。祖公祖婆啊,请你们出面,绝了野鬼的路,绝了邪神的道!"

她的祈祷被风送到很高很远的地方，一只金黑相间的虎斑蝶钻进门缝，像道彩色的闪电上下盘旋，敛翅停在脏兮兮的旧蚊帐上，就像夏氏织出的图案，永刚看见奶奶脸上的皱纹抽抽搐搐，眼光惊骇而痴呆，他的心脏也七上八下，跳个不停。

两天后传来消息，隆平队长被公社撤了职，抢粮事件也给他的政治生涯蒙上阴影，队长的宝座由迩养接管。因为酒后烤火，迩养烧坏了一只手和半边脸，歪嘴却比谁都能说会道。

这日黄昏，迩养背着背篼跨进院来，气喘吁吁地大喊大叫："快去背粮！孙福！周泰望！王洞河！"

谁会还干这种事？各家老少闻声出来，瞅着他，面面相觑。

"快去背粮！"迩养激动地将背篼放在地上，从里面抓出一把白米。

孙小小惊疑而恐惧地盯着男人，道："才抓了杀了，你？……"

"是县里支援猕水的，一个人五斤，还有五斤土豆苞谷，公社在花椒湾设了个领取点，哪个龟儿子乱讲！"迩养发誓赌咒。

院里的人围上来，用手摸摸那米。

看见妈绥忧惧迟钝的眼神，迩养顿足说："黎妈绥，去花椒湾背粮！"

妈绥一动不动地坐着，悲哀地叹息："谁管我们这样的人啊？"

迩养责怪道："喊你去背就去背，叫我们生产队明天领完，各家都去，我要拿名单核对。王洞河，你去通知一下油墨溪方向的人，现在就去。"

"好好好。"王洞河不再迟疑，紧紧裤腰往门外走。"隆平队长不晓得通知？"走出朝门，半信半疑地转过头问。

"公社撤了他的职，过些时候就要宣布。"迩养定神道。

"那明天天亮，我们去背！"周泰望冷静地说。

妈绥一夜未眠，惶恐地熬到树枝在晨光中分杈，听到院里发出响动，他揉揉眼睛爬起来，挎个扁背，悄悄跟在迩养身后。

幸好妈绥去了，迩养没有乱讲，公社愣在发救命粮。一张条桌用红布遮住，上书"救济粮领取点"几个黄色大字，马队长腰里别把手枪，默默地坐在旁边。傍晚时分，几个男人陆续回来，扁背沉甸甸的，家家都升起了炊烟。

不可一世的隆平队长说蔫就蔫，陶九香佝偻着腰，让妈绥去同秦基安交涉，秦家修在"真穴"上的新房，一直像根毒刺梗在她眼里，毒刺不拔，倒霉的日子没个头。

生产队有次开会，秦基安正好坐妈绥旁边，小伙子面相和善，妈绥试探着问："大兄弟，茅草坪住起来怎么样啊？"

"出脚就蹚溪沟，并不方便。"秦基安知道黎家不高兴，摸了摸脑袋道，"主要是考虑地势平一点，要不，也不想住那里。崽儿生下来，没断过咳嗽，半年前发烧，他妈背着他去恩施拿药，大冷的天，来回都掉进溪沟里，本来就有病，唉！"

"崽儿是不好喂。"妈绥知道他家婴儿死了，同情地说。

"我人强马壮，住进去也抓了几回药。"秦基安一脸困惑。

小伙子看上去和过去是有些不同，妈绥的眼光诡异地掠过对方憔悴瘦弱的身体，老老实实地说："我家选的是阴宅，你阳宅要来挤，一下雨，你家屋檐水就滴在坟堆上，对死人活人都不好。再说死人压得住的地方，活人未必压得住，不如换个位置。"

秦基安长吁短叹一番回答："房子又不能说建就建，说拆就拆。"

这场魔幻的对话后不久，小伙子竟在一次外出途中腹痛暴亡，妈绥听到这个消息，像傻子一样愣了好长时间，怀疑地下有丹矿。

不管孙子的早逝和重孙的夭折是不是巧合，秦老娘都受到惧吓，终于在一个下午，把挡在坟堆前的灶房拆了，但仍不拆建在莲花扑闪处的木板房。她断定风水高手当年对黎家耍了花招，木板房的位置，才是民谣所唱"十个儿子九个官"的发祥地，为了子孙后代的幸福，她要坚决捍卫它。

心如铁石的陶九香默认了这个结果。

## 3

妈武那张血糊糊的脸，在妈绥心里日渐变淡。他每天背个扁背、扛把锄头和何氏一起出工，在老林里又砍又铲又挖，力气大不如前，再累也得不到满分。迩养却宣布一条消息：一吨黄连，在国外能换四百吨钢铁！吆喝今年要野猫拖牛——大搞，不能三十斤的羊子、四十斤的卵子——过拖；要搞他个猴子上高坡——霍霍地吼。

种连得选坡度平缓的阴山半阴山和腐殖土厚的原始林，一亩黄连，骡马挑担上上下下，要将三亩原始林的腐殖土刮运到一起，肥力才够，叫"一棚三地基"；搭桩要选高而直、材质脆、防腐性能好的大树，否则不仅费工，桩棚还可能不稳。

迩养新官上任，头戴鸭舌帽，身穿中山装，外面披件黑棉褂，脚蹬解放鞋，裤管卷过膝盖，带领大家随着山势伐木，打算在干沟桥坎上采伐大树。那棵传说缠身的岩梁老树，腰围有大木盆粗，开出来的桩子插到地下，保证五年过后取出来，棱角仍和刀口一样锐利，迩养清楚。但岩梁老树荫得很，鬼名堂多，他叫妈绥先下手，吩咐道："我听说，这棵树抢了你的原配，今天，你来砍第一斧！"

三十年前的故事在妈绥脑海重现，想起周大妹说过的白衣小伙，他吓得直摇头，推辞道："开斧动锯，还是队长带头，我没有经验，怕掌握不好。"

迩养两只眼睛骨碌碌望着藤蔓和青苔爬满的树干，说："谁也没有经验，叫你砍，你就砍！"

妈绥明白自己躲不过，望望众人，脸颊痉挛地应承："好，好，我依你。"说罢，闭上眼睛，战战兢兢地挥斧，朝着雄姿勃发的老树砍去。那斧头半尺宽的刃，插入老树壮硕厚实的皮，妈绥脸色蜡黄，额头上滚下一颗汗珠来。他睁开眼睛，看见斧口里并没有流出血汁，松了口气。

迩养一挥手，一个力气好的男社员上前，站在妈绥旁边，补了十来斧。

几十只乌鸦"啊啊"地叫着从树冠中射出来，飞落到远处。迩养指挥男社员和妈绥架上大锯，面对面站好，两人一左一右，你来我往地拉起来。

树枝上不停地滴着水滴，好像下雨一样。

岩坎上还有三组社员在选木，空中回荡着"嚓嚓"的斧锯声，更多的鸟雀飞出树枝，惊慌地围着岩梁树嘶鸣。妈绥和社员从上午锯到太阳落坡，出现了诡异的一幕：不知从哪里钻出来两只黄鼠狼，围着老岩梁树转悠，时不时像人一样用后腿站立起来，哀鸣之声不绝于耳。这小东西浑身都是宝,要在平时,棍棒铁斧早落下了,但是现在,老树锯得只剩一点点还连着,一丝风也没有,伐木人的每个动作,都会引来严重后果。周围的人不敢轻举妄动,妈绥和搭档也非常紧张,两人照老人说的办法,把自己的鸭舌帽、黑棉袄和中山装一一扔出去,但老树不受引诱,就是不倒下,这是不祥之兆,谁也猜不准它朝哪个方向倒,如果乱跑,树干就朝你来了。

果然邪了门,妈绥脸色都变紫了,搭档在对面突然喊道:"看,上面!"妈绥抬头往上看,只见一个金黄的影子,从树枝间一闪就不在了。他觉得树干在动,不好!三十米高的老树铺天盖地向他砸来!周围的社员顿时一片惊叫,妈绥吓丢了魂儿,抱着脑袋就往岩洞逃跑。只听头顶轰然巨响,他两脚一软,像死人一样趴在地上。

过了半晌,氹养蹲在旁边叫道:"黎妈绥,黎妈绥。"

妈绥醒过来,抬头一看,倒下的岩梁树砸在岩洞门口的一块巨石上,树冠被架住,树干正在头顶上面。他战战兢兢地爬出来,身体像有千斤重,站都站不稳。搭档已经坐在断木前了,看见妈绥也没砸着,后怕地说:"要是没有这块石头,我们就完了!"

妈绥面如土色,脑子一片空白。

旁干枝叶在岩洞外铺了一坡,到处都是打碎的鸟蛋,半死的雏鸟和捣毁的鸟巢,大一点的雏鸟还在巢中哀鸣。氹养把没有碎的鸟蛋捡起来,一边放进衣袋,一边对妈绥说:"幸好你开的斧,换了别人,早砸成肉饼了。"

妈绥听见"肉饼"二字,浑身颤抖,打了个哆嗦。他想起那个不幸的女人,三十年来,自己给她烧过许多纸,看来并没有白烧,关键时候捡回一条命。

"可惜让黄鼠狼跑了。"氹养用一只手利索地寻找,嘴里还念着先前那两个小东西。

威武好色的岩梁老树就这么断了香火,和隆平队长一样说倒就倒了,大家剃桠的剃桠,砍顶的砍顶,裁枝的裁枝。妈绥心里"怦怦"直跳,望着老树横在地上的巨大躯干张嘴喘粗气,满脸都是余悸,思忖这事怪不得自己,冤有头,债有主,这事只能怪氹养,氹养做了山里人都不敢做的事，想到这里竟又生出一丝感激，毕竟，他解决了一个困扰山民的恐惧根子。

## 4

黄昏快要过去，天边泛红如醉，昏沉的暮色随着晚风浸染，有种说不出的凄美。当天的活算是交代了，等着第二天由运木组抬走，大家都在捡鸟蛋。妈绥定了定神，壮起胆，也准备在鸟巢里，捡几个大一点的雏鸟和鸟蛋回家。走了两步，突然看见周大妹坐在爬满藤蔓的岩洞门口，穿着当年的嫁衣——挂得更破了，手里拿张树叶子吹，就像三十年前，第一次在岩洞看见她时一样。

妈绥头有些发昏，两只眼睛直直的，半天说不出话，脉搏加快，两条腿像面条一样软。他想起父亲当年教他的恐鬼诀，忙掐起手指头。但这些如今全不管用，周大妹坐在那里用挑衅的眼光冷飕飕地打量他，示威地问："你敢不敢把像章摘了？"妈绥直冒冷汗，低下头，看着胸前的毛主席像章，鼓起勇气回答："我不摘。"

周大妹说："你不敢摘。"

妈绥迟疑片刻，恍然大悟，像章底上有万丈光芒，周大妹产生了障碍，难怪刚才自己死里逃生，顿时感到胸前暖洋洋的，想起夏氏活着时说过鬼害怕听《东方红》，张开嘴巴大唱起来："东方红，太阳升，中国出了个毛泽东……"

周大妹果然灰飞烟灭了，妈绥两只眼睛火红红的，愣了愣神，一屁股坐在地上。

"哈哈，黎妈绥在唱《东方红》，唱吧，今天消灭了岩梁树，你大声唱，鸟蛋要捡几个，不要就可以收工了。"迓养笑眯眯地说。

妈绥脸色蜡黄，不敢吭声，拖把斧头跟在院宅来的男人中间惶惶地回屋，吃两口饭上了床，缩在被窝里好一阵，才给老婆讲起遇到的怪事。

何氏正要给他洗衣服，眨着眼睛听完，敬畏地把像章取下来，小心翼翼别到干净衣服上，叮嘱他道："毛主席是我们的太阳，你每天记着戴，那鬼婆娘怕光。"

鬼事基本解决,鸟事又冒出来了。迩养领着大伙铺天盖地搭桩棚,山上飞鸟冲来向搭棚的人拉屎、扔石块、扔虫子。特别是一种叫铁连夹的黑色小鸟,长着凶狠的喙,动作十分迅速,趁人不注意,从空中俯冲下来,撕拽生产队员的头发,啄咬生产队员的后背。大伙只好停下手里的活,拖起树枝抽打它们。一边狠命地啄,一边狠命地抽,彼此都弄得伤痕累累。

怪事不断,一只条纹模糊的母虎到坡下觅食,与耕牛发生激战,咬断了牛脖子,还咬死了乡民蔡建珍。目击者描述了当时的情景:蔡建珍的上半身被老虎吃掉,在人虎相视的一刹那,彼此都是绝望的眼神。大家传说这是夏氏在向人报复,公社书记征求大家意见的时候,竟没有一个人举手,白米饭让大家去吃,炮却让她男人"扁担花"挨了。

惨案汇报上去,马队长很快重返猓水,带来一支十二个人的打虎队。

打虎队行至花椒湾附近,刚好看见一只虎从前方蹿过去。马队长急忙下令:开火,快快!说着扣动扳机,一团火球射出枪管。愤怒的老虎呼地转身,巨大的黄袍一晃,一只毛乎乎的虎掌闪电般地向马队长扇来。马队长侧身一滚,滚到三四米外的岩下,四五支枪一起打响,仍止不住震撼山林的咆哮。大树摇晃,断枝乱飞,前面的两个解放军被充满腥臊味的飓风掀倒在地。狂风席卷,飞沙走石,只见树木在分,枪声如爆豆,受伤的老虎立起尾巴跑得不见影子。

蔡建珍的兄弟蔡邦子自告奋勇陪同解放军进山寻虎,屁股上插把磨利的砍刀,一路当先,追踪梅花脚印。撵了近两个时辰,突然听见"轰轰"的声音,一看,老虎趴在一丛马桑后面,圆溜溜的眼睛好像无底洞,射出来两束凶光。

"这里!"蔡邦子激动地叫喊,"在这里!"

老虎喉咙里发出低沉的轰轰声,一跃而起扑倒蔡邦子,白森森的虎牙咬住他的颈肩。

打虎队员提着手枪和冲锋枪赶到,一见人和虎纠缠掐钳,不敢放枪,焦急地提醒他:"用你的刀砍!"

"我的刀在哪里?"蔡邦子问。

"在你屁股上。"隔着一米高的马桑树,马队长握着手枪紧张地说。

"我的屁股在哪里?"蔡邦子脸色惨白地问。

一声枪响,老虎滚到一旁。十几支枪同时射击,热血染红了地上的残枝落叶,空中腥气弥漫。

蔡邦子被咬死了,老虎和他同归于尽,头上身上中了几十颗子弹。

接下来的半年,猎水却又被咬死二十头耕牛,十四头猪。迩养去乡里开会,听到闲言碎语飞传,都讲扁担花黎妈武怨恨背米的人忘恩负义,亲自向猎水复仇了。

迩养回到更古坪,半信半疑求教经验丰富的周泰望:"说'扁担花'阴魂作祟,老巴子疯了,大哥是老猎人,给出出主意,照解放军的方法搞,又费劲又危险,别把马队长伤了,他刀子嘴豆腐心,给我们送过救济粮。"

周泰望念着解放军的面子,站在朝门外递他一招:"先查出爪痕,弄一条狗吊在树上,尾巴上拴袋石灰,人躲到下风处,爬上树去等……"

迩养不服气地说:"这算什么办法?更古坪没有一个人不知道。"

"那怎么被咬了?"周泰望问。

是啊,迩养转念一想,道:"你说为什么?"

"老哥,"周泰望抬起头,问刚走过来把水挑子放地上的孙福,"你知道不?"

孙福说:"不知道,不知道。"

"吃饱离去的老巴子和到处找食的老巴子,"周泰望说,"脚爪垫伸缩得不一样,发现了出洞找食的爪痕,才能挂媒狗*。"

这样的诀窍,确实只被周泰望掌握着。

迩养如获至宝,拉上周泰望就去找驻在青龙观的解放军。

5

没人相信周泰望会同意把斑子贡献出来,给解放军做媒狗,迩养很能做思想工作。第二天一早,马队长带领打虎队员和周泰望,牵着斑子和一大袋烤土豆钻进老林。斑子果然厉害,很快追出了要找的脚印,周泰望查

---

\* 媒狗:诱捕同类的狗。

看着倒伏的茅草,内行地说:"昨晚上半夜走过的,断的地方都发黑了;如果是下半夜经过,断草面会很新鲜。"

他们跟着梅花脚印转山,天黑钻进岩洞宿夜,寻到次日中午,才在斩蛟谷附近发现目标。立了功的斑子被还想立功的周泰望干掉,倒挂在一棵苦楝树下,别提有多惨。

斑斓猛虎在茂密的林子里游荡,浑身晚霞般金黄,黑铁一样的粗环,反射着滋润的光。它走着走着,忽然两耳一耸,鼻子一仰,嗅出情况,轻步移动,在离斑子三四米远的地方站住,双目炯炯如闪电。它栖息于黎哈窟的岩洞,被茅草养护,身强力壮,智力发达,虽然饥肠辘辘,却没有跳踉大阚,而是在灌木后面仔细观察,眼神炯炯的,冷冷的,提防周围的杀意。它等啊等啊,努力判断周围是否异样,过了很久,确认没什么危险,才奔过去一跃,把斑子叼走了。

已经到了初秋,林子里有很多落叶,猛虎踩在上面,静悄悄的没有一点声音。它叼着斑子,像一片跳跃的云彩,走得飞快,却十分从容,半透明的眼睛警惕地观察着路线。

提着手枪的马队长想跟上,周泰望用手势制止,低声说:"它蛮呢,不要慌。"

老虎来到一块茅草纷披的坡地上,停歇下来。这里熟悉、安全,没有一丝一毫陌生的气味,它放心地享受嘴边的猎物。

终于吃饱了,猛虎心旷神怡想转山,但舍不得剩下的狗腿。过去,它只吃自己猎杀的动物,吃饱就离开,绝不回头吃第二次,如今食物越来越不好找,它用爪子把剩下的狗腿用树枝杂草遮掩起来,远远地对着埋藏点欢啸、扑跳,好像猫玩老鼠一样,然后轻盈地离去,

周泰望在树上看着时间,知道老虎要逛一阵子,回来再接着吃。他领上打虎队员,跟着斑子撒下的石灰印,来到藏肉地点,迅速刨开树枝杂草,用小刀在狗腿上挖一个洞,把带来的氰化钾全部放进去,然后,领着众人去溪沟旁等待。

游山转耍之后,猛虎回到溪沟,将华丽的身体浸泡在绿油油的溪水中。黑色环绕的金色皮毛,和漂满树叶的水波一起,被树荫筛下的光斑射得忽亮忽暗,马队长和他的打虎队员看呆了。

直到太阳偏西，老虎才爬起来，又去茅草坡吃它藏起来的食物。它没有发觉异样，几口就吞下带氰化钾的狗肉，五脏六腑马上好像火烧，直想喝水解渴，等走到溪沟，感到天旋地转。

老虎的眼睛充满愤怒、疑问和痛苦。它拼命地喝水，伸出舌头又舔又饮，看见水中火焰般的斑纹渐渐消退。"嗷呜……"它低吼一声，松开虎爪倒下去，影子碎了，水面上泛起辉煌的波纹。

虎啸传响，回音把林子摇得飒飒不停。

半小时后，心有余悸的打虎队员投石观望，砍了一捆拇指粗的藤蔓，削了几根拳头粗的树枝，打算把死虎抬走，谁知六个人还抬不动，人多了又挤不下，只好就地肢解，由两人抬一条腿、两人抬一张皮、两人抬一个头地分尸运回。

在周泰望的协助下，解放军没费吹灰之力，就为乡民除了一害，乡长叫割下老虎舌头送给他，以示表彰。周泰望为了儿子周闯能当兵，慷慨地转送给马队长。马队长骄傲地收下这个纪念品，因为老虎不爱吃毛，舌头上长满了寸把长的锥状物，两下能把食物身上的毛刷掉，他晒干给老婆做了把梳子，天天梳老婆那头乌黑浓密的长发。

都说这是獚水的最后一只老虎，最后一只老虎被周泰望药死了，周泰望也在乡里出了名，他的悲剧性结局獚水无人不知：

马队长走后有一天，他在家里绑火药，把铁砂子、硫磺、硝石拢在一起，不知怎么，一下子擦出了火星。

妈绥正在门口投锄把，突然听到"嘭"的一声，接着就从周家屋里传出大呼小叫。妈绥冲进周家一看，只见周泰望一身是血，他的脸、胸都被炸坏了。

妈绥赶紧找了一副滑竿，和周闯一起把他抬到獚水卫生院。他那猴子一样的媳妇跟在后面，一路痛哭流涕。

在獚水卫生院医了几天，周泰望又被抬回更古坪，他再也站不起来了。

## 第二十八章

**1**

陶九香在树根上坐着，忧心忡忡地看着虚空，空洞的双眼透出冷飕飕的光。迩养的骂声从后面传来："修一个土高炉，要砍一千多棵大树，搭五座高炉，每天要烧两吨炭，半年炼出一吨毛铁。毁掉的林子如果用来种连，能搭几百亩桩棚，产连几万吨，可以换几千万吨钢铁了，他娘的！"陶九香充耳不闻，她每天打起精神沤肥，挣半个劳力的工分给永刚交学费，干不动了，就坐在树根上喘气。

"你在看什么？"迩养奇怪地问。

陶九香的眼睛死死盯着远方，神情忧郁，嘴唇微微嚅动，悲切地叨叨："苦命的孩子，数你爸狠心，回来了，又走！"眼光落处，永刚正在坡上看牛。

迩养咕哝一句："鬼婆！"

黎哈窟本是老虎居住的地方，然而獴水最后一只老虎被周泰望药死，老虎的脚印彻底消失了，连棚盖得比三百年加起来还多，陶九香在等着看砍竹笋的、挖田坎的、抠墙脚的、捅盖瓦的、掐花朵的人的下场，不过谁也不告诉。

连地在鸟的仇恨中平整好，妈绥跟大家一起自带干粮，钻进老林去找野生连秧。好多年只种粮食不种黄连，秧苗严重匮乏，好在早年荒废的连棚迹地上，树叶杂草还遮蔽着很多黄连秧苗，迩养脑子聪明，叫大家打着火把搜山，解决种子和秧苗的问题。当第一批收获的黄连运到收购站，家家户户有了开小灶的钱，陶九香让永刚和永光一起到獴水读小学。学校只上半天课，上学、放学都要走四个小时山路，每天下午回到更古坪，家里还有挑水打柴的活等着他们。

这天两弟兄放了学，在猕水遇见赶街买盐的夏良现，永刚见舅舅变化不小，眉心竖着个"川"字，瞌睡兮兮的，关心地问："舅舅，最近身体可好？"

夏良现一看是永刚，低头叹气道："更古坪的猎人周泰望要死了。"

永刚反驳："你不要瞎说啊，他土枪走火，猕水卫生院已把命给保住了。"

夏良现说："我拿的魂，我不知道？"

永光在一旁插嘴："阎王要他的魂，不知道派无常鬼去，要你去拿？"

夏良现说："周泰望屋里挂了几张毛主席像，阳气太旺了，鬼都害怕，阴无常无法接近，阎王就叫我去当阴差，封我为阳无常。"

永刚见他脸色苍白，看起来剑眉低垂，眼睑下吊，行动无声无息，和以前判若两人，有点好奇，便问："你就这么去？"

夏良现说："我也是魂魄去。不忍心啊，他还有家小，但没办法，他阳寿尽了，我不执行不行，还有阴无常监督着呢。只好踢了踢他，下脚不重，所以他暂时不会死，过两天才会死。"

两兄弟听得毛骨悚然。

第三天，周泰望真的自杀了。

周泰望在床上躺了三年，受不了生不如死的折磨，把宝贝土枪抱在手上，枪口对准下巴，伸长单腿，用脚趾踩动火绳，饮弹自尽。

据说出事之前，周泰望的身体突然像被岩石砸中似的疼，号了一昼夜。

两兄弟想起夏良现的话，感到震惊，悄悄地把他的话告诉了陶九香和妈绥。陶九香吩咐两人不许出去乱说。她告诉妈绥，那天上午，她在屋里绑背篼，突然听到房门无缘无故炸响一声，开门一看，谁也没有，结果，下午周泰望就开枪自杀了。

妈绥知道，人死之前，灵魂要到他曾经去过的地方走一趟，叫做收脚板印。一般人收脚板印就像一阵风，不易察觉就过去了，这个周泰望，劲头才大呢。也不敢对人说，害怕别人叫他跪苞谷籽，斗他迷信。

恶死的周泰望又在附近埋了,也没有梯玛与魔鬼惊心动魄地交战,用猛咒和法力超度,陶九香感到不安。妈绥不以为然,他说:"獳水现在饿死病死、跳岩投水、麻索吊颈的,哪家司刀都不砍,永光永刚已大了,不怕。"

虽然这样说,妈绥还是有些担心。他用夏氏穿过的旧衣服,和人换了两个毛主席像章,别在永光和永刚的胸襟上。更古坪周围阴影处净是磷火,白天都有人看见鬼在树上打秋千,兄弟俩每天早上四点钟出门,和院宅的伢家伙一起,战战兢兢走在人鬼交融的黑暗中。三三两两的火把,穿过树林向獳水中学移动。

## 2

兔走乌飞,学校停课,永光跟永刚能帮家里干活,他们用铁抓将鲜连抓起来,利利索索剪掉根须叶子,烘干后倒进竹笼,抬起竹笼来来回回摇晃脱毛,然后背去獳水收购站。这日经过花椒湾,迎面遇见十几个红卫兵,永光停足招呼:"周二回来了?"

周家二娃和同学一起到县城串联,几个月音讯全无。周老娘经常骂,这个野东西,死到哪里去了,口信也不捎一个。他穿着一件黄军装,神气道:"你家逼死我屋大姑,又报复我屋爸爸,我正要同你们算账!"

永光吓了一跳,反驳说:"你屋大姑我喊大娘,她不愿给凡人做媳妇,晓得不?是树精把她的魂勾跑了。你爸爸想不开寻短见,怎么怪得到我家?"

周二横眉怒目地吼了一声:"抵赖!"俯身捡了块石头向永光扔来。

"同黎家算账!"红卫兵纷纷在吼,石块雨点似的向永刚和永光飞。

两兄弟连蹦带跳地跑回更古坪,看见家里那头老牛蹲在坎上,一会儿点头,一会儿摇头,好像在跟谁说话。走上石阶一瞧,原来是陶九香坐在屋旁,手里端着个土钵,一瓢一瓢地喂它玉米糊,嘴里还唱着一种伤心的音调:

二月大雨像瓢倒,

> 火把绑在你角上,
> 搓的缆索都扯断了。
> 看你架枷档的地方,
> 看你拖缆索的地方,
> 活肉变成了死坨坨,
> 你没有半句牢骚。

听到这里,老牛干枯的眼窝有些湿润。

> 世界上最好的是你,
> 最苦的是你哩。

陶九香和它一起流泪。

"奶奶,你在唱哪样?"永刚叫道。奶奶唱的是土语,他和永光都听不懂。

"今天是牛王下凡的日子,拖了一年的犁耙,让它吃点粮食。"陶九香抬起衣袖,揩了揩眼角。

早年耕地犁田全靠人力,收成不多,玉皇大帝派牛王菩萨下凡,传旨说:粮食欠缺,三日一餐。牛王来到人间,与人们一起拉犁耕田,又累又饿,就擅改圣旨,将三日一餐改为一日三餐。玉皇一怒之下将他罚到凡间。从此牛王便在人世间耕耘。人们感激它,把古历十月初一作为它的生日。两兄弟想着牛王的故事,进屋吃了几个烤土豆,揣着蕨粑,爬到坡上,把辛苦一年的老牛牵到油墨溪边,用树枝把它洗刷干净,然后掏出蕨粑,挂在老牛的弯角上。

老牛在溪水前瞪大眼睛,照见了自己的身影,"哞——"地叫了一声,感到非常幸福,今天,主人给自己喂了香软可口的玉米糊,还送两个美味的蕨粑给自己吃,以前受的苦和累,全都烟消云散了。

两兄弟牵着老牛往回走,看见茅草坪上站着一大堆人伸着颈子,他们把牛拴在树上,好奇地往人堆里挤,原来有块巨大的石盖被掀开,露出了一具黑漆棺材,俩人一愣,这是爷爷的坟啊。

　　红卫兵像神兵一样戴着方便同伴辨认的袖箍，炯炯发光的眼睛映着橘红色的天空，忙碌半天，费了九牛二虎之力把棺材撬开，接下来的一幕，让他们兴奋不已：黎爹柱已在地下睡了三十多年，但还没有与土同尘，除了脸色有点白，身上的青缎子还像新的一样鲜艳，棺底有很多水银珠子。

　　郯养全神贯注站在一旁观看，亮晶晶的水银珠子使他产生了幻觉，急不可耐地伸出右手，扑下去摸索传说中的金豆，但是除了一手水银、尸水和腐肉，什么也没有捞着。

　　黎爹柱捡金豆的传说在獾水无人不知，长满青苔的长坟成了仇恨报复的对象，那座象征意义的空坟同时遭殃，棺材盖子掀在一边，衣物被树枝一搅，散得支离破碎。永光和永刚听过小叔妈貉的故事，知道小叔牺牲的时候，比自己大不了多少，虽说死在抗日战场，却是国民党的兵。俩人等到天黑人散，点个火把将爷爷的骨头捡到一处，将小叔的空棺重新合上，往上面盖了几层土。

　　怪鸟一声声叫着，夜风把火把刮得忽明忽暗，被捣毁的墓室狰狞而朦胧。秦基安死后，老婆张氏改嫁去了恩施，建在风水宝地上的房子人去屋空，秦老娘不顾儿孙的劝阻，搬来默默住下；秦猎熊死后，大婆子周氏一直守寡，立即前来跟秦老娘搭伴，俩人决定用所剩无几的有生之年，与向秦家进攻的鬼魂周旋、战斗。她们站在木板房门口，注视着两个孩子的一举一动。

　　永光和永刚终于回家，看见陶九香坐在火塘边且怨且恨，望着黑乎乎的窗外出神，难过地说，"奶奶，我们又把爷爷埋了。"

　　清晨，太阳从东方出来，陶九香也不顾自己的地主婆身份，跪在八字朝门前，用土语又唱又骂：

　　　　上有天，下有地，看我男人多不幸；
　　　　哪个把你踩脚下，要遭五雷劈周身；
　　　　哪个把你坡上丢，瞎得双眼失光明；
　　　　哪个把你野地甩，定成孤寡无儿孙……

她花白的头发一夜之间全部化为银丝，披头散发朝着天际猩红的晨曦，像几百岁的老祖婆一样，充满了邪气。

妈绥和永刚使劲把她拖进屋。

没隔多久，迩养突然得了急病，要死要活地叫，老婆孙小小心慌，拿出男人藏起来的虎牙，就是周泰望药死那头老巴子的一颗上牙，往锅里倒了一点菜籽油，准备烧开以后，把虎牙放进去滚一滚，给男人刮痧。平时家人哪里不舒服，只要刮一点虎牙粉末敷在上面，一两天伤痛就好，因为虎牙暴烈，血腥气重，辟邪最灵。这回刚把虎牙放进油里，只听"砰"的一声，碎片炸了一锅，想不到凶暴的虎牙完全不耐热，她手忙脚乱，把油炸的碎片研粉给迩养喂到肚里，仍不见好转，赶紧让儿子找副滑竿投猕水卫生院，可是还没上路，迩养就断了气。

那天，夏良现正在生产队的连地里薅草，薅着薅着突然两眼一闭，倒在地上人事不省，旁边的生产队员连掐带扑，一刻钟后才把他弄醒，问你怎么了？他叹气道：刚才，我拿了迩养的魂。

本来迩养还有半个时辰的阳寿，他心肠软，跟了一阵心想，乡里乡亲的，等人家爬坡上坎去卫生院，半道上魂被拿走，抬回屋不容易，于是和阴无常商量，在滑竿上路前，一把抓住迩养的魂跑了。

这个生产队员刚好到更古坪有事，赶去一看，迩养家果然停着衣。

事情是令人惊骇的，陶九香说了句："活该。"

夏现给阎王当差的消息传开了，这个疯子关也关过，整也整过，仍旧吃人饭干鬼事。公社干部怕他在阎王面前打小报告，见了他，一个个都变得客气起来。

第二十八章

# 第二十九章

**1**

前后一个月时间,院宅死掉三个男人,黎哈窟最红最黑和不红不黑的人都死了,更古坪最早的拓荒者黎爹柱暴尸棺外,好像中了解不开的魔咒,人们把目标直接对准三九田,怀疑"扁担花"夫妇的怨气导致反复斗煞,命令陶九香钉钉锁坟。陶九香叫妈绥给那块旱地插上木桩,编了圈篱笆应付乡亲,却在里面套种豇豆、南瓜和玉米,四周还栽了些松柏和桃李,侍弄成一个菜园子,叮嘱惨死的长子长媳以煞治煞,从篱门出入,对付黎哈窟的一切疯狂!

两个矮坟长满了草木,微风吹拂,坟前坟后绿叶摇摆,窸窸窣窣。妈武和夏氏似在弯腰耳语。一个恶魂,一个饿鬼,每天晚上是否在黎哈窟游荡,如何在黎哈窟游荡等等,院宅的人们很关心。

黎家儿孙习惯了陶九香的古怪,习惯了菜园子的存在,习惯了妈武和夏氏出没在每天的生活中,一日两餐接受三九田的果蔬,也无生理不适。老少数口只对茅草坪充满疑惧,感到不安,小心回避,牵牛也要绕道。妈绥左思右想,考虑了很久,头发都想白了,终于恍然大悟:农会分给自己那间正屋,地势比茅草坪祖坟的位置高,这样的房子,后人住进去压不住,迟早要出事。都怪农会心肠太好,如果当年他们把正房分给别人家,重煞就不见得降临。他冷汗直冒,领着永光把正房里的全部家什移出来,让它四壁空空,只堆一点农具杂物。

陶九香裹在灰褂子里,虚弱无助,郁郁寡欢地看着永光和他爸爸忙碌,弄得满身灰尘蛛网。

接下来的日子，黎家老少除了取放农具杂物，尽量不去正屋。永玉终于寄来一封信，说爸爸的事阿及已经告诉她和母亲，现在她长大了，准备在重庆嫁人，希望奶奶不要惦记她，因为她不想回猰水，增添一张吃饭的嘴，母亲金氏也都同意了。

"总归是嫁人，不要回来，不要回来。"陶九香呆呆地移动眼球，想着那孩子幼时的模样，心酸自己保护不了孙女，不如由为娘的金氏摆布。

永光见状，安慰她说："奶奶，我年轻力壮，过些日子娶个媳妇回来，你就当添一个孙女。"这孩子脸上光光亮亮，没有一颗爸爸那样的麻子，已悄悄说妥个人户，是花椒湾的姚秀珍。他脑筋狡猾，经常去姚家干些杂活，双方私下撞出的火花。

陶九香半信半疑。

离奇事件再一次发生，六十岁的妈绥在茅草坪附近，成为一个伟大事件的目击者。

那天很晚了，他还在坡上挖黄连，刚刚包产到户，他想赶着把坨子挖出来，连夜烘干，尽快背到猰水去，卖个满意的价钱。

就在这时，忽然远处传来一声"嗷呜——"，妈绥不寒而栗，这是山里最熟悉的声音，好多年没听到了，他一愣，丢下铁抓，魂不附体地爬上一棵杉树，向发声处察看，只见一只巨物奔出断崖下的灌木丛，走到溪边，吃一通草，饮一阵水后，在石头上趴着休息会儿，起身走了。

因为天色太晚，巨物身上的斑纹看不清楚，但那发光的眼睛炯炯如闪电——不是灯笼一样的红色，而是蓝幽幽的，有一种冷冷的穿透力。妈绥怀疑自己眼花了，他好奇地从树上下来，爬下断崖，伸手摸摸刚才巨物趴着休息的石头，那石头还是热乎乎的，留着温暖的体温。妈绥害怕了，感觉那只手像被过了电一样，又热又麻。

发出的是虎啸，眼睛又不是红色，怪事加深了黑色丛林中的恐怖和杀意。妈绥回到家里，心神不安，疑惧得饭都吃不下。

"除了老巴子，谁会那么叫？"陶九香她在油灯下默默吸了阵旱烟，脸上的表情漠然而轻蔑，"说黎哈窟的老巴子打绝了，哪里打得绝！它是走了，到无人区修炼去了。"

永刚问："怎么又跑回来？"

第二十九章

陶九香敲着烟杆说,"它喜欢吃油墨溪的草,顺着大山梁子回来吃这种草。"

永刚灵醒地说:"这种草,只有茅草坪河段才有。"

陶九香点点头。

妈绥惶惶道:"我没有看错,那两只眼睛绿蓝绿蓝的,难道在地狱里淬过?"

陶九香冷冷地说:"老巴子瞳孔白天是黄的,晚上是红的,但白虎的眼睛,就是蓝色!"

妈绥猛醒,老巴子活五百年,全身将变成雪白,然后又活一千年,获得大神通,成为虎族的王者。作为目击者,他惊魂失眠,挥之不去两束蓝幽幽的光,判断白虎受命于天,隐伏于斩蛟谷岩洞。芭茅养虎钳制孽龙,是曾经上演的故事,如今白虎远居无人区,每年翻过几条山脊,到油墨溪边吃它喜欢的草,吃完就走。

这则新闻传开,山里人又悄悄立起神龛,相信白虎可以辟鬼镇妖,击杀邪魔。县报记者赶来拍照,他有一些动物知识,知道黎哈窟如果出现老巴子,应该是华南虎,白虎只不过是基因突变。野生华南虎是地球上所有老虎的祖先,十分珍贵,全国发现的只有十头,濒临灭绝。谁知在山里蹲伏数日,并无影像收获,痛惜仅有的虎牙都爆了,老虎在山里留下的物证完全消失,有关老巴子的传说,成为三峡历史上一个云雾缭绕的神话。

## 2

更古坪新上任了生产队长,追补迩养的缺。

新队长是秦家一个侄孙,名叫秦绍成。别人的连地一亩收两百斤,他的连地一亩可以收三百斤,但走马上任不教大家种连,而是指挥大家栽树。讲黄连插桩需要好木头,育苗又需要老林腐殖土,树子只砍不栽,再大的林子也有砍尽的时候,七搞八搞,就把老巢搞败了。

大树离人越来越远,黎家屋前屋后剩下五棵,绍成队长"噌噌噌"爬上去,挂个小木牌编号保护,宣布属于乡财政。

妈绥每天和院宅的人一起，在坡上坡下拉线挖坑，植树造林。新林成活的时候，花椒湾的姚秀珍上了门——猕水推行移风易俗，黎家也没闹房，也没放炮，不声不响就接个媳妇。

永刚羡慕堂兄的桃花运，陶九香叹口长气，忧愁地对他道："你也应该说一个姑娘。"

"除了马桑疙瘩，谁会看上我呀？"永刚有自知之明。虽然他长得一表人才，像一个从吃商品粮的家庭里出来的孩子，父亲的事情却使他十分自卑。

"你再说一遍。"陶九香看着往火塘加柴的永刚，眼里透出心酸的光。她饱满的身体，早就像空口袋一样瘪下去，差不多像一只风干的茄子，看不出男女，心里却不糊涂。

永刚沉默起来。

"你是高山马桑蔸，自古无人敢来抠；碰到我个毛汉子，乓咧乓啷几锄头……"陶九香嘴里哼出一首奇怪的歌。

"你唱的什么呀，"永刚问，"奶奶？"

"马桑树被神咒了，命贱，不值钱。"陶九香想起了一些故事，脸上挂着诡秘的表情，"但在很久很久以前，它是人间长得最高最快的树，一直能够长到天上，祖辈们可以经过马桑树进入天宫，神仙也可以从树上下来，与山里的女人幽会。天上地上，经常相互往来，互通婚姻。"

永刚不相信一直被当作柴烧的马桑树，有这样的能耐，好奇地问："马桑树能长上天，怎么成了现在这样，又矮又弯？"

"马桑树根长在山里，树梢一直顶到云中。"陶九香一边吸烟一边搜索记忆，"一群猴子爬到树上吃果子，一下子爬到天上去了。它们轻手轻脚翻过围墙，进了天宫，只见里面金银宝物哪样都有，一时眼花缭乱，'哐啷'一声，把一个玉盘碰落了，猴子吓得急忙出宫，顺着马桑树逃回峡谷，藏在山洞里。王母娘娘查出猴子是经过马桑树爬到天上来的，气坏了，就诅咒它：'马桑树，长不高，第一年生，第二年爬爬腰，第三年砍柴烧。'从此以后啊，马桑树就只长一人高了。"

"太可惜了，"永刚为陶九香描述的那个人神混居的世界着迷，遗憾道，"如果人抱着马桑树爬上去，爬到月亮上转一圈，多好。"他不喜欢马桑树被神诅咒过后，地面上现在的这个模样：万物都是小个子，鸟在空中轻飘飘地飞，就像一个不痛不痒的没有情节的梦。

"你看见油墨溪崖上那些棺木，就是马桑树改的板子。那木头多好，又直又防腐，用它做棺材，可以顺利通往天界。现在不行了，它长不高了，超过三五尺就弯腰驼背。但对马桑树烧香祷告，还是有好处的。不然的话，清明节上坟为什么用它？"陶九香说。

"奶奶，这么大一棵树，怎么改板子？"永刚突然眨了眨眼睛，问，"是不是天上一锯（句），地上一锯（句）？"

陶九香被这孩子问住了，沮丧地自语："祖宗都会瞎编？"

永刚犹豫地看着手里的树枝，不知道该不该往火堆里扔。

祖孙俩你望我，我望你，陶九香喃喃道："烧吧，烧吧，神的咒语不能改，这就是它的命。"

马桑树冬天落叶，春天发芽，开黄绿色的像毛毛虫一样的花，夏天结果，果实先是绿色的，成熟后变成紫黑色，圆鼓鼓的像一个个小灯笼。树枝毫无韧性，一把钝刀就能把它放翻。冬天，干柴基本捡尽了，山里人用镢刨出马桑树的根，修理斩断，把马桑疙瘩高高地装满背夹。无论怎样砍怎样挖，第二年，土坑里仍会发出红润润的秧，到夏天仍结黑里透红的果，然后再被砍伐，再被刨挖，再从土里倔强生长。

永刚砍了十年的柴，从那以后，一拿砍柴刀，就想起马桑树通神的传说，想起奶奶哼的山野小调："你是高山马桑蔸，自古无人敢来抠；碰到我个毛汉子，乒唎乓啷几锄头。"最后两句让他嘿嘿发笑，心中充满了向往。

他真的把"仙女"给想来了。

一次他到花椒湾同学家去玩，那位同学正是赵长有的儿子。恰好朱顺的二儿媳妇冉玉莲来串门，看见他，悄悄对赵长有说："这小伙子嘴甜，哪家屋里的？"

赵长有告诉冉玉莲："是黎妈武的儿子。"

冉玉莲不假思索，张口便夸："黎妈武的儿子？啊呀长这么大了，不错不错。"赵长有玩笑道："不错，你就给说个媒？"

朱家媳妇眨了眨眼，不再说话。赵长有见状，又说："这孩子就是成分不好,地里的活样样都行。"

这妇女点点头,出语惊人:"我把女儿嫁给他。"

赵长有一愣,说:"他奶奶是个地主婆。"

朱家媳妇道:"我家也是化形地主*,贫下中农我还不敢攀,免得女儿受气。"


## 3

野猫嚎春的季节里,朱家果然主动上门提亲。随着嗷鸣之声变成传说,神奇贵重的爱情越来越不可遇,但永刚就是这么走运,顺顺当当娶了当年㺩水名匠朱顺的孙女朱明秀。

依旧是新事新办,新媳妇也不哭嫁,也不开脸,由两个姐妹陪着有说有笑地走来更古坪。陶九香叫妈绥帮忙杀猪,妈绥努力学习新文化,进步很大,写了副对联:"笑逐颜开辞娘屋,豪情壮志到婆家。"得到绍成队长的表扬。

陶九香过意不去,让妈绥去请个戏班来舞舞。阳戏已经解禁又可以跳了,花椒湾一带,活跃的乡民找了些残留下来的戏本自娱自乐,只要求事主提供一餐饭,妈绥因为去凑过热闹,满口答应母亲,邀请他们来更古坪表演。

他兴致勃勃赶到花椒湾,看见几个乡民正用白杨树现刻着戏中需要的面具,技艺粗劣,指头戳出血来也弄不像,真不是谁都能干的活。面具烧毁了,夏七发又没有教授过雕刻技术,乡民们一边苦笑,一边惋惜,谈起了因为酒后烤火烧坏手脸的迩养,感叹神灵的公正。

"脸子刻得像啊!"妈绥恭维地招呼。

"像就好了!"一个叫向忠的乡民把正在着色的白帝天王面具举起来瞄了瞄。

妈绥一瞧,商量道:"有个事要麻烦你们呢。"

---

\* 化形地主:土改用语,指变卖田产、藏匿金银的地主。

"啥事啊?"向忠把粗糙的面具放平在桌上。

"我侄子明天结婚,"妈绥道,"你们可不可以去唱一出?"

"好啊,好啊,"他们满口答应,"乡里乡亲的,吃顿饭就行了。"

到了第二天,谁知演白帝天王的向忠一戴上面具,就头痛不已,根本唱不下去,只好换别的剧目。

喜事之后,向忠生了一个月的病,病好才听说有讲究,以前,装扮白帝天王的人,必须在传承仪式中被祖师认可,违规装扮,装扮者轻则生病,重则丧生,是条不成文的规定,向忠被唬得不轻,陶九香和妈绥也吓了一跳。

白帝天王是戏中的主要神灵,这个规定,让刚刚活跃起来的戏班成员深受打击,不知如何是好。碰巧妈绥到猸水赶场,遇到向忠,听了他的烦恼和苦闷,脑子一转,想起夏良现,便自告奋勇,提出帮他们请夏良现出山。

妈绥吩咐永刚陪他去斩蛟谷,永刚正为向忠扮演白帝天王生病一事内疚,第二天便背着纸钱香烛,外加两瓶酒、一斤白糖、一斤红糖,领着明秀跟二叔一起去看舅舅。

山坡挤着东一堆西一堆的乱石,石缝土隙里,茅草被太阳晒得无精打采。三人爬上乱石堆,遥见对面一壁光秃秃的巨岩中,锁着个狰狞的蛟头,一棵碗口粗的杉树长在蛟龙额上,宛如伸出去一只独角。巨岩上凿打出四行大字:"东邻凶狡甚,蓄意灭中华;烈士付流沙,野老永相亲。"出自董必武诗抄,好似从天上飞落,差不多占去了半座山的高度。捐躯乡勇的名字和汪斌全撰的铭文尚能辨认:"溯自七七事变,神州日渐沦陷,倭寇南北掳杀,我猸水忠勇青年御之,爱乡爱国转战,驰驱疆场,保卫家园,张齿嵇血,虽死犹生,可歌可泣,邦国之光……中华民族人皆如此,何患不强!"

明秀张大了嘴,环视充满巨大玄机的古老山谷。

蛟龙头上的杉树曾经由黄转青,显出过复活的模样,然而现在既不落叶,又不发芽,与过去漫长岁月中的状态一样。这个草木葳蕤,生机勃勃,备受彩云、鸟兽、风雨、花朵喜欢的山岗,变得石头一天比一天多,青苔一天比一天少,越来越荒凉和冷寂了。

老梯玛的歌声隐隐地从风中传来：

甲是黄金甲，千年土内押，赠与弟子手，好把孽龙追；枪是紫金枪，千年土内藏，赠与弟子手，好把孽龙战……

四十多年前，夏七发在这里给立志替人间禳灾、替鬼神代言的夏良现传法，那穿越天地的鞭炮和锣鼓声，以及老梯玛有感而唱的声音历历在耳，感觉不是幻听，妈绥的眼睛死死盯着锁蛟岩，神经颤动不已。

"是良现舅舅在唱吧？"永刚说。

妈绥一愣，瞬瞬麻脸上的眼睛，苦笑道："人老了，脑子不拐弯，是你舅舅的声音，他功夫做高兴了呢。"

# 第三十章

**1**

夏老娘卧床不起的时候,夏良现在父亲的坟地旁掏坑打堑,掘了个一模一样的洞,老娘一死,他就把母亲埋进去,让老父老母并躺在高岗上,一起等着看光秃秃的石莲开绿花,等着看被大禹王用金钩子闪电降服的孽蛟脱法。眼下他又在旁边动土,他无父无母,无妻无后,无妹无兄,在这个神奇的高岗上,准备给自己也掏一个洞,一个永恒的埋葬自己的洞。

工程刚刚开始,夏良现手拿铁铲眉飞色舞,对着被阳光和阴影分割得明暗有致的斩蛟谷哼哼叽叽:"剑是斩仙剑,千年百草炼。赠与弟子手,好把孽龙斩……"

三个人循声而去,看见夏良现歪着脑袋,趴在夏七发墓前的矮碑上休息,不知道一个人在想什么,矮碑上有夏良现新凿的对子:"汞造功果三界地,道成飞升第一人。"

永刚一边打量外公外婆的坟地,一边大声喊:"舅舅,我们来看看你老人家。"

"二哥来了,"夏良现回过神来,欢喜地看着妈绥手里的酒瓶,扶着矮碑慢慢站起身,笑眯眯地招呼,"我正想热饭吃,回屋坐。"他孤身度日,自从被阎王任命为阳无常,眼神逐渐变得迟钝,端正的五官倾斜错位,每天喝酒唱歌打瞌睡,时而清醒,时而糊涂,永刚的喜事也不敢请他。

"舅舅。"朱明秀叫了一声。

"这是你外甥媳妇。"永刚恭敬地说。

夏良现扭头盯视明秀,喃喃道:"银美看到永刚成家,不知道多高兴。"

"我嫂嫂命苦,没有熬到今天,咦,这里动工做什么?"妈绥指着地上新挖的土石问。

"慢慢弄,哪天两脚一伸,不来事了,外甥要把我放进去。"夏良现捡起铁铲,望着永刚感慨,眼里透出一道希望的光。

"舅舅想得太远了。"永刚伤感道,将背来的纸钱香烛取出,和明秀一起在夏七发夫妻坟前焚烧。

妈绥移开眼神,直勾勾地遥望锁蛟岩,感慨道:"那年錾的字还在。"

夏良现说:"有一次,李二爹在坡上挖蕨根,听见叮叮当当,发现田队长领着石匠正在打那些字,他丢下箩筐喊,这东西打不得!田队长说国民党反动派打不得,还有打得?李二爹说上面的人,都是抗日战场上死的,个个二十岁上下,怒气大得很,梯玛用咒封赠过,要他们看押孽龙。你把这些名字打落,孽龙拌蛮,垮岩下来,怕对大家不利。去年我想敲点板子垫猪圈,用錾子打了几下,回去都感觉不舒服。田队长说真是这样,那就让它们以毒攻毒,招呼石匠收起锤子走了。"

妈绥笑了,发现云雾不时在蛟龙头上纠缠翻滚,上升好似朵朵烟雾,下降好似股股白云,不知在较量,还是在戏耍,一切都在夏家阳宅和阴宅的眼皮底下,感叹充满了奥妙。

永刚突然问:"广播里讲中国和日本建交,舅舅知道不?"

夏良现望着他,问:"化敌为友?"

永刚仰面看着对面的题刻,说:"孽龙可以改恶从善,鬼子未必不行?"

妈绥道:"日本鬼子太凶残。"

夏良现出神道:"妈貉怎么想?"他捅旺柴火,淘米下锅,切了两碗腌菜,用辣子炝炒。

妈绥和夏良现一起喝过五次酒,第一次是妈武结婚,第二次是妈绥结婚,第三次是夏良现度职,第四次是黎爹柱去世,第五次是银美结婚,这次麻脸喝得比哪一次都红,央告:"兄弟,商量个事,你会唱会跳,花椒湾搞了个戏班,想请你参加。"

夏良现摇摇头回答:"没有时间,我分了一亩连地,刚用马桑枝插桩,黄连往上长,马桑也跟着长,自带遮阴,用不着插桩盖叶。"

妈绥看见那张曾经光彩俊美的脸变得比自己还寒碜,心里涌起一阵怜惜,说:"戏班缺个唱白帝天王的,你去最合适。"

"祖师同意才能唱,我被废了,不会。"夏良现答道。他的神情恍惚起来,透着无边的哀伤和迷惘。

白雾弥漫,禁锢在刑与罚中的巨大蛟头飘浮、翻滚着,似乎想挣脱岩石枷锁,最残酷、最激烈的搏斗在进行。妈绥望着若有若无的荒野,突然喊:"白帝天王还跳不跳?"

山谷回答:"白帝天王还跳不跳?"

妈绥问:"不跳了?"

山谷回答:"不跳了!"

永刚一愣,也喊道:"白帝天王还唱不唱?"

山谷回答:"白帝天王还唱不唱?"

永刚又问:"不唱了?"

山谷照样答:"不唱了!"

妈绥一脸惆怅。

永刚安慰道:"这是回音。"

花椒湾的戏班得到答复,万分失望,几个活跃分子砍了根竹子,头戴草帽,烧起两丈高的天香,向白帝天王许愿。

过了半月,夏良现背个扁背到獍水赶场,看见妈绥正在买花椒,抓起一撮放到鼻子前仔细闻,咧嘴高声问人家:"你我不你我?"原来,卖花椒的乡民脸上也有些麻子。

对方看了他一眼,嘿嘿地笑,亲热地回答:"比你我,还要你我。"

夏良现乐不可支,上前拉拉妈绥的补丁衣袖,说:"我想试一试,跳白帝天王。"

妈绥和颜悦色过完秤,付了钱,疑惑地问夏良现:"你说过不会啊?"

夏良现叹口气道:"你们走后,我老汉晚晚来找我,教我唱白帝天王,我不答应,天亮后就头痛,吃药也没有用。昨夜里他又来教我,问我学不学？我说你教就学嘛，没有办法，只好答应，一宿乒咧乓啷睡不到瞌睡，今天早晨起来，头不痛了，我去试一试。"说罢，在街口一边哼哼，"孤王坐在云安殿……"一边空手比划，好像在舞司刀。

妈绥激动地叫："老梯玛传艺了，真能阴传？真能阴传？"

## 2

群山环抱着有点歪斜的黎家老宅和碉楼，坡上梨花簇簇，田里禾苗萋萋，老宅门前屋后那几棵粗壮得两人才能合围的银杏、红豆杉和核桃树，感觉像《四游记》里的屋舍。

太阳再一次升起，明秀生下了范文。

山风把坡上的茅草吹得波浪翻滚，几只山雀喳喳地叫着，从远处飞过来，落到旺盛的草丛里面。妈绥抱着侄孙子经过碉楼脚下的灌木丛，打开篱笆门跨进"三九田"，喊："奶奶，来客人了。"

妈武和夏氏的矮坟盖满藤叶，绿叶摇摆，似在窸窣耳语。满头白发的陶九香伸出干枯的手，小心翼翼摘下两个带着绒毛的小南瓜，看见永刚领来一老一少两个陌生人，年长者在妈绥身后大声招呼："老辈子好，你猜猜，我是谁？"

从树叶间筛漏下来的阳光，跳动在来人身上。年少者上前补充："老辈子，我是汪斌全的大孙子汪铳，我爸爸来看您。"

陶九香蹒跚地转过身体，一对灰黄的眼珠打量着他们，惊讶地叫了一句："汪正明？"一个獛水乡，数汪家兄弟神通广大，但革命太厉害，听说他自己也被铐下。

瘦筋筋的汪正明含笑环视三九田，感慨万千："这园子弄得蛮好。"

陶九香有些得意，手里拿的仿佛不是南瓜，而是什么鲜嫩的宝贝，她把南瓜放进菜篮，疑惑地瞅着汪家父子，说："土吃人，人也吃土哩。土吃人不还魂，人吃土千年在。"

双目炯炯的汪正明掏出纸烟点上一支，递给陶九香说，"抽这个。"

陶九香摇摇头，从腰里解下烟斗，装了一袋烟叶，摸出装有火镰的布袋，拿出火石片，将艾绒压在火石与手指间，用镰刃对准石片擦击，火星

子将火绒引燃了。她吹吹冒烟的火绒,按到烟斗脑子上,"吧嗒吧嗒"吸起来。

"妈武的问题要平反。"汪正明喷口烟雾道。他身体结实,个子不高,毛衣外穿了一件半旧的干部服,开着纽扣,衣角被风吹得一飘一飘的,鬓发已经灰白了,精神却好得很,像汪斌全当年那样留起了胡须。

妈绥扶着栅栏,灰黄的眼珠透出一抹惊愕的光,问:"向锦堂没有杀错?"

汪正明说:"不会杀错,他是盘踞在三峡通道上的恶霸。"

陶九香瞧了瞧他,下巴一仰一仰,牙不关风地说:"政府冤枉我儿子,他在阴间大发大旺;黎家冤枉了政府,我在阳间九死九绝!"衰老的外表,使她眼里的桀骜格外令人敬畏。

汪铳解释,当年渝鄂山区还活跃着另一支游击队,队长兼政委和汪正明同是一个党支部的成员,但两人很不融洽,两支队伍也不归一个上级领导。那人职务比汪正明显赫,以开朝元勋自居,两人关系恶化,受此影响,猕水很多人的革命事迹没有进入地方党史。汪正明写下五万字的蝇头小楷,取名《滴血汗青》。准备把这份材料献给自治县成立十周年大庆。

陶九香八十多岁了,背上好像扣了一个筲箕似的,衰老不堪,但腿脚还利索,还没有被卑琐之物所羁绊,变得鼠目寸光唠唠叨叨。她引客人回到院宅,满是丝瓜筋的手连摸带寻,找到一把暗铜色的钥匙。屋里有个黑漆木柜,漆光早就暗淡,拉手和锁片也生了铜绿,平时总是森严地锁着。她哆哆嗦嗦开柜,取出夏氏当年放进去的蓝布包,里面有一张发黄的照片,一个蓝底上烫着镰刀锤头的党证,和一本浸透了战斗气息的《联共(布)党史简明教程》。

汪正明拿起照片,凝神于一个满脸络腮胡的男子,这人叫康大怀,是华蓥山武装斗争的重要领导人,解放初期死于剿匪。接着,他打开汗渍斑斑、封面模糊,破旧发黑的书,闻到一股呛鼻的怪味,硝烟气、草烟气、柴烟气、汗酸气和血腥味。书是他送妈武的,在折了角的一页上,有个用铅笔画了道道的段落:

>　在沙皇制度及资产阶级社会存在的条件下（例如在俄国一九〇五年）资产阶级民主共和国的要求是完全可以了解的，正确的与革命的要求，因为在当时资产阶级共和国是前进一步。资产民主共和国的要求在现今苏联的条件下是糊涂的反革命的要求，因为资产阶级共和国较之苏维埃共和国是退步。

陶九香突然用鸡爪一样干枯的手指，往书中某处一指说："革命！"

汪正明看着她手指的繁体字，问："你认识？"

"妈武教的！"陶九香豁着没牙的嘴，脸上的皱纹缓缓地展开。

永刚从小认识的第一个字，是母亲教给他的"父"字，如今，面对父亲的笔迹，他感受到最真实的亲人气息，眼泪控制不住。晚饭大家品尝刚从神奇的"三九田"里摘来的鲜瓜嫩果，他第一次醉。

朝门外山风呼呼，夜凉浸骨，松涛像潮水一样一波一波地涌着，满耳蝉鸣。突然夜空一片光明，星星以几何的速度在天空繁殖，好像宇宙之初的天体大爆炸，散珠碎银璀璨闪烁布满苍穹，密密麻麻挤得直往下掉，令县城来的汪正明父子惊讶不已，仿佛闯入了星宿的聚居地。

观象于天，观法于地，如果老梯玛夏七发还在，此时此刻，一定会诵经催眠，吟唱神歌，向人们回忆一个伟大的事件，汪正明感慨不已。脚下是一片烦躁激动、充满了活力的土地，族人们血管里流着难以驯化的血，被称为虎贲和虎士。大禹952年纣王无道，一场历史大变动曾冲击着山高谷深的巫巴山区，古老的星空，见证过神话般的一刻：一支周武王从巴地请来的前锋队伍，在虎神的引领下，阴兵在前，阳兵在后，左边强行，右边硬走，准备在牧野同纣王的士兵恶战一场。天罡地煞，同手同脚，吼着进军的歌谣，跳着冲刺的舞蹈，击鼓执剑，龙行虎步。时间大约在子夜时分。还没有交锋，就把对手威慑得倒戈相向。在这个龙吟虎啸、大地战栗的时候，乐官偶然回头，看到了一幅壮丽的星象：月在天驷，日在析木之津，辰在斗柄，星在天鼋。凌厉的杀伐和狂热的战鼓如此血腥和完美，虎钮于清亮的声音，飞越在旷野决战的纷乱之上。乐官作证，武王伐纣，日月星辰听到了神的音乐，看到了神的舞蹈。

　　家乡物华天宝，有着太多的神秘事件，汪正明从开始记事起，就从父亲汪斌全嘴里熟悉了一切关于祖先的联想。星空比大地古老，大地比祖先古老，祖先比神话古老，神话比历史古老，这位重庆大学毕业的职业革命家，站在更古坪的星空下，浮想联翩，半晌无语。

# 第三十一章

**1**

"叫我上午挑二十挑水,下午挑六挑猪草,说我想不开要跳水,河里没盖盖子;要吊颈,自己去搓索索;要自杀,自己把刀磨快些……"五个月后有天中午,曾老猫坐在赵长有大儿子开的茶馆里喝冷酒,他年逾古稀,脖子上的皮肤像口袋一样吊在胸前,因为抢粮判了十五年,刚减刑出来,抱怨倒霉的劳改生活。

六十多岁的赵长有住在獴水街上,给自家大儿子开的小茶馆跑堂,听见门外传来惊天动地的鞭炮声,他端着酒碗的手一抖,口齿不清地问:"谁个又不吃饭了?"

永刚和明秀一人背鞭炮,一人支竹竿,火星子四溅地从场口走来。"啪啪啪啪——!啪啪啪啪——!啪啪啪啪——!"一串鞭炮炸完,永刚放声喊道:"法院给我老汉——平反啦——!政府有错必纠——!我老汉是革命的——!平反啦——!我老汉!"

"黎妈武平反了?"曾老猫浑浊的眼里透出微光。

赵家老大手舞足蹈招呼:"黎永刚!黎永刚!来喝茶!我请客,我请客!"

鞭炮又在竹竿上炸响,刺鼻的硝烟熏得永刚和明秀眼泪都流出来了,两人背着红皮鞭炮,拿着竹竿,抹眼揩泪地走进小茶馆。

绍成队长把法院的平反通知带到更古坪,永刚跺脚大叫,正在地里拾土豆的陶九香嘴角一动,偏偏倒倒向畦上扑来,太阳很旺,她缠着头帕的脑袋上顶了一个斗笠,上气不接下气地说:"买炮,上街放一个来回!"永

刚从杂货铺里买了十几串红皮大炮，取出一挂绑在竹竿上，让明秀背着剩下的跟在后面，硬是照奶奶吩咐的那样，举着长长的竹竿，放一阵，停下来喊一阵，炮声震天地从街头走到街尾。

赵家老大焦急地说："我要去县城，和我老汉一起去，老伯你也去！"

曾老猫摇头，他住在花椒湾，靠铸铧谋生，这辈子不想再搞。

太阳一连几天像个灵霄宝印，深嵌在湛蓝的天空中，永刚和明秀经过碉楼脚下的灌木丛，打开"三九田"的笆篱门，在传说颇多的父母坟前，第一次点燃鞭炮。

响声惊动了"三九田"周围灌木丛中憩息的羊群，提着竹篮的范文和石家小孙子，像是从地底下冒出来的一样，嬉戏着，用稚声稚气的声音唱道："巴山藤，叶叶长，爬岩爬坎去望娘；娘又远，路又长，抱住石头哭一场……"

童谣中所唱的那种叫巴山藤的植物，一匝又一匝缠绕着夏氏和妈武长满青苔的坟堆，又顺着篱笆往外爬。永刚放眼一望，被天地之间神秘难解的灵息镇住，感到这里每一棵草每一缕风，都来自另一个莫测的世界，永刚看见陶九香在篱笆外用手背抹泪。

第二天黎明，永刚和明秀背上香蜡纸烛，带足干粮和陶九香一起去黎哈窟。

春兰青青，绿叶紫茎，两人分开茅草坪边的树枝，踏上坟后那条若有若无的小道。"呱！呱！呱！呱！"一串惊愕的叫声突然从灌木丛中响起，永刚一愣，紧张地转到自己亲手为爷爷重新垒起的土堆前。

黎家早年的气派，对永刚而言，只在传说中，唯有这里的耻辱，才是真切而具体的。荒草萋萋，散落的石樽和墓碑，已经全部不见，重垒的土堆又长出了青苔。孙子和重孙的死使秦老娘受到很大打击，她把灶房拆了，但建在莲花扑闪处的木屋还是不拆。仍和露天土灶一起，相隔咫尺地围着低矮的坟堆。

听见人声，房子里步履蹒跚地走出一位皱纹满脸的老山婆，高高瘦瘦，青布包头下露出雪白的鬓发，腰略弯，背微驼。陶九香慢慢地往前走，猕水最桀骜的两位老人，在这神奇的地方相遇，彼此认了出来。

陶九香偏偏倒倒走到坟前，秦老娘也站在那里不动了，招呼着来人：

"来了？"不惊不诧，仿佛早就等着这一天。

"来了。"陶九香颤抖地、眼光锐利地停留在荒草掩映的灶台和木板房上面，同时，注意到坡上还站着一个人。

秦老娘颤颤巍巍地说："我陪猎熊媳妇，看鬼能不能扳倒一个孤老婆子！"说罢，径直往坡上走去，同年近古稀的周氏一起蹲在地上，用衰老的双手慢慢窝着肥球，两人身边，菜地一片碧绿。

"老辈子庄稼种得多好！"永刚由衷地称赞。这老娘不可思议，二十岁嫁到溪沟边的秦家，如今已经八十一岁了，儿子和孙子相继病亡，她孤孤单单，却活得斗志昂扬，在悬棺高搁的峡谷里与鬼共舞，坚定不移，令人费解。

陶九香望着秦老娘的身影，翘着下巴，豁着嘴道："岁月不饶人，不打让手嗅。"说罢，朝男人的土堆跪了下去。

黎家多少不幸与这里有关，阴阳行家无法形容的眼神，渗透着风水宝地的全部秘密。也许，正是弹丸之地决定了黎家的历史只能这样写，而不能那样写，给山野草民制造出一个千古之谜。

## 2

一个牙齿掉光，腮帮松弛的老蛮婆坐在树桩上晒太阳，哼着谁也听不懂的歌，边哼边把破裀脱下来捉虼蚤，半身的皱纹呈水波纹状。

明秀问永刚："奶奶在哼什么？她像睡着了，又哼哼呜呜，好像在哭？"

永刚贴陶九香嘴边一听，说："她在唱：爬岩拉坎的地方走过来，鲤鱼标滩的地方走过来……"

范文那一年七岁，用一根竹签玩竹蜂，等竹蜂的翅膀旋转起来，马上将振动的竹签塞到祖奶奶手里。陶九香问他："怎么不去玩？"

范文说："怕祖奶奶死了。"

陶九香的眼瞳在火光中炯炯发亮，对重孙子道："老巴子活五百年，全身变成雪白，还能再活一千年。"

范文说："人老了，睡在'仙人洞'里脱层皮，就可以返老还童。"

瘦骨嶙峋的陶九香笑道:"我是应该进岩腔,去睡'仙人洞'了。"

家人们死得不太平,对尘世的影响有大有小。可怜妈武和夏氏,因为夏七发走了,夏良现废了,王道长孤贫而逝,俩人得不到超荐,怨魂游荡在更古坪,乃至整个黎哈窟,难以投胎重降,岁月汗迹斑斑,也血迹斑斑,她不安心。

范文突然问:"祖祖,革命是什么意思?"

陶九香不满地说:"杀人的意思……问这做什么?"

范文道:"爸爸说,我爷爷是老革命。"

陶九香说:"那是老革命。"

范文好奇地问:"爷爷也杀过人?"

陶九香犹豫了一下,道:"杀过。"

范文闪动着黑白分明的眼睛问:"他杀了什么人?"

多年不见的猎熊出现在眼前,和影影绰绰的乡亲一起列队、披甲、摆尾、跳跃,嘴里嘀嘀地嘶喊说:"婶婶,我送了叔叔……还要送你……"陶九香发愣,风平浪静谈何容易?她诅咒过劫碉楼的人、烧神器的人、挖祖坟的人、跪着生的人,如今归期将近,谁能立起灵幡,替自己除煞开路?天色转暗,阵阵山风吹得枝叶呜呜作响,她忧郁地看着范文,叹口气说:"你爷爷……杀了反革命……"

范文脸上布满疑云。

红土地抽搐着,躁动着,新生命正在诞生。母牛虚弱地卧在香樟树下,刚出娘胎的小牛犊浑身湿漉漉颤动,努力地想站起来,但是站不稳,四蹄打着转,站起又跪下,跪下又站起,初生牛犊拜四方,它在祈求神灵的保护。

温暖的太阳照耀着被神诅咒、由乔木变成了灌木的马桑树,照耀着被神贬至凡尘的牛王后代。大气和光影是那么透明而轻松,永刚检查自己用条石砌成的岩腔,给树苗和花草补了浮土,然后放下锄头,对正在石院坝中洗衣服的媳妇明秀说:"奶奶满意这个生基,离三九田近。你去捡一点菌子,晚上凉拌吃。"

树林长满了菌子,有的冠盖如盆,有的形如花裙,有的像蓬乱草。明秀把它们放在嘴上吹吹,听响声清亮还是沉闷,就能分辨有毒无毒。她转到坡上喊:"奶奶,吃饭了。"

玉米地里现着熟悉的尖尖斗笠。

包谷已有半人高,油亮的叶子像绸带一样,舒展垂吊在阳光下,那么蓬勃,那么旺盛。陶九香眼睛大睁,挂着锄头正站立歇息,佝偻的身体一动不动,没有任何反应,白发被风吹拂,好像蓬乱的玉米须子。

"奶奶,"明秀知道老人耳朵背,走过去叫:"奶奶,祖祖……"

陶九香的瞳孔变成和眼球一样灰白。听说把乌鸦眼珠磨成粉,撒进自己眼里能看到另一个世界,明秀害怕地想,奶奶来日无多,会不会这样干?

八十五岁的陶九香像老巴子一样大睁双眼,已出发见阎君了。

天地枯黄,河流缓滞,万物归藏,猕水大山最孤独桀骜的老人灵魂脱壳,浑身雪白地向西方飞奔!

# 尾 声

**1**

江水吼吼打打挤进峡口，旋涡密集。夔门在晨雾中显出挺拔的身影，飞籽一样飘落在都市的更古坪后裔，在电脑上慢慢敲出几行文字：

> 虎族栖息于连亘千里的崇山峻岭中，与落叶共腐——那些像毛细血管一样的支流沿线，那些云遮雾障、岩棺高搁的荒山老林，隐藏着多少惊心动魄的内容和鲜为人知的东西，它们将随翠色连天的深谷陡坎永沉水底。

山里人把站起来的水叫雨，把躺下去的水叫河，这里面的区别，就像两岸山脉和地下洞穴的区别那么大、那么小。刚刚回过一次故乡的她，起身向一个玻璃杯中注入清水，向它挨近、凝望，思索一个量子力学专家用高速摄影技术观察水结晶得出的结论：水可以复制信息并加以记忆，巫师的祝福会使水结晶变得漂亮；愤怒地诅咒会使水结晶变得扭曲丑陋；听了探戈音乐，水结晶竟双双对对翩然起舞。这是一个震惊世界的实验，印证了金氏亲历的疑惑：夏七发把一张稻草纸贴在墙上，站在两臂远的地方，端一小碗水，念会儿经，五指在空中一掐，稻草纸竟现出曲曲绕绕的水印。喝下碗中储存和解码了梯玛心念的水，永玉的疮毒硬是好了。

虎人来历不明，家世复杂，是亚洲最古老的民族，黎哈窟存在一些人类认知的黑洞，因为北纬三十度线横贯猕水森林。最近江岸又火，发现洞穴系统庞大复杂,水旱相连,主支互通,探明长度几十公里,与梯玛长眠的山沟属同一岩溶系统。亿万斯年地质渗漏,水都从暗河流向了老阴洞。奇闻称斩蛟谷为古河床,具备稀缺性、典型性、完整性和不可再生性。

上古先民如何乘坐独木舟穿越旋涡咆哮、羽毛也沉底的夔门?原来地底下有超级通道。

金氏活着的时候,多次讲述孽龙吞江和夏七发打龙洞的故事,那传奇巫师真正遇着了一个恐怖对手。

大学毕业以后,她在北方留校工作,十余年尝试用神话解码历史,即将被派往广岛交流。作为国际课题《亚洲国家民间信仰之比较》的中方参与者,出海之前,她迫不及待要完成寻根之旅。

当群神嬉戏于大地之上、行走在天空之中时,那山就站在那里。《山海经》上说,很多很多年以前,山地因为出产一种神仙不死之药——丹砂,一度名巫云集,被称为丹山或巫山;而其中的首席神巫,正是伏羲的儿子巫咸,古歌谣唱的"咸鸟"就是它。夏七发晚年贫病交加,据说曾瞪着深陷的眼睛,哼出一个枝蔓清楚的世系表:咸鸟生乘厘,乘厘生后灶,后灶生巴人。歌中每一个始祖,都有纯正的血统,是大神伏羲的后裔。

> 相传他们是白虎的子孙。史家经过复杂的考证——主要涉及高深的古音韵学——说伏羲与白虎,是同一民族的两种称呼。因为那时人们称老虎为巴公,遂称他们为巴人。传说一个红日东升的清晨,白虎神廪君执剑乘舟带领巴人走出鄂西石穴,沿苍茫的清江逆流而上,东侵西掠,在绝壁千仞的大峡谷里血腥立国,子孙因战败沿长江及其古支流逃亡,不知所终,一说他们在末日来临时奔白虎星飞升,留下预言警世:星光照耀之地将经历毁灭、抵抗和一万次同窠厮杀,在血中应验劫后重生。一说千潭万水分枝散叶,他们携带禹王绘制的九州河道图,顺古江河去了很远的地方,去了世界的边缘,传下悲怆的古歌:天火烧太阳,地火烧五方;雷火常执法,烧死诸不祥;龙舟下弱水,五湖四海任飘荡。

白虎神及其子孙在覆国前后的迁徙中,万年万里地分蘖着密码和记忆,水能记录数百万年的地球历史,也能记住突变和不变的生命故事。故

尾声

乡的传说既激发人的文学灵感,又引发人的学术热情,她继续敲打键盘:

"渤海之东不知几亿万里,有大壑焉,实为无底之谷……八纮九野之水,天汉之流,莫不注之……"照古哲的描述,天上银河与地上的大海相连,上天也罢,入海也罢,祖先和族人去的,都是同一个地方。

## 2

无数险峻的磐石和遒劲的青山,蓄积着一股冲撞奔突的力量,文明世界的人,无法不被那透迤不绝的力量震撼。半个世纪的岁月当中,母亲永玉和小姨抱玉曾经无数次对她追忆猕水,但她真正开始寻根之旅,俩人却长眠于久居的都市了。

永刚在县城接站,亲自驾驶摩托车捎她回家。更古坪到猕水不通公路,崇山峻岭层层叠叠,鸟径伸向沟壑相连的大山背后。沉甸甸的云球好似体积庞大的虎头,在蓝空中俯视,放射着珍珠一样的光芒。

老屋没有被树林灌木、苔藓藤蔓遮盖,虽然倾颓,在碉楼的陪衬下,还看得出当年的气派。摩托突突引来堂兄堂嫂和侄儿侄女,虽然都是亲人,却那样地陌生,相互打量着,毫不客气地眼睛对眼睛,寻找着血缘联系。

"永玉的崽?"妈绥在永光的搀扶下走出堂屋,他已经须发雪白了。

族中老人的呼唤令人激动,"姥爷",她平生第一次称呼,谁知话音刚落,一个声音从她身上传了出来:

"嗷呜——"

妈绥猛地怔住,魂不附体地靠着永光,眼神发直。

"嗷呜——嗷呜——"

声音还在继续,堂兄堂嫂侄儿侄女凛冽地望着她,瞳孔颜色剧变,发出一种恐怖的红光,突然,她想起金氏讲述的黎家的种种神话,惭愧数码时代的荒诞,掏出手机急道:"对不起。"

电话是日本打来的,同行求助确定一个田野基地,疑惑东亚、东南亚各地经常从不同的方面叙说同样的故事,进行同样的祭祀。那个传说中剑滴成岛的国度，尝试了 HLA 抽样分析，发现部分具有中国南方人种的基因，该成果的研究者正在着手绘制长江流域人口迁徙图。

水道疏散过多少不为人知的苦难和危情，异国同行有着强烈的兴趣，好像并不在乎那场峡谷保卫战。但她无法忘却，她的幺叔爷在峡谷要塞壮烈牺牲，英名被凿打在巨大的锁蛟岩上，精魂永垂于民族史中。

"欢迎考黎哈窟考察，如果有可能，请带来一些岛上原始祭祀的资料，包括阴阳符咒。"她回答对方，把铃声恢复成流行音乐，走进堂屋，在绘有老虎脸的神案前上了一炷香。

虚惊使妈绥不悦，看着刚炒的菌子、腊肉和干辣椒，瘪着嘴问："草坡上有两只虎，颜色大小一模一样，怎么分辨公母？"

堂兄堂嫂侄儿侄女们端着碗，面面相觑："不知道。"

虎在土语中发"li"的音，就是黎哈窟的"li"，山里人称它为廪君，家家户户供着牌位，由梯玛割破自己的头皮，滴血为祭。妈绥问："城里来的侄孙女晓得不？"

她看着生息在茅草坡上的父老兄弟，诚恳求教："叔爷说怎么分辨？"

"安静不动的是母虎，"妈绥说，"走来走去的是公虎。"

她扯一把茅草攥在手里，感叹芭茅养虎，佩服芭茅捆龙，惆怅后峡谷时代到来，奔腾的痕迹将被淹没。

煤油灯昏黄朦胧，给转弯抹角的甬道制造着紧张和恐怖。

湿气和阴魂，还是那么蒸郁不散，那么容易成云致雾。黎哈窟，好像又回到了日月不明、昼夜不分的洪荒世界，天和地挨得很近，坡上的茅草长得好像竹林一样，到处看不到人影。迷境中，她攀着马桑树来到天上，东窜西迤，溜溜达达，一直向西方七宿走去。四周没有田野，却听见密密的蛙声和鸟叫，苍翠的葛藤缠绕着天宫，她急不可待走向白虎神宫，谁知被葛藤绊了一跤。

寅时，白茫茫的云雾被镶上光亮的金边，山林若隐若现。白虎家族终于归于安谧，应验同窠厮杀一万次后的重生，更古坪无所谓天，无所谓地，无所谓梦，无所谓醒，到处是云山雾海，混混沌沌，没有历史，也没有记忆，一切都被遮蔽了，浓浓的大雾遮蔽了山谷的过去和未来，连她的到来，都成了高山之巅的一个幻觉。

尾声

云雾间有遥遥的歌声:

百战嘞沙场呃喂耶喂咋呃,
驱豺狼呃咋呃依沙喂呀咋呃唯呀呀咋呃,
移山喂呀咋喂,
万苦喂艰辛呃,
喂耶呀喂咋哟胆未呃寒呃,
移山喂呀咋呃喂呀呀喂咋呃,
喂呀咋呃……

# 新版后记（代）
（第11届国际萨满文化研讨会暨世界仪式人类学高级论坛分组发言）

方　棋

　　如果给出对巫歌的定义，应该是仪式活动中的逻辑表述，以吟诵和唱诵两种方法传达，主要用于祭祖崇拜，祈求丰产和禳灾还愿，为巫师家传或师传。巫歌的源头可以追溯到部落时代，与原始人对声音的崇拜有关，是南方古文化的延续和衍变，残存于中国长江中上游边远山区。

　　中国的书面文学始于殷商，甲骨卜辞古奥艰深，不乏音乐舞蹈的元素："今夕奏舞，有从雨。"（《殷墟书契》，卷三，24页，罗振玉）"癸卯卜，今日雨。其自西来雨？其自东来雨？其自北来雨？其自南来雨？"（《卜辞通纂》，375片，郭沫若）蕴含节律动作。文学起源于巫术，萌芽于神话，发祥于仪式。巫歌不仅是说出来，而且是舞出来，唱出来的，在生产力低下的社会，作为权威手段促进发展。

　　先秦诸子直接从原始巫歌和神话中汲取营养，思想原典百家争鸣，光耀后世，成为中华文明的基石。我们引经据典，一直在继承和模仿，扩展改造未得成功。起点如此难以超越，因为老祖宗来路深远，伟大的创造与上古智慧、祭祀文化与仪式系统有关。《左传》里说，楚左史倚相能读《三坟》《五典》《八索》《九丘》，皆为神话著作。《三坟》是伏羲、神农、黄帝之书，《五典》是少昊、颛顼、高辛、唐尧、虞舜之书，《八索》是八卦之说，《九丘》是九州之志。但是倚相之后，谁也没有见过这些巫王遗书，根源和奠基方面大打折扣。

　　原始崇拜与信仰催生文学，《礼记·效特性》记载了伊耆氏的《蜡辞》："土反其宅，水归其壑，昆虫勿作，草木归其泽！"要求土、水、昆

虫、草木服从人的意志,不要危害农事;土返回田里,水流回沟中,昆虫不要发作,草木长回山泽。这就是原始巫歌。伊耆氏一说是神农,一说是帝尧。蜡是古代年终时的一种巫祠,始于伊耆氏时代,可见巫歌的作用及其与祭祀的关系。先秦古籍文史哲不分,歌舞乐融汇,呈现一种综合的形态,《墨子·公孟篇》云:"儒者诗三百,弦诗三百,歌诗三百,舞诗三百。"仪式流绪明显。古代君子精神气质何来?孔子概括"兴於诗、立于礼、成于乐"。天地之道即圣人之道,圣人之道即君子之道,礼乐文明即仪式文明,巫歌纲领性地解释世界,原为庙堂表述。

商周巫觋位居高层,春秋战国时代,随着务实的思想家和政治家崛起,巫觋渐受排斥,在官方舞台沦落失意。两汉以后,巫祠全面退出国家祀典,成为纯民间的谋生活动,黄金历史一去不返,最终遁入山区,失散求存于边疆村落,与少数民族的筮占和祭祀传统一起,构成华夏巫史的古风余韵。

秦以后,诸子百家失去舞台,改行研究方技术数:医经、房中、天文、历谱、五行、蓍龟等等,学问无一不从巫。士大夫们总结有道才有理,有理才有气,有气才有象,有象才有数,曰东方神秘文化,作为习俗渗透并塑形于华夏,和四书五经组成古代知识分子的左右手。只因世俗解读,传统走低,积淀实用,唯见纬书与符命,阴阳与灾异,话本志怪滥觞,缺乏崇高的指导性和权威性。

是故,认识中国需要读巫,弄解儒释道与"巫"的渊薮:

甲骨文把"儒"写作"需"或"濡",象形会意"斋戒祈雨"。《礼记·檀弓》载:"岁旱,穆公召县子而问焉,曰,'天久不雨,吾欲暴胆而奚若?'"又载:"司徒敬子之丧,夫子相,男子西乡,妇人东乡。"夫子就是孔子,曾以治丧相墓闻名。儒者出自巫史,六七百年秉持殷周旧礼,把原始仪典引申为社会秩序,通过对祭祀的世俗梳理和解读,建构了华夏道统。《尚书·舜典》规范乐官职责:"诗言志,歌咏言,声依咏,律和声。"圣人以风、雅、颂分类集纳地方乐调、王朝正声和祭祀舞诗,标准为音乐性质,巫歌影响是也。君子以圣人为师,学识来自天地,来自吟诵与唱诵,此其一。

佛教在中国以适应性行方便法,吸纳民间神祇、原始咒术和礼仪,充实道场的内容和形式。台湾灵鹫山连续 20 年举办水陆法会，每年先以黄豆献纸马，纸马携符前往邀请诸佛菩萨，途中黄豆洒落，信众争相收藏祈丰，"跑马发符"，是为入乡随俗。巫师也接受轮回思想，贵州侗族山区以拜忏、踩灯、做牛角道场、玉皇会、千人会、万人缘、倒白虎、开财门等"红坛"活动诠释经文，称为文教。武教承担驱鬼保胎、求嗣求雨和冲傩还愿，表演上刀梯、捞油锅。"文武两教"并行，进行灵魂的中国式表达。大量疑伪经如《咒魅经》《天公经》《救疾经》在形成和流传的过程受到巫俗影响，反过来对中国本土信仰产生作用。此其二。

道教源于黄老之学，以八卦符号说明万物运动，将散漫的巫术程式化、系统化，社团斋醮离不开天干地支，河图洛书，阴阳五行，升降消长。翻开一部《道藏》，从参同导引的经戒炼养，到镇魔压邪的符箓禁咒，无不体现巫与道之间的血缘联系。一百年不到，玉皇就成为巫事活动所请的主神。宋明时期儒释道三教理论融合，西南各地更是佛道儒巫混杂，以武陵山巫歌为例，今已演化为以自然崇拜、祖先崇拜和鬼神崇拜为基础，杂糅着儒、道、佛等成分的祭祀韵文。此其三。

巫歌源自卜祀祈祝，具有遥远混合的力量，结构、文辞等相对固定，内容取决于仪式的性质，大多不入典籍，较之书面文学，流传空间有限，具有很强的地域性。以武陵山巫歌为例，一般为三、四、五、七字句，长短穿插，两句一节或四句一节，一部分用假借字。句尾押韵，讲究格律，分吟诵和吟唱两种表达方式，唱腔以高腔和平腔为主，有双句押尾韵的自由体和两句一节，四句一节句尾押韵的格律体，多为四言七言句式，因为大山的阻隔和语言的不稳定性，并非毫无变化，大体是同源传承，封闭发展，同中有异，异中有同。

巫歌未随诗骚史传登上大雅之堂，但贯穿中国社会几千年，塑造出中国文化的诗学传统。我发掘到武陵山巫师的祖传科书，内容竟是楚辞《招魂》，前后添加了完整的祭祀仪轨，可见其仪式精髓，也说明原始巫歌与传统经典之间，存在着双向的渗透和影响。

独立的诗歌、散文、小说是语言逐渐成熟的产物。英国学者约翰布朗提出："一切原始民族的文学艺术都是一个统一体，即歌、舞、诗不分，后来分离成不同的艺术，而每一种艺术又分化成不同的类型，然后是一个长

期的裂变、专门化和蜕变的过程,他认为,这一过程最终将返回到各种艺术再次统一为一体的原始形态。"不是回到语言文字的不成熟期,而是重新逆向聚合,集中内心深沉的感情和思想,努力完美地解释大至宇宙小至生命体的奥秘,解释这个纷繁复杂、变化莫测的世界。

有万物则有万象,有万事则有万感,还原文学的初始功用,才能恢复威力,才能对抗人类的混乱和沮丧,才能发出真正的庙堂之声。

# 原版后记

方 棋

一棵参天大树,大到一百只猴子可以在树上休息,上面挂着许多果子,摘下一个果子来打开,里面藏着许多种子;拿一粒种子出来打开,发现里面什么也没有——这就是生命,似乎都从"没有"产生——有一天大树从世上消失,被崭新的道路取代,任何地方都无法再见到它,人们这时开始回忆,思考它当初绿盖成荫的样子,传说加工,产生了写作。

作家形形色色,写作五花八门。

描述空无一物的种子如何变成大树,然后重新变成没有,追溯它的起源和终止,被称为灵魂写作;表现树、叶、根、茎之间如何依存制约,观察其文化土壤、气候等生存系统"软环境",被称为人类学写作;认识大树在历史和现实中的生活,推演山林内外的传奇故事,被称为旷野写作;叙述花朵如何烦恼焦虑,如何与蜜蜂谈情说爱、斗智斗勇,被称为私人写作;讲述落叶如何在风中扬起又掉下,如何被牛车碾来碾去,被称为底层写作……

融合已有未有的经验与视角,本书叙述和推演了一群带着祖先经验生活的峡谷山民,在风云激荡的二十世纪中后叶的生存境遇。作为重庆人,三峡是我文化意义上的故乡,也是中国古人类的故乡,洪荒天穹,文明发祥,智慧初蕴,几千年后卷入工业化浪潮,仍回响着原始蛮荒深邃的回声。数年的写作过程使我兴奋,发现自己有个伟大的故乡,热爱家园,这是一种最温柔、最敏锐、最严酷的感情,青年时期曾经羡慕马尔克斯和鲁迅先生,神奇的故乡使他们具有丰富的灵感和独特的资源,人到中年忽然明白,旷远的三峡给了我同样的馈赠。

一切都藏在种子中。

逝者如斯夫，不舍昼夜。在时间和空间上制造了多少奇迹，分蘖了多少基因，一条奇迹和基因的河流，边界和尽头究竟在哪里？这是一个混沌的秘密。

法国文艺批评家丹纳曾说："你们不妨把一些大的民族，从他们出现到现在，逐一考察；他们必有某些本能某些才具，非革命、衰落、文明所能影响。……在最初的祖先身上显具的心情与精神本质，在最后的子孙身上照样出现。"这种"心情与精神本质"的东西，是怎样从一个民族的"最初的祖先"传到"最后的子孙"身上去的？探源长江流域同源族群传奇而深刻的历史文化过程，从文学的角度演绎和梳理，重温人类共同遭遇的生命困境和生存挑战，反思现在，猜测将来，是严肃作家的使命和责任。

伟大的作品来自于对宇宙自然的敬畏，来自于对自身奥秘的好奇，来自对人类有限的突破，来自对苦难的救赎和超越。

秘密的背后还有秘密，叹吾生之须臾，羡长江之无穷。

半个世纪前，哲学家乔治·桑塔亚纳放言："一部想象作品的真正价值与是否所有人能欣赏它没有任何关系；对它的考验是，对于最能欣赏它的人，它能够提供多大程度和什么样的满足。"但愿此书得到读者朋友的喜爱。

2007年12月于鲁迅文学院

# 唤醒全民族的文化自觉

刘锡诚

## 1

寒露过后的第二天,应邀飞赴久违了的山城重庆。即将在这里举行的第十二届"亚洲艺术节·亚洲文化论坛——10+3主题会议"在等待着我们。

自江北机场的现代化候机楼出来,登上接机的汽车,由北而南,逶迤到达离嘉陵江不远的君豪大酒店,几乎穿过了整个重庆市区。记忆中的那些显示着古巴人依山临水而居的文化传统、负载着沉重历史的老民居,那些纵横交错的石板街巷,那些层叠蜿蜒的山路,从视野中消失不见了,而车窗外闪过的,变幻成了一栋栋、一排排的新建的显示着现代意味的高楼大厦。我既为那些老街道老房子的消失感到惋惜,又为那些像积木似直指天宇的楼宇感到惊诧。——眼前的景象,是一个现代化快车道上的重庆!

10月11日,我在"亚洲文化论坛"上发言,呼吁亚洲各相关国家携手合作,读起源和流传于中国内地南部诸民族和南亚诸岛国的"兄妹(兼指姊弟)配偶型"洪水神话进行保护。

承办方重庆市政府给与会客人准备了一些出版物,有四川美术学院的若干画集和作家方棋的长篇小说《最后的巫歌》。2008年方棋在梳理《酉阳巫傩诗文》,制作非遗材料时,曾请我重视该项目的影像。2010年《最后的巫歌》一出版,我很快拿到了赠书。这次艺术节赠送的是第二版,我又欣然带回北京。第八届作家代表大会后,打算着手研究巴渝民间文化,沉下心来阅读了这部厚厚的长篇。总的感想是,这部小说的问世,不仅给

我国狭隘的现实主义文坛带来了一股新鲜的空气,为文学反映时代、再现现实生活铺设了一条可供选择的新路,而且深度地复现了源远流长而又独特迥异的巴渝民间文化以及所表现出来的巴渝风骨,从而激起和唤醒人们对"文化自觉"的追求。

**2**

小说取材于20世纪一百年间生活于三峡两岸高山密林中的虎族及其后裔的悲壮的生活史。从民国开元到土匪割据,从抗日战争到国共内战,从共产党得天下到无产阶级专政,从五八年"大跃进"三年自然灾害到土地联产责任制,……传之千百年的民间文化,被细致入微地、恰到好处地融入到作品的结构与铺叙中,融入到人物的思想与行为中,既是作品的独到之笔,又是作品的成功之点。

如果承认任何成功的文学巨制都是地域文学的话,那么,《最后的巫歌》不仅为巴渝文学创作竖起了一面旗帜,而且为困惑中的中国文学指出了一条光明大道。我们曾经为三十年代京派文学作家代表人物沈从文的《边城》等作品的成功感到振奋,因为作者在浓重的、地道的湘西传统文化中表现了二三十年代的中国,以及他笔下的种种人物的不可复制的行为、纠葛、个性;我们也曾欣赏拉美作家加尔列尔·加西亚·马尔克斯的魔幻现实主义杰作《百年孤独》的成功。《最后的巫歌》之所以在二十一世纪第一个十年在中国文坛上现身,并立即受到了批评界的首肯,不是偶然的,显然是因为作者的创作理念,与在世界范围内出现的保护文化多样性和保护非物质文化遗产的主流文化思潮相契合。近年来,作者在保护重庆地区的非物质文化遗产方面,做了大量深入的调研和保护工作,而巴渝民间的传统文化给了她丰富的滋养。由于她深度地研究了巴渝传统文化,"懂得文化"(王蒙语),所以她能够挣脱流行的但是狭隘的现实主义创作方法,而大胆地吸收了新时期文学中昙花一现的"寻根文学"和拉美的魔幻现实主义文学的理念和经验,果敢地回归到了文学的本意上来,为巴渝文学贡献出了一部代表作。

## 3

二十一世纪以来，世界大变。无论东方西方，现代化的步伐显著地加快了。当全球现代化、经济一体化、信息化逼近到世人眼前的时候，各个国家和民族的进步分子意识到，传之千年万载的民族传统文化，特别是一些发展中的民族国家的文化，受到了前所未有的冲击甚至是灭顶的威胁，而民族文化是任何一个民族和国家所以立身于地球上并得以延续不泯的根脉和基因。于是，这些民族和国家的进步人士在国际范围和国际组织中发出了要保护民族文化、保护文化多样性、保护非物质文化遗产的呼声。保护由民众群体口传心授而绵延不绝的民族非物质文化遗产，成为二十一世纪全球最为响亮的口号。同时也成为衡量一个民族的全体成员即公民、特别是一个国家的执政者是否具有"文化自觉"的一个标志。费孝通先生到了晚年提出的"文化自觉"问题，经过几年的时间，终于为中国的领导层和学术理论界所接受，进入了党的文件，但文学创作界却似乎仍然在闭目塞听和排他心理中自得其乐，对世界文化潮流的变迁浑然无所知。须知，一个不懂得或缺乏"文化自觉"的民族是可悲的民族。从这个意义上说，也许可以把《最后的巫歌》的出现，看作是我国文学界、文化界"懂得文化"的一个先声。

中国作家协会第七届第九次主席团会期间，作家铁凝在重庆媒体见面会上说："巴渝文化遗产足够支撑重庆人的精气神。"我要说，巴渝文化遗产培育了、也体现了巴渝人的风骨。唤醒全民族的文化自觉，是文化大发展大繁荣的基础和前提。

（作者为文化遗产保护工作专家委员会委员）

## 灵魅之笔　独有之书

张　健

方棋的《最后的巫歌》是一部独特的小说。说它"独特",第一,表现在它真正深入了神秘的楚巫文化领域;第二,表现在它讲述的是常人备感陌生的三峡里的传奇故事;第三,表现在它纵横神界、人界,穿梭亘古、今朝的宏大布局。

读这本书,你会感觉走进了一个神秘的世界,这个世界与屈原的《离骚》保持着精神的相通。这个世界里的一草一木,一禽一兽,都是灵性的存在,它们并非按照我们所熟知的逻辑进行排列,而是遵循着独有的规则,被赋予了神秘的力量。作者的笔仿佛闪耀着灵魅之光:老虎是生命的图腾,被敬称为"先人";虬龙被困于山崖之下,修善以脱咒;千年古树有着自己的精神,它甚至会与凡人抢亲……这一切在生活中无法理喻,却在文学中如此诱人,它们瑰丽奇诡,仿佛一幅神话图卷,让你一眼望去便沉浸其中。在这本书中,读者可以跟随作者的文笔,自由超越时空的限制,去探索那些无限的、无边的、神秘的、浪漫的东西。

这本书的故事,发生在三峡的历史当中。一群人在绝壁千仞的大峡谷里立国,他们是中华文明的一个分支,在长期的战争中战败,溯着长江及古支流流亡,千潭万水,分枝散叶,在那片古老、闭塞的土地上演绎新的传奇。三峡接纳了他们,也把神奇山水的精神印染在了他们的身上。这个人群里发生的一切,包括为生存的挣扎、对权力的追求、家族间的宿怨争斗、爱情的复杂痛苦……都散发着浓郁的地方色彩。这些故事在哪里都会发生,但是在这里却表现得如此不同。

这本小说实实在在书写了几个家族的兴衰。从黎家辐射开去,在与其他家族的爱恨情仇当中,作者打开了一幅带有浪漫主义色彩的现实画卷。从现实的时空幅度来说,此书从抗战之前一直写到二十世纪八十年代末,包括"文革"后期都有涉及。而从精神的幅度来说,它简直纵横了千年,在亘古与当下之间自由穿梭。象征的部分与写实的部分,社会历史部分与巫文化部分,彼此结合,自由出入。此书的最后,故事发生的地方,都被大水淹没了,随同逝去的,还有一种古老的生存方式。这里折射出了一种反思精神,作者可能希望通过这部作品呼唤一种人与天地、人与社会间的和谐共处。因而,此书写的虽是过去,着眼的却是未来。

另外值得一提的是,此书的语言旷达超迈,读之如饮烈酒。作者的语言系统与知识结构都显示了鲜明的特色。正是这些因素参与构筑了《最后的巫歌》中瑰美奇特的文学世界。

原载《人民日报》(2011 年 8 月 2 日)

# 根本在哪里

王倩于

已经很久不看小说,近些年来小说界的沉闷和自娱自乐已经令我厌倦。长篇小说《最后的巫歌》偶然抓住了我,它传过来一种不同寻常的气息。其最大的特点是找到了一个让世界读懂中国的路径。从"五四"以来,如何向自己说明中国和如何向国外说明中国,分别成为中国文化人所面临的两个重大问题。其解说思路的歧义和相互的不妥协,深刻地影响到近现代中国的政治与文化。其中不乏激进的文化虚无者和保守的国粹派,但除少数务实的学者以外,争吵的各方大多带有强烈的情绪而缺乏科学的态度。七八十年代以后,学者们尝试用西方的尺度和语汇来解读中国,小说界也有类似的作品。中国被解读成一个幽暗的背景,充塞着落后、封闭、保守等种种词汇,但中国是什么,仍然难以看清。

中国的解读为什么这样困难,其几千年文明的神秘感是如何产生的?在我看来,其形成原因有三:第一,由中国文明的自身特点决定;第二,由于中国传统知识分子集体拒绝认知自身文化而导致;第三,由中国的历史地位和世界影响而导致。所谓中国文明的自身特点,是指中国文明是世界七大文明古国中至今唯一没有中断者。我们知道所有古代文明都是巫的文明,所有文明古国都是以巫文化来立国的。那么这就意味着这个从未中断的中国文明其巫文化的传统也从未中断。这是导致中国文明史始终充满神秘气息的重要原因之一。其次,所谓中国传统知识分子对自身文化的集体拒绝认知,主要是指儒家的限制。孔子曰:"不语怪力乱神。"这就让大批的知识分子不敢言及鬼神,导致了对可称为中国文化思想根源的巫文化及其多神信仰的集体不认知,更不用提科学认知。第三,神秘,常常是他者的感觉。正因为中国在历史上的强大，对周边地区及较远地区的辐射影响，中国文化的神秘才会不断被人感知，不断被人描述。这也更说明了在与他者、与世界的交往中，中国说明自己（自己的文化、自己的价值观）的必要性。曾经有一段时间，中国试图用他人的声音来说明自己，结果发现那样很难说清，甚至觉得说的根本不是自己。要找到自己的声音，就必须要认识自己，正视自己，弄清中国文化的根本在那里。

谈及中国文化，我们常常停留于儒道释。其实这只是枝节，而非根本。任何国家民族的文化，首先都取决于其所处的地理位置及其生产方式。生活在土地上的人们，仰赖自然的恩惠，不可能不生出对自然的依赖和感恩之心。这是自然信仰的基础，也是巫文化的基础。人们也许奇怪，自然信仰和巫曾是全世界共有的现象，中国的特殊之处何在呢？中国之特殊就在它所处的这片国土，可以说它是地球上适合早期人们生活的最大的面积完整的土地。正是这片国土造就了古代中国的富饶，同时也使崇尚自然的巫文化在中国不仅没有消失，更使它广泛地渗入各个领域，成就了一个伟大文明。中国文化的基本核心词汇"天人合一""和"无一不体现出巫文化的深刻影响。因此，认识中国，其根本要从巫读起，所以我说方棋的《最后的巫歌》找到了解读中国的途径。

方棋所写的巫与别人的不同在于：第一，她拒绝用猎奇的态度去写巫；第二，她不再像前人那样仅仅把巫的氛围作为一种幽暗的背景，或仅仅作为人物描写的衬托。她直接闯入了那个长期被漠视的巫的世界，用通灵般的语言叙述这个几千年、上万年生生不息的文化系统，它的逻辑、它的道德、它的生死态度，以及它如何向现代社会贯穿。它已经远远超越了一个民族，你可以说它是虎族，可以说它是蛇族、熊族、鱼族，不！它就是中华民族古老的灵魂。它就是中国！

原载《文汇读书周报》（2011年07月29日）

图书在版编目(CIP)数据

最后的巫歌 / 方棋著. —上海：文汇出版社，
2015.9
 ISBN 978-7-5496-1576-6

Ⅰ.①最… Ⅱ.①方… Ⅲ.①长篇小说-中国-当代
Ⅳ.①I247.5

中国版本图书馆 CIP 数据核字(2015)第 205127 号

## 最后的巫歌（新版）

| | |
|---|---|
| 出 版 人 | 桂国强 |
| 整体策划 | 重庆南方古歌文化传播有限公司 |
| 作 者 | 方 棋 |
| 责任编辑 | 鲍广丽 |
| 封面装帧 | 王 翔 |
| 出版发行 | 文汇出版社 |
| | 上海市威海路 755 号 |
| | （邮政编码 200041） |
| 经 销 | 全国新华书店 |
| 排 版 | 南京展望文化发展有限公司 |
| 印刷装订 | 上海崇明县裕安印刷厂 |
| 版 次 | 2015 年 10 月第 1 版 |
| 印 次 | 2015 年 10 月第 1 次印刷 |
| 开 本 | 890×1240 1/16 |
| 字 数 | 368 千字 |
| 印 张 | 24.25 |

ISBN 978-7-5496-1576-6
定 价 / 48.00 元